GRöLS Verlage

„Bücher sind wie Fallschirme. Sie nützen uns nichts, wenn wir sie nicht öffnen."

Gröls Verlag

Redaktionelle Hinweise und Impressum

Das vorliegende Werk wurde zugunsten der Authentizität sehr zurückhaltend bearbeitet. So wurden etwa ursprüngliche Rechtschreibfehler regelmäßig *nicht* behoben, denn kleine Unvollkommenheiten machen das Buch – wie im Übrigen den Menschen – erst authentisch. Mitunter wurden jedoch zum Beispiel Absätze behutsam neu getrennt, um den Lesefluss zu erleichtern.

Um die Texte zu rekonstruieren, werden antiquarische Bücher von Lesegeräten gescannt und dann durch eine Software lesbar gemacht. Der so entstandene Text wird von Menschen gegengelesen und korrigiert – hierbei treten auch Fehler auf. Wenn Sie ebenfalls antiquarische Texte einreichen möchten, finden Sie weitere Informationen auf www.groels.de

Viel Freude bei der Lektüre wünscht Ihnen das Team des Gröls-Verlags.

Adressen

Verleger: Hermann-Josef Gröls,

Im Borngrund 26, 61440 Oberursel

Externer Dienstleister für Distribution & Herstellung:

BoD, In de Tarpen 42, 22848 Norderstedt

Unsere „Edition | Werke der Weltliteratur" hat den Anspruch, eine der größten und vollständigsten Sammlungen klassischer Literatur in deutscher Sprache zu werden. Nach und nach versammeln wir hier nicht nur die „üblichen Verdächtigen" von Goethe bis Schiller, sondern auch Kleinode der vergangenen Jahrhunderte, die – zu Unrecht – drohen, in Vergessenheit zu geraten. Wir kultivieren und kuratieren damit einen der wertvollsten Bereiche der abendländischen Kultur. Kleine Auswahl:

Francis Bacon • Neues Organon • **Balzac** • Glanz und Elend der Kurtisanen • **Joachim H. Campe** • Robinson der Jüngere • **Dante Alighieri** • Die Göttliche Komödie • **Daniel Defoe** • Robinson Crusoe • **Charles Dickens** • Oliver Twist • **Denis Diderot** • Jacques der Fatalist • **Fjodor Dostojewski** • Schuld und Sühne • **Arthur Conan Doyle** • Der Hund von Baskerville • **Marie von Ebner-Eschenbach** • Das Gemeindekind • **Elisabeth von Österreich** • Das Poetische Tagebuch • **Friedrich Engels** • Die Lage der arbeitenden Klasse • **Ludwig Feuerbach** • Das Wesen des Christentums • **Johann G. Fichte** • Reden an die deutsche Nation • **Fitzgerald** • Zärtlich ist die Nacht • **Flaubert** • Madame Bovary • **Gorch Fock** • Seefahrt ist not! • **Theodor Fontane** • Effi Briest • **Robert Musil** • Über die Dummheit • **Edgar Wallace** • Der Frosch mit der Maske • **Jakob Wassermann** • Der Fall Maurizius • **Oscar Wilde** • Das Bildnis des Dorian Grey • **Émile Zola** • Germinal • **Stefan Zweig** • Schachnovelle • **Hugo von Hofmannsthal** • Der Tor und der Tod • **Anton Tschechow** • Ein Heiratsantrag • **Arthur Schnitzler** • Reigen • **Friedrich Schiller** • Kabale und Liebe • **Nicolo Machiavelli** • Der Fürst • **Gotthold E. Lessing** • Nathan der Weise • **Augustinus** • Die Bekenntnisse des heiligen Augustinus • **Marcus Aurelius** • Selbstbetrachtungen • **Charles Baudelaire** • Die Blumen des Bösen • **Harriett Stowe** • Onkel Toms Hütte • **Walter Benjamin** • Deutsche Menschen • **Hugo Bettauer** • Die Stadt ohne Juden • **Lewis Caroll** • *und viele mehr....*

Inhalt

Italienische Märchen

Clemens Brentano

Das Märchen von den Märchen oder Liebseelchen

Es war einmal ein König von Schattenthalien, der hatte eine einzige Tochter, die er sehr liebte und darum Liebseelchen nannte. Aber leider war sie unter einem traurigen Stern geboren und stets so still und traurig und nie zum Lachen zu bringen, daß alle, die sie kannten, sie, statt Liebseelchen, Trübseelchen nannten, weil sie immer so trübselig aussah. Hierüber war nun ihr königlicher Herr Vater, der lieber gewollt hätte, sie möge sich bucklich lachen, sehr unwillig und wendete alles an, um sie aufzuheitern.

Bald ließ er die Hoftrompeter auf Sechspfennigstrompeten zur Tafel blasen; aber sie lachte nicht und fand die Musik sehr ernsthaft; bald ließ er allen Gänsen, die der Hirt zum Tore hinaustrieb, papierne Haarbeutel anhängen; aber sie lachte nicht und fand den Zug sehr anständig; bald ließ er eine Menge Hunde wie die bekanntesten Hofherrn ankleiden, und sie mußten ihm durch die Beine tanzen, wozu er auf der Geige spielte, ohne daß er es konnte; aber sie lachte nicht und meinte, der Hofball wäre recht angenehm, weil man sie nicht auffordere, – und noch tausend andere solche Späßchen hatte er umsonst versucht; sie blieb immer, ohne eine Miene zu verziehen, so ernsthaft wie ein Arzneiglas, und der König hatte schon alle Hoffnung aufgegeben, sie jemals lachen zu sehen, als ihm noch ein Gedanke einfiel, der ihm selbst so possierlich vorkam, daß er laut zu lachen anfing. „Wohlan!" sagte er, „will Liebseelchen nicht drüber lachen, so will ich mir doch einmal eine lustige Stunde geben; denn ich armer König bin vor lauter vergeblichem Spaßmachen selbst ganz betrübt geworden."

Der Platz vor dem Schlosse war von spiegelglatt geschliffenem Marmor. In der Mitte dieses Platzes ließ er einen Springbrunnen von Öl machen, der sich über den Platz ergoß und denselben noch schlüpfriger machte, so daß es nicht leicht möglich war, über den Platz zu gehen, ohne zu fallen. Es war am Neujahrstag, als er diesen Spaß anstellen wollte, weil er wußte, daß dann auf diesem Platze eine außerordentliche Menge geputzter und gezierter Leute in allerlei närrischen neuen Modekleidern herumspazieren pflegten, um sich einander das neue Jahr abzugewinnen. Er versprach sich tausend Spaß, wenn er dachte, wie die Putznarren und -närrinnen gleich Grillen und Heuschrecken auf dem Platze herumspringen würden, um sich keine Ölflecken in ihre Neujahrsröcke zu machen, und wie sie endlich doch zur Strafe ihrer Eitelkeit an die Erde fallen müßten.

Als der Morgen herankam und das Neujahr schon mit Glockengeläut, Pauken und Trompeten in der Stadt angekündigt war, kam die Prinzessin Liebseelchen zu ihrem Vater an das Bett, küßte ihm die Hand und sprach so ernsthaft als ein Puthahn: „Ich wünsche Eurer Majestät ein glückseliges neues Jahr, und daß Sie noch viele untertänigste Jahre in Allerhöchstem Wohlsein zu verleben geruhen mögen.“ Der König umarmte seine Tochter und sprach: „Gleichfalls, liebstes Liebseelchen! aber, wenn du mich nicht vor der Zeit unter die Erde bringen willst, so tue mir die Liebe an und lache einmal von Herzensgrund.“ Das war aber fehlgegriffen; denn Liebseelchen fing an zu weinen und sagte: „Wie soll ich lachen, wenn Eure Majestät vom Sterben reden?“ Da sprang der König aus dem Bett, setzte geschwind seine Krone auf, nahm seinen Szepter in die Hand und wollte mit den Worten: „Ei! das müßte doch der Kuckuck sein, wenn ich dich nicht sollte zum Lachen bringen!“ im Schlafrock, wie er war, mit der Prinzessin hinaus auf den Balkon treten. Liebseelchen aber sagte: „Herr Vater! vergessen Sie nicht, Ihren Mantel anzulegen.“ Zornig legte er seinen goldenen Mantel an; denn er dachte für sich: daß ich so im Schlafrock und ohne Perücke, die Krone auf der Nachtmütze tragend, hinaus vor das Volk treten wollte, darüber hätte sie eigentlich schon ordentlich lachen können; aber es ist nichts mit ihr anzufangen.

Da er nun ganz königlich angekleidet war, setzte er sich mit ihr auf den Balkon, um zu sehen, wie die Leute sich auf dem Ölplatze betragen würden. Zuerst kamen die Bauern, um dem Könige Glück zu wünschen. Da sie aber teils barfuß gingen, teils tüchtige, mit Nägel beschlagene Stiefel anhatten, so gingen sie recht fest auf dem glatten Boden, und die, welche Stiefel anhatten, patschten mit Vergnügen in dem Öl herum, weil ihnen das ihr Lederwerk dauerhaft und geschmeidig machte. Viele, die mit Holzschuhen kamen, zogen diese aus und nahmen sie mit Öl gefüllt nach Hause und bedankten sich noch recht schön bei Ihro Majestät.

Aber als später allerlei geputzte und gezierte Stadtleute kamen, gab es mancherlei für den König zu lachen, wenn sie, um sich nicht zu beschmutzen, auf den Fußspitzen einherhüpften und bei dem ersten Bückling, den sie machten, ausglitten und übereinander herfielen; aber auch bei den lächerlichsten Zufällen lachte die Prinzessin Liebseelchen nicht, sondern bedauerte immer nur die armen Leute, mit welchen der König einen so unschicklichen Spaß trieb, worüber dieser sehr ergrimmt den Balkon verließ und ihr sagte, sie sei ein recht widerwärtiger Sauertopf.

Liebseelchen aber blieb allein auf dem Balkon sitzen und fiel in eine tiefe Traurigkeit über den Unwillen ihres Vaters, denn sie konnte gar nicht begreifen, wie es nur möglich sei, über etwas zu lachen, wodurch andere Leute in Schaden oder Spott kämen. Indem sie so über den Ölplatz hinsah, von welchem sich die Neujahrsgratulanten, auf allerlei Art verunglückt, beinahe schon alle zurückgezogen hatten, kam auf einmal eine sehr kuriose Figur anspaziert, die ihre ganze Aufmerksamkeit auf sich zog: nämlich eine sehr alte französische Mademoiselle, welche in der Residenz der Schrecken aller Kinder war, die bei ihr in die Schule gingen, und die der armen Prinzessin mit ihren verdrehten und verzwickten Sitten und ihren vielen Regeln des guten Betragens und feinen Akzentes, die sie durch ihre spitze Nase hervortrompetete, auch manche qualvolle Stunde gemacht hatte, da sie früher Unterricht bei ihr hatte.

Diese französische Närrin ließ sich von zwei ebenso lächerlichen französischen Tanzmeistern auf einem vergoldeten Tragstuhl gegen das Schloß hintragen. Sie war nach der lächerlichsten neuen Mode gekleidet und eingeschnürt wie eine Spindel, dazu geschminkt rot und weiß und blau wie eine französische Nationalkokarde; schnitt Gesichter rechts und links, und drehte sich wie ein Ohrwurm, der in den Honigtopf gefallen. Die beiden Tanzmeister machten die lächerlichsten Sprünge mit ihr durch das Öl, aber sie fielen nicht; denn wenn sie auch ein wenig stolperten, so machten sie gleich einen Entrechat hinterdrein, daß es immer aussah, als wäre es lauter Kunst.

Da diese lächerliche Gesellschaft mitten auf dem Platze angekommen war, wendete sich die alte Hexe – denn das war sie – gegen die Prinzessin und begann einen langen französischen Neujahrswunsch mit den affektiertesten Stellungen von dem Tragstuhl herab zu deklamieren, wo immer das erste Wort „*amour*“, das zweite „*plaisir*“, das dritte „*le cœur*“, das vierte „*souvenir*“, das fünfte „*bonheur*“, das sechste „*douceur*“ war, und als sie recht in die Furie der Begeisterung kam, trat die alte Zieräffin auf den Sitz des Tragstuhls und machte eine Stellung, als ob sie fliegen wollte, und sagte:

Ce sont les vœux que tracent
Les Amours et les Graces

Avec le griffle de l'histoire
Dans le marbre de la mémoire:
Acceptez, princesse, les offrandes
De votre très humble servante,
Mademoiselle
Zephise
La marquise
De Pimpernelle.

Aber perdauz! da flog sie vom Tragstuhl herunter in das Ölbad, und die beiden Herrn Tanzmeister fielen mit über den Haufen, und es war, als ob der Prinzessin alle Schnürbänder zerplatzten; denn „hi, hi, hi" und „ha, ha, ha" fing sie so entsetzlich an zu lachen, daß sie sich den Leib mit beiden Händen halten mußte, und „hi, hi, hi" und „ha, ha, ha" ging es immer fort: dazu bliesen hundert Trompeter und wirbelten fünfzig Pauker und wurden hundert Kanonenschüsse gelöst und mit allen Glocken geläutet; denn der König hatte alles dies vorausbestellt, wenn die Prinzessin lachen sollte; und da er hinter einem Fensterladen zugesehen, hatte er gleich bei dem Gelächter Liebseelchens eine Pistole zum Fenster hinaus losgeschossen, welches das Zeichen war, daß die Festivitäten losgehen sollten.

Indessen waren viele Menschen herzugelaufen und lachten auch über die Strafe, welche die unvernünftige Mademoiselle Pimpernelle erlebt hatte. Die hatte sich endlich ohne alle Grazie, so beschmiert sie war, aufgemacht, und vor Zorn glühend machte sie zwei Fäuste gegen die lachende Liebseelchen und schrie:

Du lachst über mich, Liebseelchen!
Du sollst weinen über mich, Trübseelchen!
Denn keinen andern Mann sollst du haben
Als einen, der ist schon längst begraben:
Aus dem kalten Grab von Marmorsteinen
Sollst du den Prinzen Röhropp herausweinen!
Diesen Fluch gibt dir die Mademoiselle
Zephise Marquise de Pimpernelle.

Und als sie diese Worte in heftigem Zorne ausgesprochen, fing sie an, an allen Orten wie ein Feuerwerk zu brennen; die zwei Tanzmeister drehten sich auch wie Feuerräder; sie knisterten und knasterten, und mit Zisch und Zasch und Rakedakdakdak fuhr die ganze Gesellschaft wie Raketen in die Luft und verschwand über der Stadt mit einem Pech- und Schwefelgeruch. Eine alte Schnürbrust, eine Perücke und ein paar Fischbeine fielen an die Erde; sonst sah man nichts mehr.

Der König begab sich nun voller Freuden zu Liebseelchen, um ihr für ihr Lachen zu danken. Er fand in ihrem Vorzimmer einen jungen Pagen. Der warf sich ihm zu Füßen und sprach: „Gnädiger König! wollt mir eine Belohnung geben, denn ich bin eigentlich schuld an dem ganzen Gelächter. Da die abscheuliche Pimpernelle so lächerlich auf dem Tragstuhl stand, reichte ich den beiden Tanzmeistern, welche den Tragstuhl hielten, eine Prise vom feinsten Schnupftabak, und weil sie mit beiden Händen die Arme des Tragstuhls hielten, mußte ich ihnen die Prise in die Nase reiben, worauf sie so heftig niesten, daß die Pimpernelle durch die Erschütterung samt ihnen über den Haufen fiel." Der König lachte hierüber nochmals von Herzen und machte ihm eine goldene Schnupftabaksdose mit seinem Gemälde in Brillanten gefaßt zum Geschenke, mit dem Befehl, daß er sie an dem Strumpfband der Pimpernelle, das man auf dem Platz gefunden, an dem Hals tragen solle. Hierauf gab er ihm noch den Auftrag, daß heute abend die ganze Stadt solle erleuchtet sein, und ging dann in die Stube der Liebseelchen.

Aber wie erstaunte der König, da er diese nichts weniger als lachend antraf; sie war vielmehr trauriger als je, und wiederholte immer den Fluch der Pimpernelle:

Aus dem kalten Grab von Marmorsteinen
Sollst du den Prinzen Röhropp herausweinen.

Der König gab sich alle Mühe, ihr dies auszureden, aber alles war vergebens, so daß er sie endlich verließ, um nähere Anstalten zu der Beleuchtung zu treffen, in der Hoffnung, sie werde vielleicht heute nacht die Grillen verschlafen.

Die Sonne ging unter, die Nacht kam heran, und viele tausend Lampen brannten an allen Fenstern der Stadt. Alle Gassen waren voll lustiger, lachender Leute; besonders waren viele junge Fräuleins, welche die garstige Mademoiselle Zephise Marquise Pimpernelle sehr gequält hatte, voller Freude und sangen durch alle Straßen:

Die Mademoiselle
Zephise Marquise
De Pimpernelle
Fuhr in die Hölle.

Und so ging der Zug nach der Wohnung der alten Zauberin. Man brach die Türen ein und warf alle ihre Perücken und Schnürbrüste und Schminktöpfe und Fischbeine und allen Lumpenkram zum Fenster hinaus, machte ein großes Feuer daraus und tanzte und sprang herum; dabei stand der lustige König und lachte so herzlich, daß er ganz seine Tochter Liebseelchen vergaß.

Während dieser allgemeinen Freude hatte Liebseelchen etwas ganz anderes vor. Der Gedanke an den Prinzen Röhropp, den sie aus dem Grab weinen sollte, hatte ihre Seele so eingenommen, daß sie keine Ruhe und keine Rast mehr hatte. Sie machte sich ein Bündel Kleider zusammen, legte alle ihre Juwelen hinein, schlich sich in den Stall, packte das Bündelchen auf ihr kleines weißes Pferdchen, setzte sich darauf und ritt hinten durch den Schloßgarten zur Stadt hinaus. Kein Mensch bemerkte sie, denn alle Dienerschaft des Schlosses lief in der Stadt herum, die Beleuchtung zu sehen.

Bald verlor sie die lärmende, flimmernde Stadt aus den Augen und ritt in einen tiefen Wald hinein, wo sie in der Dunkelheit der Nacht ihrer Trauer recht nachhängen konnte. Auf einmal kam sie mit ihrem Pferdchen an einen reißenden Bach, an welchem drei alte Mütterchen saßen. Die waren steinalt, krumm gebückt und stützten sich auf Krücken und sprachen:

Da stehn wir mit der Krücke
Am Wasser ohne Brücke,
Wir tragen wohl hundert Jahre schwer,
Ach! wer nur erst überm Wasser wär.

Da sprach Liebseelchen zu ihnen:

Meinem Schimmelchen sein Rücken,
Der ist so gut wie Brücken,
Sitzt hinter mich hübsch nach der Reih,
Hinüber trag ich euch alle drei.

Da setzte sich das eine alte Mütterchen hinter Liebseelchen, und sie trieb ihr Pferdchen ins Wasser, schwamm hinüber und setzte die Alte ans Land, schwamm wieder zurück und holte die zweite und zuletzt auch die dritte Alte glücklich hinüber. Als sie alle drüben waren, dankten sie Liebseelchen sehr, und da sie sagten, daß sie noch ein ziemlich Stückchen Wegs an den Ort ihrer Bestimmung hätten, setzte Liebseelchen sie immer abwechselnd auf ihr Pferdchen, damit sie nicht so müde würden. Unterwegs plauderten die Alten allerlei; aber Liebseelchen war immer still und dachte an den Prinzen Röhropp in den Marmorsteinen, den sie sollte aus dem Grabe herausweinen.

Auf einmal kamen sie an einen freien Platz im Wald; da schien der Mond so hell wie Silber, und in der Mitte stand ein großer Nußbaum voll Nüsse, die klinkerten und klankerten vom Winde bewegt wie goldene Glocken. „Nun", sagten die Alten, „sind wir da:

Wir Alten mit den Krücken,
Am Wasser ohne Brücken,
Kamen auf Schimmels Rücken,
Wo wir jetzt Nüsse pflücken.
Das Klettern fällt uns gar zu schwer,
Ach! wenn nur eine Leiter da wär!"

Da sprach Liebseelchen:

Ich steig auf Schimmelchens Rücken
Und schlag die Nüsse mit den Krücken,
Das ist so gut wie Pflücken;
Klinkele, klankele in dem Wind,
Nun hebt die Nüsse auf geschwind.

Und das ging prächtig. Liebseelchen stellte sich auf ihren Schimmel und schlug mit einer Krücke die Nüsse herunter; aber die Alten waren noch nicht zufrieden und sangen:

Wir Alten mit den Krücken,
Wir haben müde Rücken
Und können uns nicht bücken,

Das Nüsselesen fällt gar zu schwer,
Ach! wenn nur alles im Sack drinne wär.

Aber Liebseelchen war unermüdet gefällig und sammelte den Alten alle Nüsse in den Sack, so daß sie endlich sehr müde ward, und da die alten Mütterchen sie seufzen hörten, sagten sie: „Genug, mein Kind! genug, du seufzest so schwer, du bist so müd." – „Ach!" sagte Liebseelchen:

Ich seufze nicht aus Müdigkeit,
Ich seufze aus großem Herzeleid,
Prinz Röhropp liegt tot in Marmorsteinen,
Den muß ich aus dem Grab herausweinen.

„O weh! o weh!" sagten da die alten Mütterchen, „das wird viel Tränen kosten: da wirst du viel weinen müssen, armes Kind!

Doch fasse Mut,
Wir sind dir gut,
Wir wollen dir hier schenken
Drei Nüsse zum Angedenken.
Kommst du in Not und große Pein:
So knacke eine Wünschelnuß,
Dann wird dir gleich geholfen sein
Zu Lust und Freud und Überfluß."

Da gab ihr jede eine Nuß, die knüpfte sie in ihre Schürze und stieg zu Pferd, und die Alten riefen:

Leb wohl! leb wohl! gradaus,
So kömmst du aus dem Wald hinaus.

Und nach diesen Worten verschwanden die Alten in der Luft, und der Schimmel flog mit Liebseelchen durch die Büsche, daß ihr die Haare sausten und die Nüsse in der Schürze klingelten.

Schon war sie über Berg und Tal gekommen, da hörte der Schimmel auf zu galoppieren und trabte.

Schon war sie durch den jungen Wald und über die Moosheide gekommen, und der Himmel war voll Sterne, und der Mond ging unter. Da hörte der Schimmel auf so stark zu traben und ging einen starken Schritt.

Schon war der Himmel weiß gegen Morgen, die Hasen gingen schon in die Kohlfelder nach ihrem Morgenbrot; Hähne krähten in der Ferne, und die Haare Liebseelchens und die Mähne ihres Schimmelchens waren naß vom Morgentau. Da ging der Schimmel einen sehr langsamen Schritt, und Liebseelchen matt und müde nickte mit dem Kopfe und schlief ein und wußte nichts mehr von sich; aber der Schimmel ging seinen leisen Schritt fort, und fraß hie und da ein bißchen Gras, das am Rande der Gartenfelder stand, durch welche bereits der Weg ging. – Auf einmal stand der Schimmel still. Wasser spritzte Liebseelchen ins Gesicht; sie wachte auf, rieb sich die Augen; da sah sie, daß ihr Roß aus dem Becken eines Springbrunnens trank, dessen Strahl sie benetzt hatte. Dieser Springbrunnen stand auf einem großen freien Platz, an der einen Seite eines marmorsteinernen Grabmals, auf welchem ein geharnischter Ritter mit gefalteten Händen lag, und zur andern Seite des Grabmales sprang noch ein Springbrunnen; auf dem Grabmale aber sang eine Schwalbe ihr Morgenlied.

Das weiße Grabmal schimmerte rötlich von der Morgensonne, welche in der Ferne über den Türmen einer großen Stadt aufzog. Der Schimmel schlürfte ruhig das Wasser ein und schüttelte sich. Da kam Liebseelchen erst recht zu sich, sprang vom Sattel und sagte: „O du lieber Himmel! Das ist gewiß

Prinz Röhropp in den Marmorsteinen,
Den ich aus seinem Grab soll weinen.“

Da ging die Sonne in die Höhe, und sie las auf der einen Seite des Grabmals folgende Inschrift:

Brunnen! ihr mögt ewig weinen,
Strudelnd, sprudelnd ab und auf,
Röhropp in den Marmelsteinen
Wacht nicht auf von eurem Lauf;
Nimmer, nimmer ists genug!
Wenn der schwarze Tränenkrug,
Der hier hänget an dem Grabe,
Erst von Tränen überquillt:

Dann erwacht das Marmorbild
Und reicht für die Tränengabe
Kron und Szepter, Leut und Land,
Lieb und Freundschaft, Herz und Hand
Dann der frommen Weinerin
Gerne hin.
Also heißt der Zauberspruch
In dem alten Wunderbuch.

Und neben dieser Inschrift hing ein großer Tränenkrug, in welchen wohl zwei Maß gingen. Liebseelchen nahm diesen Krug herab, setzte sich auf die Bank an dem einen Springbrunnen hin, nahm den Krug zwischen die Kniee, hängte das Haupt über ihn nieder, und es kamen ihr so traurige Gedanken, daß ihr die Augen wie zwei Kristallquellen von Tränen überflossen. So saß sie da in bitterer Wehmut und weinte. Ihr Pferdchen graste ringsherum und kam manchmal zu trinken zu ihr an den Brunnen. Und die Sonne stieg, und das Grabmal warf einen Schatten, und der Schatten ward kleiner und verschwand; und die Sonne stand hoch oben, es war Mittag; und der Schatten fiel nach der andern Seite und ward groß und größer, es ward Abend, die Sonne sank; es ward Nacht, die Sterne kamen und der Mond; und der Morgen kam und fand Liebseelchen immer weinend.

Der zweite Tag verging und die zweite Nacht; da war das arme Liebseelchen so müde und so abgeweint, daß ihr alle Gedanken vergingen und ihr der Kopf auf den Rand des Brunnens sank. Sie schlief ein, und der Krug war erst dreiviertel voll; da kam das Pferdchen zu ihr herangelaufen und schaute sie an, und da es seine liebe Prinzessin so blaß und so verweint sah, ward es gar betrübt, und es flossen dem treuen Tier auch große Tränen aus den Augen und in das Gefäß nieder, so daß in wenig Minuten der Krug bis auf einen Finger breit voll war.

Aber nun kam eine häßliche, böse, schwarze Mohrin mit einem Eimer an den Brunnen, Wasser zu holen, und da der Schimmel nie Mohren gesehen hatte, erschrak er und trabte weg in die Ferne. Diese Mohrin kannte sehr wohl den Zauberspruch, der an dem Brunnen stand, und da sie sah, daß Liebseelchen den Krug beinahe vollgeweint hatte, nahm sie ihr denselben leise, leise zwischen den Knieen weg, holte eine Zwiebel aus der Tasche und rieb sich die Augen damit, worüber ihr die Tränen so reichlich niederflossen, daß der Krug voll wurde. Als sie den letzten Tropfen hineinweinte, fing der Krug an überzufließen. Das

Steinbild des Prinzen Röhropp rührte sich, rieb sich die Augen, streckte sich, gähnte wie einer, der vom Schlaf erwacht, richtete sich auf, stieg herab und umarmte die garstige Rußika, so hieß die Mohrin, pochte dann mit seinem Schwerte an das Grab. Das tat sich auf; da kamen allerlei Kammerdiener und Hofdamen heraus und viele Pagen; die legten der Mohrin einen goldenen Mantel um und setzten ihr eine Krone auf; dann kamen auch allerlei Musikanten heraus, und alle ordneten sich in einen Zug, und die Musikanten zogen voraus und spielten, und sie zogen wie eine Hochzeit nach der Stadt, welche mit allen Glocken zu läuten anfing, um ihren entzauberten Prinzen nebst seiner Braut zu empfangen.

Sie waren schon ein Stückchen Wegs weggezogen, als das Pferdchen zu Liebseelchen herankam und so heftig zu wiehern begann, daß sie erwachte. Da sah sie dem Zuge nach und begriff bald ihr Unglück. Sie rang die Hände und raufte die Haare und weinte genug, um den Krug nochmals zu füllen; aber verschlafen war verschlafen! Da rasselten, wie sie sich die Augen trocknen wollte, die goldenen Wünschelnüsse der drei alten Mütterchen in ihrer Schürze, und sie gedachte des Spruches der Alten, daß die Nüsse ihr in der Not helfen sollten.

„Wohlan! ich will mein Heil versuchen", sprach sie – setzte sich auf das Schimmelchen und ritt ruhig nach der Stadt. In der Stadt fand sie alles voll Jubel und Freude, daß der Prinz Röhropp von seinem Zauberschlaf erlöst sei, und sie kaufte sich seinem Palaste gegenüber, worin er mit der bösen Mohrin wohnte, ein prächtiges Haus für die Edelsteine, die sie aus Schattenthalien mitgebracht, mietete sich viele hübsche und fromme Mägde, welche sie alle in weiße Kleider mit roten Bändern geschmückt kleidete; sie selbst aber ging immer schwarz, zum Zeichen ihrer Trauer, nur trug sie oft eine grüne Schärpe, zum Zeichen, daß sie noch hoffe, glücklich zu werden. Ihr gutes Schimmelchen hatte einen marmornen Stall und eine Krippe von Elfenbein, und sie fütterte und tränkte es mit ihren eigenen Händen. Ihren Dienerinnen hatte sie lauter schwarze Pferde gekauft und ritt manchmal mit ihnen, zur großen Verwunderung der Stadt, vor ihnen auf ihrem Schimmelchen spazieren. Wenn sie zu Hause war, saß sie meist auf einem kleinen Turm und sah mit großer Betrübnis in den Schloßgarten gegenüber, wie Prinz Röhropp unermüdlich mit tausend Gefälligkeiten um die falsche schwarze Mohrin beschäftigt war, gleich einer Fledermaus, die um die Nacht herumfliegt. Aber es sollte bald anders werden; er sollte sich bald um Liebseelchen bemühen wie ein Adler, der um die Sonne fliegt.

Einstens morgens, da Prinz Röhropp zu der schwarzen Rußika kam, hatte diese eine goldene Wiege neben sich stehen und in ihrem Arm ein mit Purpurwindeln bedecktes Päckchen. „Ach!“ rief Prinz Röhropp aus, „hätte der Himmel meine Wünsche erhört und mir ein kleines liebes Kindchen geschenkt! O zeige mir es, liebste Rußika!“ – „Ja“, erwiderte diese,

„Ein schönes Kind,
Doch zeig ichs nicht,
Es wird sonst blind
Vom Sonnenlicht.

Gedulden Sie sich, mein Prinz, Sie werden es schon früh genug sehen.“ Hierüber ward der Prinz betrübt und sah zum Fenster hinaus, und da ritt Liebseelchen gerade auf ihrem Schimmelchen vor ihren schönen Dienerinnen über den Platz.

Da der Prinz sie sah, grüßte er sie; sie erwiderte den Gruß und ließ ihr Pferdchen so schön springen und tanzen, daß der Prinz vor Freuden ausrief: „Ach, welche wunderschöne Prinzessin! die ist ja, als wenn sie gerade aus dem Himmel herabgekommen wäre!“ – Da Rußika dies hörte, sagte sie voll Zorn:

Prinz Röhropp du!
Machs Fenster zu,
Oder ich bringe dir große Not,
Steche mit der Nadel das Prinzchen tot.

Da erschrak Röhropp sehr, machte das Fenster zu und sah nicht mehr hinaus.

Liebseelchen war sehr erfreut gewesen über den freundlichen Gruß Röhropps. Aber das war eine kurze Freude. Sie lauerte wohl Tage lang am Fenster, er ließ sich wegen der Drohung der Mohrin nicht mehr sehen.

Als Liebseelchen einstens in traurigen Gedanken am Fenster saß, erblickte sie gegenüber die böse Rußika mit ihrem bedeckten Wickelkind auch am Fenster sitzen. Da ward sie so betrübt, daß sie aus großer Not und Pein eine von den goldenen Wünschelnüssen der alten Mütterchen aufbiß, und siehe! ein wunderschöner, bunter, kleiner Papagei flog heraus und um Liebseelchen herum und gaukelte wie ein Äffchen und plauderte und sang allerlei allerliebstes Zeug durcheinander. – Rußika hatte kaum den Vogel gesehen, als sie rief: „Röhropp! Röhropp!“ und da der Prinz ihr nahte, zeigte sie auf den Vogel und sagte:

Prinz Röhropp, gleich
Papperle mir reich!
Oder ich bringe dir große Not,
Steche mit der Nadel das Prinzchen tot.

Was sollte der arme Prinz anfangen? Er mußte gleich einen Edelknaben hinüber zu Liebseelchen schicken und sie fragen lassen, ob sie ihm das schöne Papperle nicht verkaufen wolle. Liebseelchen erwiderte dem Boten, sie sei keine Krämerin, sie habe nie etwas verkauft; aber sie mache sich eine Ehre daraus, dem Prinzen das Papperle zu schenken, und so überreichte sie dem Edelknaben den Vogel, der ihn hinüber zur garstigen Rußika brachte.

Vier Tage darauf saßen Liebseelchen und Rußika wieder am Fenster, und Liebseelchen knackte die zweite Wünschelnuß auf. Aus der kam eine schöne goldene Henne mit zwölf goldenen Küchelchen, welche um sie herum pickten und piepten. Die Henne gluckte so süß wie eine Flöte und nahm sie unter die Flügel, und das war so wunderlieblich anzusehen, daß Rußika die kleine goldene Brut kaum erblickt hatte, als sie rief: „Röhropp! Röhropp!" Der Prinz kam. Die Mohrin zeigte hinüber und sagte:

Prinz Röhropp, gleich
Goldglucke mir reich,
Oder ich bring dir große Not,
Steche mit dem Messer das Prinzchen tot.

Röhropp kannte die zornige Gemütsart der Rußika; er konnte nicht anders, er schickte abermals den Edelknaben hinüber und ließ tausendmal um Entschuldigung bitten, daß er so unglücklich sei, um die Goldglucke bitten zu müssen; und Liebseelchen gab die Goldglucke und die zwölf Küchlein hin.

Vier Tage gingen abermals vorbei. Liebseelchen saß wieder am Fenster, und gegenüber die böse Mohrin. Da knackte Liebseelchen die dritte Nuß auf, und sieh! eine kleine wunderschöne Puppe kam heraus. Sie hatte einen kleinen Spinnrocken in der Hand und spann Gold, und drehte die Spindel so artig und leckte die Fingerchen so zierlich, daß es eine Freude war, sie anzusehen. Kaum hatte Rußika dieses Wunderpüppchen gesehen, als sie dem Prinzen rief, hinüberzeigte und sprach:

Prinz Röhropp, gleich
Spinnpuppe mir reich!
Oder ich bringe dir große Not,
Steche mit dem Messer das Prinzchen tot.

Röhropp war in Verzweiflung über die Unverschämtheit der Mohrin, die alles haben wollte, was sie sah; und weil er sich schämte, den Edelknaben wieder hinüberzuschicken, ging er selbst in die Wohnung seiner Nachbarin.

Liebseelchen empfing ihn mit der größten Freundlichkeit. Er brachte sein Anliegen mit großer Verlegenheit vor, und als Liebseelchen, um ihn länger bei sich zu sehen, allerlei Schwierigkeiten machte, ihm die Puppe zu schenken, sagte er endlich: „Verehrte Prinzessin! ach, ich will Ihnen ja gern alles, was mein ist, drum geben; schenken Sie mir nur die Puppe und retten Sie meinem Prinzchen das Leben. Bedenken Sie, daß ich der Rußika, welche die Puppe haben will, mein eigenes Leben verdanke. Sie ist es, die mich aus dem Grabe herausgeweint; aber ich muß sagen, sie hat mir keinen Gefallen damit getan, ich wollte lieber ewig versteinert liegen geblieben sein, als daß ich jetzt so von ihr gequält und gepeinigt bin." – Da Liebseelchen dies hörte, ward sie sehr traurig über den Betrug und die Undankbarkeit der Mohrin. Sie gab dem Prinzen Röhropp die Puppe mit Tränen und verschloß sich in ihre Kammer und weinte. Röhropp, nicht weniger betrübt als Liebseelchen, brachte die spinnende Puppe seiner bösen Mohrin. Diese nahm die Puppe auf den Arm und trieb sie immer an zu spinnen mit den Worten:

Spinn, Puppe, spinn!
Spinn ein königliches Kleid,
Zwanzig Ellen lang und breit,
Und wird dir der Faden brechen,
Will ich dich mit Nadeln stechen;
Spinn, Puppe, spinn!

Da spann die kleine Puppe immer emsiger und emsiger. Da Rußika aber sie immer noch mehr antrieb und endlich eine Nadel hervorzog, guckte die kleine Puppe sie zornig an und sprach:

Rußika, du treibsts zu toll.
Wenn ich immer spinnen soll,

Mußt du Märchen mir erzählen
Und nicht schmähen stets und quälen;
Willst du nicht in zehen Tagen
Fünfzig Märchen her mir sagen,
So will ich dem Röhropp klagen:
Daß du ihn so grob belogen,
Daß Liebseelchen du betrogen;
Denn du stahlst den Tränenkrug,
Merk dir das und werde klug!

Als die Mohrin dies gehört hatte, ward es ihr angst und bang. Denn sie wußte auch gar keine einzige Geschichte als eine, die erzählte sie gleich:

Es war einmal ein Mann,
Der hieß Pumpan,
Pumpan hieß er,
An einen Stein stieß er
Und fiel dann in ein Loch;
Ich glaub, da liegt er noch.

Die Puppe aber sagte: dies Märchen sei sehr dumm, sie wolle etwas Besseres hören, und wenn nicht gleich eine ganze Spinnstube voll Erzählerinnen herbeigeschafft werde, so wolle sie gleich dem Prinzen Röhropp alles sagen; denn hören müsse sie oder schwätzen. Da wünschte Rußika die Puppe über alle Berge und rief: „Röhropp!“ – Der kam und ward von ihr mit den Worten empfangen:

Röhropp! such zehn Spinnerinnen,
Die auf fünfzig Märchen sinnen,
Sonst bring ich dir große Not,
Steche mit dem Messer das Prinzchen tot.

Da ließ Prinz Röhropp voll Herzensangst in der Stadt und auf dem Lande durch Trompeter bekannt machen: alle alten Mütterchen, welche schöne Geschichten erzählen könnten, sollten sich morgen abend mit ihren Spinnrädern vor dem Schlosse einstellen. Da entstand eine Bewegung im ganzen Land. Aus allen Winkeln, hinter allen Öfen hervor, aus allen Bodenkammern, von allen

Kirchentüren weg kamen die alten Mütterchen zusammengelaufen. Sie wuschen und trockneten und flickten und plätteten alle ihre schönsten Kleider. Da rasselten die Schlüssel, da knarrten die alten Kastendeckel, da knarrten die alten Schranktüren im ganzen Land, als sie ihren alten Putz hervorsuchten; dabei war ein Geplapper und Geschnatter und Gezische und ein Spektakel ohne Ende. Sie wuschen die alten Spinnräder und schmierten sie mit Öl und legten den schönsten Flachs um den Rocken, und so ging der Zug von allen Seiten auf die Stadt und auf den Schloßplatz zu.

Da ließ sie der Prinz Röhropp in einen großen Kreis sitzen mit ihren Spinnrädern, und die zehn, welche zuerst ihren Rocken abgesponnen, die sollten die Ehre haben, der Prinzessin Rußika Märchen zu erzählen. Kaum war dies bekannt gemacht, als alle im Kreise geschwind wie der Wind die Brillen auf der Nase hatten, und nun ging es an ein Schnurren von einigen hundert Rädern, und die zehn, welche zuerst fertig wurden, waren nach der Reihe: die lange Jungfer Elsefinger, das magere Fräulein Klarefädchen, die munter Frau Zipflore, die bucklichte Jungfer Radebärbl, die witzige Fräulein Spulendoris, die scharfsinnige Frau Hecheltonie, die Jungfer Weifenseppel, die eifrige Fräulein Haspelrosa, die emsige Frau Spindelmarthe und die zierliche Jungfer Kunkelriecke.

Als diese zuerst fertig waren, wurden sie in das Schloß geführt, die andern aber, welche aus der Stadt waren, wurden reichlich beschenkt nach Hause geschickt; die aber vom Land wurden auch, reichlich beschenkt, auf mehrere Wurstwagen mit ihren Spinnrädern gesetzt und wieder nach Hause gefahren.

Die zehn Auserwählten mußten sich im Schloßgarten mit ihren Spinnrocken im Halbkreise setzen. In der Mitte saß die böse Mohrin Rußika; auf dem Schoße hatte sie das mit roten Windeln zugedeckte Prinzchen, auf dem Arm die goldspinnende Puppe, zur Linken saß der schöne Papagei auf einer Stange, zu ihren Füßen in einem silbernen Hühnerkorb aber die Goldglucke mit den zwölf Küchlein, und über die ganze Gesellschaft war ein Teppich gegen die Sonne gespannt; und damit die Gesellschaft recht vollkommen sei, hatten sich ein Klapperstorch, ein Gockelhahn und ein Pfau oben auf den Baldachin gesetzt; auch viele Vögel, Katzen, Kaninchen und Hündchen fanden sich ein, und einige Edelknaben trugen mancherlei Zuckerwerk, Eingemachtes, getrocknete und frische Früchte umher, und auch süße Weine wurden im Überfluß gereicht, nach welcherlei Leckereien die alten Spinnerinnen sehr lecker sind und die Finger darnach lecken, was zum Spinnen sehr nötig ist.

Sie hatten sich alle erquickt und wollten soeben den nahen Springbrunnen, der wie ein Schulmeister solcher Gesellschaft ihnen unermüdet vorplauderte, plätscherte und murmelte, mit Geschwätz und Rädergeschnurr überlärmen, als Röhropp sich erhob und sprach: „Tugendbare, wehrlose Jungfern, ehegeborne lehnreiche Fräulein und hochachtzigbare und hochwürdige Makronen, des edlen Spinnordens kunkelhafte Spuldamen, Spindelfräulein und Rockenmägdlein! Sie haben sich hier versammelt, um die große Begierde meiner teuern Rußika nach Märchen zu stillen. Wir werden also alle Abend hier beisammensitzen und der Reihe nach die schönsten Geschichten hören, welches meiner Rußika zum Trost, allen Zuhörern zum Vergnügen und der Erzählerin zur Ehre gereichen wird. Denn nichts ziert einen erfahrnen Menschen so sehr, als wenn er schöne Geschichten zu erzählen weiß, Geschichten, bei deren Anhörung der Weber sein Schiff, der Advokat seine Feder, der Apotheker seinen Mörser, der Scherenschleifer sein Rad und Kinder ihr Butterbrot ruhen lassen, um besser zuhören zu können. Es ist die Neugierde meiner Rußika sehr wohl zu entschuldigen; denn es sprechen große Philosophen: ›Wie uns an der Wiege gesungen wird, so werden wir wieder singen‹; und so erzählt denn nach der Reihe schöne Geschichten, damit mein schönes Prinzchen, welches so munter unter der Purpurdecke im Schoße Rußikas schnarchet, sich etwas Angenehmes träumen lasse.“ Nach diesen Worten sagte die neugierige Frau Spindelmarthe, ob es denn nicht erlaubt sei, den kleinen allerliebsten Prinzen ein wenig zu betrachten, worauf Rußika befehlend antwortete:

Mein schönes Kind,
Das zeig ich nicht,
Es wird mir blind,
Vom Sonnenlicht.

Da versetzte Fräulein Spuhlendoris: „Die Sonne ist schon unter, es kann ihm gar nichts schaden.“ Rußika aber machte ein so zorniges Gesicht, daß Prinz Röhropp sagte: „Meine Damen! beunruhigen Sie meine Rußika nicht! Habe ich doch das Glück selbst noch nicht gehabt, das liebe Prinzchen zu sehen. Lassen Sie uns zu unsern Erzählungen schreiten. Fünf Geschichtchen an jedem Abend, so sind wir in zehn Tagen mit den fünfzig Märchen fertig. Wohlan, Jungfer Elsefinger!“, welche ihren Rocken zuerst abgesponnen hatte, „Sie haben die erste Stimme.“

Jungfer Elsefinger rückte sich zurecht, nahm eine frische Feige in den Mund, damit er ihr beim Erzählen und Fingerlecken nicht trocken werden solle. Da rückten sich alle in die Ordnung und horchten: die Frauen, die Spinnpuppe, das Papperle, die Goldglucke mit den Küchlein, der Pfau, der Storch, der Gockelhahn und die Turteltaube und die Katze und das Seidenhäschen, und das Hündchen und das Mäuschen schwiegen mausstill, der Brunnen plätscherte leiser, die Grillen hörten auf zu zirpen, die Käfer brummten nicht mehr, die Bienen schlüpften in die Lilienkelche und lauschten; aber leuchtende Johanniskäfer schwebten durch die warme Luft, und die Spindeln schnurrten angenehm um die Gesellschaft herum. Jungfer Elsefinger aber erzählte:

Das Märchen von dem Myrtenfräulein

Im sandigen Lande, wo nicht viel Grünes wächst, wohnten einige Meilen von der porzellanenen Hauptstadt, wo der Prinz Wetschwuth residierte, ein Töpfer und seine Frau mitten auf ihrem Tonfeld neben ihrem Töpferofen, beide ohne Kinder, einsam und allein. Das Land war ringsum so flach wie ein See, kein Baum und kein Busch war zu sehen, und es war gar betrübt und langweilig. Täglich beteten die guten Leute zum Himmel, er möge ihnen doch ein Kind bescheren, damit sie eine Unterhaltung hätten, aber der Himmel erhörte ihre Wünsche nicht. Der Töpfer verzierte alle seine Gefäße mit schönen Engelsköpfen, und die Töpferin träumte alle Nacht von grünen Wiesen und anmutigen Gebüschen und Bäumen, bei welchen Kinder spielten; denn wornach das Herz sich sehnt, das hat man immer vor Augen.

Einstens hatte der Töpfer seiner Frau zwei schöne Werke auf ihren Geburtstag verfertigt, eine wunderschöne Wiege von dem weißesten Ton, ganz mit goldenen Engelsköpfen und Rosen verziert, und ein großes Gartengefäß von rotem Ton, rings mit bunten Schmetterlingen und Blumen bemalt. Sie machte sich ein Bettchen in die Wiege und füllte das Gartengefäß mit der besten Erde, die sie selbst stundenweit in ihrer Schürze dazu herbeitrug, und so stellte sie die beiden Geschenke neben ihre Schlafstelle, in beständiger Hoffnung, der Himmel werde ihr ihre Bitte gewähren; und so betete sie auch einst abends von ganzer Seele:

Herr! ich flehe auf den Knieen,
Schenke mir ein liebes Kind,

Fromm will ich es auferziehen:
Ists ein Mägdlein, daß es spinnt
Einen klaren reinen Faden
Und dabei hübsch singt und betet;
Ists ein Sohn durch deine Gnaden,
Daß er kluge Dinge redet
Und ein Mann wird treu von Worten,
Stark von Willen, kühn von Tat,
Der geehrt wird aller Orten,
Wie im Kampfe, so im Rat.
Herr! bereitet ist die Wiege,
Gieb, daß mir ein Kind drin liege!
Ach, und sollte es nicht sein,
Gib mir doch nur eine Wonne,
Wärs auch nur ein Bäumelein,
Das ich in der lieben Sonne
Könnte ziehen, könnte pflegen,
Daß ich mich mit meinem Gatten
Einst im selbsterzognen Schatten
Unter ihm ins Grab könnt legen.

So betete die gute Frau unter Tränen und ging zu Bett. In der Nacht war ein schweres Gewitter, es donnerte und blitzte, und einmal fuhr ein heller Glanz durch die Schlafkammer. Am andern Morgen war das schönste Wetter, ein kühler Wind wehte durch das offene Fenster, und die gute Töpferin lag in einem süßen Traum, als sitze sie unter einem schönen Myrtenbaum bei ihrem lieben Manne.

Da säuselte das Laub um sie und sie erwachte, und siehe da! ein frisches junges Myrtenreis lag neben ihr auf dem Kopfkissen und spielte mit seinen zarten im Winde bewegten Blättern um ihre Wangen. Da weckte sie mit großen Freuden ihren Mann, und zeigte es ihm, und sie dankten beide Gott auf ihren Knieen, daß er ihnen doch etwas Lebendiges geschenkt hatte, das sie könnten grünen und blühen sehen. Sie pflanzten das Myrtenreis mit der größten Sorgfalt in das schöne Gartengefäß, und es war täglich ihr liebstes Geschäft, das junge Stämmchen zu begießen und in die Sonne zu setzen und vor bösem Tau und rauhen Winden zu schützen. Das Myrtenreis wuchs zusehends unter ihren Händen und duftete ihnen Fried und Freude ins Herz.

Da kam einstens der Landesherr, Prinz Wetschwuth, in diese Gegend mit einigen Gelehrten, um neue Porzellanerde zu entdecken; denn es wurden in seiner Hauptstadt Porzellania so viele Häuser davon gebaut, daß diese Erde in der Nähe der Stadt selten geworden war. Da er in die Wohnung des Töpfers eintrat, ihn um seinen Rat zu fragen, ward er bei dem Anblick des Myrtenbäumchens so durch dessen Schönheit hingerissen, daß er alles andere vergaß und in lauter Verwunderung ausrief: „O wie lieblich, wie reizend ist diese Myrte! Ihr Anblick hat für mein Herz etwas ungemein Erquickendes, ich möchte immer in der Nähe dieses Baumes leben – nein, ich kann ihn nicht entbehren, ich muß ihn besitzen, und müßte ich ihn mit einem Auge erkaufen." Nach diesem Ausruf fragte er sogleich den Töpfer und seine Frau, was sie für die Myrte verlangten. Diese guten Leute erklärten auf die bescheidenste Weise, daß sie den Baum nicht verkaufen wollten, und daß er das Liebste sei, was sie auf Erden hätten. „Ach", sagte die Töpferin, „ich könnte nicht leben, wenn ich meine Myrte nicht vor mir sähe; ja sie ist mir so lieb und wert, als wäre sie mein Kind, und kein Königreich nähme ich für diese meine Myrte." Da der Prinz Wetschwuth dies hörte, ward er sehr traurig und begab sich nach seinem Schlosse zurück. Seine Sehnsucht nach der Myrte ward so groß, daß er in eine Krankheit fiel und das ganze Land um ihn bekümmert wurde. Da kamen Abgesandte zu dem Töpfer und seiner Frau, und forderten sie auf, die Myrte dem Prinzen zu überlassen, damit er nicht vor Sehnsucht sterben möchte. Nach langen Unterhandlungen sagte die Frau: „Wenn er die Myrte nicht hat, so muß er sterben, und wenn wir die Myrte nicht haben, so können wir nicht leben; will der Prinz nun die Myrte haben, so muß er uns auch mitnehmen, wir wollen sie ihm überbringen und ihn anflehen, daß er uns als treue Diener in sein Schloß aufnehme, damit wir die geliebte Myrte dann und wann sehen und uns an ihr erfreuen können." Das waren die Abgesandten zufrieden, sie schickten gleich einen Reiter in die Stadt mit der frohen Nachricht, die Myrte werde ankommen, der Prinz sollte Mut fassen. Nun stellte der Töpfer das Gefäß mit der Myrte auf eine Tragbahre, über welche die Frau ihre schönsten seidenen Tücher gebreitet hatte, und sie trugen beide, nachdem sie ihre Hütte verschlossen hatten, den geliebten Baum nach der Stadt, wohin sie von den Abgesandten begleitet wurden. Von der Stadt kam ihnen der Prinz selbst in einem Wagen entgegen und hatte ein goldenes Gießkännchen in der Hand, womit er die geliebte Myrte begoß, bei deren

Anblick er sich sichtbar erholte. Vier weißgekleidete, mit Rosen geschmückte Jungfrauen kamen mit einem rotseidenen Traghimmel, unter welchem die Myrte nach dem Schloß getragen wurde. Kinder streuten Blumen, und alles Volk war froh und warf die Mützen in die Höhe. Nur neun Fräulein in der Stadt waren nicht bei der allgemeinen Freude zugegen, denn sie wünschten, daß die Myrte verdorren möchte, weil der Prinz, ehe er die Myrte gesehen hatte, sie oft besuchte und jede von ihnen gehofft hatte, einst Beherrscherin der Stadt Porzellania zu werden. Seit aber von der Myrte die Rede war, hatte er sich nicht mehr um sie bekümmert; drum waren sie auf den unschuldigen Baum so erbittert, daß sich an diesem Freudentage keine von ihnen erblicken ließ. Der Prinz ließ die Myrte an das Fenster seiner Stube stellen und gab dem Töpfer und seiner Frau eine Wohnung im Schloßgarten, aus deren Fenster sie die Myrte immer erblicken konnten, womit die guten Leute dann auch wohlzufrieden waren.

Der Prinz war bald wieder ganz gesund; er pflegte den Baum mit einer unbeschreiblichen Liebe und Sorgfalt; auch wuchs dieser und breitete sich aus zu aller Freude. Einstens setzte sich der Prinz abends neben dem Baume auf sein Ruhebett. Alles war ruhig im Schloß, und er entschlummerte in tiefen Gedanken. Da nun die Nacht alles bedeckt hatte, hörte er ein wunderbares Säuseln in seinem Baum und erwachte und lauschte; da vernahm er eine leise Bewegung in seiner Stube herum, und ein süßer Duft breitete sich umher. Er war stille, stille und lauschte immerfort; endlich, da es ihm wieder so wunderbar in der Myrte säuselte, begann er zu singen:

Sag, warum dies süße Rauschen,
Meine wunderschöne Myrte!
O mein Baum, für den ich glühe?

Da sang eine liebliche leise Stimme wieder:

Dank will ich für Freundschaft tauschen
Meinem wunderguten Wirte,
Meinem Herrn, für den ich blühe!

Da war der Prinz über die Stimme so entzückt, daß es nicht auszusprechen ist; aber bald ward seine Freude noch viel größer, denn er bemerkte, daß sich jemand auf den Schemel zu seinen Füßen setzte, und da er die Hand darnach ausstreckte, ergriff eine zarte Hand die seinige und führte sie an die Lippen eines Mundes, welcher sprach: „Mein teurer Herr und Prinz! frage nicht, wer ich bin; erlaube mir nur dann und wann in der Stille der Nacht zu deinen Füßen zu sitzen und dir zu danken für die treue Pflege, welche du mir in der Myrte bewiesen, denn ich bin die Bewohnerin dieser Myrte; aber mein Dank für deine Zuneigung ist so gewachsen, daß er keinen Raum mehr in diesem Baume hatte, und so hat es mir der Himmel vergönnt, in menschlicher Gestalt dir manchmal nahezusein." Der Prinz war entzückt über diese Worte und pries sich unendlich glücklich durch dies Geschenk der Götter. Sie unterhielten sich einige Stunden, und sie sprach so weise und klug, daß er vor Begierde brannte, sie von Angesicht zu Angesicht zu sehen. Das Myrtenfräulein aber sagte zu ihm: „Laß mich erst ein kleines Lied singen, dann kannst du mich sehen", und sie sang:

Säusle, liebe Myrte!
Wie still ists in der Welt,
Der Mond, der Sternenhirte
Auf klarem Himmelsfeld,
Treibt schon die Wolkenschafe
Zum Born des Lichtes hin,
Schlaf, mein Freund, o schlafe,
Bis ich wieder bei dir bin.

Dazu säuselte die Myrte, und die Wolken trieben so langsam am Himmel hin, und die Springbrunnen plätscherten so leise im Garten, und der Gesang war so sanft, daß der Prinz einschlief, und als er kaum nickte, erhob sich das Myrtenfräulein leise, leise vom Schemel und begab sich wieder in die Myrte.

Als der Prinz am Morgen erwachte, erblickte er den Schemel leer zu seinen Füßen, und er wußte nicht, ob das Myrtenfräulein wirklich bei ihm gewesen war, oder ob er nur geträumt habe; aber da er das Bäumchen ganz mit Blüten übersät sah, die in der Nacht aufgegangen waren, ward er der Erscheinung immer gewisser. Nie ward die Nacht so sehnsüchtig erwartet als von ihm; er setzte sich schon gegen Abend auf sein Ruhebett und harrte. Endlich war die Sonne hinunter, es dämmerte, es ward Nacht. Die Myrte säuselte, und das Myrtenfräulein saß zu seinen Füßen und erzählte ihm so schöne Sachen, daß er nicht genug zuhören konnte, und als er sie wieder bat, Licht anzünden zu dürfen, sang sie ihm wieder ein Liedchen:

Säusle, liebe Myrte!
Und träum im Sternenschein,
Die Turteltaube girrte
Auch ihre Brut schon ein.
Still ziehn die Wolkenschafe
Zum Born des Lichtes hin,
Schlaf, mein Freund, o schlafe,
Bis ich wieder bei dir bin.

Da schlummerte der Prinz wieder ein und erwachte am Morgen wieder mit gleicher Überraschung und erwartete die Nacht wieder mit gleicher Sehnsucht. Aber es ging ihm auch diesmal wie in der ersten und zweiten Nacht, sie sang ihn immer in den Schlaf, wenn er sie zu sehen verlangte. Sieben Nächte ging dies so fort, während welchen sie ihm so vortreffliche Lehren über die Kunst zu regieren gab, daß seine Begierde, sie zu sehen, nur noch größer ward. Er ließ daher am andern Tage an die Decke seiner Stube ein seidenes Netz befestigen, welches er ganz leise niederlassen konnte, und so erwartete er die Nacht. Als das Myrtenfräulein wieder zu seinen Füßen saß und ihm die tiefsinnigsten Lehren über die Pflichten eines guten Fürsten gegeben hatte, wollte sie ihm wieder das Schlaflied singen, aber er sprach zu ihr: „Heute will ich einmal singen“, und sie gab es nach vielen Bitten zu; da sang er folgendes Liedchen:

Hörst du, wie die Brunnen rauschen?
Hörst du, wie die Grille zirpt?
Stille, stille, laß uns lauschen,
Selig, wer in Träumen stirbt;
Selig, wen die Wolken wiegen,
Wem der Mond ein Schlaflied singt!
O! wie selig kann der fliegen,
Dem der Traum den Flügel schwingt,
Daß an blauer Himmelsdecke
Sterne er wie Blumen pflückt:
Schlafe, träume, flieg, ich wecke
Bald dich auf und bin beglückt.

Und dies Lied wirkte so durch die sanfte Weise, in welcher er es sang, daß das Myrtenfräulein zu den Füßen des Prinzen entschlummerte; da ließ er das Netz nieder über sie und zündete seine Lampe an, und o Himmel! was sah er? Die wunderschönste Jungfrau, welche jemals gelebt, im Antlitz wie der klare Mond so mild und rein, Locken wie Gold um die Stirne spielend und auf dem Haupt ein Myrtenkrönchen; sie hatte ein grünes Gewand an, mit Silber gestickt, und ihre Hände gefaltet wie ein Engelchen. Lange betrachtete er seine Freundin und Lehrerin mit stummem Erstaunen, dann konnte er seine Freude nicht mehr fassen, er brach in lautem Jubel aus und rief: „O Tugend! o Weisheit! wie schön ist deine Gestalt; wer kann leben ohne dich, wenn er dich einmal erblickte." Dann ergriff er ihre Hand und steckte ihr seinen Siegelring an den Finger und sprach: „Erwache, o meine holdselige Freundin! nimm meinen Thron und meine Hand und verlasse mich nie wieder." Da erwachte das Myrtenfräulein, und als es das Licht erblickte, errötete es über und über, und blies die Lampe aus. Dann klagte sie, daß er sie gefangen habe, und sagte, daraus wird gewiß Unglück kommen; aber der Prinz bat sie so sehr um Vergebung, bis sie ihm verzieh und versprach, die Fürstin seines Landes zu werden, wenn ihre Eltern es erlaubten, er sollte nur alle Anstalten zur Hochzeit machen und dann ihre Eltern fragen; bis dahin sollte er sie aber nicht wiedersehen. Der Prinz willigte in alles ein und fragte sie, wie er sie rufen solle, wenn er alle Anstalten getroffen habe, und sie sagte: „Befestige eine kleine Silberglocke an die Spitze meines Bäumchens, und sobald du klingelst, werde ich dir erscheinen." Nun zerriß sie das Netz, der Baum rauschte, und fort war das Myrtenfräulein.

Der Tag war kaum angebrochen, als der Prinz auch schon alle seine Minister und Räte zusammenberief und ihnen bekannt machte, daß er sich nächstens zu vermählen gedenke und daß sie alle Anstalten zu dem prächtigsten Hochzeitsfeste treffen sollten, das jemals im Lande gewesen. Die Räte waren sehr erfreut darüber und fragten ihn untertänigst um den Namen der Braut, damit sie ihren Namenszug bei der Illumination anbringen könnten. Da sagte der Prinz: „Der erste Buchstab ihres Namens ist M und es sollen beim Feste überall Myrtenzweige hingemalt werden, wo es sich schickt." Da wollten die Herren ihn schon verlassen, als plötzlich eine Botschaft kam, daß ein wildes Schwein in dem fürstlichen Tiergarten toll geworden wäre und in dem darin befindlichen gläsernen Lusthause alles chinesische Porzellan zertrümmert habe; es sei äußerst nötig, es sogleich zu erlegen, damit es nicht andere Schweine beiße und auch toll mache, welche dann leicht die ganze Stadt Porzellania über den Haufen werfen könnten. Da durfte der Prinz nicht länger zaudern; er befahl seinen

Räten, einstweilen die Hochzeit zuzubereiten, und zog mit seinen Jägern hinaus auf die Jagd.

Als der Prinz aus dem Schloß ritt, lagen die neun bösen Fräulein, welche sich nicht mit gefreut hatten, als Myrte so feierlich in die Stadt gebracht wurde, sehr schön geputzt am Fenster, in der Hoffnung, der Prinz werde sie bemerken und grüßen; aber vergebens, wenn sie sich gleich so weit herauslegten, daß sie leicht hätten auf die Straße fallen können: der Prinz tat nicht, als wenn er sie bemerkte. Hierüber aufgebracht, kamen sie zusammen und faßten den Entschluß, sich zu rächen. Die Geschichte mit dem tollgewordenen wilden Schwein war auch nur von ihnen ausgesprengt, damit der Prinz, der sich gar nicht mehr sehen ließ, über die Straße reiten sollte: sie hatten das chinesische Porzellan in dem Lusthaus durch ihre Diener zerschlagen lassen. Als sie eben versammelt waren, trat der Vater der Ältesten, der einer der Minister war, herein, und machte den Damen bekannt, sie möchten sich zum Hochzeitsfest des Prinzen vorbereiten; der Prinz werde eine Prinzessin M. heiraten, auch sei von vielen Myrtenverzierungen bei der Illumination die Rede. Kaum waren sie wieder allein, als sie ihrem ganzen Zorn den Lauf ließen; denn sie hatten sich alle neun eingebildet, den porzellanenen Thron zu besteigen. Sie ließen sich einen Maurer kommen, der mußte ihnen einen unterirdischen Gang bis in die Stube des Prinzen machen; denn sie wollten sehen, wen er dort versperrt habe. Als der Gang fertig war, beredeten sie noch ein zehntes junges Fräulein, der sie jedoch ihr Vorhaben verschwiegen, mitzugehen, welche es auch tat, doch nur aus Neugier und nicht aus bösem Willen; sie nahmen sie aber nur mit, um sie dort zurückzulassen, als habe sie alles getan. Hierauf begaben sie sich in einer Nacht mit Laternen versehen durch den Gang in die Stube des Prinzen und suchten alles durch, sehr verwundert, nichts Besonderes darin zu finden außer der Myrte. An dieser ließen sie nun allen ihren Grimm aus, rissen ihr Zweige und Blätter ab, und als sie auch den Wipfel herunterrissen, klingelte das Glöckchen, und das Myrtenfräulein, welches glaubte, es sei dies das Zeichen zu ihrer Hochzeit, trat plötzlich in dem schönsten Brautkleide aus der Myrte. Anfangs verwunderten sich die bösen Geschöpfe, aber bald waren sie einig, dieses müßte die künftige Fürstin sein, und somit fielen sie über sie her und ermordeten sie auf die unbarmherzigste Weise, indem sie das arme Myrtenfräulein mit ihren Messern in viele kleine Stücke zerhackten; jede nahm sich einen Finger von dem armen Myrtenfräulein mit; nur das zehnte Fräulein hatte nicht mitgeholfen und nur immer gejammert und geweint, wofür sie sie dann einsperrten und nun auf demselben Wege entwichen.

Als der Kammerherr des Prinzen, welchem dieser bei Lebensstrafe befohlen hatte, die Myrte täglich zu begießen und täglich die Stube aufzuräumen, als wenn der Prinz da wäre, zu seiner Verrichtung hereintrat, war sein Entsetzen unbeschreiblich, da er das zerfleischte Myrtenfräulein in dem Blute an der Erde herumliegen und den Myrtenbaum zerknickt und entblättert sah. Er wußte nicht, was dies sein konnte, denn er wußte von dem Myrtenfräulein nichts; da erzählte ihm das junge Fräulein, welches weinend in einer Ecke saß, alles. Sie nahmen unter bittern Tränen alle Glieder und Knochen der Unglücklichen zusammen und begruben sie unter den zerstörten Myrtenbaum in das Gefäß, so daß alles einen kleinen Grabhügel bildete; sodann wuschen sie den Boden so rein sie konnten, und begossen den Baum mit dem blutvermischten Wasser, räumten die Stube auf, schlossen sie zu, und flohen in großer Angst miteinander; doch nahm das Fräulein eine Locke der unglücklichen Gemordeten zum Andenken mit.

Unterdessen waren die Vorbereitungen zu der Hochzeit beinahe fertig, und der Prinz, der das wilde Schwein vergebens aufgesucht hatte, kehrte nach der Stadt zurück. Sein erster Gang war zu dem guten Töpfer und seiner Frau, welchen er seine Geschichte mit dem Myrtenfräulein erzählte und sie um die Hand ihrer Tochter bat. Die guten Leute waren vor Entzücken fast außer sich, als sie vernahmen, daß in ihrem Myrtenbaum ihnen eine Tochter erwachsen sei, und wußten nun, warum sie denselben so ungemein liebgehabt hatten. Freudig willigten sie in die Bitte des Prinzen ein und begleiteten ihn in das Schloß, um ihre wunderbare Tochter zu sehen. Als sie nun zusammen in das Zimmer traten, wo die Myrte stand, sahen ihre Augen ein trauriges Schauspiel: – am Boden noch viele blutige Spuren, und der geliebte Baum entblättert und verletzt, neben ihm aber ein Grabhügel. Der Prinz rief, der Töpfer rief, die Töpferin rief: „O meine geliebte Braut! o mein teures Kind! mein einziges liebes Töchterchen! o wo bist du, laß dich sehen vor deinen unglücklichen Eltern!“ Aber nichts rührte sich, und ihre Verzweiflung war unbegrenzt. Die drei armen Unglücklichen saßen nun ganze Tage und begossen den Myrtenbaum mit ihren Tränen, und das ganze Land ward bestürzt und traurig.

Unter solchen Schmerzen pflegten und warteten der Prinz und der Töpfer nebst seiner Frau den kranken Myrtenbaum aufs zärtlichste, und er begann wieder Zweige zu treiben, worüber sie sehr erfreut wurden, und er war schon wieder ganz hergestellt, nur fehlten ihm an dem Wipfel einige Blätter und an einem seiner beiden Hauptäste die äußersten fünf Sprossen und an dem andern vier, neben welchen der fünfte zu keimen anfing. Diesen fünften Sproß beobachtete der Prinz alle Tage, und wie entzückt war er nicht, als er eines Morgens diesen Sproß ganz erwachsen und den Ring, den er dem Myrtenfräulein gegeben, an demselben wie an einem Finger befestigt sah. Sein Entzücken war unbeschreiblich; denn er glaubte nun, das Myrtenfräulein müsse noch leben. In der nächsten Nacht saß er mit dem Töpfer und der Töpferin bei dem Baum, und sie flehten die Myrte so zärtlich um ein Lebenszeichen an, daß der Baum endlich zu säuseln begann und folgende Worte sang:

Habt Erbarmen,
An zwei Armen
Fehlen mir neun Fingerlein.
Lieber Prinz! in deinem Reiche
Wachsen jetzt neun Myrtenzweige,
Und sie sind mein Fleisch und Bein.
Habt Erbarmen,
Schafft mir Armen
Wieder die neun Fingerlein.

Der Prinz und die Eltern waren durch dies traurige Lied sehr gerührt, und der Prinz ließ den andern Tag im ganzen Lande bekanntmachen, wer ihm die schönsten Myrtenzweige bringe, den wolle er mit seiner königlichen Hand belohnen. Dieses kam auch zu den Ohren der Mordfräulein, welche die arme Myrte so schrecklich gemartert hatten, und sie waren sehr froh darüber: denn sie hatten die neun Finger des Myrtenfräuleins, jede den ihren, in einen Topf mit Erde vergraben, und es waren kleine Myrtensprosse daraus gewachsen. Sie putzten sich gleich schön an und kamen eine nach der andern mit ihren Myrtenzweigen ins Schloß; denn sie glaubten, die Worte des Prinzen wollten soviel sagen, als wolle er die Überbringerin der schönsten Myrte heiraten. Der Prinz ließ ihnen die Myrtenzweige abnehmen und versprach ihnen seiner Zeit Antwort sagen zu lassen; sie möchten sich nur zum Feste vorbereiten. Als er nun alle die neun Zweige neben den großen Baum gestellt hatte, sprach die Stimme aus dem Baum:

Willkomm, Willkomm, neun Zweigelein!
Willkomm, Willkomm, neun Fingerlein!
Willkomm, Willkomm, mein Fleisch und Bein!
Willkomm, Willkomm, zum Topf herein!

Da begrub der Prinz die neun Zweige und die neun Finger unter die Myrte, welche noch denselben Tag die neun fehlenden Sprossen trieb. Nun aber kam noch das jüngste Fräulein, welches nur die Haarlocke genommen und ihr den Ringfinger gelassen hatte, und warf sich dem Prinzen zu Füßen und sagte: „Herr! ich habe keine Myrte und habe auch keine haben wollen; aber diese Locke gebe ich in deine Hand und bitte dich um eine Gnade." Der Prinz versprach sie ihr, und sie erzählte ihm, wie die ganze Mordtat geschehen sei, und bat ihn, er möge seinem entflohenen Kammerherrn verzeihen und sie mit demselben vermählen. Da gab ihr der Prinz einen Gnadenbrief für denselben, und sie lief zu ihm in den Wald, wo er sich in einen hohlen Baum versteckt hatte, in den sie ihm täglich zu essen gebracht. Der Kammerherr erfreute sich sehr über sein Glück und kam mit ihr wieder in die Stadt. Als aber der Prinz die Haarlocke auch vergraben hatte, sprach die Myrte:

Nun bin ich ganz
Im alten Glanz,
Bring mir den Kranz
Und führe mich zum Hochzeitstanz.

Da ließ der Prinz ein großes Fest vor allem Volke im Schloßgarten ansagen; da alles versammelt war, ward die Myrte unter einen Thronhimmel gestellt, und der schönste Blumenkranz, mit Gold durchwunden, ward ihr von dem Töpfer und der Töpferin aufgesetzt, und als dies kaum geschehen war, trat das Myrtenfräulein, wie die schönste Braut geschmückt, aus dem Baum hervor und ward von ihren Eltern, welche sie noch nie gesehen hatten, unter Freudentränen und dann von dem glücklichen Prinzen als seine Braut herzlich umarmt. Da standen die neun Mordfräulein wie auf heißen Kohlen; der Prinz aber sprach: „Was verdient der, welcher diesem Myrtenfräulein etwas zu Leide tut?" Und einer sagte da nach dem andern irgend eine harte Strafe her, und als die Frage an die neun Fräulein kam, sagten sie alle zusammen: „Daß ihn die Erde verschlinge und seine Hand aus der Erde wachse"; und kaum hatten sie es gesagt, als die Erde sie auch verschlang und über ihnen Fünffingerkraut hervorwuchs.

Nun wurde die Hochzeit gehalten, und der Kammerherr hielt mit dem jüngsten Fräulein auch Hochzeit. Es schenkte dem Prinzen der Himmel auch bald ein kleines Myrtenprinzchen, das ward in der schönen Wiege des alten Töpfers gewiegt, und das ganze Land war froh und glücklich.

Der Myrtenbaum aber ward bald so stark und groß, daß man ihn ins Freie setzen mußte. Da begehrte die Prinzessin Myrte, daß er neben die ehemalige Hütte ihrer Eltern gesetzt werde; das geschah auch, und die Hütte ward zu einem schönen Landhaus verändert, und endlich ward aus dem Myrtenbaum ein Myrtenwald, und die Enkel des Töpfers und seiner Frau spielten darin, und die beiden guten Leute wurden dort, wie sie gewünscht hatten, unter dem Myrtenbaum begraben. Der Prinz und das Myrtenfräulein ruhen wohl auch schon dort, wenn sie nicht mehr leben sollten, woran ich fast zweifle; denn es ist schon sehr lange her.

Das Märchen von dem Witzenspitzel

Es war einmal ein König von Rundumherum, der hatte unter seinen vielen andern Dienern einen Edelknaben, der hieß Witzenspitzel, und er liebte ihn über alles und überhäufte ihn mit tausend Gnaden und Geschenken; weil Witzenspitzel ungemein klug und artig war und alles, was ihm der König zu verrichten gab, mit außerordentlicher Geschicklichkeit ausrichtete. Wegen dieser großen Gunst des Königs waren alle die andern Hofdiener sehr neidisch und bös auf Witzenspitzel;

Denn wurde seine Klugheit belohnt mit Gelde,
So wurde ihre Dummheit bestraft mit Schelte;
Und erhielt Witzenspitzel vom König großen Dank,
So erhielten sie von ihm großen Zank;
Kriegte Witzenspitzel einen neuen Rock,
So zerschlug er auf ihnen einen neuen Stock;
Durfte Witzenspitzel des Königs Hand küssen,
So traktierte der König sie mit Kopfnüssen.

Darüber wurden sie nun gewaltig zornig auf Witzenspitzel und brummten und zischelten den ganzen Tag und steckten überall die Köpfe zusammen und überlegten, wie sie den Witzenspitzel sollten um die Liebe des Königs bringen. Der eine streute Erbsen auf den Thron, damit Witzenspitzel stolpern und den gläsernen Szepter zerbrechen sollte, den er dem König immer reichen mußte; der andere nagelte ihm Melonenschalen unter die Schuhe, damit er ausgleiten sollte und dem König den Rock begießen, wenn er ihm die Suppe brachte; der dritte setzte allerlei garstige Mücken in einen Strohhalm und blies sie dem König in die Perücke, wenn Witzenspitzel sie frisierte; der vierte tat wieder etwas anderes, und so versuchte jeder etwas, den Witzenspitzel um die Liebe des Königs zu bringen. Witzenspitzel aber war so klug und behutsam und vorsichtig, daß alles umsonst war und er alle Befehle des Königs glücklich zu Ende brachte.

Da nun alle ihre Anschläge nichts fruchten wollten, versuchten sie etwas anderes. Der König hatte einen Feind, mit dem er nie fertigwerden konnte und der ihm alles zum Possen tat. Das war ein Riese, der hieß Labelang und wohnte auf einem ungeheuren Berg, wo er in einem dicken dunkeln Walde in einem prächtigen Schlosse hauste, und hatte außer seiner Frau, die Dickedull hieß, niemand bei sich als einen Löwen Hahnebang und einen Bären Honigbart und einen Wolf Lämmerfraß und einen erschrecklichen Hund Hasenschreck, das waren seine Diener. Außerdem hatte er auch ein Pferd im Stall, Flügelbein genannt.

Nun wohnte in der Gegend von Rundumherum eine sehr schöne Königin, Frau Flugs, die hatte eine Tochter, Fräulein Flink; und der König Rundumherum, der gern alle andern Länder um sein Land herum auch gehabt hätte, hätte die Königin Frau Flugs gar gerne zu seiner Gemahlin gehabt. Sie ließ ihm aber sagen, daß noch viele andere Könige sie auch gerne zur Gemahlin hätten, daß sie aber keinen nehmen wolle als den allergeschwindesten, und daß der, welcher am nächsten Montag, morgens um halb zehn Uhr, wenn sie in die Kirche gehe, zuerst bei ihr wäre, sie zur Gemahlin und mit ihr das ganze Land haben sollte.

Nun ließ der König Rundumherum alle seine Diener zusammenkommen und fragte sie: „Wie soll ich es doch anfangen, daß ich am Montag zuerst in der Kirche bin und die Königin Flugs zur Gemahlin bekomme?" Da antworteten ihm seine Diener: „Ihr müßt machen, daß Ihr dem Riesen Labelang sein Pferd Flügelbein bekommt; wenn Ihr darauf reitet, kömmt Euch niemand zuvor; und um dieses Pferd zu holen, wird niemand geschickter sein als der Edelknabe Witzenspitzel, der ja alles zustande bringt." So sagten die bösen Diener und hofften schon, der Riese Labelang werde den Witzenspitzel gewiß umbringen. Der König befahl also dem Witzenspitzel, er solle das Pferd Flügelbein bringen.

Witzenspitzel erkundigte sich um alles recht genau, wie es bei dem Riesen Labelang beschaffen sei, und dann nahm er sich einen Schiebekarren und stellte sich einen Bienenkorb darauf und nahm einen Sack, da steckte er einen Gockelhahn hinein und einen Hasen und ein Lamm, und legte ihn auch auf den Karren; weiter nahm er einen Strick mit und eine große Schachtel voll Schnupftabak, hängte eine Kurierpeitsche um, machte sich ein paar tüchtige Sporen an die Stiefel und marschierte mit seinem Schiebekarren ruhig fort.

Gegen Abend war er endlich den hohen Berg hinauf, und als er durch den dicken Wald kam, sah er das Schloß des Riesen Labelang vor sich. Und es ward Nacht, und er hörte, wie der Riese Labelang und seine Frau Dickedull und sein Löwe Hahnebang und sein Bär Honigbart und sein Wolf Lämmerfraß und sein Hund Hasenschreck gewaltig schnarchten; nur das Pferd Flügelbein war noch munter und scharrte mit den Füßen im Stall.

Da nahm Witzenspitzel leise, leise seinen langen Strick und spannte ihn vor die Schloßtüre von einem Baum zum andern und stellte die Schachtel mit Schnupftabak dazwischen; dann nahm er den Bienenkorb und setzte ihn an einen Baum in den Weg, und ging in den Stall und band das Pferd Flügelbein los und setzte sich mit dem Sack, worin er den Hahn, das Lamm und den Hasen hatte, drauf und gab ihm die Sporen und trieb es hinaus.

Das Pferd Flügelbein aber konnte sprechen und schrie ganz laut:

Dickedull und Labelang!
Honigbart und Hahnebang!
Lämmerfraß und Hasenschreck!
Witzenspitzel reitet Flügelbein weg!

und dann galoppierte es fort, was giebst du, was hast du!

Da wachte der Labelang und die Dickedull auf und hörten das Geschrei des Pferdes Flügelbein; geschwind weckten sie den Bären Honigbart und den Löwen Hahnebang, den Wolf Lämmerfraß und den Hund Hasenschreck auf, und alle stürzten zugleich aus dem Schloß heraus, um den Witzenspitzel mit dem Pferd Flügelbein zu fangen.

Aber der Riese Labelang und seine Frau Dickedull stolperten in der Dunkelheit über den Strick, den Witzenspitzel vor der Türe gespannt hatte, und perdauz – da fielen sie mit der Nase und den Augen gerade in die Schachtel voll Schnupftabak hinein, die er dahin gestellt hatte, und rieben sich die Augen und niesten einmal über das anderemal, und der Labelang sagte: „Zur Gesundheit, Dickedull!“

„Ich danke“, sagte Dickedull; dann sagte sie: „Zur Gesundheit, Labelang!“ und „Ich danke“, sagte Labelang, und bis sie sich den Tabak aus den Augen geweint und aus der Nase geniest hatten, war Witzenspitzel schier aus dem Wald.

Der Bär Honigbart war zuerst hinter ihm drein, als er aber an den Bienenkorb kam, kriegte er Lust zum Honig und wollte ihn fressen; da schnurrten die Bienen heraus und zerstachen ihn so, daß er halb blind ins Schloß zurücklief. Witzenspitzel war schon weit aus dem Wald, da hörte er hinter sich den Löwen Hahnebang kommen; geschwind nahm er den Gockelhahn aus seinem Sack, und als der auf einen Baum flog und zu krähen anfing, ward es dem Löwen Hahnebang sehr angst und er lief zurück. Nun hörte Witzenspitzel den Wolf Lämmerfraß hinter sich. Da ließ er geschwind das Lamm aus seinem Sack laufen, und dem sprang der Wolf nach und ließ ihn reiten. Schon war er nahe der Stadt, da hörte er hinter sich ein Gebelle, und wie er sich umschaute, sah er den Hund Hasenschreck angelaufen kommen. Geschwind ließ er nun den Hasen aus dem Sack laufen, und da sprang der Hund dem Hasen nach, und er kam mit Flügelbein glücklich in die Stadt.

Der König dankte dem Witzenspitzel sehr für das Pferd; die falschen Hofdiener aber ärgerten sich, daß er so mit heiler Haut wiedergekommen war. Am nächsten Montag setzte sich der König gleich auf sein Pferd Flügelbein und ritt zur Königin Flugs, und das Pferd lief so geschwind, daß er viel früher da war und schon mehrere Tänze auf seiner Hochzeit mit der Königin Flugs getanzt hatte, als die andern Könige aus der Gegend erst ankamen. Da er nun mit seiner Königin nach Hause ziehen wollte, sagten seine Diener zu ihm: „Ihro Majestät haben zwar das Pferd des Riesen Labelang; aber wie herrlich wäre es, wenn Sie auch dessen prächtige Kleider hätten, die alles übertreffen, was man bis jetzt gesehen, und der geschickte Witzenspitzel wird dieselben ganz gewiß herbeischaffen, wenn es ihm befohlen wird.“

Der König bekam gleich eine große Lust nach den schönen Kleidern des Labelang und gab dem Witzenspitzel abermal den Auftrag. Als dieser sich nun auf den Weg machte, dachten die falschen Hofdiener, er würde diesmal dem Riesen Labelang gewiß nicht entgehen.

Witzenspitzel nahm diesmal nichts mit als einige starke Säcke, und kam abends wieder vor das Schloß des Labelang, wo er sich auf einen Baum setzte und lauerte, bis alles im Schlosse zu Bette sei.

Als alles still geworden war, stieg er vom Baum herunter, da hörte er auf einmal die Frau Dickedull rufen: „Labelang, ich liege mit dem Kopf so niedrig, hole mir doch draußen ein Bund Stroh." Da schlüpfte Witzenspitzel geschwind in das Bund Stroh, und Labelang trug ihn mitsamt dem Bund Stroh in seine Stube, steckte ihn unter das Kopfkissen und legte sich dann auch in das Bett.

Als sie ein wenig eingeschlafen waren, streckte Witzenspitzel die Hand aus dem Stroh und raufte den Labelang tüchtig in den Haaren und dann die Frau Dickedull auch, worüber beide erwachten und, weil eines glaubte, das andere habe es gerauft, sich einander gewaltig im Bette zerprügelten, während welchem Streit Witzenspitzel aus dem Stroh herauskroch und sich hinter das Bett setzte.

Da sie wieder ruhig eingeschlafen waren, packte Witzenspitzel alle Kleider des Labelang und der Dickedull in seinen Sack und band diesen leise, leise dem schlafenden Löwen Hahnebang an den Schwanz; dann band er den Wolf Lämmerfraß und den Bären Honigbart und den Hund Hasenschreck, welche alle da herum schliefen, an die Bettlade des Riesen fest und machte die Türe weit, weit auf. Er hatte alles so in der Ordnung, da wollte er aber auch dem Riesen seine schöne Bettdecke noch mitnehmen und zupfte ganz sachte, sachte an dem Zipfel, bis er sie heruntergezogen, wickelte sich hinein und setzte sich auf den Sack voll Kleider, den er dem Löwen an den Schwanz gebunden hatte. Nun wehte die kalte Nachtluft durch die offene Türe der Frau Dickedull an die Beine, sie wachte auf und rief: „Labelang! du nimmst mir die Decke weg, ich liege ganz bloß." Da wachte Labelang auf und rief: „Nein, ich liege ganz bloß, Dickedull, du hast mir die Bettdecke genommen." Darüber fingen sie sich wieder an zu schlagen und zu zanken, und Witzenspitzel fing laut an zu lachen. Nun merkten sie etwas und riefen: „Dieb da! Dieb da! Auf, Hahnebang! Auf, Lämmerfraß! Honigbart und Hasenschreck! Dieb da! Dieb da!" – Da wachten die Tiere auf, und der Löwe Hahnebang sprang fort; weil er aber den Bündel angebunden hatte, worauf der Witzenspitzel in die Bettdecke gewickelt saß, fuhr der wie in einem Wagen hinter ihm her und fing einige Male an, wie ein Hahn kikriki, kikriki zu schreien; da kriegte der Löwe eine solche Angst, daß er immer, immer zulief, bis an das Stadttor, wo Witzenspitzel ein Messer herauszog und hinten den Strick abschnitt, so daß der Löwe, der im besten Ziehen war, auf einmal ausfuhr und so mit dem Kopf wider das Tor rannte, daß er tot an die Erde fiel.

Die andern Tiere, welche Witzenspitzel an die Bettstelle des Riesen gebunden hatte, konnten diese nicht zum Tor hinausbringen, weil sie zu breit war, und zerrten die Bettlade so in der Stube herum, daß Labelang und Dickedull herausfielen und aus großem Zorn den Wolf und den Bären und den Hund totschlugen, welche doch gar nichts dafür konnten.

Als die Wache in der Stadt den großen Stoß, den der Löwe gegen das Stadttor getan hatte, hörte, öffnete sie das Tor, und Witzenspitzel brachte dem König die Kleider des Labelang und der Dickedull, worüber dieser vor Freuden aus der Haut fahren wollte, denn niemals waren noch solche Kleider gesehen worden. Es war dabei ein Jagdrock, von den Pelzen aller vierfüßigen Tiere so schön zusammengenäht, daß daran die ganze Geschichte des Reineke Fuchs zu sehen war. Weiter ein Vogelstellerrock, von den Federn aller Vögel der Welt: vorn ein Adler, hinten eine Eule und in der Tasche eine Drehorgel und ein Glockenspiel, welche wie alle Vögel durcheinandersangen. Dann ein Bade- und Fischfängerkleid, aus allen Fischhäuten der Welt so zusammengenäht, daß man einen ganzen Walfisch- und Häringsfang darauf sah. Dann ein Gartenkleid der Frau Dickedull, worauf alle Arten von Blumen und Kräutern, Salat und Gemüs abgebildet war. Was aber alles übertraf, war die Bettdecke; sie war von lauter Fledermauspelzen zusammengenäht, und alle Sterne des Himmels mit Brillanten darauf gestickt.

Die königliche Familie wurde ganz dumm von lauter Betrachten und Bewundern. Witzenspitzel wurde geküßt und gedrückt, und seine Feinde platzten bald vor Zorn, daß er wieder so glücklich dem Riesen Labelang entgangen sei.

Doch ließen sie den Mut nicht sinken und setzten dem König in den Kopf, jetzt fehle ihm nichts mehr als das Schloß des Labelang selber, dann hätte er alles, was ihm zu wünschen übrig sei, und der König, der ein rechter Kindskopf war und alles haben wollte, was ihm einfiel, sagte gleich zu Witzenspitzel, er solle ihm das Schloß des Labelang schaffen, dann wolle er ihn belohnen.

Witzenspitzel besann sich nicht lange und lief zum drittenmal nach dem Schloß des Labelang. Da er dahin kam, war der Riese nicht zu Hause, und in der

Stube hörte er etwas schreien wie ein Kalb. Da guckte er durchs Fenster und sah, daß die Riesin Dickedull einen kleinen Riesen auf dem Arm hatte, der bleckte die Zähne und schrie wie ein Kalb, während sie dabei Holz hackte.

Witzenspitzel ging hinein und sagte: „Guten Tag, große, schöne, breite, dicke Frau! Wie mögt Ihr Euch nur bei dem allerliebsten Kinde so viele Arbeit machen, habt Ihr denn keine Knechte oder Mägde? Wo ist denn Euer lieber Herr Gemahl?" – „Ach!" sagte die Dickedull, „mein Mann Labelang ist ausgegangen, die Herrn Gevatter einzuladen, wir wollen einen Schmaus halten; und nun soll ich alles allein kochen und braten, denn mein Mann hat den Wolf und Bären und Hund, die uns sonst geholfen, totgeschlagen, und der Löwe ist auch fort."

„Das ist freilich sehr beschwerlich für Euch", sagte Witzenspitzel; „wenn ich Euch helfen kann, soll es mir lieb sein."

Da bat ihn die Dickedull, er solle ihr nur vier Stücke Holz kleinmachen, und Witzenspitzel nahm die Axt und sagte zu der Riesin: „Haltet mir das Holz ein wenig!" – Die Riesin bückte sich und hielt das Holz: da hob Witzenspitzel die Axt auf, und ratsch hieb er der Dickedull den Kopf ab, und ritsch dem kleinen Riesen Mollakopp auch, und da lagen sie.

Nun machte er ein großes tiefes Loch gerade vor die Türe des Schlosses, und warf die Dickedull und Mollakopp hinein und deckte das Loch oben ganz dünne mit Zweigen und Blättern zu; dann steckte er in allen Stuben des Schlosses eine Menge Lichter an und nahm einen großen kupfernen Kessel, da paukte er mit Kochlöffeln darauf, und nahm einen blechernen Trichter, darauf blies er die Trompete und schrie immer dazwischen: „Vivat! es lebe Ihro Majestät, der König Rundumherum!" –

Als Labelang abends nach Hause kam und die vielen Lichter in seinem Schloß sah und das Vivatgeschrei hörte, ward er ganz rasend vor Zorn und rannte mit solcher Wut gegen die Türe, daß er, da er über das mit Zweigen bedeckte Loch laufen wollte, durchfiel und mit großem Geschrei in der Grube gefangen lag, welche Witzenspitzel dann mit Erde und Steinen über ihm zufüllte.

Hierauf nahm Witzenspitzel den Schlüssel des Riesenschlosses und brachte ihn dem König Rundumherum, der sich sogleich mit der Königin Flugs und ihrer Tochter, der Prinzessin Flink, und dem Witzenspitzel nach dem Schloß begab und alles betrachtete. Nachdem sie vierzehn Tage an allen den vielen Stuben, Kammern, Kellerlöchern, Dachluken, Ofenlöchern, Feueressen, Küchenherden, Holzställen, Speisekammern, Rauchkammern und Waschküchen und dergleichen betrachtet hatten und fertig waren, fragte der König den Witzenspitzel, was er zur Belohnung für seine treuen Dienste haben wollte: da sagte er, die Prinzessin Flink, und die war es auch zufrieden; da wurde Hochzeit gehalten, und Witzenspitzel und die Prinzessin Flink blieben auf dem Riesenschloß wohnen, wo sie bis auf diesen Tag zu suchen sind.

Das Märchen von Rosenblättchen

Der Herzog von Rosmital hatte eine sehr schöne Schwester, die er über alles liebte und der er alles zu Gefallen tat. Sie hatte eine außerordentliche Liebe zu Blumen, besonders zu Rosen, und ihr Bruder verwandelte deswegen beinahe sein ganzes Land in einen einzigen Rosengarten; außerdem hatte sie noch eine andere Leidenschaft, und das war, ihre schönen Haare immer zu flechten und zu kämmen, und sie hatte zu diesem Zweck eine Menge Kammerfräulein, welche eigentlich Kammfräulein hießen und goldene Kämme anhängen hatten. Ihre ganze Beschäftigung war, sich kämmen zu lassen und dann mit den Kammfräulein im Garten herumzuspringen, bis ihre Haare wieder in Unordnung waren und sie sich von neuem kämmen ließ.

Als sie einst morgens unter den Händen ihrer sechs Kammfräulein im Garten saß, welche ihr sechs Zöpfe flochten, trat ihr Bruder, der Herzog von Rosmital, vor sie und führte ihr an der Hand den Prinzen Immerundewig zu und redete sie also an: „Liebe Schwester! ich habe dir schon oft von meinem vertrautesten Freund, dem Prinzen Immerundewig, erzählt, und du weißt, daß ich von jeher wünschte, du möchtest dich mit ihm vermählen, damit er immer und ewig bei mir bliebe! Hier stelle ich ihn dir vor und bitte dich, ihm dein Herz zu schenken."

In diesem Augenblick raufte eines der Kammfräulein die Prinzessin Rosalina, worüber sie sehr ungeduldig wurde und gegen sie ausrief: „Du raufst mich immer und ewig!" Das Kammfräulein entschuldigte sich fein, indem es sagte: „Ja, Prinzessin, der Prinz Immerundewig raufte Euch, denn sein Auftreten hat mich zerstreut." Der Prinz begann sich schon zu entschuldigen, als wieder eine andere sie raufte, so daß Rosalina ganz aus der Fassung kam und dem armen Immerundewig sagte: „Mein verehrter Prinz und mein geliebter Bruder! ich erkläre, daß ich mich ebenso wenig als ein Rosenstock mit einem Kürbis mit dem

Prinzen Immerundewig vermählen werde!“ Und nach diesen Worten lief sie weg und die zopfflechtenden Kammfräulein ihr nach.

Der Herzog konnte seinem Freunde keinen Trost geben: „Denn“, sagte er, „ihre Worte sind unverbrüchlich.“

„Sind sie das“, sagte Immerundewig, „so will ich mein Heil versuchen“, umarmte dann den Herzog und reiste ab zu seiner Muhme, der Frau Nimmermehr, welche eine große Zauberkünstlerin war, und er holte sich Rats bei ihr.

Mehrere Wochen nachher spazierte einst Rosalina im Garten umher, da sah sie eine alte Frau, die einen Rosenstock nach dem andern betrachtete und bei jedem den Kopf schüttelte. Rosalina ging zu ihr und fragte sie, warum sie immer den Kopf schüttelte. „Weil bei allen den Rosen doch die schönste fehlt“, sagte die Alte, „nämlich die immer und ewig blühende Monatsrose.“ – „Wer hat sie?“ fragte Rosalina, „ich muß sie haben um jeden Preis.“ – „Nun, nun“, sagte die Alte, „um ein gutes Wort steht sie Euch zu Diensten“, und zog den Deckel von ihrem Handkorb und zeigte der Prinzessin einen Kürbis, in welchen sie das blühende Rosenreischen gesteckt hatte, damit es frisch bleiben möge.

Rosalina war in der größten Freude über das Rosenstöckchen, und als sie die Alte fragte, was sie dafür verlange, sagte diese: „Zwei Dinge: erstens, daß du mein Gast seist bei meinem Mittagbrot, und zweitens, daß du alle Monate, so oft dir das Rosenstöckchen eine Rose bringt, mit deinen Kammfräulein ein Fest begehst, wobei ihr alle über das Rosenstöckchen wegspringt, ohne daß ihr ein Rosenblättchen mit euern Kleidern abstreift, damit keines an die Erde fällt; und bei welcher eines an die Erde fällt, die muß ein paar tüchtige Hiebe mit Rosenzweigen auf die Hände bekommen, welche ihnen der Rosenstock schon geben wird, so sie zu ihm sprechen:

Röslein, Röslein,
Triff mich fein!
Triff mich mit der Rut!
Weil ich sprang nicht gut;
Triff mich mit der Rute recht!
Röslein! weil ich sprang so schlecht.

Die Prinzessin lachte hierüber und willigte in alles ein. Da nahm die Alte einen hölzernen Löffel aus der Tasche, trennte den Kürbis damit in zwei Teile und nahm einen Löffel voll von seinen Kernen, den sie der Prinzessin zum Essen vorhielt. Diese machte anfangs einen schiefen Mund, als sie es aber einmal versucht hatte, schmeckte es ihr vortrefflich, und sie aß ziemlich viel von den Kernen. Hierauf pflanzte die Alte den Rosenstock unter ihr Fenster, und weil er bereits ein volles Röschen trug, sagte sie: „Prinzessin Rosalina! rufet Eure Kammfräulein und beginnet das erste Fest vom Rosensprung."

Da ging Rosalina und erzählte alles ihrem Bruder, dem Herzog; der bestellte Pauker und Trompeter und richtete das ganze Fest zu. Als Rosalina und ihre Kammfräulein erschienen waren, losten sie, wer zuerst springen sollte, und es traf sich, daß Rosalina die allerletzte war.

Manches Fräulein sprang glücklich hinüber, aber alle jene, welche die Prinzessin gerauft hatten, da der Prinz Immerundewig um ihre Hand bat, streiften mit ihren langen Schleppen ein paar Blätter von der Rose ab und mußten ihre Hände mit den Worten:

Röslein, Röslein,
Triff mich fein!
Triff mich mit der Rut!
Weil ich sprang nicht gut;
Triff mich mit der Rute recht!
Röslein! weil ich sprang so schlecht.

dem Rosenstock darbieten, welcher ihnen zur Bewunderung aller Anwesenden mit seinen Zweigen ein paar so tüchtige Hiebe über die Finger gab, daß ihnen das Wasser in die Augen kam.

Als nun die Reihe zum Sprung an Rosalinen kam, nahm sie einen tüchtigen Anlauf und wäre auch glücklich hinübergekommen, wenn sich ihr im Sprunge nicht die Haarflechten aufgelöst hätten, die ein Blättchen von der Rose abschlugen, welches sie aber im Sprung, ehe es zur Erde fiel, erhaschte und verschluckte, so daß ihr von der ganzen Gesellschaft Beifall zugeklatscht wurde.

Hierauf ward noch lustig geschmaust und getanzt, und als gegen das Ende der Tafel allerlei Gesundheiten getrunken wurden, hob die alte Frau ihr Glas in die Höhe und sprach zu Rosalinen:

Weil Kürbiskern und Rosenblatt
Dein roter Mund gegessen hat,

Weil Ros und Kürbis sich verband,
Verlierst du deine stolze Hand
An meinen Freund, den Immerundewig;
Leb wohl! im Abendschimmer entschweb ich.

So sprach sie, und vor den Augen aller verschwand sie plötzlich. Rosalina aber, auf welche alle Augen gerichtet, tat einen lauten Schrei und fiel in Ohnmacht. Man brachte sie nach ihrer Stube, und sie bedachte mit vieler Angst, daß sie dem Prinzen gesagt, sie wolle ihn nehmen, wenn Rose und Kürbis sich vermählten.

In der Nacht hatte sie sehr wunderbare Träume: es war ihr immer, als wüchsen ihr Rosen aus dem Munde, und sie hatte Magenweh. Diese Träume hatte sie oft, und immer ängstlicher.

Als der kleine Monatsrosenstock wieder eine Rose brachte und sie wieder hinübersprang, war sie ganz melancholisch und krank; Essen und Trinken schmeckten ihr nicht mehr.

Bei dem dritten Rosenfest hatte sie geträumt, sie würde ein Kürbis, und ihr Bruder mußte ihr das mit vieler Mühe ausreden. Aber gegen das vierte Rosenfest setzte sie sich den Gedanken noch viel fester in den Kopf, daß sie ein Kürbis sei, und wollte deswegen auf keine Weise mehr über den Rosenstock springen. Bei dem fünften Rosenfest war sie nicht mehr aus der Stube zu bringen und weinte den ganzen Tag darüber, daß sie ein Kürbis geworden sei.

Der Herzog war sehr betrübt über ihre Einbildung und versammelte alle Ärzte um sie: aber es war ihr nicht mehr auszureden. Das sechste Rosenfest kam, da war der Rosenstock schon so groß geworden, daß an kein Springen mehr zu denken war, und besonders, weil sie den ganzen Tag trauerte, daß sie ein Kürbis sei. Am siebenten Rosenfest guckte der Rosenstock ihr ins Fenster; am achten wuchsen seine Zweige schon um ihr Bett, und am neunten breitete er eine ganze Rosenlaube über sie.

Da träumte sie so lebendig, sie sei ein Kürbis und müsse sterben, daß sie ihren Bruder zu sich rufen ließ, der mit Licht hereintrat. Aber wie groß war ihr Erstaunen, als sie morgens neben ihrem Lager einen halben großen goldenen Kürbis stehen sah, in welchem, wie in einer Wiege, ein schönes kleines Mägdlein schlummerte. Da war die Prinzessin sehr gerührt und sagte: „Ach! wenn der gute Prinz Immerundewig da wäre, ich wollte gern seine Gemahlin werden!“ Da rauschten die Rosen um sie, und sie hörte eine Stimme:

Als Rose starb ich, als Rose leb ich,
Rose bin ich nun Immerundewig.

Da ward die Prinzessin sehr betrübt, denn sie hörte wohl, daß der gute Prinz ihr zulieb ein Rosenstock geworden war, und sie gab dem Mägdlein den Namen Rosenblättchen und trug es mit seinem Bettchen in ihre geheimste Kammer, wo sie es erziehen wollte; denn sie hatte es so lieb, daß sie keinem Menschen es zu sehen gönnte.

Rosalina, welche bald wieder ganz lustig geworden war, saß am folgenden Tage im Bett und ließ sich von ihren Kammerfräulein ihre Haare, die sie sonst in einen Kranz geflochten getragen hatte, auf eine andere Weise flechten; denn sie wollte nun eine goldene Haube aufsetzen. Sie hatte kaum begonnen, als es an ihrer Türe pochte und man ihr sagte, die Alte, welche den Kürbis und den Rosenstock gebracht, sei drauß und wolle das Rosenblättchen sehen. Sie ließ ihr aber sagen, sie solle warten, bis sie gekämmt sei. Nach einer Viertelstunde pochte die Alte wieder und erhielt dieselbe Antwort, und das noch fünfmal. Da ward die Alte bei dem siebenten Mal sehr zornig und rief ihr durch das Schlüsselloch hinein:

Sieben Viertelstund hab ich geharrt,
Sieben Viertelstund ward ich genarrt;
So kämme denn noch sieben Jahr,
Dann bringt dein Kamm dich in Gefahr,
Du kämmst dich dann in große Not
Und kämmst das Rosenblättchen tot.

So sagte die Alte im Zorn und verschwand. Rosalina achtete wenig hierauf und dachte an nichts als an ihr Rosenblättchen, welches täglich größer und freundlicher ward und wie seine Mutter besonders schöne lange Haare hatte; und diese zu kämmen, war Rosalinens höchste Kunst, wenn sie sich allein mit dem Rosenblättchen eingesperrt hatte.

Nun war das Kind beinahe schon sieben Jahre alt geworden, und die Zeit nahte sich, wo der Unglückswunsch des alten Zauberweibes:

Du kämmst dich dann in große Not
Und kämmst das Rosenblättchen tot,

wahr werden sollte; aber Rosalina dachte nicht daran und kämmte das Rosenblättchen nach wie vor.

Als sie nun einstens das Mägdlein zwischen ihren Knieen hatte und ihm den spitzigen goldnen Kamm durch die langen goldnen Locken zog, fühlte sie auf einmal einen großen Neid in sich erwachen, weil das Kind viel schönere Haare hatte als sie, und sagte ungeduldig:

Ach! hättest du einen kahlen Kopf,
Und ich hätte all deine Haare im Zopf.

Kaum aber hatte sie dieses gesagt, als sie vom Himmel gestraft wurde; denn eine unsichtbare Schere kam über sie her und ritsch ritsch schnitt sie ihr alle Haare vom Kopf herab, worüber sie so zusammenfuhr, daß sie mit der Hand zuckte und dem armen Rosenblättchen den spitzen Kamm so tief in das Häuptlein stieß, daß es mit einem Schrei tot zu ihren Füßen sank. – Da fiel der unglücklichen Rosalina der Zauberfluch der alten Frau ein; aber es war zu spät. Ihr geliebtes Rosenblättchen lag tot an der Erde, und ihre schönen langen Haare, die sie so lange und mit so vieler Eitelkeit hatte kämmen lassen, lagen abgeschnitten umher, und sie rang ihre Hände verzweiflungsvoll über ihrem kahlen Kopf.

Nachdem sie lange geweint hatte, stopfte sie ein Bettchen mit ihren langen Haaren und ein Kopfkissen mit Rosenblättern, und legte das tote Rosenblättchen darauf mit gefalteten Händen in einen Kasten von Kristallglas, und ließ noch sechs andere Kasten von Kristall darüber machen und verschloß sie in der Kammer, wovon niemand etwas wußte als eine vertraute Dienerin.

So lebte sie noch einige Jahre in beständiger Trauer. Der Rosenstock verdorrte auch in der Stube, und als sie fühlte, daß die Stunde ihres Todes herannahte, ließ sie ihren Bruder, den Herzog von Rosmital, zu sich kommen und sagte: „Geliebter Bruder! das Ziel meines Lebens ist gekommen; ich wollte, ich wäre nicht so eigensinnig und eitel gewesen; aber jetzt ist es zu spät; ich bitte Gott, er möge sich meiner erbarmen. Alles, was ich besessen habe, gehört nun dein; aber eines schwöre mir zu, damit ich ruhig sterben kann."

Der Herzog schwur ihr unter Tränen, alles zu tun, was sie verlange; denn er liebte sie über alles.

Nun gab sie ihm einen Schlüssel und sagte: „Dieses ist der Schlüssel zu der letzten Kammer meiner Wohnung; bewahre ihn getreu und öffne diese Kammer niemals.“ Der Bruder beteuerte nochmals, sein Versprechen zu halten, und da sagte Rosalina: „Lebe wohl und bete für mich“; dann wendete sie sich um und war tot; worauf sie der Herzog mit großem Gepränge bei dem Monatsrosenstock begraben ließ.

Einige Monate nachher vermählte sich der Herzog mit einer schönen, aber nicht gutmütigen Dame, und als er einstens eine kleine Reise machen mußte, bat er seine Gemahlin, das Haus wohl in Ordnung zu halten und um alles in der Welt die letzte Kammer, deren Schlüssel er in seinem Schreibtische verwahrt habe, nicht zu öffnen.

Sie versprach alles; aber kaum hatte er den Rücken gewendet, als sie, von der Neugierde getrieben, den Schlüssel nahm und sich die verbotene Kammer öffnete. Wie groß war aber ihr Zorn, da sie durch die gläsernen Kasten Rosenblättchen auf der Matratze liegen sah, die, seit sie hier von ihrer Mutter als tot war eingeschlossen worden, mitsamt den gläsernen Kasten gewachsen war und wie ein schönes schlummerndes Fräulein von vierzehn Jahren aussah; denn das alte Zauberweib hatte sie die langen Jahre hindurch im Schlafe lebend erhalten.

Die böse Herzogin riß die Kasten zornig auf und sprach: „Ha! ha! drum soll ich nicht in die Kammer, damit die Jungfer ruhig schlafen kann; aber wart! ich will das Murmeltierchen wecken!“ Und nun riß sie Rosenblättchen bei den Haaren auf, so daß der Kamm, welcher noch von damals ihr im Kopf stak, herabfiel und das arme Mägdlein aus ihrem Zauberschlaf erwachte mit dem Geschrei: „Ach Mutter! liebe Mutter! wie hast du mir weh getan!“

„Ich will dich muttern und vatern“, sagte die Herzogin, „daß du dein Lebtag dran denken sollst!“ und riß das zitternde und weinende Rosenblättchen aus dem Kristallkasten und schlug und mißhandelte sie auf alle Weise mit der Drohung, wenn sie ein Wort gegen irgend einen Menschen redete, was ihr hier geschehen sei, solle sie ins Wasser geworfen werden. Dann schnitt sie ihr die schönen langen Haare ab, machte ihr ein kurzes Kleid von Sackleinwand, ließ sie Holz und Wasser tragen, Öfen heizen und Stuben scheuern und gab ihr täglich so viele Nasenstüber, Kopfnüsse, Ohrfeigen und Maulschellen, daß das arme Rosenblättchen so braun und blau im Gesicht aussah, als ob sie Heidelbeeren gegessen hätte.

Als der Herzog von Rosmital zurückkam und die Herzogin fragte, wer das arme Mädchen sei, das er täglich so gewaltig von ihr mißhandelt sehe, sagte sie: „Es ist eine Sklavin, welche mir meine Muhme zugesendet; aber sie ist so boshaft und so dumm und faul, daß ich sie unaufhörlich strafen muß."

Nach einiger Zeit reiste der Herzog auf einen großen Jahrmarkt und ließ nach seiner Gewohnheit alles, was im Schlosse lebte, bis auf die Katzen und Hunde vor sich rufen, um jeden zu fragen, was er ihm vom Jahrmarkte zum Geschenke mitbringen sollte, da denn der eine dieses, der andere jenes begehrte; als endlich auch das arme Rosenblättchen in seinem groben Sklavenkittel hervortrat und der Herzog sie eben anreden wollte, unterbrach ihn seine böse Gemahlin mit den Worten: „Muß der Schmutzkittel auch überall dabei sein? Sollen wir alle mit der faulen groben Sklavin über einen Kamm geschoren werden? Fort mit dem widerwärtigen Tölpel! Ich weiß nicht, wie du ein so niedriges Wesen solcher Auszeichnung würdigen magst!"

Da liefen dem armen Rosenblättchen vor Kummer die Tränen über die Wangen herab, und der Herzog, der sehr gütig und mitleidig war, sagte gerührt zu ihr: „Weine nicht, du armes Kind! sondern sage mir von Herzen, was ich dir mitbringen soll, denn niemand soll mich hindern, dir eine Freude zu machen." Da sagte Rosenblättchen: „Herzog! bringe mir eine Puppe mit und ein Messerchen und einen Schleifstein, und so du dieses vergißt, so wünsche ich, daß du nicht über den ersten Fluß, der dir in den Weg kömmt, herübergelangen könnest."

Der Herzog reiste nun nach dem Jahrmarkt und kaufte alles ein, nur die Puppe, das Messerchen und den Schleifstein für Rosenblättchen vergaß er.

Da er nun auf der Rückreise an einen Fluß kam, entstand ein solcher Sturm in den Wellen, daß kein Schiffer es wagte, ihn überzufahren; da fiel ihm die Verwünschung Rosenblättchens ein. Er kehrte daher gleich zurück und kaufte alles, was sie bestellt hatte, und gelangte dann glücklich nach seinem Schloß, wo er alle Geschenke richtig austeilte.

Da Rosenblättchen ihre Geschenke erhalten hatte, trug sie alles in die Küche, stellte die Puppe auf den Herd, setzte sich vor sie hin und weinte bitterlich, und begann ihr, gerade als ob sie eine lebendige Person wäre, alle ihre Leiden und Qualen, die sie von der Herzogin erdulden mußte, nach der Reihe vorzuerzählen, und sagte immer dazwischen: „Nicht wahr? Verstehst du? Hörst du? Gelt, das ist betrübt! Nun, was sagst du dazu?" Als aber die Puppe nicht antworten wollte, nahm Rosenblättchen ihr Messerchen und wetzte es auf ihrem Schleifstein und sagte: „Puppe! wenn du mir nicht antworten willst, so steche ich mir das Messerchen ins Herz, denn ich habe keinen Freund auf Erden als dich."

Da schwoll die Puppe nach und nach an wie ein Dudelsack, wenn man ihn aufbläst, und schnurrte endlich: „Versteh dich schon, versteh dich schon; versteh, versteh, versteh dich schon viel besser als ein Tauber."

Da nun diese Musik der Puppe und das Klagen Rosenblättchens vor ihr mehrere Tage hintereinander von dem Herzog gehört wurden, der eine Stube dicht neben der Küche hatte, machte er sich ein Loch in die Türe, wo er sehen und hören konnte, wie Rosenblättchen weinend vor der Puppe saß und ihr erzählte: vom Prinzen Immerundewig, von den Kürbiskernen, vom Rosensprung, vom Rosenblatt, von dem Goldkürbis, worin sie gelegen, vom Kämmen der Mutter, von der Verwünschung des Zauberweibs, vom Einstoßen des Kamms in den Kopf, von ihrem Zauberschlaf, vom Liegen in den sieben Glaskasten, vom Schlüsselgeben an den Herzog und dem Verbot, die Kammer nicht zu öffnen, vom Tod der Prinzessin Rosalina, von der Reise des Herzogs, von der Neugierde der Herzogin, von der Öffnung der Kammer, dem Herausreißen des Kamms, dem Haarabschneiden und der argen Mißhandlung, die sie stündlich ertragen müsse; dann sagte sie wieder: „Antworte, oder ich bringe mich um!" und setzte das Messer an ihr Herz.

Aber der Herzog sprang zur Türe herein und riß es ihr aus der Hand, umarmte sie zärtlich als seine Schwestertochter und brachte sie aus dem Schlosse zu der Gemahlin seines Ministers, wo sie herrlich gekleidet und gepflegt ward.

Da sie sich nach einigen Monaten wieder recht erholt hatte von den Qualen und schweren Arbeiten, welche ihr die böse Herzogin auferlegt hatte, ließ er eine prächtige Mahlzeit in seinem Schlosse anstellen, bei welcher er Rosenblättchen, die niemand mehr in ihrem Glanze erkannte, als seine Nichte mit erscheinen ließ. Nach Tisch wurde ein Zuckerhaus aufgetragen, und jedermann hätte gern gewußt, wer drin saß. Da sagte der Herzog zur Herzogin: „Wollt Ihr wohl das Zuckerhaus öffnen?" und sie tat es; da lag die kleine Puppe drin in sieben Glaskästchen, wie Rosenblättchen gelegen hatte, und die Herzogin erschrak sehr und schlug vor Zorn die Glaskästchen entzwei und riß die Puppe heraus; aber die lief ihr weg und setzte sich auf Rosenblättchens Schulter und blies sich dick, dick auf wie ein Dudelsack, und erzählte der Herzogin alle ihre Grausamkeiten ins Gesicht und ward immer größer und größer und stand endlich wieder als das alte Zauberweib auf dem Tisch, welches oft in dieser Geschichte vorkommt, und flog zum Fenster hinaus.

Da ließ der Herzog seine böse Frau in eine Kutsche setzen und sie wieder zu ihren Eltern hinfahren, wo er sie einst hergeholt hatte.

Das Rosenblättchen aber ward die Gemahlin eines vornehmen Prinzen und erhielt das ganze Herzogtum Rosmital zum Brautschatz, und da blühte der Rosenstock Immerundewig wieder auf. Und als Rosenblättchen einstens nachts den süßen Duft roch, trat sie mit ihrem Gemahl an das Fenster und sah ihre Mutter und die Kammfräulein über den Rosenstock springen, und der Prinz Immerundewig war auch dabei. „Ach!" rief sie aus, „liebste Eltern! Gott segne euch!" Da riefen die von unten wieder herauf: „Ach! liebste Kinder! Gott segne euch!" und verschwanden in der Luft.

Da wurde Rosenblättchen sehr still und fromm und ließ sich eine Wiege machen wie einen goldenen Kürbis, und da bescherte ihr der Himmel einen kleinen Prinzen hinein, und der hat mir alles dieses für einen einzigen Pfefferkuchen erzählt.

Das Märchen von dem Baron von Hüpfenstich

In dem ehrlichen Lande regierte der König Haltewort, ein sehr guter, aber noch viel strengerer Herr, dann und wann auch sehr grob. Er hatte sehr viel zu tun, denn er hielt Wort, und seine Vorfahren waren so vielversprechende Herrn gewesen, daß er alle Hände voll hatte, für sie Wort zu halten, besonders da einer manchmal das Gegenteil vom andern versprochen hatte. Aber das machte ihn nicht irr. Er hielt immer recht wacker zu Wort. Sonst kümmerte er sich um nichts und war gar nicht neugierig; denn er fürchtete immer, er möchte ein neues Versprechen erfahren, das er halten müsse, und das wäre ihm fatal gewesen. Er lebte sehr friedlich in seinem Lande und hatte mit allen Königen der Welt einen Frieden geschlossen, welcher in den Worten bestand: Tue mir nichts, ich tue dir auch nichts.

Dieser gute König hatte eine Tochter, die sehr neugierig war und überall mit ihrem Näschen vornedran sein mußte. Sie war so neugierig gewesen zu wissen, wie es auf der Welt aussähe, daß ihre Mutter ihr noch gar die Wiege nicht zurechtgemacht hatte, als das Kind schon vom Himmel herab der Frau Mutter entgegenhüpfte, worüber die gute Königin, die gern alles in der Ordnung hatte, vor Schrecken starb, indem sie ihr Töchterlein ans Herz drückte und sprach: „Mein Kind will wissen, wie es auf der Welt aussieht, drum muß ich sehen, wie es im Himmel aussieht. Möge die Woche, um die du mir zu früh gekommen bist, dir einstens treue Dienste leisten." Nach diesen Worten starb die Königin, und die umstehenden Frauen zeigten dem herbeigerufenen König Haltewort den Tod der Königin und die Geburt seiner Tochter an.

Der König fragte vor allem: „Wie lauteten die letzten Worte meiner Gemahlin, damit ich sie ihr halten kann, da sie selbst gestorben ist." Da sagte die älteste Hofdame: „Sie sprach: Mein Kind will wissen" – „So soll die Prinzessin heißen", sagte der König; „sie soll Prinzeß Willwischen heißen, weil die sterbende Mutter sie so angeredet." – Nun ließ er sich noch die übrigen Worte der Verstorbenen sagen; aber da war nichts bei zu halten, nur daß die Woche, um die sie zu früh gekommen, ihr große Dienste leisten solle; das konnte er nicht recht begreifen und nahm sich vor, viel darüber nachdenken zu lassen.

Nun ließ er die gute Königin ins Grab und das Kind Willwischen in die Wiege legen.

Eine große Sorge hatte der gute König jetzt, die plagte ihn sehr: er hatte seiner Gemahlin versprochen, er wolle, wenn sie vor dem Kinde sterbe, Mutterstelle an ihm vertreten. Wie er das machen sollte, wenn er Wort halten wollte, wußte er nun gar nicht, er ließ auch darüber stark nachdenken. Und sieh da! nach einer halben Stunde kam der Hofnachdenker herein und sprach: „Ihro Majestät! haben Sie etwas heraus?" Der König sagte: „Haben Sie etwas?" Der Nachdenker sagte: „Ihro Majestät, ich habe nichts heraus", und der König sagte: „Ich habe auch nichts." Da sagte der Nachdenker: „Da haben wir also alle beide nichts heraus", und nun gingen sie wieder frisch ans Nachdenken.

Nach einigen Stunden kamen sie ebenso zusammen und gingen ebenso auseinander. Nun hätten die Hofdamen dem Kind Willwischen gern eine Amme gegeben; aber Haltewort gab es nicht zu und sagte, er wolle schon Wort halten und selbst Mutterstelle vertreten.

Zur größten Verwunderung schien das Kind Willwischen gar keine Nahrung zu bedürfen, es ward dick und gesund, und der König glaubte, daß es bloß von seinem Nachdenken lebe. Endlich fiel es ihm einmal in der Nacht ein, daß eine gute Mutter manchmal nachts nach dem Kinde sehen müsse; das ließ er sich nicht zweimal einfallen, sondern sprang gleich beim ersten Mal mit gleichen Beinen aus dem Bett und ging in die Nebenstube, wo die Wiege stand.

Ganz sachte, sachte machte er die Türe auf; aber welche Wunder sah er da! Eine ziemlich alte Frau hatte das Kind Willwischen an der Brust, und sieben andere Wickelkinder lagen vor ihr hübsch eingefatscht wie sieben Backfische in einer Reihe an der Erde. „Ei! das ist keine Kunst“, schrie der König, „wenn Ihr dem Kinde zu trinken gebt; aber es geht platterdings nicht an, ich habe versprochen, Mutterstelle zu vertreten, und darum dürft Ihrs nicht, also marsch fort! Nehmt Eure sieben Backfische nur in der Schürze mit, und laßt Euch nicht mehr hier sehen.“ – „Gebt mir meinen Wochenlohn“, sagte die Frau und gab dem Willwischen frische Windeln und legte es in die Wiege; da gab ihr der König seine Traumbörse; denn er nahm immer einen Beutel voll Geld mit ins Bett, um, wenn ihm in der Nacht jemand im Traum vorkam, dem er bei Tag Geld versprochen hatte, Wort halten zu können.

Nun sagte die Frau zum König: „Haltewort! ich verlasse dein Kind, jetzt ist ohnedies meine Zeit aus, es ist gleich zwölf Uhr, und die neue Woche geht an; aber weil du mir meinen Wochenlohn so ehrlich gezahlt hast, so will ich dir auch sagen, wie du an dem Kind Mutterstelle vertreten kannst. Du mußt mir aber versprechen, dem ersten Verbrecher, der dich beleidigt, und sollte er dich auch bis aufs Blut stechen, zu verzeihen und ihn mit dem Besten, was du hast, zu ernähren.“ – „Bis aufs Blut stechen!“ sagte der König; „das ist ein starkes Stück; aber ich verspreche es dir aus mütterlicher Liebe.“ – „Wohlan!“ sagte die Frau, „so ernähre den Verbrecher, und du wirst dein Kind ernähren“, und verschwand.

Der König aber fühlte einen Stich in dem Arm und erwachte; da sah er, daß ihm nur geträumt hatte, denn er lag ganz breit in seinem Bette. Der heftige Stich, den er am linken Arm fühlte, machte, daß er dahin faßte, und was ergriff er da? Einen sehr großen Floh. Erzürnt rieb der König ihn zwischen den Fingern und wollte ihn soeben mit dem Nagel totknicken, als ihm sein Versprechen, das er der Frau im Traum gegeben, einfiel; er wolle dem Verbrecher nicht allein verzeihen, sondern ihn sogar mit seinem Besten ernähren. Er setzte daher den Floh in ein leeres Medizinglas gefangen und sprach: „Dir soll verziehen sein und du sollst mein Blut trinken.“ – Dieses tat er besonders, weil er seine Traumbörse nicht mehr fand, und also gewiß glaubte, er habe sie der Frau gegeben, und es müßte doch mehr als ein leeres Traumgebild sein.

Er dachte einige Stunden lang über diese Sache nach und betrachtete den Verbrecher in dem Arzneiglas; der schien zu schlafen. Er schüttelte das Glas, da wurde der Floh wach, und das Kind Willwischen weinte in der Nebenstube. Er wiegte das Arzneiglas, da hörte er auch die Wiege des Kindes sich bewegen, und Floh und Kind schliefen ein, und Haltewort auch. Morgens weinte das Kind wieder, und der Floh war sehr unruhig im Glase, der König setzte den Floh auf seinen Arm und ließ ihn sein Blut trinken, da ward auch das Kind Willwischen still.

Genug, der König merkte, daß alles, was er dem Floh tat, der Prinzessin auch geschah, und deswegen ließ er dem Floh nichts abgehen, und auch das Kind Willwischen ward groß und stark. Der Verbrecher im Arzneiglas aber ward bald so dick und fett, daß er keinen Platz mehr in dem Glase hatte und in eine große Flasche mußte gesetzt werden. Der König tat alles dieses sehr insgeheim, und niemand hatte den Floh bis jetzt gesehen. Bald war auch die Flasche nicht mehr groß genug, und der König setzte ihn in seinen Stiefel; aber nun wurde es dem König unmöglich, ihn länger zu ernähren, denn er wurde selbst ganz krank und mager darüber. Er fing daher an, das Kind Willwischen mit Mehlbrei zu füttern, und gab dem Floh Ochsenblut.

Und so wuchs die Prinzessin und der Floh heran, ohne sich persönlich zu kennen; der Floh war schon so groß geworden wie ein Rind, und Willwischen sechzehn Jahre alt, als ein unglücklicher Zufall sie bekannt machte.

Willwischen war ganz erstaunlich neugierig und guckte durch alle Schlüssellöcher. Nun hätte sie längst gern gewußt, was der König nur immer in seiner Schlafkammer verborgen habe; denn nie wollte er sie hineinlassen, und doch hörte sie oft ein gewaltiges Geschnurre und Geklapper darin, als wenn ein Geißbock darin herumspränge. Die Neugier ließ sie nun gar nicht mehr ruhen, und so lauschte sie einstens in der Nacht an der Tür des Königs, der folgendes Gespräch mit dem Floh hielt, von dem sie aber nicht wußte, daß es ein Floh war. Der König sprach: „Sag mir einmal, du Bengel! was soll ich nun mit dir anfangen? Du wächst mir über den Kopf und machst mir die Stube fast zu eng.“ Da antwortete der Floh: „Bester König! ich kann es auch gar nicht mehr vor Langerweile hier aushalten; ich dächte, du gäbst mir eine hübsche Livree und machtest mich zum Edelknaben bei meiner Schwester Willwischen.“ – „Schwester? Wie meinst du das? Unterstehst du dich, die Prinzessin deine Schwester zu nennen?“ sagte der König; und der Floh sprach hierauf: „Bin ich etwa nicht von königlichem Geblüt?“ – „Gewissermaßen wohl“, erwiderte der

König, „aber ich verbitte mir, davon zu sprechen." – „Was braucht es vieler Worte?" sagte der Floh; „ich verlange standesmäßigen Unterhalt; ich mag nicht länger unter Euerm Bett neben alten Pantoffeln schlafen, es liegt ein juchtenledernes Felleisen da unten, dessen Geruch mir schrecklich zuwider ist; ich sage dir, König, läßt du mich nicht zu Willwischen, so steche ich mich selbst tot." – „Gut", sagte der König, „es soll geschehen. Jetzt schlaf wohl, mein Herr von Hüpfenstich!" – „Ich danke für den Titel, Herr König Haltewort! Schlafet wohl!" sprach der Floh.

Nun ward es still in des Königs Kammer, und Willwischen legte sich zu Bett; aber schlafen konnte sie nicht; die Neugier, wer ihr Bruder gewissermaßen sei, wer ihr Edelknabe werden wolle, ließ sie nicht ruhen.

Am andern Morgen ward der Hofschneider zum König gerufen. Als er herauskam, rief ihm die Prinzessin: „Heda, Herr Höllenfleckel! was hat der König bestellt?" Der Schneider sagte: „Einen vollständigen Anzug für Herrn von Hüpfenstich, Ihre königliche Hoheit." – „Wer ist Herr von Hüpfenstich?" sagte die Prinzessin. „Ach, ein sehr munterer Herr", sagte der Schneider, „ich habe ihm über Tisch und Bett nachspringen müssen, als ich ihm das Maß nahm; aber die Arbeit pressiert, untertänigster Diener!" und so lief er fort. Nun kam der Schuster aus des Königs Zimmer. „Heda, Herr Schlappenpech!" rief Willwischen, „was hat der König bestellt?" – „Tanzschuhe und Sammetstiefel für den Herrn von Hüpfenstich", sagte er. „Wer ist das?" sagte sie. „Ei! ein Herr von ungemeiner Leichtfüßigkeit, ich mußte ihm über Tisch und Bänke nachsetzen, ihm das Maß zu nehmen; aber die Arbeit pressiert, gehorsamer Diener!" sagte der Schuster.

Nun kam der Perückenmacher heraus, und mit dem ging es ebenso. Endlich kam der König und fand Willwischen ganz betrübt in der Ecke des Saales sitzen. „Was fehlt dir, mein Kind Willwischen?" sagte er. „Ei, ich habe einen kuriosen Traum gehabt", sagte sie „und den mußt du mir erfüllen, Vater! sonst werde ich krank." – „Wenns möglich ist, soll es geschehen", sagte der König, und Willwischen sagte nun, sie habe geträumt, daß sie einen sehr schönen und flinken Edelknaben gehabt, und der habe ihr unendliche Freude gemacht mit seiner großen Leichtigkeit und Geschicklichkeit; aber sie habe gar nicht erfahren können, wo er her sei, und nun solle ihr der König sagen, wo der Edelknabe her sei.

Der König sprach: „Einen Edelknaben, der leicht und geschickt ist, sollst du haben, wo er aber her ist, muß er dir selbst sagen, ich weiß es nicht. Morgen soll er dir beim Frühstück zuerst aufwarten."

Die Prinzessin mußte sich gedulden. Als der Schneider am anderen Morgen die braunsamtene Uniform mit goldenen Tressen brachte, betrachtete sie Willwischen sehr neugierig, so auch die roten Saffianstiefel, die der Schuster brachte, und die schöne braune Perücke und alles, was in des Königs Stube getragen wurde.

Endlich ging die Türe auf, der König trat heraus, und neben ihm stand ein sehr kurioser Kerl, der große Floh, Herr von Hüpfenstich, in einem braunsamtenen Husarenhabit, mit roten Stiefeln, einer schwarzen Bärenmütze und einer großen Allongeperücke; er hatte eine Tasse Chokolade auf einem goldenen Präsentierteller in der Hand, und schien sich eine entsetzliche Gewalt anzutun und sich gewaltig zurückzuhalten. Er war so auf dem Sprung wie ein gespannter Hahn an einer Flinte, wenn der Finger des Schützen am Drücker liegt; er stand da wie ein Aderlaßschnepper über der Ader. Die Prinzessin saß am andern Ende des Saals und stand auf, um dem König guten Morgen zu sagen. Dieser blieb aber in der Entfernung stehen und sprach: „Willwischen! hier bringt dir der Herr von Hüpfenstich, dein neuer Edelknabe, eine Tasse Chokolade; ich hoffe, er wird seine Sache gut machen und dir gefallen."

Willwischen verneigte sich und streckte die Augen vor Neugier wie eine Schnecke heraus. „Ihro Majestät haben zu befehlen", sprach sie. Da sagte der König zu dem braunen Husaren: „Nun, Hüpfenstich! lasse Er sehen, wie Er eine Prinzessin zu bedienen weiß." Kaum hatte der König diese Worte halb ausgesprochen, als der Hüpfenstich mit seiner Chokolade einen Bogensprung durch den langen Saal machte und vor der Prinzessin mit seinem Präsentierteller auf den Knieen lag. Die Prinzessin war so darüber erschrocken, daß sie mit einem Schrei in Ohnmacht fiel. Herr von Hüpfenstich wußte aber so, was er zu tun hatte, daß der König kaum am andern Ende des Saales angekommen war, um ihm ein paar Ohrfeigen zu geben, als er die Prinzessin auch schon durch einen Aderlaß am Arm wieder zu sich zu bringen suchte.

Der König geriet über diese Aufmerksamkeit in das größte Vergnügen, und als Willwischen die Augen aufschlug, drehte Herr von Hüpfenstich bereits den Quirl in der Chokoladekanne so geschwind, daß sie die Schaumchokolade mit großem Appetit genoß und sich bald erholte.

Alles dieses ging so geschwind und plötzlich vor, daß einem Hören und Sehen dabei verging; aber der König ernannte ihn sogleich zum geheimen Geschwindigkeitsrat und gab ihm den schnellen Katharinenorden. Zugleich ließ er ihm die Stiefel so schwer mit Gold beschlagen, daß er nicht mehr so entsetzlich springen konnte, und so ging es eine Zeitlang recht gut.

Willwischen konnte ohne Hüpfenstich nicht mehr leben; allen Hofdamen mußte er zur Ader lassen; alle schnellen Geschäfte mußte er ausführen. Besonders schön wußte er hinten auf den Wagen zu springen, und auf der Hasenhetze war er allen Hunden voraus. Kurz, er war so angenehm, daß alles die Finger nach ihm leckte. Es ist nicht zu wundern, daß er durch diese große Begünstigung endlich sehr frech und sehr hoffärtig ward, viele ehrliche Leute quälte und plagte er, so daß alle die, welche sich zurückgesetzt sahen, nur auf eine Gelegenheit harrten, ihn aus der Gnade des Königs und womöglich ins höchste Verderben zu bringen.

Als ihm der König einstens mit Übergehung vieler verdienter Offiziere ein Husarenregiment gab, wurde der Unwillen auf das höchste gereizt, und die zurückgesetzten Offiziere machten eine förmliche Verschwörung gegen ihn. Einer unter ihnen, der Rittmeister Zwickelwichs, nahm das Geschäft auf sich, den Hüpfenstich ins Unglück zu stürzen. Er schmeichelte sich bei ihm ein, und wurde endlich sein vertrauter Freund und lobte seinen Eigenschaften so, daß Hüpfenstich vor Hoffart fast zum Narren ward; endlich setzte er ihm in den Kopf, er solle bei dem König die Prinzessin Willwischen zur Gemahlin begehren. Der Prinzessin aber ließ er durch ihre Kammerfrau die größte Neugier erregen, wer Hüpfenstich doch wohl eigentlich sei.

Hüpfenstich ward der Kopf bald so verdreht, daß er einstens den König nach der Parade beiseite zog und ihm sagte: „Ihro Majestät sind von meinen Verdiensten so überzeugt, daß Sie mir nicht abschlagen werden, der Gemahl Ihrer Tochter Willwischen zu werden.“ Der König sprach hierauf zu ihm sehr erzürnt: „Hopp! hopp! Herr von Hüpfenstich, weiß Er, wer Er ist? Wenn Er es nicht weiß, will ich es Ihn lehren“, und somit drehte er ihm den Rücken. Hüpfenstich schüttelte es durch Mark und Bein, als er dies gehört hatte; es war ihm nur einmal so gewesen in seinem Leben, nämlich als ihn der König, da er ihn als gemeiner Floh zum ersten Mal in den Arm stach, zwischen den Fingern rieb.

Finster und ahnungsvoll führte er sein Regiment unter Willwischens Fenster vorbei; aber er ließ nicht ihr Lieblingsstückchen blasen, er ließ sein Pferdchen nicht tanzen. Die Prinzessin konnte gar nicht begreifen, warum er diese gewöhnliche Artigkeit unterlassen habe. „Ach!" dachte sie, „er muß wohl etwas sehr Vornehmes sein, daß er so stolz gegen mich tut; o, wenn ich nur wüßte, wer er eigentlich ist!"

Der Rittmeister Zwickelwichs hatte wohl gesehen, wie der König den Hüpfenstich angefahren hatte, und suchte ihn nun auf, um ihn zu trösten. Er fand ihn in der Reitbahn, wo er aus Zorn und Ärger ganz verzweifelte Sätze machte. Als er ein wenig ruhig geworden, sagte der Zwickelwichs zu ihm: „Teurer Freund und Kamerad! du bist schrecklich gekränkt; das kannst du nicht auf dir sitzen lassen, ich will dir einen Vorschlag tun, der dich rächt und glücklich macht. Du weißt, es ist das benachbarte Königreich jetzt in der Gewalt des Königs Allmeinius, er respektiert den Frieden: Tue mir nichts, ich tue dir auch nichts, gar nicht und zieht bereits seine Strickreiter zusammen, uns den Krieg anzukünden; er hat mir herübersagen lassen, wenn Ihr mit dem Husarenregiment zu ihm kommen wolltet, wolle er Euch zum Statthalter des ehrlichen Landes machen, sobald er den König Haltewort gefangen habe. Wie wärs, wenn Ihr das Willwischen hinter Euch auf den Sattel nähmt und über die Grenze rittet, und wir ritten alle hintendrein?" Dem übermütigen, zornigen Hüpfenstich gefiel diese Verräterei sehr gut, und er sagte zu dem Zwickelwichs: „Ich will die Prinzessin schon hinwegbringen, komme du mir nur mit den Husaren nach."

Als alles dies verabredet war, ging Hüpfenstich zu der Prinzessin; sie war sehr verdrießlich und fragte, warum er nicht ihr Leibstückchen habe blasen lassen bei der Parade. Hüpfenstich sagte: „Ach, Ihro königliche Hoheit! es ist heute der Sterbetag meiner erhabenen Eltern; verzeihen Sie, daß mir die Trauer nicht erlaubte, die Trompete blasen zu lassen." – „Aber", sagte die Prinzessin, „wer sind denn Eure Eltern? Ihr wollt mir sie nie nennen." – „Hier darf ichs nicht", erwiderte Hüpfenstich; „ach! ich bin sehr unglücklich; wenn ich Euch hier sage, wer ich bin, so muß ich sterben." – „Das ist außerordentlich kurios", sagte Willwischen, „aber ich muß und will es wissen, teurer Freund! Giebt es denn gar kein Mittel, mir es zu sagen?" – „Eines, teure Prinzessin! Wenn Ihr heute abend im Mondschein wollt am Ende des Schloßgartens spazieren gehen, da werde ich es wagen, ganz unbelauscht Euch das wunderbare Geheimnis zu vertrauen." – Die Prinzessin willigte ein, sie kam gegen Abend an das Ende des Schloßgartens, da war Hüpfenstich; aber er sagte der Prinzessin nichts, er schwang sie auf den Rücken und machte so ungeheure Sprünge mit ihr bis in das Land des Königs Allmein.

Als er über die Grenze war, setzte er die weinende Prinzessin in einem Walde in das Gras und sagte ihr: „Willwischen! weine dich nur aus, ich habe dich entführt; meine Husaren kommen auch nach, und wenn mich der König Allmein zum Statthalter des ehrlichen Landes macht, so wirst du meine Gemahlin, und dann sage ich dir, wer ich bin. Jetzt muß ich mich hier in dem Bache baden und mich dann recht putzen, damit ich hübsch sauber vor den König Allmeinius treten kann." Nach diesen Worten machte er einen Sprung über einige Hecken hinweg, hinter welchen ein Bach lief, um sich dort zu baden.

Willwischen war so verwirrt und betrübt und ermüdet, daß sie einschlief. Aber auf einmal hörte sie Trompeten blasen und sah, als sie erwachte, das Husarenregiment über die Wiese angesprengt kommen. Sie erhob sich und warf sich auf die Kniee und bat um Hülfe. Aber es war gar nicht nötig; denn der Zwickelwichs hatte alles gleich dem König Haltewort gesagt, und die Husaren kamen nach, um den Hüpfenstich gefangenzunehmen. Sie eilten gleich ans Wasser, und Hüpfenstich, der bemerkte, daß er verraten war, wollte fortspringen; aber er konnte nicht, weil er ganz naß war. Sie banden ihm also Hände und Füße und legten ihn quer über ein Pferd, setzten die Prinzessin in einen Wagen und kehrten nach der Hauptstadt zurück. Der König hatte dort schon einen hohen Galgen aufrichten lassen, und es ward nun überlegt, mit welchem Tod der Verbrecher gestraft werden sollte. Endlich fällte der König das Urteil, es solle ihm erst die Uniform und dann die Haut abgezogen werden. Dies geschah. Als man ihm die Uniform abgezogen hatte, sagte die Prinzessin: „Hüpfenstich! wenn du mir sagst, wer du bist, so will ich meinen Vater um Pardon bitten." Hüpfenstich schüttelte mit dem Kopf. Da ward ihm die Haut abgezogen, und die Prinzessin sagte wieder: „Hüpfenstich! sage, wer du bist, so will ich meinen Vater um Pardon bitten." Aber Hüpfenstich schüttelte nicht mit dem Kopf, sondern – er war nicht mehr da; kein Mensch wußte, wo er hingekommen war.

Man verwunderte sich sehr darüber; aber was war zu tun? Man mußte sich mit der Haut begnügen; die ward an den Galgen aufgehängt, und der Platz ward niemals leer von Menschen, welche die wunderliche Haut des Husarenobristen von Hüpfenstich ansahen. Sie hatte so viele Beine und Borsten und Schnurrbärte und einen so schrecklichen Zopf; kein Mensch konnte herausbringen, was er doch wohl immer für ein Tier mochte gewesen sein. Willwischen starb schier vor Neugierde, zu erfahren, wer er wohl möge gewesen sein, und quälte ihren Vater Tag und Nacht; aber der König Haltewort hatte versprochen, es nie zu sagen.

Willwischen sollte sich nun bald vermählen; der König Haltewort war schon sehr alt und wollte gern einen Nachfolger haben; er bat also seine Tochter, sie möge unter den vielen Prinzen, die um ihre Hand ansuchten, einen wählen. Sie sagte aber: „Ich will keinen nehmen, ehe ich weiß, von wem die Haut ist." Da sagte der König endlich: „Wohlan! mein Kind, wenn das dein Wille ist, so will ich in aller Welt bekannt machen lassen, daß der, welcher rät, von wem die Haut ist, dein Gemahl werden soll. Bist du das zufrieden?" – „Ja, ja", sagte Willwischen, und der König ließ nun überall bekannt machen: wer errate, welche Haut in der Residenz am Galgen hänge, der solle seine Tochter zur Frau haben.

Nun entstand ein entsetzliches Gefahre und Gereite und Geschiffe und Gelaufe nach der Residenz. Da kamen Prinzen und Ritter und Lederhändler und Riemer und Sattler und Säckler und Gerber und Schuster und Buchbinder und Kürschner und Pelzhändler und Jäger und Seelenverkäufer und Juden und Professoren der Naturgeschichte, und wer nur mit Häuten und Leder zu tun hatte und mit dergleichen Bescheid wußte, kam, um seine großen Kenntnisse an den Tag zu legen und die schöne Prinzessin Willwischen zu gewinnen.

Als die Leute vom hundertsten ins tausendste hin und her rieten und den König immer fragten, ob sie recht geraten hätten, ward er ungeduldig und sagte: „Es kömmt hier nicht drauf an, zu erraten, sondern zu wissen, was für eine Haut es ist, drum sage jeder seine Meinung." Da sagte einer: Es ist ein Meerochse; der andere: ein Landkraken; der dritte: ein Muhdrache; ein Prenzlauer Rhinozeros; ein Kümmeltürke; mir scheint es eine Gensdarmenhaut, sagte ein armer Dorfschuster, wurde aber gleich eingesteckt. Endlich trat ein Professor auf und behauptete, es sei die Haut eines afrikanischen Buschmanns. Der Seelenverkäufer aber behauptete, sie sei von einem Amsterdamer Juden. Kurz, keiner konnte es erraten, und alle zogen ab.

So ging dies mehrere Monate lang, und die Neugier Willwischens stieg immer höher. Schier war im ganzen Reiche kein Mensch, der nicht schon geraten hatte.

Nun kam eines Morgens, da die Stadt noch zu war, ein gewaltiger Grobian vors Tor und pochte mit seiner Faust an, daß die Angeln krachten: „Aufgemacht! aufgemacht!" schrie er, „ihr Schlafmützen!" Die Torschreiber sprangen aus den

Betten und fragten durchs Schlüsselloch: wer so anpoche; da antwortete eine Stimme wie ein Büffelochse: „Macht auf! ich bin der Wellewatz."

Zitternd öffnete der Torwächter und sah einen abscheulichen Kerl hereinschreiten. Er stieß beinahe oben am Tor an und war so breit und zottig wie ein Pelznickel. „Ach, dürfte ich um Ihren Charakter bitten", sagte der Torschreiber, „daß ich Sie aufschreiben kann." Aber der Herr Wellewatz donnerte so auf ihn ein: „Ich heiße Wellewatz und bin ein privatisierender Menschenfresser", daß der arme Torschreiber vor Schrecken hinter das Schilderhaus fiel.

Wellewatz trabte mit seinen breiten Füßen durch die Straßen; alles schlief noch, und da er Hunger hatte und einige Bäckerknechte am Backofen beschäftigt sah, griff er zu und fraß sie wie Krametsvögel ohne Brot hinunter. Als er auf den Markt kam, sah er den Galgen mit der Haut und las den Anschlagzettel, daß der die Prinzessin zum Weibe erhalte, wer rate, was es für eine Haut sei. Er schüttelte den Kopf und lachte und rief mit lauter Stimme: „Auf! auf! König Haltewort! Dein Schwiegersohn ist da. Auf auf! Prinzessin Willwischen! Dein Mann ist da."

Da flogen alle Fensterläden auf, und tausend erschrockene Gesichter guckten heraus, und die Sonne ging auf und schien dem Wellewatz in die Augen, da nieste er, daß die Fenster im Schlosse sprangen und die Scherben der Prinzessin ins Bett fielen. Weil ihm aber niemand „zur Gesundheit" gesagt hatte, wurde der Wellewatz so böse, daß er das Steinpflaster aufriß und nach den Leuten warf.

Endlich kam der König ans Fenster und wollte soeben wegen dem großen Lärm recht tüchtig zanken; aber als er den entsetzlichen Wellewatz vor Augen sah, wurde er vor Schrecken ganz sanft und sagte: „Was steht zu Seinen Diensten, mein Freund?" – Da antwortete der Wellewatz: „König Haltewort! Rufe deine Tochter Willwischen herbei, ich will die Haut erraten." – „Es ist zwar noch ein wenig früh", sagte Haltewort, „aber meinethalben. Er hat doch einmal die ganze Stadt aus den Federn gejagt." Schon wollte der König zu Willwischen gehen, da kam sie selbst; die Neugierde, was für ein Lärm in der Stadt sei, ließ sie nicht ruhen. Als sie an das Fenster trat, patschte der Wellewatz in die Hände und lachte, daß die große Stadtmühle vor Schrecken darüber stillestand. „Ei potz tausend Büffelochsen!" schrie er, „welche schöne Prinzessin für eine Flohhaut!" Bei den Worten Flohhaut lief dem König der Angstschweiß von der Stirne, und in der Stadt lief das Wort Flohhaut von Mund zu Mund, und alle Türmer bliesen Flohhaut, und alle Trommelschläger trommelten Flohhaut, alle Chorschüler sangen Flohhaut, Flohhaut ward die Parole der braunen Husaren, und alle Kanonen wurden losgebrannt; denn Haltewort hatte mit dem Schnupftuch geweht, und das war das bestimmte Zeichen, daß die Haut erraten sei.

Die Prinzessin lag in Ohnmacht, und Wellewatz stieg die Treppen hinauf; ach! da war kein Herr von Hüpfenstich, der ihr zur Ader gelassen hätte. Wellewatz stieß ihr einen Bund Zwiebel unter die Nase, und sie kam zu sich. Sie stürzte sich in die Arme des Vaters: „Ist es wahr? Ist es wahr?“ weinte sie. „Es ist wahr“, sagte er und erzählte die ganze Geschichte des Herrn von Hüpfenstich. „Mein Kind Willwischen! Deine Neugier hat dich so weit gebracht, du mußt nun mit dem Wellewatz fortgehen, denn ich muß Wort halten.“

Nun hätte man Willwischens Jammer hören sollen; sie warf sich an die Erde und umklammerte die Füße ihres Vaters und flehte so beweglich, daß es hätte einen Stein bewegen sollen. Aber der König sprach immer: „Mein liebes Kind! du heißt Willwischen, und ich heiße Haltewort, und da kommt es nun so heraus, du mußt nun fort mit dem Wellewatz.“ Aber sie wimmerte immerfort, und Wellewatz ward schon ungeduldig und sprach: „Liebste Frau! Ich rate dir, werde ruhig und schreie mir die Ohren nicht voll, sonst werde ich andere Saiten aufspannen.“

Der König machte nun dem Wellewatz allerlei Vorschläge, damit er von Willwischen ablassen solle. Er wollte ihn zum Hoftürken, zum Generalissimus, zum Theaterdirektor, zum Oberjägermeister machen. Wellewatz wollte nicht. Der König hängte ihm alle verflossenen, gegenwärtigen und zukünftigen Orden um den Hals. Wellewatz wollte nicht. Der König machte ihn zum Herzoge Watz von Wellenwurz. Er wollte nicht. Endlich sagte er: „Ich sehe, daß Er gar keine Ehre im Leibe hat.“ Da antwortete der Wellewatz: „Nein, aber zwei Bäckerknechte“, und erwischte die Prinzessin Willwischen beim Rockzipfel und zerrte sie zur Stadt hinaus. Weil sie sich aber so gar erbärmlich stellte, so ward der König auch auf sie zornig und schimpfte und zankte hintendrein. Die ganze Stadt war in Auflauf, und es ward auf allen Straßen folgendes Lied gesungen:

Heil dir, o Wellewatz!
Der sich so schnelle Platz
Bei uns gemacht,
Du rietst dir halt den Schatz,
Hast nun die Braut beim Latz,

Giebst ihr so laut den Schmatz,
Daß es nur kracht.

Heil dir, Willwischen Braut!
Die wissen will die Haut
Vom Hüpfenstich,
Wer auf die Neugier baut,
Durch Schlüssellöcher schaut
Und auf Husaren traut,
Den triffts wie dich.

Ach! Herr von Hüpfenstich!
Wer ließ entschlüpfen dich
Aus deiner Haut?
Dein Balg am Galgen hing,
Mancher sich balgen ging,
Durch deinen Balg nun fing
Wellewatz die Braut.

Der König aber sperrte sich mit seinem Nachdenker ein und ließ stark über seinen Unfall nachdenken.

Wellewatz packte vor dem Tor das Willwischen auf seine Schulter und ging mit ihr querfeldein immer fort, fort, über Stock und Stein, durch Distel und Dorn, über Berg und Tal, und kam am Abend in einen dicken dunkeln Wald, wo sich die Wölfe einander gute Nacht sagen. „Du magst wohl Hunger haben", sagte er zu Willwischen; „warte, ich will dir gleich etwas Süßes zu schmecken geben. Ich höre meinen Zuckerbäcker schon brummen." Willwischen zitterte und bebte, denn sie kamen zu einem großen Bären, der mit einem großen Bienenkorb unter dem Arm nach seiner Höhle spazierte. Wellewatz holte ihn bald ein und gab ihm eine Ohrfeige, daß er um und um fiel, dann riß er eine Honigwabe aus dem Korb, wo alle Bienen und alles Wachs noch drin staken, und wollte, Willwischen sollte sie essen. Aber ihr schauderte.

„Potz Leckermaul!" sagte der Wellewatz „so hungere!" und fraß den ganzen Honigkorb allein aus. Willwischen aber aß einige wilde Brombeeren, die da herum wuchsen.

Der Wellewatz packte sie wieder auf und sagte: „In einigen Stunden werden wir in meinem Schlosse Knochenruh ankommen.“ Das war ein schrecklicher Name. Der Mond schien, der Wind wehte, und in den hohen Fichten klapperte es. „Das ist mein Lustgarten Klapperbach“, sagte Wellewatz; „die Totengerippe, die da in den Bäumen rappeln, scheuchen mir die Raben weg; ich habe die Kerls alle selbst aufgezehrt und brauche keine Schwarzröcke dazu.“ Willwischen war vor Angst und Schrecken eine einzige Gänsehaut; sie zitterte so, daß der Wellewatz zu ihr sagte: „Klappere nicht so mit den Beinen, du kitzelst mich, und wenn du mich lachen machst, so freß ich dich vor Liebe auf.“ Ach, wie still hielt sich da Willwischen. Endlich kamen sie an einen freien Platz im Walde vor ein wunderbares, hohes Gebäude. Der Mond schien. Das Haus war nicht ganz fertig gebaut. Auf der linken Seite fehlte ein Turm, auf der rechten war es fertig. Es war nicht ohne Kunst gebaut. Lauter Totenbeine und Totenköpfe, die standen oben herum, und weil die Haare noch auf ihnen waren, spielten diese recht schön im Wind und sausten. Es war gar nicht so übel ausgedacht.

Wellewatz blieb mit Willwischen auf dem Rücken eine Zeitlang vor dem Schloß in stiller Bewunderung stehen; endlich sagte er: „Wie gefällt dir das, mein Schatz? Siehe, alle die Knochen haben meine Vorfahren und ich selbst abgenagt, und mit welchem Geschmack sind sie geordnet! Ist das nicht modisch? Ist das nicht gothisch? Aber jetzt, mein Schatz! auf unserm Hochzeitsschmaus da soll es so hergehen, daß der ganze Turm auf dem linken Flügel mit den Knochen soll fertig gebaut werden. Wie gefällt dir das, mein Schatz?“ – „O Gott! entsetzlich schön“, seufzte Willwischen. Nun führte er sie hinein; alles Knochen und alles Knochen.

„Da ist dein Kabinett“, sagte Wellewatz; ach! es war mit lauter Kinderknöchelchen tapeziert! „Hier hast du was zu essen“, sagte Wellewatz; es waren lebendige Krebse. „Ich habe keinen Appetit“, sagte Willwischen. „Wird schon kommen“, sagte Wellewatz und aß die Krebse ruhig hinunter. „Wenn sie einen im Magen so mit den Scheren kneipen“, sagte er, „das macht Appetit. Aber gute Nacht, laß dir was Gutes träumen; ich will auf die Jagd gehen und Vorrat anschleppen. Morgen lade ich meine Vettern ein, da soll Hochzeit werden“, und damit ging er fort und schlug die Türe zu, daß der ganze Knochenpalast eine halbe Stunde lang klapperte.

Willwischen war vor Schreck und Hunger und Jammer ganz von Sinnen, sie konnte es vor Angst nicht mehr in dem Hause aushalten, auch quälte sie der Hunger. Sie schlich zur Türe hinaus und setzte sich in den Wald und riß Gras aus und aß es und sagte einmal übers andere Mal: „Ach Gott! warum heiße ich Willwischen? Ach Gott, warum bin ich so neugierig? Ach! wäre ich wieder bei meinem Vater! Ich wollte ja in meinem Leben gar nichts mehr erfahren. O! wer hilft mir aus diesem schrecklichen Elend?“

Während sie so jammerte, hörte sie im Walde reden und glaubte schon, Wellewatz kehre mit einigen guten Freunden zurück. Sie wollte geschwind wieder in das Knochenschloß laufen, aber sie fiel über ein Bein und stürzte vor Mattigkeit lautschreiend an die Erde.

Als sie wieder zu sich kam, war die Sonne aufgegangen, und sie lag in den Armen einer freundlichen alten Frau, welche ihr Zuckerbrot und Wein gab und zu ihr sprach: „Ei Kind Willwischen! wie lange habe ich dich nicht gesehen, und in welchem elenden Zustande muß ich dich wieder finden!“ Willwischen erstaunte sehr, daß die Frau ihren Namen nannte; aber sie fragte gar nicht, wer sie sei, weil ihr die Neugierde auf ewig vergangen war. Die Frau aber fing von selbst an und sagte: „Mein Kind Willwischen! ich kenne dein ganzes Unglück, und ich will dir helfen. Als deine sterbende Mutter dich in den Armen hatte, sagte sie: ›Die Woche, welche du zu früh auf die Welt kamst, möge dir einst gute Dienste leisten.‹ Nun sieh! ich bin die Woche; ich habe dich sieben Nächte neben meinen sieben Söhnchen an meiner Brust ernährt, bis dein Vater mich fand und fortschickte, und da hab ich den Hüpfenstich zu ihm geschickt, den verzauberten Floh, dessen Haut dich in das Elend mit dem Wellewatz gebracht. Aber ein ander Mal mehr! halte dich nun ruhig und geh in das Schloß, und lasse dir nichts merken, wenn der Wellewatz wiederkömmt. Morgen nacht um ein Uhr komme ich mit meinen sieben Söhnen, das sind erstaunlich geschickte und kluge Bursche, die sollen dich nach Hause führen.“ Nun gab sie dem Willwischen noch Wein und Zuckerbrot und befahl ihr, heimlich davon zu essen, küßte sie und ging weg.

Willwischen sah ihr lange mit Tränen nach und schlich dann in das gräßliche Schloß zurück. Gegen Mittag kam Wellewatz zurück; er trug ein Wildschwein an einer jungen Fichte gespießt auf der Schulter und brachte noch ein Nest voll junger wilder Katzen. „Holla! Willwischen!“ schrie er, „da ist Mundvorrat, hungern sollst du mir nicht, und Gesellschaft kriegst du auch; ich muß heute abend wieder weg, ich muß mir einige Handwerksburschen zum Hochzeitsbraten einfangen, die Bäckerknechte in deines Vaters Stadt schmeckten vortrefflich; ich habe dir deswegen eine Dame von hohem Stande auf heute nacht zur Gesellschaft gebeten, die Frau von Euler; das wilde

Katzennest kannst du ihr vorsetzen; daß du mir keine von den kleinen Katzen herausfrißt, ehe die Dame kömmt." – „Ach, gewiß nicht, mir ekelt, und gar lebendig!" sagte Willwischen. „Ja, ja, papperlapapp, ich kenne euch Leckermäuler, ihr sprecht immer von Ekel, und dann leckt ihr die Finger darnach."

Unterdessen hatte er ein Feuer angemacht und das Wildschwein an dem Spieß drüber befestigt; Willwischen mußte es umdrehen, und er riß ein Stück nach dem andern herunter und verschlang es mit Haut und Haar. Als er wieder wegging, sagte er: „Daß du mir nur die Frau von Euler gut unterhältst, sonst giebts Prügel."

Willwischen saß wieder allein in dem Knochenhaus und zitterte und bebte wegen der Frau von Euler. Was konnte sie sich von einer Dame versprechen, die lebendige wilde Katzen fraß. Sie guckte die armen Wildkätzchen recht mitleidig an: „Ach!" sagte sie, „ihr armen Dinger! euch geht es nicht besser als mir", und gab ihnen etwas von dem Wildschwein zu fressen; „wenn es möglich ist, will ich euch erretten", und somit trug sie die Tierchen in einen entlegenen Teil des Hauses.

Als es dunkel ward, vernahm sie einige gräßliche Töne; sie wußte nicht, woher; aber auf einmal flatterte mit abscheulichem Geräusch und Gekrächze etwas den Schornstein herunter in die Stube. Willwischen sah mit Angst nach dem Winkel, da glühten zwei runde Augen ihr entgegen, und es knappte entsetzlich mit dem Schnabel; es war eine ungeheure, riesenhafte, alte Nachteule, sie raschelte auf Willwischen zu; aber die floh mit großem Geschrei zur Türe hinaus und schlug die Knochentüre zu.

„Scharmante Frau von Wellewatz!" rief die Eule ihr nach, „wie schreckhaft und blöde sind Sie. Hat der Herr von Wellewatz mich nicht gemeldet? Ich habe Sie gewiß in süßen Schwärmereien gestört; kommen Sie doch wieder herein." Willwischen sagte: „Ich will nur Licht anzünden." – „Nein, das wäre zu naiv", schrie die Eule, „ich habe kranke Augen, ich verbitte mir das Licht; *allons!* kommen Sie herein, und bringen Sie mir mein Abendbrot mit." Willwischen goß den Wein, den ihr die Frau Woche gegeben, in eine Schüssel voll Brot und machte so eine kalte Schale, die schob sie zur Türe herein und sagte: „Bedienen Sie sich einstweilen, gnädige Frau!" und hielt die Türe fest zu. „Delikat! Delikat!" hörte sie die Frau von Euler sagen, „aber eine kuriose scheue

Person hat sich der Wellewatz geholt, sie muß vom Lande sein." Über solchem Geschwätz fraß die Frau von Euler die Weinsuppe aus und schlief berauscht ein.

Willwischen saß in rechter Herzensangst auf der Schwelle der Haustüre. Auf einmal hörte sie Gesang im Walde, und der kam immer näher; da sah sie die Frau Woche anspaziert kommen mit ihren sieben Söhnen, und der erste hatte eine blaue Jacke an und sang recht handwerksburschenmäßig vor den andern her:

Willwischen! liebstes Willwischen mein!
Wann werden wir wieder beisammen sein?
Am Montag!
Ei so wollt ich, daß alle Tag Montag wär,
Auf daß ich bei meiner Willwischen wär!

Kaum waren sie heran, so sagte Frau Woche: „Nun, ihr Bengels! da habt ihr endlich eure Prinzessin; jetzt zeigt eure Künste und macht, daß wir sie sicher nach Haus zum König Haltewort bringen." Dann sagte sie zur Prinzessin: „Sieh, Willwischen! ich bin die Woche und die Jungen sind der Montag, Dienstag, Mittwoch, Donnerstag, Freitag, Sonnabend und Sonntag." – „Erzählt nicht so lang", sagte der Montag, „wir müssen fort; hast du dein Bündelchen geschnürt, Willwischen?" – „Ach! ich will nur die jungen Wildkätzchen mit in den Wald nehmen", sagte sie und ging, das Nest zu holen.

Montag trat aber in die Stube, wo die Frau von Euler an der Erde schlief, und nahm sie auf den Rücken und schleppte sie vor den Knochenpalast und nagelte sie mit den Flügeln an das Tor und schrie ihr in die Ohren: „Sie können dem Herrn Wellewatz nur alles erzählen, es liegt uns gar nichts dran." Nun wachte die Frau von Euler auf und zappelte und schrie gewaltig. Aber die Woche zog mit Willwischen, von den sieben Söhnen umgeben, den Montag an der Spitze, immer in den Wald hinein, und da Willwischen Katzen schreien hörte, dachte sie, das ist gewiß meiner Katzen Mutter, und stellte das Nest in eine Baumhöhle.

So waren sie bis um zwölf Uhr der folgenden Nacht gegangen, als plötzlich die Frau Woche sich an die Erde legte und lauerte. „Aufgepaßt, Montag!" schrie sie, „Wellewatz ist nach Haus gekommen, die Frau von Euler hat ihm alles gesagt, er hat die Beine auf die Schultern genommen und wird gleich hier sein."

Kaum hatte sie dies gesagt, als sie auch schon ein Gekrache und Geräusch im Wald von Wellewatz' breiten Fußtritten hörten. Da sprang aber der Montag vor, nahm die Feder, die er hinterm Ohr hatte, tauchte sie in das Dintenfaß, das er am Gürtel hängen hatte, und spritzte die Feder aus: da entstand ein Dintenklecks zwischen ihnen und dem Wellewatz, wie ein kleines schwarzes Meer. Wellewatz wollte anfangs durchwaten, als es ihm aber zu tief ward, schrie er: „Ich komme ohne Löschpapier nicht durch", und lief nach Haus, solches zu holen.

Die Reisenden eilten immer fort, und Dienstag sang an der Spitze dasselbe Liedchen, wie gestern der Montag, nur daß er statt „am Montag" „am Dienstag" sang. Nachts um zwölf Uhr lauerte Frau Woche wieder an der Erde und sprach: „Dienstag! mache du nun dein Kunststück; der Wellewatz hat soeben sein großes Löschpapier über den Klecks gelegt; gleich wird er da sein." Kaum hatte sie das gesagt, als sie den Wellewatz bereits ganz in der Nähe singen hörten:

Löschpapier und Fließpapier
Und grüne Petersilie.

Da nahm der Dienstag seine Streusandbüchse und streute sie hinter sich aus, und es entstand auf einmal ein so tiefes Sandmeer hinter ihnen, daß der Wellewatz bis an die Knie einsank.

„Ich muß nach Haus und muß mir meine Chaussee holen", sagte er und kehrte wieder um. Nun ging der Mittwoch an der Spitze, und der Dienstag war der letzte. Der Führer sang wieder wie sein Vorgänger, nur sang er „am Mittwoch" statt „am Dienstag".

Nachts um zwölf Uhr lauschte die Frau Woche wieder und sprach: „Geschwind, Mittwoch! mache deine Kunststücke. Wellewatz hat eben einen langen Steinweg über das Sandmeer geschlagen und fährt mit sechs Schimmelgerippen Extrapost an." Als sie dies gesagt hatte, hörten sie schon das Posthorn blasen und den Wellewatz dazu singen:

Fahr! fahr! fahr auf der Post!
Frag! frag! frag nicht, was es kost't,
Spann mirs Willwischen ein,
Ich will der Postknecht sein

Da legte der Mittwoch sein Lineal hinter sich, und sieh da! ein ungeheurer Schlagbaum lag quer über den Weg, an den die Schimmelgerippe so anrannten, daß sie zu tausend Knochensplittern zusammenprasselten.

„Halloh!“ schrie ein schnauzbärtiger Kerl, der hinter einem Baum hervortrat, „er fährt wie ein Narr! Ich bitte mir den Wegezettel von der letzten Station aus.“ – „Ich habe keinen Wegezettel“, sagte Wellewatz. – „Ja, da müssen Sie wieder zurück und sich einen holen.“ Wellewatz ärgerte sich abscheulich, und weil sein Fuhrwerk zertrümmert war, mußte er zu Fuß zurück. Als er umgekehrt war, kam der Zolleinnehmer zu Willwischen, und sie sah, daß es niemand anders war als der wilde Kater, dem sie seine Jungen gerettet hatte. Er freute sich, daß er ihr habe seine Dankbarkeit erweisen können, und sie zogen weiter.

Nun trat der Donnerstag an die Spitze, und alles ging wie das vorige Mal. Als sie nachts der Wellewatz wieder einholte, steckte der Donnerstag seine Schreibfeder in die Erde, und es entstand daraus ein großer Wald von entsetzlich großen Gänseflügeln, die immer durcheinander wehten, daß der Wellewatz nicht durch konnte, und wieder nach Hause mußte, um sich eine Axt zu holen.

In der folgenden Nacht führte der Freitag den Zug, die Frau Woche hörte den Wellewatz den Wald niederhauen. „Jetzt, jetzt kömmt er“, schrie sie, „jetzt mache deine Künste, mein Freitag!“ Der Freitag nahm seinen Bleistift und machte einen langen Strich an den Boden, der ward sogleich ein breiter wilder Fluß. Der Wellewatz aber war schon entsetzlich ungeduldig, er riß die Kleider vom Leibe und schwamm hinüber; aber das Wasser war reißend und trieb ihn weit hinunter. In der folgenden Nacht, als der Sonnabend den Zug führte, schrie Frau Woche auf einmal; „Er kömmt! er kömmt!“ Da stieß der Sonnabend seine blecherne Federbüchse in die Erde, und es ward auf einmal ein ungeheuer hoher Turm daraus, auf welchen sie alle miteinander hinaufstiegen, und da Wellewatz ankam, lachten sie ihn von oben herunter brav aus. Er ließ sich aber nicht irre machen, sondern lief wieder nach Haus, um eine große Leiter zu holen.

In der nächsten Nacht kam der Sonntag an die Spitze der Gesellschaft, und als die Frau Woche ausrief: „Ich höre den Wellewatz schon seine große Leiter heranschleifen“, befahl er, daß alle den Turm verlassen und sich verstecken mußten. Das taten sie; nun legte Wellewatz die Leiter an und stieg oben in den Turm hinein; da nahmen sie die Leiter weg, und machten den Turm zu, und der Sonntag stieß an den Turm, der fiel um und war nichts als eine entsetzlich große Federbüchse, worin der Wellewatz stak. Nun sagte der Sonntag: „Liebe Prinzessin! liebe Mutter! liebe Brüder! Der Wellewatz ist glücklich gefangen, die Gefahr ist vorüber, lasset uns Gott danken.“

Da knieten sie alle nieder und dankten Gott, und Willwischen weinte vor Freuden; denn sie hörten die Glocken ihrer Vaterstadt läuten, so nahe waren sie.

Sie setzten ihren Zug nun fort, und sieh da! der Wellewatz wälzte sich ihnen in der großen Federbüchse nach; was ihnen recht lieb war, denn so konnten sie ihn lebendig gefangen bringen.

Nun zogen sie in die Stadt hinein, und die Federbüchse rollte immer nach. Der König umarmte seine Tochter mit vielen Tränen der Freude; da sie ihm aber sagte, daß Wellewatz in der Federbüchse stecke, sagte er: „Ei! ei! mein Kind, wenn er noch lebt, so mußt du wieder zu ihm, weil ich mein Wort halten muß"; da tat die Prinzessin einen lauten Schrei vor Schmerz und bat den Vater, doch erst darüber nachdenken zu lassen. Das versprach der König Haltewort.

Nach Tische waren sehr große Lustbarkeiten in der Stadt, alle Handwerkszünfte brachten der Prinzessin Willwischen ein Geschenk; auch ließ der König ausrufen: wer seine Tochter von dem Wellewatz frei machen könne, der solle begehren, was er wolle. Als die Bäckerzunft eben einen schönen großen gebackenen Husaren von Butterteig vor die Prinzessin zum Geschenk niedersetzte und alle über die große Ähnlichkeit mit dem seligen Hüpfenstich lachten, rief der Herold jene königliche Aufforderung aus. Willwischen sah mit trauriger Erinnerung auf den gebackenen Husaren und schrie auf einmal aus: „O mein Hüpfenstich! sie haben einen guten Mann in Butter gebacken, und mir war er mehr! O wenn du noch lebtest, du wärest flink, mir zu helfen; ach! ich habe dich immer geliebt, Hüpfenstich! Hüpfenstich! abgeschiedener Geist, hilf mir!" Bei diesen Worten der Prinzessin sprang der Kuchenhusar auf, und seine Wachholderaugen funkelten, und sein Mund von Rosinen sprach laut und vernehmlich: „Geliebteste Prinzessin! teuerster König! Hüpfenstich lebt noch. Als mir die Haut abgezogen wurde, flog meine Seele bei dem Hofbäcker vorbei, und da dieser gerade meine Figur zum Spott gebacken, kroch ich in den Teig hinein. Da hab ich den gräßlichen Anblick gehabt, wie der Wellewatz zwei Bäckerknechte morgens ohne Brot gefressen."

„Da steht der Tod drauf", schrie der König: „Viktoria! nun sind wir ihn los." Der Wellewatz sollte mitsamt der Federscheide in das Wasser geworfen werden; weil er sich aber immer herum drehte, so nahmen sie ihn als eine Mühlwelle, und hat er nachher lange Jahre die königliche Mühle getrieben. Das närrischste ist, daß er immer noch meint, er laufe hinter Willwischen her. Weil der gebackene Herr von Hüpfenstich durch seine Angabe die Prinzessin gerettet hatte, fragte ihn der

König Haltewort, was er zur Belohnung wolle. „Die Prinzessin soll mich aufessen“, sagte er. Willwischen wollte nicht, aber er bat so dringend, daß sie ein tüchtiges Stück aus ihm herausbiß. Aber kaum hatte sie es getan, als ein wunderschöner Prinz vor ihr stand und sagte: „Nun ist alles richtig.“ – „Ja, es ist alles richtig“, rief Willwischen aus und umarmte den schönen jungen Prinzen. Der König war es zufrieden und schenkte ihm die Hälfte seines Reichs. Der alte König Haltewort aber heiratete die Frau Woche zur Belohnung ihrer edlen Handlungen, und die sieben Söhne kriegten jeder ein Regiment.

Das Märchen von dem Dilldapp *Oder:* Kinder und Toren haben das Glück bei den Ohren

Im deutschen Lande, in der guten Stadt, welche sich in den Wellen des ehrlichen Flusses spiegelt, lebte Frau Schlender, eine Frauenschneiderin. Sie war zwar sehr fleißig, aber konnte doch nicht viel vor sich bringen und daher auch nichts zurücklegen, weil sie selbst schon sehr mit ihrer Arbeit aus der Mode war. Keine Dame wollte mehr etwas von einer Schlender wissen.

Doch hatte sie drei flinke Töchter, welche sich der Reihe nach noch ziemlich mit der Nadel erhielten. Die älteste hieß Andrienne, die zweite Saloppe und die jüngste Kontusche. Doch kamen diese auch bald aus der Mode, wie ich euch weiter erzählen werde, so daß Frau Schlender nie recht auf einen grünen Zweig kam.

Ihre größte Plage aber war, daß sie einen Sohn hatte, der Dilldapp hieß und alles verkehrt machte. Dilldapp war ein sehr guter Junge, aber er hatte einen so dummen Verstand in seinem dicken Kopfe, daß er alles überzwerch verstand und ausführte. Nun gab ihm seine Mutter zwar allerlei Näschereien, um ihn mit Liebe zu erziehen, zum Beispiel: Ohrfeigen, Kopfnüsse und wohl noch manchen Nasenstüber obendrein. Aber er war kein besonderer Liebhaber davon und hätte gern alle diese Leckereien um gewöhnliche Feigen und Nüsse und Stüber hingegeben, weswegen diese Gefälligkeiten der Frau Schlender auch gar nichts bei dem ehrlichen Dilldapp fruchteten. Deswegen ward sie müde, ihn täglich so zu bewirten, und setzte fest, daß er wie alle Arbeiter am Ende der Woche immer seinen Lohn haben sollte, und diesen erhielt der arme Dilldapp so reichlich, daß es ihm leicht ward, den blauen Montag zu feiern; denn er hatte blaue Flecken von den Schlägen am Leib für die ganze Woche. Er stieg dadurch immer mehr in seiner Kunst, alles, außer die Kleider, umzuwenden, daß er in einer Woche folgende vortreffliche Geschäfte zustande brachte:

Die Mutter sprach: „Dilldapp, bring Wachs!"
Da brachte ihr Dilldapp Flachs.
Die Mutter sprach: „Dilldapp, bring Zwirn!"
Da brachte ihr der Dilldapp Birn.
Die Mutter sprach: „Dilldapp, Steppseide!"
Da brachte ihr Dilldapp eine Speckseite.
Die Mutter rief nach der Schneiderscher',
Und Dilldapp brachte Schweineschmer.
Die Mutter wollt ein Maß von Papier,
Und Dilldapp brachte eine Maß Bier.
Die Mutter wollte Futterzwilch,
Da brachte Dilldapp Buttermilch.
Die Mutter wollte Kanevas,
Da brachte Dilldapp Kanne und Faß.
Die Mutter wollte bunte Borten,
Da brachte Dilldapp runde Torten.
Die Mutter wollte Stopfnadeln,
Da brachte Dilldapp Topffladen.

Endlich sprach die Mutter: „Bring mir den Rock und das Bügeleisen." Da ging Dilldapp weg und kam nach einer Stunde mit einem Bock, zwei Ziegen und zwei Geißen zurück. Das nahm nun Frau Schlender sehr übel auf; sie nahm eine Hechel und schlug sie ihm um den Kopf.

Er schrie: „O weh! o weh! mein Kopf!"
Sie sprach: „Ich hechle den Flachs, du Tropf!"
Sie schlug; er schrie: „Weh! meine Stirn!"
Sie sprach: „Ich schüttle nur die Birn."
Sie stieß; er schrie: „Weh! meine Seite!"
Sie sprach: „Ich salze die Speckseite."

Er rief: „Ach Mutter! nicht so sehr!“
Sie sprach: „Es ist nur Schweineschmer.“
Er schrie: „Ach! ach! ich sterbe schier.“
Sie sprach: „Es ist nur eine Maß Bier.“
Er schrie: „Mutter, ihr stoßt unbillig.“
Sie sprach: „Ich butter' die Buttermilch.“
Er schrie: „Ihr rüttelt ohne Maß.“
Sie sprach: „Ich schwenke Kanne und Glas.“
Er schrie: „Ihr werdet mich ermorden.“
Sie sprach: „Ich backe runde Torten.“
Er schrie: „Ihr schlaget ohne Gnaden.“
Sie sprach: „Ich forme Topffladen.“
Und darauf griff sie erst zum Stock
Und sprach: „Jetzt stutzet dich der Bock.“

Aber der Dilldapp sah seinen Vorteil ab, nahm die Beine auf die Schultern und lief die Treppe hinunter, während Frau Schlender genug zu tun hatte, den Bock und die Ziegen aus dem Hause zu kapitulieren.

Dilldapp aber geriet in ein solches Laufen bergab und bergauf, durch Wälder und Felder, Land und Sand, Stock und Stein, Distel und Dorn, daß er nicht eher aufhörte, bis er nichts mehr sah vor lauter Nacht. Denn die Sonne hatte er schon über den Haufen gelaufen, und an der Abendröte hatte er die bunten Fensterscheiben eingerannt. Da hingen die Sterne ihre tausend Laternen zum Himmel heraus, und der Mond zog als Nachtwächter auf die Wache, um zu sehen, wer so erbärmlich laufe.

Dilldapp aber bekümmerte sich um nichts, und da er an einem Berg stand, der mit dem Himmel den Kopf zusammenstieß, rannte er zuguterletzt auch da hinauf. Außer Atem war er, und da er oben hinkam, hatte er Luft im Überfluß. Er konnte auf viele Jahre voraus Atem schöpfen. Da aber die Welt da oben auch noch nicht mit Brettern zugenagelt war, begann er weiterzurennen; aber ein Esel trat ihm in den Weg. Der gefiel dem guten Dilldapp so wohl, daß er auf ihn stieg, um seine Reise in guter Gesellschaft fortzusetzen.

Kaum aber hatte er wenige Schritte gemacht, so kam ihm und dem Esel ein flinker Knüppel in den Weg, der sie beide in eine Höhle hineintrieb, in welcher ein großes, dickes, fettes Ungeheuer von einer so außerordentlich großen

Herzensgüte saß, daß man sie mit Ellen ausmessen konnte. Ach, Mutter! wie abscheulich groß und gut war das Ungeheuer!

Das Ungeheuer sah aus wie ein anderer Mensch auch, außer daß es wohl dreimal so groß und viermal so breit war. Es hatte eine sehr edle Gesichtsbildung, nur sein Kopf war so dick wie ein Pfefferballen; seine Nase so breit wie ein Blasebalg; seine Augen, deren es nur eines hatte, und zwar mitten auf der Stirne, waren lieblich spielend, wie das Rad an einem Schiebkarren; sein Mund war freundlich, aber so groß als die Brieftasche eines Postmeisters; und seine Ohren, die es spitzen konnte wie ein kluger Spitzhund, und niederhängen wie ein treuer Pudelhund, waren nicht größer, als daß in einem die Schwalben ihr Nest, im andern die Bienen ihr Haus drin bauen konnten, was seiner freundlichen Seele eine sehr angenehme Unterhaltung gewährte. Auf ähnliche Weise waren alle seine Glieder unförmlich, und sein ganzes Aussehen so, daß jeder andere vor ihm in Ohnmacht gefallen wäre.

Aber Dilldapp war guten Muts, besonders weil der Knüppel bei dem Anblick des Popanzes gleich ruhig ward und in das Innere der Höhle hineinstolperte. Dilldapp sprang von dem Esel, der dem Knüppel in die Höhle folgte, und machte dem Ungeheuer einen höflichen Kratzfuß mit den Worten: „Guten Abend, Herr Nachbar! Wie stehts, wie gehts mit dem Leben? Seid Ihr noch wohlauf? Wie befindet sich die Frau Liebste und die werte Familie? Was hört man denn hier Neues? Sind denn hier zu Lande die fatalen Wasserrüben auch in solchem Überfluß geraten, daß sie gar nicht mehr alle werden wollen? Apropos, könnt Ihr mir wohl sagen, wo der Weg nach dem Orte geht, und wie weit ich noch dahin habe, wohin ich will?“ Der Popanz erkannte aus allen diesen närrischen Fragen bald, daß sie von einem Dilldapp herrührten, und mußte von Herzen lachen, worüber auch Dilldapp zu lachen anfing, so daß die Höhle widerschallte: denn der Esel hinten an seiner Krippe lachte auch mit, so gut es gehen wollte.

„Du gefällst mir“, sagte der Popanz. „Ihr gefallt mir auch“, sagte Dilldapp. „Willst du in meine Dienste treten?“ fuhr der Popanz fort. Da erwiderte Dilldapp: „Wieviel Lohn soll ich Euch monatlich geben?“ Worüber der Popanz wieder lachte, und Dilldapp auch und der Esel auch.

„Wohlan! bleibe hier“, sagte der Popanz; „ich denke, wir wollen schon einig miteinander werden.“ Da erwiderte Dilldapp: „Meinethalben“, und fuhr mit der Hand in eine große Schüssel voll Hirsebrei, die neben dem Ungeheuer stand, und aß sich dick und satt und legte sich nachher aufs Stroh und schnarchte bis zum andern Morgen, wo er es dann wieder anfing, wie er es am Abend gelassen hatte, und die Zeit teils mit einfältigen Erzählungen aus seinem bisherigen Lebenslauf, teils mit Essen und Trinken zubrachte, so daß er in Zeit von acht Tagen dick wie ein Türke, fett wie ein Aal, glänzend wie eine Zwiebel, rot wie ein Trompetermantel und ausgestopft wie ein Walfisch wurde; ja, er wurde so unförmlich, daß man ihn selbst für ein kleines Ungeheuer hätte halten können.

Seine Geschäfte waren nicht groß, denn das Ungeheuer kochte nicht selbst, sondern ließ sich sein Essen aus einer Garküche in der Gegend bringen, wo die meisten andern Ungeheuer selbiger Provinz sich alle kochen ließen. Das Tellerlecken war also Dilldapps Hauptgeschäft, außer daß er dem guten Ungeheuer manchmal den Buckel kratzen mußte, weil es dies wegen seiner Leibesdicke nicht selbst konnte. Aber es war nicht undankbar und kratzte währenddem den ehrlichen Dilldapp wieder, worüber sie dann gewöhnlich in Gesellschaft einschliefen.

Vier Jahre lang hatte Dilldapp so dem Ungeheuer treu gedient, als er einst unter bittern Tränen nach einem solchen Schlummer erwachte. Diese Tränen, welche die ersten waren, die das Ungeheuer ihn weinen sah, rührten dasselbe gute Ungeheuer dermaßen, daß es auch mitweinte, und der Esel, welcher sie beide schluchzen hörte, stimmte auch mit bitterem Jammergeschrei ein, so daß der Felsen von ihren Klagen widertönte, ohne daß sie eigentlich recht wußten, warum.

Das Ungeheuer erholte sich noch am ersten und sagte: „Ach, lieber Dilldapp! warum weinst du?“ Dilldapp sagte hierauf: „Ach, liebes Ungeheuer! sage mir erst, warum du weinst?“ Da erwiderte das Ungeheuer: „Liebster Dilldapp! Ich weine, weil du weinst“; und Dilldapp sagte: „Ja, ich weine, weil meine Mutter weint; denn Andrienne, mein älteste Schwester, ist sehr krank und wird wohl sterben und aus der Mode kommen. Da wird es meiner armen Mutter Schlender sehr hart gehen, denn sie war ihre beste Arbeiterin. Wenn die liebe Andrienne von der Schneiderbank in die Hölle zu den andern Lappen fällt, soll ich darum nicht weinen? Hi hi hi.“ – Das Ungeheuer weinte wieder mit und fragte schluchzend: „Aber woher weißt du denn das?“ – „Das hat mir geträumt“, sagte Dilldapp; „hat es dir denn nicht auch geträumt?“ – „Nein“, erwiderte das Ungeheuer, „mir träumt gar nichts; ach! wenn mir je etwas geträumt hätte, wie glücklich wäre ich! Ich wäre dann kein Ungeheuer.“ Hierüber weinten sie wieder zusammen.

Dilldapp aber konnte es nicht mehr länger aushalten, er bekam eine entsetzliche Sehnsucht nach Hause zu seiner Mutter und bat das Ungeheuer sehr, es möge ihm erlauben, zu seiner Mutter zurückzukehren und sie in ihrem Unglück zu trösten. Das Ungeheuer hatte eine große Freude über diese kindliche Liebe Dilldapps und sprach zu ihm: „Wohlan, mein lieber und getreuer Diener! folge dem tugendhaften Triebe deines Herzens und gehe zu deiner Mutter; aber so mit leeren Händen dürftest du nicht willkommen sein; ich will dir meinen Esel mitgeben, hole mir ihn her." Da ging Dilldapp in das Innere der Höhle und setzte sich auf den Esel und ritt heraus. Das Ungeheuer umarmte den Dilldapp recht herzlich, und sie weinten alle drei wieder, und zuletzt sagte das Ungeheuer zu Dilldapp:

Daß dein Glück recht lange daure,
Sag zum Esel nie Aurekakaure!

„Das soll ein Wort sein", schluchzte Dilldapp und trabte davon.

Dilldapp war schon ein rechtes Stück Weg geritten, da stieg er ab und ließ den Esel grasen, und als er ihm den Sattelgurt etwas aufschnallte, damit der Esel bequemer fressen könne, sagte er zu ihm: „Ja, mein lieber Aurekakaure, ich weiß wohl, daß du Aurekakaure heißest, aber ich werde mich hüten, dich Aurekakaure zu nennen, weil das gute Ungeheuer mir es abgeraten hat." Kaum hatte Dilldapp das Wort Aurekakaure ausgesprochen, als der Esel Gold und Edelsteine von sich gab, so viel, daß er alle Taschen und noch sein Schnupftuch mit anfüllen konnte.

Wer war vergnügter hierüber als der gute Dilldapp? Denn nun war er gewiß und versichert, seiner Mutter, Frau Schlender, helfen zu können. Er setzte darum seinen Weg schleunigst fort und kam am Abend in ein Wirtshaus, wo er übernachten wollte.

Als der Wirt seinen Esel in den Stall führte, sagte Dilldapp zu ihm: „Mein lieber Herr Wirt! ich ersuche Sie vor allen Dingen, sagen Sie nicht Aurekakaure zu meinem Esel; übrigens will ich Hirsebrei essen und schlafen." Der Wirt setzte ihm Hirsebrei vor. Dilldapp aß nach Herzenslust und ging zu Bett.

Der Wirt aber dachte immer hin und her, warum soll ich wohl zu dem Esel nicht Aurekakaure sagen? Da muß ein Geheimnis dahinter stecken und das muß ich herauskriegen; denn ich bin ein Wirt und ungemein neugierig. Er lauerte daher, bis alles im Hause in tiefen Schlaf versunken war, und als sich nichts mehr rührte auf der Flur und in den Ställen als die Mäuse und die Katzen, schlich der neugierige Wirt auf den Strümpfen, damit niemand erwachen möge, leise, leise mit einer Blendlaterne in den Stall zu dem Esel des Dilldapps, der ruhig auf dem Stroh schnarchte und von Distelköpfen träumte.

Der Wirt ging anfangs um den Esel herum und beleuchtete ihn von allen Seiten. „Ei das ist doch seltsam“, sagte er für sich, „daß ich den Esel nicht Aurekakaure nennen soll.“ Kaum hatte er dies gesagt, als der Esel aufsprang, worüber der Wirt, der kein gutes Gewissen hatte, sehr erschrak. Da er aber sah, wie Gold und Edelsteine von dem guten Esel niederfielen, so verstand er leicht den großen Wert des Aurekakaure und die noch größere Einfalt Dilldapps, und besann sich nicht lange, zog den Esel aus dem Stall und stellte statt seiner einen andern hin, dem er des Aurekakaure Geschirr auflegte.

Als er mit diesem Betruge fertig war und der Tag schon graute, begab er sich zu Dilldapp, der früh reisen wollte, und weckte ihn: „He! mein Herr von Dilldapp! belieben Sie aufzustehen und zu frühstücken, der Tag bricht an, die Schwalbe singt; he! he! Sie können in der kühlen Morgenluft ein gutes Stück Weg zurücklegen.“ Da streckte sich Dilldapp und wachte auf und sprach: „Herr Wirt! was sind Sie mir schuldig?“ – „Alle Ehr und Respekt“, erwiderte der Wirt, „ich bekomme aber noch etwas von Ihnen heraus.“ – „Wieviel?“ fragte Dilldapp. „Hundert Reichstaler“, sagte der Wirt. „Das ist sehr billig“, sagte Dilldapp; „rechnen Sie mir vor, wie es möglich ist.“ Da rechnete der Wirt: „Ich habe Ihnen Ehr und Respekt erwiesen für 50 Taler, 25mal nach Ihrem Namen gefragt, macht 25 Taler, 25mal die Mütze abgezogen macht wieder 25 Taler, weiter ein Hirsebrei, ein Bund Stroh, Stallung für den werten Esel, Haber und Heu, dann Dach und Fach, Schutz und Trutz, Putz und Nutz, Nachtmusik von Katzen und Mäusen, ein Adagio von den Grillen, ein Morgenlied von den Schwalben, mehrere Trompeterstückchen vom Haushahn usw., alles um 50 Taler, macht hundertundfünfzig; da ich Ihnen nun für 50 Taler Ehr und Respekt schuldig war, so erhalte ich noch hundert heraus.“ – „Wo heraus?“ fragte Dilldapp. „Aus Ihrem Geldbeutel“, sagte der Wirt. „Ich habe keinen Geldbeutel“, sagte Dilldapp. „Ei! was hängt denn da Schweres an dem Nagel?“ fragte der Wirt, indem er auf das Schnupftuch voll Gold und Edelsteinen zeigte; „das muß Sie ja bei dem Reisen sehr beschweren, und auch in Ihren Taschen scheint es so schwer; das reißt Ihnen ja Löcher in die Taschen, und da könnte Ihnen alles herausfallen.“ – „Da haben Sie recht, Herr Wirt!“ sagte Dilldapp, „wollen Sie so gut sein, mir die schweren Steine und Münzen herauszunehmen; Sie können sich die hundert

Taler davon abziehen und das übrige wegwerfen.“ – „Von Herzen gern“, sagte der Wirt, leerte Schnupftuch und Taschen aus, worüber Dilldapp sehr erfreut war, den Esel bestieg und vergnügt nach seiner Vaterstadt zutrabte.

Als er in die Stadt hineinkam, sah er sich an allen Ecken um nach seiner Schwester Andrienne, die man sonst häufig darauf zu sehen pflegte; aber sie war nirgends zu erblicken. Gewiß, dachte er, ist meine arme Schwester krank oder tot; und mein Traum ist wahr gewesen, dachte er unter Tränen und trabte die enge Gasse zu seiner Mutter hinein.

Den Esel band er an die Türe und trat in die Werkstatt hinein. Die Frau Schlender hatte ihn kaum erblickt, als sie ihn umarmte, und seine beiden jüngsten Schwestern auch; und Dilldapp weinte vor Freuden. Aber auf einmal sagte er: „Frau Mutter! wo ist Andrienne, meine älteste Schwester? Nicht wahr, ich habe recht geträumt? sie ist nicht mehr recht gesund?“ – „Ach!“ erzählte Frau Schlender, „mit der ists aus, sie ist ganz blaß und abgelebt; wir haben alles mit ihr versucht, um sie wieder auf die Beine zu bringen, aber umsonst; ach! was Andrienne ausgestanden hat, ist nicht zu sagen, sie ist gestürzt und gewendet worden, gesteppt und gefüttert, endlich sind ihr gar Stücke aus dem Rücken geschnitten und an die Ärmel gesetzt worden, dann haben wir ihr die Arme gar abgenommen, haben sie neu färben lassen; aber es wollte nichts mehr fruchten, und sie ist jetzt auf dem Lande; vielleicht erholt sie sich wieder ein wenig dort.“ Da weinten sie alle nochmals herzlich zusammen, und Dilldapp sagte: „Mutter! tröstet Euch, ich habe etwas mitgebracht, das wird uns allen helfen; breitet vor allem Eure besten Tisch- und Bettücher auf der Erde aus, ich will Euch gleich meine Schätze darauf ausstreuen.“

Die Mutter tat, was Dilldapp verlangte, und dieser brachte nun seinen Esel herein und stellte ihn in die Mitte der Stube auf die ausgebreiteten Tücher. Die Mutter zankte anfangs sehr über diesen sonderbaren Gast. Aber Dilldapp sagte: „Nur Geduld, nur Geduld! Ihr werdet Sachen von diesem Tiere sehen, wodurch es Euch über alles teuer und wert werden soll.“ Nun wendete er sich zu dem Esel und sagte: „Wohlan, Aurekakaure! mache deine Kunststücke; munter, Aurekakaure! scheue dich nicht, Aurekakaure! du bist unter lauter Freunden, Aurekakaure! mach dich ganz bequem, wir sind unter uns, Aurekakaure.“ Wer sich aber nicht rührte, war der Esel.

Da lachten ihn die zwei Schwestern aus, und die Mutter meinte, daß er sie zum Besten habe in ihrem Unglück. Nun gab sich Dilldapp alle Mühe, den

Aurekakaure zu einem Probestück seiner Eigenschaften zu bringen; der arme Esel hatte aber niemals dergleichen gekonnt. Erzürnt ergriff nun Dilldapp die Elle, womit ihn einst seine Mutter so oft ausgemessen hatte, und prügelte auf den armen Esel los; denn er glaubte, das Tier wolle aus Eigensinn kein Gold und Edelsteine von sich geben, und da er immer auf den Esel prügelnd Aurekakaure schrie, fing das arme Tier in seinen Ängsten an gewaltig zu schreien, alles über den Haufen zu werfen und zuletzt gar die Tücher auf eine häßliche Art zu beschmutzen. „Gold! Gold! Gold!" rief da Dilldapp voll Freude aus. Aber leider war es kein Gold, und seine Mutter, die nun über die Verunreinigung ihrer besten Bettücher und über die Zerstörung ihres Hausrates heftig erzürnt wurde, ergriff den Besen und jagte den armen Dilldapp wieder zum Hause hinaus, wo er hergekommen war, und den Esel hinterdrein.

Dilldapp kam wieder ins Laufen wie das erste Mal und ruhte nicht eher, bis er dem guten Ungeheuer, das eben ein wenig eingeschlummert war, platt wider den Kopf rannte. Das Ungeheuer wußte schon alles, was ihm geschehen war; denn es hatte einen Spiegel, in dem es alles sehen konnte, und nahm ihn, nachdem es ihm tausend Ehrennamen, Tölpel, Schafskopf, Tollpatsch, Dähmel, Dummerjan usw., gegeben hatte, weil er sich von dem Wirte hatte betrügen lassen, wieder in seine Dienste auf.

Nach vier Jahren hatte Dilldapp abermals einen Traum, daß seine zweite Schwester, welche Saloppe hieß, in große Abnahme komme und das Handwerk seiner armen Mutter dadurch sehr leide. Er erzählte dies dem guten Ungeheuer unter häufigen Tränen, welches wieder herzlich mitweinte und ihm erlaubte, nach Hause zu reisen, um die Seinigen zu trösten.

Dilldapp wollte schon abmarschieren, da nahm das gute Ungeheuer eine hübsche Serviette aus seinem Kasten und sagte: „Hier, mein lieber Dilldapp, nimm das Tüchlein mit dir; aber wenn es dir nicht gehen soll wie das erste Mal, so hüte dich, zu dieser Serviette, ehe du bei deiner Mutter bist, zu sagen: Tüchlein, Tüchlein, tu dich auf!" – Dilldapp versprach sein Möglichstes, steckte seine Serviette in die Tasche und begab sich auf die Reise.

Als er aber an die Stelle kam, wo er bei seiner ersten Reise das Aurekakaure gesagt hatte, setzte er sich wieder nieder, zog die Serviette hervor, beschaute sie an allen Orten und sprach: „Ich will mich wohl hüten, ich sage nie zu dir: Tüchlein, Tüchlein, tu dich auf!" – Kaum aber hatte er diese Worte gesagt, als die Serviette sich von selbst ausbreitete und voller Gold und Edelsteine lag. Er steckte diese Kostbarkeiten mitsamt der Serviette zu sich und kam bald darauf wieder in jenes Wirtshaus.

Der Wirt machte ihm tausend Bücklinge, und so oft Dilldapp von seinem Esel anfangen wollte, ließ ihn der Wirt nicht zu Wort kommen und sprach von seiner großen Ehrlichkeit, und daß in seinem Hause noch nie ein Heller sei gestohlen worden, worüber Dilldapp so treuherzig ward, daß er ihm abermals vor dem Schlafengehen seine Serviette aufzuheben gab und ihn recht herzlich bat, nicht zu ihr zu sagen: „Tüchlein, Tüchlein, tu dich auf!“ Der Wirt machte tausend Versicherungen, wünschte eine geruhsame Nacht, nahm die Serviette mit auf seine Stube, und das erste, was er tat, war, daß er sagte: „Tüchlein, Tüchlein, tu dich auf!“ Da sich die Serviette auseinanderbreitete und er sie voll Gold fand, sprang er freudig in die Höhe und lief gleich nach seinem Schrank, um ein ähnliches Tellertuch herauszufinden, welches er dem Dilldapp mit dem seinen vertauschen wollte. Er hatte es kaum gefunden, als er an Dilldapps Kammer pochte und rief:

Der Wind, der weht,
Der Hahn, der kräht,
Die Glock schlägt drei,
Herr Dilldapp, hebt Euch von der Streu!

Da machte sich Dilldapp auf, bezahlte wieder seine Rechnung, wie das vorige Mal, nur daß er statt des Stallgeldes für den Esel dieses Mal Preßgeld für das Tellertuch bezahlen mußte; denn der Wirt behauptete, daß er es die ganze Nacht gepreßt habe, damit es schön glatt sei. Dilldapp dankte tausendmal und machte sich auf den Weg.

Gegen Mittag kam er in die Stadt; er sah sich wieder ringsum, ob ihm seine Schwester Saloppe nicht begegne; aber er sah keine Saloppe auf der Straße, und als er in das Haus der Mutter kam, fand er sie und die jüngste Schwester Kontusche in bittern Tränen. „Ach! Frau Mutter!“ rief Dilldapp, „was weinet Ihr?“ und fing selbst an, herzlich zu weinen. „Gewiß ist die arme Schwester Saloppe krank?“ – „Lieber Dilldapp!“ sagte die Mutter, „du hast es erraten; die arme Saloppe hatte, nachdem die gute Andrienne in die weite Welt gegangen war, sehr viel zu tun. Alles wollte nur Kleider nach ihrem Muster, und wir lebten nur von Saloppe. Endlich nahm das auch ein Ende; sie kam immer mehr in der Stadt in Abnahme und mußte jetzt auch auf das Land, wo sie ihr Leben bei den

Pfarrersfrauen und Amtmannsfrauen noch vielleicht eine Zeitlang hinbringt; eben ist sie mit dem Kondukteur vom Postwagen abgereist, der sie bei der Frau eines Wagenmeisters unterbringen will. Das tut weh, so herabzukommen, da sie noch vor einem halben Jahre mit der Oberpostmeisterin öffentlich spazieren ging; nun bin ich und deine Schwester Kontusche allein; sie ist klein und kurz und noch nicht so recht in der Mode, wie sollen wir nun leben?"

„Dafür ist gesorgt", sagte Dilldapp und zog sein Tellertüchlein aus dem Busen und legte es auf den Tisch. „Nun, Mutter! gebet acht", sagte er; „Tüchlein! Tüchlein! tu dich auf! Tüchlein, Tüchlein, tu dich auf!" und nochmals schrie er heftig das nämliche, riß endlich das Tellertuch auseinander, fand es aber leer und nichts darin als ein Loch und einen Fettfleck. Da fing er heftig an zu weinen und zu klagen und erzählte der Mutter, wie er gewiß wieder von dem Wirte sei betrogen worden, der ihn schon um den Esel betrogen habe. Frau Schlender aber wollte nichts hören und griff nach der Elle. Da wußte Dilldapp, wie viel es geschlagen habe, nahm die Beine auf die Schultern und lief und lief wieder bis zu seinem guten Ungeheuer hin. Als dieses ihn so von ferne heranschleichen sah, wie einen Hund, der sich vor Prügeln fürchtet, weil er etwas angestellt hat, merkte er gleich, daß es nicht richtig mit ihm war, und rief ihm zu: „Komm nur her, du erbärmlicher Patron! Ich weiß nicht, was mich noch abhält, dir so viel Maulschellen zu geben, daß dein Kopf leuchtet wie eine Laterne, du Plappermaul! du Gänseschnabel! du Entenpürzel! du Schnatterbüchse! du Klappermühle! du große Glocke! du Ausrufer! du Stadt- und Landtrompeter! du Knarre! du Schnarre! Warum hast du dein unvernünftiges Maul nicht halten können? Warum hast du im Wirtshause nicht geschwiegen? So hast du dummer Glockenklöppel gleich dein Geheimnis ausläuten müssen und dich und deine arme Mutter um dein Glück geschwatzt."

Dilldapp nickte bei jeder Beschuldigung des Ungeheuers und sagte immer: „Ja, ja, Ihr habt ganz recht, ja, so gehts in der Welt; ja, dacht ichs doch gleich", und so weiter, daß endlich das gute Ungeheuer über den Tölpel lachen mußte und ihn wieder in seine Dienste nahm.

Drei Jahre gingen abermals herum, da träumte es dem Dilldapp wieder, seine jüngste Schwester Kontusche komme in Verfall und die gute Mutter werde in ihrem Alter ganz allein sein. Den Morgen nach diesem Traume fand ihn das Ungeheuer in bittern Tränen, und da es ihn fragte, sagte Dilldapp: „Soll mich das nicht jammern? Heute nacht ist es mir deutlich vorgekommen, als sei meine arme Mutter ganz allein; auch meine Schwester Kontusche hat sie nun verlassen müssen; nun wird die gute Frau Schlender keinen Menschen in ihren alten Tagen haben, der ihr die Augen zudrückt. Hu hu hu" – weinte er fort, und das gute Ungeheuer weinte mit.

Als sie sich ein wenig verschluchzt hatten, sprach das Ungeheuer: „Wohlan, Dilldapp! ich will es noch einmal mit dir versuchen, deine große Liebe zu deiner Mutter gefällt mir; reise und werde glücklich. Hier hast du von mir einen schön geschnitzten Knüppel zum Angedenken, trage ihn dein Leben lang; aber bedenke meine Worte! Sage nie: ›Knüppel auf!‹ oder ›Knüppel ab!‹ zu ihm, sonst will ich dein Unglück nicht mit dir teilen." – „Laßt mich nur machen", erwiderte Dilldapp klug lächelnd, „ich bin kein Kind mehr; auch brauchts keinen Nürnberger Trichter mehr, mir etwas in den Kopf zu bringen; ich weiß, wo Bartel Most holt, und wo der Has im Pfeffer liegt; es ist noch nicht aller Tage Abend, usw." Das Ungeheuer aber sagte: „Schwätze nicht, handle; die Worte sind Weiber, die Taten Männer. Wenn der Rabe schwätzt, fällt ihm der Käs aus dem Schnabel und der Fuchs frißt ihn; wenn die Katze mausen will, muß sie nicht miauzen" – und solche Sprüchwörter mehr sagte das Ungeheuer; aber Dilldapp wartete sie nicht alle ab und lief wie gewöhnlich seines Wegs.

Als er aber an die Stelle kam, wo er schon zweimal gegen das Gebot gehandelt hatte, juckte ihn die Haut, und er sagte: „Alle gute Dinge sind drei, ich muß hier den Knüppel probieren, damit ich weiß, wie ich ihn vor dem Wirt sichern soll", und sogleich sagte er: „Knüppel auf!" – Aber wohl bekomms, Herr Dilldapp! Der Knüppel prügelte den Dilldapp ganz gewaltig aus, es flog ihm um die Schultern herum, und gegen seinen dicken Kopf, als wenn es Prügel regnete, bis er endlich in seiner Herzensangst so klug war, „Knüppel ab" zu sagen, auf welches Wort der Knüppel wieder ruhig zu seinen Füßen fiel.

Dilldapp hatte eine auserlesene Tracht Prügel erhalten, an der er schwerer zu tragen hatte als an dem Knüppel selbst; aber viel klüger war er nicht geworden; denn er dachte schon hin und her, wie er seinen Knüppel dem Wirt sicher zu bewahren geben sollte, damit diesem ja kein Schaden dadurch geschehe.

Unter diesen Gedanken kam er in das Wirtshaus, und der Wirt war so untertänig, daß er beide Flügel des Tores für ihn aufmachte. Er schätzte sich glücklich, den schätzbaren Herrn Dilldapp wieder unter seinem Dache zu haben, und war so voller Geschwätzigkeit, daß Dilldapp gar nicht zu Wort kommen konnte; denn er hörte gar nicht auf, die Sicherheit und Ehrlichkeit seines Hauses zu preisen, und als einen Beweis zeigte er ihm einen Schuhnagel und einen bleiernen Knopf, die vor Jahr und Tag ein durchreisender ungarischer Edelmann hier verloren habe und die noch stets aufbewahrt würden, bis er sie wiederverlangte. Dilldapp sperrte Maul und Ohren auf über die Redlichkeit und sagte: „Es ist recht brav, daß Sie die Sachen aufbewahren, da kann man sie doch wieder haben; seien Sie so gut und bewahren Sie mir bis morgen früh diesen Knüppel, aber ich beschwöre Sie, sagen Sie nicht zu ihm: ›Knüppel auf!‹ denn das könnte Sie in Versuchung führen, diesen Knüppel länger bei sich zu behalten als nötig.“ – „Mein Herr!“ sagte der Wirt, „Sie kennen mich schlecht, wenn Sie glauben, ich hätte nichts Besseres zu tun als mich mit Knüppeln zu unterhalten; essen Sie und legen Sie sich ruhig zu Bett; morgen früh um drei Uhr wecke ich Sie und mache Ihnen die Rechnung.“

Dilldapp aß und trank. Aber, welche Freude! als er in die Küche sah, erblickte er seine Schwester Kontusche bei der Frau Wirtin. Er bat sie sogleich zu sich zu Tisch und ließ auftragen, was das Haus vermochte. Nach Tisch erzählte sie ihm, daß auch sie, nachdem Saloppe auf das Land gemußt habe, nicht mehr lange in der Stadt geachtet worden sei, und daß dort jetzt lauter tolle ausländische neue Moden seien; die Mutter habe müssen in ein Hospital gehen, und so sei sie hier in das Wirtshaus geraten.

„Wer Kuckuck hat euch denn nur so außer Nahrung gebracht?“ sagte Dilldapp. „Wer anders“, erwiderte Kontusche, „als die fatalen Franzosen, die bei uns regieren, und welche eigentlich uns selbst vor langen Jahren dahin gebracht haben; weil sie aber alle Augenblicke was Neues wollen, haben sie jetzt andere Personen in Schwung gebracht. Da wirst du bei uns jetzt eine Mademoiselle Chemisegrec, eine Mamselle Tunika, eine Mademoiselle Pelerine, Amazone, Hortense u. dgl. sehen.“ – „Die soll der Kuckuck holen“, sagte Dilldapp; „warte nur, das soll anders werden, sobald ich hinkomme.“ So sprachen sie und gingen dann zu Bett.

Als alles ruhig war im Hause, schloß sich der neugierige Wirt ein, um nicht gestört zu werden; denn er fürchtete, Dilldapp möge ihm nicht trauen. Er machte Fenster und Läden zu und betrachtete den Knüppel von allen Seiten, und endlich sagte er: „Knüppel auf! Knüppel auf!“ Da begann ihn der Knüppel so schrecklich und ununterbrochen um den Kopf und die Schultern zu prügeln, daß er in ein mörderliches Geschrei ausbrach. Den Schlüssel konnte er nicht gleich finden, er trat die Türe auf und rannte wie unsinnig nach der Stube Dilldapps, und der Prügel klopfte immerzu. „Ach, Herr Dilldapp! bester Herr Dilldapp!“ schrie er,

„befreien Sie mich von dem Knüppel!" Da rief Dilldapp: „Lassen Sie mich schlafen, ich bin müde."

Aber der Wirt schrie immerfort, und das ganze Haus lief zusammen und bat für ihn. Da sagte Dilldapp: „Führen Sie mir vorerst meinen Esel Aurekakaure mit Sattel und Zeug vor die Türe." Der Wirt, immer geprügelt, flog nach dem Stall und brachte den Esel und flehte wieder. Da sagte Dilldapp: „Jetzt bringen Sie mir auch mein Tüchlein Tu dich auf." O wie geschwind war der Wirt mit dem Tüchlein da und flehte wieder. Da sagte Dilldapp: „Nun machen Sie mir wieder meine Rechnung!" – „Ach! nichts, gar nichts sind Sie mir schuldig", schrie der Wirt; „nur den Knüppel nehmen Sie mit, nur den Knüppel!" Nun stieg Dilldapp auf den Aurekakaure, nahm seine Schwester vor sich und steckte das Tellertuch ein und sagte: „Knüppel ab!" Da flog ihm der Knüppel in die Hand, mit welchem er den Herrn Wirt grüßte und abritt.

Als Dilldapp mit seiner Schwester so fortritt, sprachen sie beide von ihren Schwestern, der Saloppe und der guten Andrienne, und wünschten sehr, daß sie auch bei ihnen sein möchten. Sie ritten aber keine halbe Stunde, da begegneten sie einem Karren voll Komödianten und Komödiantinnen, und mitten unter ihnen saßen Andrienne und Saloppe. Da sprach Dilldapp mit dem Schauspielherrn und wollte seine zwei Schwestern von ihm loskaufen. Derselbe aber wollte sie auf keine Weise hergeben. Dilldapp aber rief nur: „Knüppel auf!" Da wurde der unbillige Schauspielherr von dem Knüppel so applaudiert, daß er Andrienne und Saloppe gern losließ, und da sagte Dilldapp: „Knüppel ab!" und ließ ihn weiterfahren. Seine zwei Schwestern aber setzte er auf seinen Esel, stieg ab und führte das Tier. „Nun", sagte er, „müssen wir daran denken, euch andere Namen und ein anderes Aussehen zu geben, damit ihr in der Stadt wieder in Aufnahme kommt." Er machte daher unter einer alten Eiche halt, ließ die Schwestern ins Gras sitzen und nahm sein Tüchlein heraus und sagte:

Tüchlein, Tüchlein, tu dich auf
Schick mir vier teutsche Röcklein herauf.

Da wurde das Tüchlein so dick wie ein Schneiderpack und faltete sich auseinander, und vier schöne ehrbare, züchtige Röcklein lagen drin und Schleier und Hauben und Kränzchen. Auf dem einen stand geschrieben: Fräulein Thusnelda, auf dem andern: Jungfer Siegelinde, auf dem dritten: Jungfer Else, auf dem letzten: Frau Uta. Diese Kleider legten seine Schwestern an, und Andrienne nannte sich Else, Saloppe Thusnelda und Kontusche Siegelinde. Man kannte sie nicht mehr, so waren sie verändert.

Sie saßen wieder auf dem Aurekakaure und ritten gegen die Stadt. Da stand eine französische Schildwache und rief: „*Qui vit?*“ Aber Dilldapp antwortete: „Wir sind keine Kibitzen, wir sind Deutsche“, und somit schrie er:

Knüppel auf, Knüppel auf.
Bring mir die Franzosen in Lauf,
Prügel die Mamsellen und Madamen
Wieder hin, woher sie kamen.

Da entstand ein gewaltiger Spektakel in der Stadt. Der Knüppel prügelte alles, was französisch war, hinaus, und da Dilldapp auf dem Turm ein deutsches Danklied blasen hörte, rief er: „Knüppel ab!“ Da war der Knüppel gleich wieder bei ihm, und er zog unter großen Festivitäten ein, holte seine Mutter, Frau Schlender, aus dem Hospital, zog ihr das Frau-Uten-Kleid an, und sie nannte sich nachher Frau Uta. Dann nahmen sie ihre Werkstatt wieder ein. Fräulein Thusnelde, Jungfer Siegelinde und Fräulein Else schneiderten drauf los, und alles kleidete sich nach ihrem Muster. Aber bald ward Hochzeit. Junker Hermann heiratete Thusnelde, Herr Siegfried Siegelinden und Herr Dietrich die Else; Frau Uta aber den alten Herrn Hildebrand. Der machte ein Hochzeitslied, gar wohl gereimt. Darin hieß es:

Ich, Herr Hildebrand,
Stell den Spieß an die Mauer.

Schier hätte er gesagt: Wand.

Dilldapp aber nahm den Namen „deutscher Michel“ an und ließ den Aurekakaure so viel Geld und Gold hervorbringen, daß alles in Lust und Ehren lebte. Über seiner Haustüre aber stand geschrieben:

Kinder und Toren
Haben das Glück bei den Ohren.

Das Märchen von Fanferlieschen Schönefüßchen

Es war einmal ein König, der hieß Jerum, und sein Land hieß Skandalia, und er regierte in der Stadt Besserdich. Dieser Jerum war gar nicht viel wert, er quälte seine armen Untertanen bis aufs Blut, so daß sie jahraus jahrein schrieen: „O Jerum, o Jerum, sieh auf Skandalia und besser dich!“ Er wirtschaftete aber immer drauflos und war ganz das Gegenteil seines verstorbenen Vaters, dessen Sterbetag die Bürger von Besserdich jährlich mit großer Traurigkeit feierten. Vor diesem Tage ritt der böse Jerum immer mit seinem ganzen Hofstaat nach einem fernen Jagdschloß Munkelwust, um nicht die Liebe seiner Untertanen zu seinem seligen Vater zu sehen. Als er nun einstens mit unanständigem Hörnergeblase und Peitschengeknall am Tag vor dem Trauerfest der Stadt hinauszog, sah er nah an dem Tore vor einem kleinen Hause eine alte Frau ihre Ziege kämmen. Da nahm er seinen Bogen und legte einen Pfeil auf und verwundete der alten Frau die Ziege. Die Alte ergrimmte sehr und schrie ihm nach:

O Jerum, o Jerum,
Meine Ziege geschossen.
O Jerum, o Jerum,
Dir selbst zum Possen;
Sie ist ein armes Waiselein,
Wird Königin im Lande sein.

Jerum bekümmerte sich nicht um das Geschrei der Alten und sprengte im Galopp zur Stadt hinaus. Die Alte hieß Fanferlieschen und war eine außerordentlich kluge Hexe; bei dem verstorbenen Vater des Königs Jerum hatte sie sehr viel gegolten; sie hatte damals große Macht in Händen und dem Lande viel Gutes getan. Wenn der alte König einen Minister oder General oder Gelehrten haben wollte, so ging er nur zu Fanferlieschen, die damals sehr schön war, und sprach nur:

Fanferlieschen
Hat schöne Füßchen,
Nicht zu lang, nicht zu kurz;
Schüttle mir aus deinem Schurz
Einen guten Staatsminister!

„Herr, da ist er!“

sprach sie dann und schüttelte ihn aus der Schürze. So hatte sie dem König viele geschickte Leute verschafft. Aber als der Jerum an die Regierung kam, wurde Fanferlieschen vertrieben, ja er ließ ihr ein großes Loch von seinen Jagdhunden in die Schürze reißen und mißhandelte sie auf alle Weise. Da zog Fanferlieschen in ein kleines Haus in der Vorstadt und mästete Vieh und Geflügel, und man wunderte sich über gar nichts, als daß sie niemals einen Ochsen oder Esel oder ein Pferd oder einen Puthahn oder sonst etwas verkaufte. Aber oft hörte man sie in der Nacht, wenn alles ganz still war, sehr ernsthafte Staatsgespräche mit ihrem Vieh halten, und lautete es nicht anders, als wenn die größten Professoren bei ihr versammelt wären, so daß es ordentlich in der ganzen Stadt ein Sprichwort war, wenn einer von den Hofleuten des Königs Jerum einen übeln oder dummen Streich machte, zu sagen: „Dieses Rindvieh hat nicht bei dem Fanferlieschen studiert!“

Als ihr der Jerum nun die Ziege verwundet hatte, geriet Fanferlieschen in den höchsten Zorn gegen ihn und entschloß sich, Rache an dem König zu nehmen. Sie legte die geliebte Ziege in ein schönes Bett und verband ihr die Wunde mit Kräutern und Wein.

In der Stadt machte man schon alle Anstalten, das Andenken des verstorbenen guten Königs Laudamus zu feiern. Alle Häuser waren mit schwarzem Tuch behängt, auf allen Türmen und Rauchfängen wehten schwarze Fahnen. Alle Glocken, die geläutet wurden, hatten schwarze Flore an den Schwengeln. Alle Bürger zogen schwarze Wäsche und Kleider an, alle Perückenmacher puderten schwarz, alle Schimmel waren Rappen, man aß nichts als Schwarzwildpret und Schwarzwurzeln und Schwarzsauer. In solcher entsetzlichen Schwärze waren bereits alle Einwohner in der großen Kirche der heiligen Nigritia um das Grab des Königs Laudamus versammelt, auf welchem viele tausend schwarze Fackeln brannten, und warteten nur noch auf das Fräulein Fanferlieschen, um ihre Trauergesänge anzufangen. Denn Fanferlieschen pflegte alle Jahre dieses Trauerfest mit einem großen Leichenzuge zu verherrlichen. Sie kam immer an der Spitze ihres sämtlichen schwarzen Horn- und Federviehs durch die Stadt in die Kirche gezogen, und es war den guten Bürgern nichts so rührend, als alle die schwarzen Pferde, Esel, Stiere, Kühe, Böcke, Ziegen, Schafe, Schweine, Hunde, Katzen, Puthahnen, Pfauen, Haushähne, Hühner, Schwanen, Gänse und Enten usw. die bittersten Tränen vergießen zu sehen. Ein großer Teil in der Mitte der

Kirche war für sie und ihren Zug freigelassen. Die Bürger harrten; da kam der Kirchendiener und zeigte an, daß der Zug der Fanferlieschen sich nähere; die Tore wurden aufgetan, und man sah Fanferlieschen in schwarzem Samt gekleidet mit einer Krone von schwarzen Brillanten neben einer schwarzen Portechaise hergehen, die von zwei schwarzen Eseln getragen wurde. Vor ihr her ging ein schwarzer Pudel auf den Hinterbeinen, der trug Fanferlieschens Schürze, welche dem Lande so viel Gutes getan und von den Jagdhunden des Jerums zerrissen worden war, an einer Stange als Trauerfahne, und hinter der Trauer-Portechaise folgten viele schwarze Böcke und Ziegen mit Trauerfloren und Zitronen auf den Hörnern. Dann kam alles übrige schwarze Horn- und Wollen- und Federvieh, alle mit Zypressenzweigen und -kränzen geziert. Kurzum, die ganze Herde des Trauerviehs war auf die rührendste und anständigste Art geschmückt und bezeugte ein tiefes Leidwesen. Als jedermann und jedes Vieh seinen Platz eingenommen, wurde eine kohlrabenschwarze Melodie gesungen, und dann stieg Fanferlieschen auf das Grab des König Laudamus und erzählte den Bürgern alle seine guten Eigenschaften, worüber sie alle gallenbittere Tränen weinten, so schwarz wie Tinte. Zuletzt kam sie auf die Bosheit des Königs Jerum zu sprechen und sagte: „Endlich ist es Zeit, daß wir ihm das Tor vor der Nase zumachen, seine Bosheit ist auf das höchste gestiegen: als er gestern mit seinem gottlosen Hofstaat dem Tore hinausritt, stand ich vor meiner Türe und kämmte Fräulein Ziegesar die schwarzen Locken zu dem heutigen Feste; da verwundete er mir diese geliebte Waise mit einem mutwilligen Pfeilschuß.“ Bei diesen Worten Fanferlieschens entstand ein gewaltiges Murren in der Kirche, und alle Fackeln auf dem Grabe des König Laudamus knisterten und flackerten und tröpfelten schwarze Wachstränen herab. Der älteste Bürger der Stadt, der sich seine weißen Haare und seinen weißen Bart heute ganz schwarz gepudert hatte, trat zu Fanferlieschen und sprach: „O Fanferlieschen, deine große Freundschaft mit dem seligen Laudamus, der Anblick deiner zerrissenen Schürzenfahne, aus der uns einst so viel würdige Staatsmänner geschüttelt wurden, dein stilles Leben, deine edlen Bemühungen zur Erziehung und Bildung unvernünftigen Viehes, ach! alles, was wir von dir wissen, lehrt uns, daß keine Lüge aus deinem Munde kömmt; aber sage uns, wen verstehst du unter dem Fräulein Ziegesar?“ – „Wen soll ich darunter verstehen“, sagte Fanferlieschen, „als jenes liebenswürdige Töchterlein des verstorbenen Fürsten von Buxtehude, dessen Land von seinem Freunde, dem verstorbenen Laudamus, verwaltet wurde, bis das liebe Fräulein herangewachsen sei, welches hier nebst vielen andern vornehmen Waisenkindern unter meiner Aufsicht in dem Fräuleinstift und der Ritterakademie erzogen wurde. Ach, der gute Laudamus dachte einst, den Jerum mit ihr zu vermählen; aber ihr wisset, als Jerum nach des Vaters Tod König ward, nahm er alle die Länder der Waisenkinder, deren Pflegevater er sein sollte, in Besitz und befahl seinem Kammerherren, dem Herrn von Neuntöter, alle die armen Kinder im Fräuleinstift und in der Ritterakademie mit einem Reisbrei zu vergiften, den sie jährlich am Pfingstfeste auf der Eselswiese unter Tanzen und Springen zu verzehren pflegten. Mich hätte er auch gern umgebracht, aber er weiß nicht, wie mein Ende ist. Als das Fest auf der Eselswiese bestellt war, zogen die unschuldigen Kinder mit Blumen geschmückt hinaus auf die Wiese. Der Reisbrei stand in einer silbernen Schüssel, welche Laudamus dazu gestiftet hatte, brotzelnd unter der großen Linde. Ich ließ die guten Kinder in einem großen Kreise niederknieen und singen:

Te regem laudamus,
Qui nobis dedit Hirsenmus.

Da kam der Herr von Neuntöter und brachte Zucker und Zimmet vom Jerum, welches der König immer sonst selbst drauf zu streuen pflegte. Aber es war dieses Mal Rattengift. Als der Neuntöter sich dem Musbecken nahte, sah ich auf einmal den Geist des verstorbenen Laudamus ihm entgegentreten; er sagte: ›Wenn der Jerum nicht selbst den Kindern Zucker und Zimmet bringen will, so will ich es tun. Fliege hin, du Neuntöter!‹ Damit schlug er dem Kammerherrn erst die Zuckerdüte und dann die Zimmetdüte um die Ohren, und sieh da, er flog in einen Neuntöter verwandelt davon. Nun kam der König Laudamus zu mir und sprach:

Fanferlieschen
Schönefüßchen,
Pfleg und zieh die Kinderlein,
Bis sie wieder Menschen sein.

Nun streute er selbst Zucker und Zimmet auf das Mus und verschwand. Die Kinder hatten alle das gesehen und sangen wieder:

Te regem laudamus,
Qui nobis dedit Hirsenmus.

Und nun fuhr jedes mit seinem silbernen Löffel in das Hirsenmus. Kaum aber hatten sie einen Löffel voll gegessen, als sie sich alle in Tiere verwandelten. Die Ziegesar in Ziegen, die Ochsenstierna in Ochsen, die Rindsmaul in Rinder, die Schimmelpennink in Schimmel, die Rabenhorst in Raben, die Boxberg in Böcke, die Putlitz in Puthahne, die Hühnerbein in Hühner, die Rothenhahn in Hähne, und so ein jedes Kind nach dem Familiennamen in ein Tier dieses Namens. Ich führte nun diese ganze Herde in den nahegelegenen Wald in eine große Höhle und ging wieder in die Stadt. Da hörte ich, wie der König Jerum glaubte, der Kammerherr von Neuntöter sei mit den Kindern, statt sie umzubringen, in die weite Welt gelaufen, und daß Jerum Boten ausgesendet habe, ihn aufzusuchen. Als er mich nach den Kindern fragte, sagte ich ihm: ›Der liebe Gott wird sich ihrer erbarmen.‹ Weiter sagte ich ihm nichts. Er ward sehr zornig auf mich, und weil er mir das Leben nicht nehmen konnte, so nahm er mir doch alles, was mir Laudamus geschenkt hatte, so daß mir nichts blieb als das Haus und der Hof und Garten meiner Eltern am Tore. Nachts führte ich nun die ganze verwandelte Herde aus dem Wald in mein Haus und habe sie bis jetzt immer in allen standesgemäßen Wissenschaften unterrichtet. Sie sind bereits alle erwachsen, und jeder wird seiner Familie Ehre machen. Ach, Fräulein Ziegesar war vor allen ein Engel, sie tanzt alles vom Blatt weg und singt wie der größte Tanzmeister, sie webt und stickt wie eine perfekte Köchin und kocht und backt wie die größte Stickerin, sie macht Gedichte wie ein Sprachmeister und spricht alle Sprachen wie ein Dichter, kurz, sie ist eine der vollkommensten Fräulein der Welt; und diese hat mir der grausame Jerum mit einem Pfeile durch das linke Ohrläppchen geschossen. Nein, länger wollen wir diese Schmach nicht mehr erdulden, übergebet einem andern die Krone, denn Jerum denket doch nur an seine Laster und niemals an Besserdich.“ So hatte Fanferlieschen gesprochen. Alles hatte mit der größten Spannung zugehört, und der älteste Bürger sagte: „Du erzählst uns sehr merkwürdige Geschichten, aber, wenn wir auch einen andern König wählen, wo kriegen wir dann gleich alle die nötigen Minister und Hofkavaliere her, welche alle mit Jerum ausgereist sind? Deine Schürze, aus welcher du sie sonst schütteltest, hat ein Loch, und wird jeder durchfallen.“ Nun sprach Fanferlieschen zu dem Pudel, der die Schürze trug:

Herr von Pudelbeißmichnit,
Schwenk die Fahn,
Vivat Laudamus!
Es ist getan.

Da schwenkte der Pudel die Fahne und verwandelte sich zugleich in den schönsten Fahnenjunker, und alles anwesende Horn-, Wollen- und Federvieh verwandelte sich in die hoffnungsvollsten Ritter und Fräulein, und sie öffnete die Portechaise, und die Prinzessin Ziegesar mit dem verwundeten Ohrläppchen trat heraus und umarmte Fanferlieschen, und alle die verwandelten Ritter und Fräulein schrieen laut:

Oramus Laudamus!
Fanferlieschen
Schönefüßchen
Soll regieren
Und florieren.

Da rief die ganze Versammlung dasselbe, und sie nahmen Fanferlieschen und setzten sie in die Portechaise und trugen sie in das Schloß, und alles war richtig: sie mußte Königin sein. Fanferlieschen aber machte nun aus allen ihren Zöglingen vornehme Leute; der Herr von Ochsenstierna wurde Minister des Ackerbaus, der Herr von Rindsmaul wurde Erz-Heumarschall, der Herr von Riedesel Generalobermühlenrat, der Herr von Rothenhahn wurde Direktor der Feuersbrunst und Hofwetterminister, und so hatte ein jeder seine Stelle nach seinen Qualitäten. Die Prinzessin Ziegesar ward allgemein verehrt, und allgemein bekannt gemacht, wer ihr Gemahl werden würde, der sollte nicht nur ihr Fürstentum Buxtehude, sondern auch einstens das ganze Königreich Skandalia mit ihr erhalten. So ging nun alles herrlich in der Stadt, aber der König Jerum kriegte einen großen Schrecken, als die Fanferlieschen ihm einen Brief nach dem Jagdschloß Munkelwust schickte, worin drin stand, daß er abgesetzt sei und sich nicht mehr dürfe in der Stadt sehen lassen, sonst wolle man ihm den Kopf zwischen die Ohren stecken. Wenn er aber sein Leben ändern, Witwen und Waisen das Ihrige zurückgeben und de- und wehmütig in die Stadt Besserdich zurückkehren wolle, so solle er vor allem eine fromme Gemahlin nehmen; die frömmste wäre die Prinzessin Ziegesar von Buxtehude. Hernach wolle man sehen, ob man ihn wieder zum König aufnehmen könne. Diesen Brief schickte ihm Fanferlieschen durch den Hofschäfer Mopsus, und Jerum wurde so zornig darüber, daß er dem armen Mopsus die Ohren abschneiden ließ und ihm die Nase breitschlug; und zu dessen Andenken tragen sich bis jetzt alle Mopse so.

Der König Jerum, der nun zu Munkelwust lebte, wurde jetzt ganz wie rasend, er verwüstete alles Land umher und beging tausend Grausamkeiten. Aber es ging ihm bald übel, seine Hofleute verließen ihn, und sein Geld wurde alle. Er hatte nichts mehr als das Ländchen Bärwalde, welches eigentlich der Fräulein Ursula gehörte, und das er ihr noch immer zurückhielt. Die armen Leute aus dem Ländchen mußten alles hergeben, daß er sein wildes Leben fortführen konnte. Er hatte nur noch wenige Diener, und sein Ratgeber war ein großer hölzerner Götze, der bei Munkelwust unter einem dürren Baume stand und Pumpelirio hieß und, wenn man einen Menschen vor ihm schlachtete und ihn mit dem Blut bespritzte, auf alles antwortete, was man ihn fragte. Jerum machte nun bekannt, er wolle sich bessern und eine fromme Frau nehmen. Da ließ er die Töchter seiner Untertanen zusammenkommen und heiratete eine. Aber in der Nacht schleppte er sie vor den Götzen Pumpelirio und brachte sie um, und fragte ihn:

Pumpelirio Holzebock!
Sage mir doch,
Wann die Jungfer Fanferlieschen
Schönefüßchen
Sterben wird?
Wann ich komme nach Besserdich?

Da fing der Pumpelirio an zu knacken wie nasses Holz im Ofen, und sprach mit schnarrender Stimme:

Fanferlieschen blind,
Ursulus das Kind
Geschwind wie der Wind
Besserdich gewinnt.

Jerum wußte nicht, was das heißen sollte, er bat sich eine Erklärung aus, aber Pumpelirio sprach:

Für einen Mord
Nur ein Wort;
Morgen ist auch ein Tag
Zu Mord und Todschlag.

Am nächsten Morgen sagte Jerum, er habe seine Braut nach Haus geschickt, weil sie nicht fromm genug gewesen sei, und suchte sich eine andere Jungfrau und heiratete sie wieder und brachte sie wieder um vor dem Pumpelirio Holzebock, und fragte ihn wieder. Der sagte aber immer dasselbe, und Jerum brachte immer mehr Fräulein um, bis sie endlich seine Grausamkeit merkten und entflohen. Als die guten Leute in Bärwalde hörten, daß ihr Fräulein Ursula bei der Fanferlieschen lebe, gingen viele nach Besserdich, um die liebe Tochter ihres verstorbenen Fürsten zu sehen. Sie küßten ihr die Hände und Füße und klagten ihr das Elend, in dem sie durch den Jerum lebten, und wünschten nichts mehr, als daß Ursula bei ihnen sein und sie regieren möge.

Ursula weinte sehr über das Unglück ihrer Untertanen und versprach ihnen, mit Fanferlieschen zu überlegen, was zu tun sei; da zogen die guten Leute wieder ab. Als Fräulein Ursula eben mit Fanferlieschen hierüber sprach, kam ein Bote vom König Jerum zu ihr und sagte, wenn Fräulein Ursula seine Gemahlin werden wolle, so wolle er sich bessern. Ursula willigte ein, um nur ihre armen Untertanen trösten zu können, und Fanferlieschen sagte mit bitteren Tränen zu ihr: „Ich kann dich nicht abhalten, gieb dir alle Mühe, den Jerum gut zu machen; wenn du es verlangst, soll er seine Krone von mir wiedererhalten. Gehe hin, meine liebste Ursula, tue allem, was da lebt, Gutes, so wirst du in der Not nicht verderben!

Ursula, Ursula, große Not!
Wein' dir nur die Äuglein rot;
Ursulus, Ursulus, gutes Kind,
Macht das Fanferlieschen blind;
Ursulus, Ursula, Ursulum,
Bin ich blind, so komm ich um.
Schau dich um, ich bitt dich drum.“

Dann umarmten sie sich und weinten miteinander bitterlich, und Ursula zog mit dem Boten zum Tor hinaus zu dem König Jerum. Fanferlieschen aber stand auf dem Schloßturm und sah ihre liebe Ursula in ihrem weißen Hochzeitskleid fort über die grünen Wiesen ziehen; und so oft Ursula sich nach Besserdich umsah und mit ihrem weißen Tüchlein winkte und sich die Augen trocknete, mußte der Fahnenjunker Pudelbeißmichnit die schwarze zerrissene Schürzenfahne auf dem Turm schwenken, wozu Fanferlieschen immer sang:

Ursula, Ursula, große Not!
Wein' dir nur die Auglein rot;

Ursulus, Ursulus, gutes Kind,
Macht das Fanferlieschen blind;
Ursulus, Ursula, Ursulum,
Bin ich blind, so komm ich um.
Schau dich um, ich bitt dich drum.

Dazu bliesen die Türmer eine sehr betrübte Melodie auf den Posaunen, und dies währte so lange, bis ein Wald die Ursula und den Boten des Jerum verbarg.

Ursula ging traurig neben dem Boten durch den Wald und dachte immer nach, was doch der wunderbare Gesang Fanferlieschens bedeuten möge; aber sie konnte ihn auf keine Art begreifen. Da hörte sie auf einmal einen Vogel ganz jämmerlich schreien und sah, wie er ängstlich um einen Baum herum flatterte. Da schaute sie recht hin und erblickte einen großen Marder, der am Baum herunter geschlichen kam und sich dem Neste des Vogels nahte, um ihm seine Jungen zu fressen. Da nahm Ursula einen Stein und warf ihn so geschickt nach dem Marder, daß er tot von dem Baume herunterpurzelte. O, wie froh war nun der Vogel; er flog erst zu seinen Jungen, und da er sah, daß sie noch alle gesund waren, flog er immer um Ursulas Haupt und vor ihr her von Baum zu Baum und machte die rührendsten Bewegungen, als wolle er ihr Dank sagen, und sang auf allerlei Weise, bis er sie am Abend verließ, wo sie ihm noch ein Stückchen von dem Kuchen, den ihr Fanferlieschen mit auf die Reise gebacken hatte, für seine Jungen mitgab. Nun ward der Weg immer trauriger und öder. Verbrannte Hütten und zerstörte Gärten waren am Weg; sie hörte in der Ferne einen traurigen Gesang, und das Herz ward ihr entsetzlich schwer. In der Ferne ging die Sonne ganz rot unter, und man sah in eine wilde schwarze Bergschlucht voll Dampf und Qualm. Hie und da am Weg stand ein dürrer Baum, von dem die Eulen herunterschrieen: „Hu, hu, o weh! hu, hu, o weh!“ Ach, das Herz ward Ursula immer schwerer, und sie fragte den Boten, der bis jetzt immer stumm neben ihr her gegangen war:

Ach, mein Herz bricht in der Brust.
Sind wir bald in Munkelwust?

Da sagte der Bote:

In der Schlucht liegt Munkelwust,
Hier am Baum du warten mußt

Bei dem Pumpelirio;
Jerum macht es immer so.
Setz dich an die Felsenstufen,
Ich will dir den Bräutigam rufen.

Und da verließ er die Ursula unter einem großen dürren Baum, wo der böse Pumpelirio Holzebock auf einem Felsen stand, und lief nach dem Tale hinunter. Ursula war in der entsetzlichsten Angst; die Nacht brach an, die Eulen schrieen auf dem dürren Baum; der Mond ging blutrot hinter dem Pumpelirio Holzebock auf. Ursula war sehr müd und setzte sich ins Gras und begann bitterlich zu weinen. Da hörte sie wieder den traurigen Gesang, und es kam immer näher und näher durch den Nebel, und sie sah eine Reihe von weißen Jungfrauen auf den Platz ziehen. Sie hatten Brautkränze auf und waren alle ganz bleich, und in der Brust hatte jede ein Messer stecken, daß das Blut über ihre weißen Röcklein niederfloß. Sie zogen über die Grasspitzen weg, als wären sie von Luft, und sangen mit feiner Stimme:

Willkommen, willkommen, du Jerum-Braut!
Ein Messer ins Herz, das heißt getraut.
Ach, ohne Kreuz und Segen
Liegen im Schnee und Regen
Bald hier deine Beinelein
Im Sonnen- und im Mondenschein.
Im Baum da schreien die Raben;
Ach, wäre ich doch ehrlich begraben!

Ursula war in der fürchterlichsten Angst und riß vor Bangigkeit das Gras aus der Erde; da schrie auf einmal eine der weißen Jungfrauen sie an:

O weh! o weh! was raufst du meinen Kranz,
Morgen mußt du auch an den Tanz!

Da sprang Ursula auf und wollte fliehen, aber sie fiel über einen Hügel; da schrie eine andere sie an:

O weh! o weh! was trittst du auf mein Herz,
Morgen leidest du denselben Schmerz.

So ging das immerfort; sie mochte fliehen nach welcher Seite sie wollte, immer trat ihr eine jener Jungfrauen in den Weg und schrie bald: „O weh mein Arm, o weh mein Bein, o weh mein Leib“, usw. Da stand Ursula endlich still und fragte: „O, ihr armen Jungfrauen, wer seid ihr und was wollt ihr von mir?“ Da sangen sie:

Jerums Frauen von gestern
Sind wir, Messerschwestern,
Jerums Weib von heute:
Morgen gehst du uns zur Seite.
Bete fleißig, denn gar oft
Kömmt das Messer unverhofft.
Im Baume schreien die Raben;
Ach, wären wir ehrlich begraben.
Fort von hier, von hierio,
Weit vom Pumpelirio,
Weit vom Holzebocke
Hübsch mit Kreuz und Glocke,
Mit Gesang und Posaunenspiel;
Giebt uns Ruh und kost nicht viel.

Da antwortete ihnen Ursula: „Ach, wenn es mir möglich ist, sollt ihr gewiß begraben werden:

Unter zarten Blumenrasen,
In dem Schatten grüner Linden,
Wo die frommen Lämmer grasen,
Sollt ihr euer Bettlein finden.
Und ein kühler Marmorbronnen
Soll da bei der Linde springen,
An jed Bettlein hingeronnen
Kühlen Born wohl jeder bringen,
Daß ihr könnt die heißen Schmerzen
Eurer schreinden Wunden kühlen
Und das Blut zerrißner Herzen
Von dem weißen Schleier spülen.
Ach! Wenn Gott euch wird erwecken,

Sollt ihr für den Mörder bitten!
Ringsum blühen Rosenhecken,
Und ein Kreuz steht in der Mitten.
Will der Herr mein Blut auch haben,
Soll man zu des Kreuzes Füßen
Euch zur Seite mich begraben,
Bis uns all die Englein grüßen.“

Während Ursula diese Worte recht von Herzen sprach, sahen die Jungfrauen sie mit rechter Liebe an, und jede zog ihr Ringlein vom Finger und sie flochten sie ineinander wie eine Kette und zogen Blumen durch, daß es eine Krone ward; die setzten sie der Ursula auf das Haupt und sangen:

Soviel Ringe, soviel Bräute;
Soviel Bräute, soviel Messer;
Soviel Messer, soviel Herzen;
Soviel Herzen, soviel Wunden;
Ach, du arme Braut von heute!
Ach, dir geht es auch nicht besser;
Ach, du hast die bittern Schmerzen
Alle bald wie wir empfunden.

Da krähte aber der Hahn und sie schwebten über die Wiese weg. Ursula fühlte sich ruhiger, sie sah an dem blauen Himmel die Sterne an, und da glänzte das Gestirn, das man den großen Bär nennt, ihr besonders tröstlich in das Herz. Da gedachte sie recht innigst an ihre verstorbenen Eltern, den Fürsten Ursus und die Fürstin Ursa von Bärwalde, welche sie nie gesehen hatte, und sprach: „Ach, mein geliebter Vater und meine liebe teure Mutter, ich habe euch nie gekannt, aber ich liebe euch doch wie ein frommes Kind; o, verlaßt mich nicht in meiner tiefen Angst; schaut auf euer armes Töchterlein; ich will ja alles ruhig ertragen, was über mich bestimmt ist.“ Als sie diese Worte recht von Herzen gesprochen hatte, sieh, da war es, als wenn die zwei Sterne am Himmel zusammenstießen, und als wenn einer davon in den Schoß der guten Ursula herabfiele. Aber sie fand nichts.

Ihr Herz war aber sehr gestärkt und ihre Seele ganz voll frischem freiem Mut. Schon stand der Mond tief über der dunkeln Waldschlucht, worin Munkelwust lag, als sie auf einmal ein wildes Horngetön erklingen hörte und aus dem

Waldgrund herauf Pferdegetrapp tönte. Sie richtete sich auf und trat auf einen Felsen; da sah sie einen Reiterzug mit brennenden Fackeln heransprengen, daß die Funken und die brennenden Pechtropfen rings in das dürre Laub fielen, und die Flammen prasselnd durch die Büsche herumzischten. Sie sprengten im Galopp heran, an ihrer Spitze saß Jerum im roten Mantel auf einem getigerten Rosse. Auf seinem Helm war das Bild eines Drachen, seine langen schwarzen Haare wehten wie die Mähne seines Rosses im Wind, und an seinem Gürtel hatte er eine breite Scheide hängen, worin viele Messer staken. Sie sangen ein wildes Lied, welches also lautete:

Juch! juch! Über die Heide!
Fünfzig Messer in einer Scheide,
Reitet Jerum auf die Freite:
Schürz dich, Braut! zur Hochzeitreite.

So schrecklich das auch klang, konnte Ursula doch nicht mehr erschrecken; sie stand in wunderbarer Schönheit auf dem Felsen, gerade dem häßlichen Pumpelirio Holzebock gegenüber, und als der König Jerum heransprengte, wehte sie ihm mit ihrem Tüchlein entgegen. Und da die Reiter mit den Fackeln um sie her standen und Jerum von ihrer wunderbaren Schönheit und ihrer schönen Hochzeitskrone, die ihr die Geisterfräulein geflochten hatten, ganz geblendet zu ihr hinritt, streckte sie die Hand gegen ihn aus und sprach:

Ojerum, Jerum, sei willkomm!
Nimm deine Braut und werde fromm!
Im Baum, da schreien die Raben:
„Ach, wären wir ehrlich begraben!“
Drum sollst du mir erst versprechen –
Willst du mich auch erstechen –
Begrab mich und die Mägdelein
In einem kühlen Lindenhain,
Unter den grünen Rasen,
Wo fromme Lämmer grasen,
Wo ein klarer Bronnen
Kömmt an das Herz geronnen;
Ein Kreuz steh in der Mitten:
Da will ich ruhn zu Füßen

Und für den Mörder bitten,
Wenn mich die Englein grüßen,
Daß ihn in Zorn und Schrecken
Der Herr nicht mög erwecken.

Als sie diese liebseligen Worte sprach, schüttelte sie ihr Haupt, und die Ringlein klingelten in der Krone, und in der Luft hörte man singen:

Fort von hier, von hierio,
Weit vom Pumpelirio,
Weit vom Holzebocke.
Hübsch mit Kreuz und Glocke,
Chorgesang und Posaunenspiel;
Giebt uns Ruh und kost nicht viel!

Dem Jerum ging das durch Mark und Bein; er zitterte, daß ihm die Messer in der Scheide tanzten und schrie mit verzweifelter Stimme gegen Ursula:

Was sein soll, das muß geschehn,
Nichts kann dem Geschick entgehn.
Ach, ich möchte nicht und muß!
O, ich armer Jerumius!

Da knackte auf einmal der Pumpelirio Holzebock so gewaltig, als wolle er in der Mitte auseinanderplatzen, und Jerum riß die arme Ursula vom Felsen und

Faßte sie in der Mitten
Und schwang sie auf sein Roß;
Hei, wie sind sie geritten
Nach Munkelwust ins Schloß.

Mehrere Wochen war Ursula schon die Gemahlin des bösen Jerum und sie war so gütig und so fromm und so schön und so mild, daß er ganz tiefsinnig wurde und über sein böses Leben nachdachte. Ach, seine Stadt Besserdich lag ihm immer im Sinn. Ursula sprach immer von Besserdich, aber er schämte sich, gedemütigt an den Ort zurückzukehren, wo er immer ein übermütiger Herr gewesen war, und wurde dann oft plötzlich von Zorn und Wut überfallen und ritt im Land herum und tat viel Böses. Ach, dachte dann Ursula, wenn mir Gott ein liebes Kind schenkte, das ihm freundlich wäre, vielleicht würde sein wildes Herz gerührt werden, wann es ihn freundlich anblickte und ihm seine kleinen Hände entgegenstreckte. Sie betete darum immer sehr fleißig zu Gott, und wenn sie abends allein am Fenster saß und den wilden Jerum von seinen Streifereien zurückerwartete, so blickte sie immer nach dem Gestirn des großen Bären und dachte ihrer verstorbenen Eltern, und streckte die Hände gen Himmel: ach, wenn ich nur ein Kind hätte! Den einzigen Trost hatte sie in ihrem elenden Leben, daß die armen Leute aus Bärwalde die Bedrückung des Jerums leichter zu ertragen schienen, seit die liebe Tochter ihres ehemaligen Fürsten bei ihnen war. Auch tat sie, wo sie konnte, ihnen Gutes und redete ihnen freundlich zu. Das Traurigste aber war ihr, daß Jerum niemals erlaubte, daß sie an Fanferlieschen schreibe, und daß er schon einige Boten dieser ihrer einzigen Freundin hatte ermorden lassen. Als sie nun einstens abends einsam und traurig am Fenster saß und auf Jerum wartete, der seit mehreren Tagen nicht mehr heimgekehrt war, war der Himmel ganz trüb und ihr liebes Gestirn nicht zu sehen. Und wie sie so an den wilden Bergwänden hinaufblickte, hörte sie wieder jenen traurigen Gesang, und die weißen Jungfrauen zogen ums Schloß herum und sangen sehr traurig:

Im Baume schrein die Raben:
„Ach, wären wir ehrlich begraben!"
Fort von hier, von hierio,
Weit vom Pumpelirio,
Weit vom Holzebocke.
Hübsch mit Kreuz und Glocke,
Chorgesang, Posaunenspiel:
Gebt uns Ruh und kost nicht viel.

Worauf sie verschwanden. Da nahm sich Ursula fest vor, nicht zu ruhen noch zu rasten, bis die Fräulein begraben wären. Bald darauf hörte sie wilden Hörnerklang und sah die Fackeln durch den Wald reiten und hörte den wilden Gesang von Jerums Zug:

Juch! juch! Über die Heide!
Fünfzig Messer in einer Scheide.

Sie eilte hinab an das Tor, ihren Gemahl zu empfangen, aber er sprengte so wild herein, daß sie das Pferd gegen die Treppe schleuderte. Als Jerum absteigen wollte, raffte sie sich auf und hielt ihm den Steigbügel. Er redete aber nicht freundlich mit ihr und bat sie nicht um Vergebung. Finster stieg er die Treppe hinauf, und die arme Ursula folgte ihm nach. Er setzte sich auf seinen Stuhl und redete kein Wort; sie konnte es vor Jammer nicht mehr aushalten und warf sich vor ihm auf die Knie und weinte und sprach: „Ach, mein Gemahl, was hab ich dir zuleide getan?“ Er antwortete nicht. „O ich Unglückliche“, rief sie, „ich hatte mich so auf deine Heimkehr gefreut, ich hatte dich recht innig bitten wollen:

Du möchtest begraben die Mägdelein
In einem kühlen Lindenhain – – –“

Weiter konnte sie vor Tränen nicht sprechen; sie legte ihr Haupt in seinen Schoß, und als die Ringe in ihrer Krone so rasselten, zitterte Jerum am ganzen Leibe. Plötzlich faßte er mit seiner Hand an ihr Ohr und schrie wie erschreckt:

O wahr, wahr, wahrlich wahr!
O du mußt auch zu der Schar,
Bärin Ursula, der Schuß! –
O ich armer Jerumius.

„Was fehlt dir, lieber Jerum“, sagte Ursula, „daß du so traurig redest?“ Da erwiderte er: „Nichts, mein Weib; aber stehe auf, wir wollen gleich dahin gehen, wo die Mägdelein sollen begraben werden; ich habe den Lindenhain gefunden, ich will dir ihn zeigen.“ Das sagte er so kalt, daß Ursula zitterte und sprach:

Ach Jerum, hast du mich ein bißchen lieb:
Jetzt nicht, jetzt nicht, der Himmel ist trüb.

Er aber sprach:

Nur fort! nur fort! der Himmel grau,
Der ist so recht zur Totenschau.

Da zog er sie zum Schloß hinaus und zog mit ihr den Weg hinauf nach dem Pumpelirio Holzebock. Da sprach sie:

Ach Jerum! ach! kein Lindenhain
Wird auf dem Weg zu finden sein.

Er aber sprach:

Nur fort! und ists kein Lindenhain,
So finden wir doch Totenbein.

Da weinte Ursula sehr und klammerte sich an ihn und sprach:

Ach Jerum! ich flehte zum Himmelsthron,
Daß Gott uns schenk einen kleinen Sohn.

Er aber zerrte sie weiter den Berg hinauf und sprach:

Nur fort! nur fort! es heult der Wind,
Er wiegt der Bärin ihr schwarzes Kind.

Da sie aber oben waren, ging der Mond ganz blutig auf, und Ursula sprach:

Ach Jerum! der Mond ist blutig rot,
Ach Jerum! stich mich heut nicht tot.

Er aber sprach:

Nur fort! das ist der Abendschein,
Er scheinet in den Lindenhain.

Da kamen sie den Berg hinauf auf die öde Heide, und Ursula sprach:

O Jerum! wie die Wolken fliehn,
Wie sie so wild vor dem Monde ziehn.

Er aber sprach:

Nur fort, das sind die Lämmer klein,
Sie ziehen nach dem Kirchhof dein.

Und immer riß er sie weiter fort, ach! daß die Dornen ihr Röcklein zerrissen und Ursula sprach:

O Jerum! die Dornen zerreißen mich,
O kehre um, ich bitte dich!

Er aber sprach:

Nur fort, es ist der Rosenhain,
Er schließet rings den Kirchhof ein.

Und nun kamen sie an den dürren Baum, wo der Pumpelirio Holzebock stand, und Ursula sprach:

Ach Jerum! das ist der dürre Baum,
Das ist der wüste, öde Raum,
Das ist der Pumpelirio Holzebocke,
Ach! hörst du, wie die Raben schrein?

Er aber sprach:

Hier ist der kühle Lindenhain,
Hier läutet deine Glocke,
Hörst du, wie der Neuntöter schreit?
Du mußt sterben, halt dich bereit!

Da sank sie auf die Knie und sprach:

Ach Jerum! sag mir doch, warum
Bringst du deine arme Ursula um?

Da sprach er:

Weil du nur eine Bärin bist,
Die mich betrog mit böser List.
Bei Besserdich gleich an dem Tor
Schoß ich den Pfeil dir durch das Ohr.
Die Narbe habe ich gefühlt,

Als ich mit deinen Locken spielt.
Und jetzo muß ich dich erstechen,
Um Fanferlieschens Schwur zu brechen.
Mach fort! mach fort! der Neuntöter schreit,
Sterben mußt du, halt dich bereit!

Ursula kniete nieder um zu beten, und Jerum suchte eins von seinen fünfzig Messern heraus und fing es an zu wetzen. Wie Ursula die Hände gegen Himmel hob und betete, sah sie plötzlich das Gestirn des großen Bären erscheinen, und es zuckte wieder wie damals, als sie zuerst hier betete, und es fiel wieder wie ein Stern in ihren Schoß nieder. Da war sie auf einmal wunderbar getröstet, und stand auf und sprach:

Herr, ist dies der Lindenhain,
Wo ich soll begraben sein?
Sag, wo ist der kühle Bronnen,
Der zum Grabe kömmt geronnen?

Jerum sprach da:

Aus der Brust soll er dir springen,
Wenn ich werd das Messer schwingen.

Da griff er nach dem Messer, das er geschliffen und neben sich gelegt hatte, aber fort war es; er konnte es nicht mehr finden. Da sagte er zu Ursula: „Bete nur noch ein wenig." Sie kniete nieder und betete fort. Er nahm ein anderes Messer und wetzte es und legte es wieder hin und rief:

Mach fort! mach fort! der Neuntöter schreit,
Sterben mußt du, halt dich bereit!

Ursula nahte sich still und sprach wieder:

Herr, ist dies der Lindenhain,
Wo ich soll begraben sein?
Sag, wo ist der kühle Bronnen,
Der zum Grabe kömmt geronnen?

Da sprach er wieder:

Aus der Brust soll er dir springen,
Wenn ich werd das Messer schwingen.

Aber das Messer war wieder fort. Er konnte das nicht begreifen und ließ sie wieder beten und wetzte wieder. Und sie kniete hin und betete für den Jerum recht von Herzen. Er rief wieder:

Der Neuntöter schreit,
Halt dich bereit!

Sie nahte wieder mit denselben Worten, das Messer war wieder fort, und so ging das, bis neunundvierzig Messer fort waren. Da hielt Jerum das fünfzigste Messer fest in der Hand und schwang den Arm und wollte es ihr in das Herz stoßen; aber auf einmal hielt er ein und tat einen lauten Schrei, und ließ den Arm sinken, denn es flog ein Messer vom Himmel herunter auf seinen Arm und stach ihm die Hand durch und durch, und wo er hinfloh, fielen Messer auf ihn und verwundeten ihn hier und dort. Ursula lief auf ihn zu und umarmte ihn und bedeckte ihn mit ihren Armen; aber die Messer fielen überall auf ihn, bis sie alle heruntergefallen waren. Da hörte man die Hörner von Jerums Gefolg, da leuchteten die Fackeln heran. Sie zogen aus, ihren Herrn zu suchen, und fanden ihn mit Wunden bedeckt, und Ursula, die ohnmächtig bei ihm lag. Seine Diener waren sehr erschrocken, sie zogen ihm die Messer aus den Wunden, verbanden ihn, so gut sie konnten, und brachen Äste von dem dürren Baum, auf welche sie ihn und Ursula legten und nach Haus brachten. Dabei sangen sie:

Juch! juch! über die Heide!
Fünfzig Messer in einer Scheide,
Fünfzig Messer in Mannesleib
Durch Ursula, das böse Weib.

Über ihnen aber flog der Neuntöter und schrie sehr heftig, und neben dem Zug schwebten die weißen Jungfräulein über die Erde hin und sangen:

Fünfzig Messer in Mörders Leib,
Ihr könnt nicht retten sein treues Weib.

Das alles war sehr betrübt.

Als sie sich Munkelwust nahten, sahen sie das ganze Schloß erleuchtet. Da ließ der Führer den Zug halten, nahte sich dem Jerum, der sich etwas erholt hatte, und redete mit ihm heimlich, worauf sich der Zug trennte. Die mit den Fackeln zogen mit Jerum in das Schloß. Der Führer aber und sein Sohn blieben mit der armen Ursula zurück. Als der Zug schon in das Schloß herein war, trugen sie die Ursula in einen alten, hohen Turm des Schlosses, in welchem gar kein Fenster war. Da legten sie dieselbe an die Erde, gingen weg und mauerten die Türe zu und warfen eine Menge Disteln und Dornen davor.

Die arme Ursula mochte wohl ein paar Stunden in dem dunkeln Turm gelegen haben, als sie etwas Kühles an den Augen und Wangen spürte und erwachte. Das erste Wort, das sie aussprach, war: „Ach, mein teurer Herr und Gemahl, lebst du noch? O, wenn Gott nur deine Diener herführte, dich mit deinen vielen Wunden aus der dunkeln Nacht nach Hause zu bringen. Ich will dich so treulich pflegen und heilen, daß du mich gewiß liebgewinnen sollst. O mein Gemahl, antworte mir! Wehe mir, haben dich die fallenden Messer getötet, konnte ich keines, mit meinem Leibe dich bedeckend, von dir abwenden?“ Da die arme Ursula, welche glaubte, sie sei noch an dem schrecklichen Orte bei dem bösen Pumpelirio Holzebock, keine Antwort erhielt, richtete sie sich auf und suchte herum, den Leichnam ihres Gemahls zu suchen; aber wie erschrak sie, da sie sich rings von kalten Mauern umschlossen fühlte. „O! allmächtiger Gott!“ rief sie aus, „wo bin ich, was ist aus mir geworden?

Weh, weh, ganz allein!
Erd und Himmel sind von Stein!
Ach, kein Mond, kein Sternenschein,
Und kein Lüftlein grüßt herein,
Und es singt kein Vögelein;
Weh, weh, ganz allein!“

Da sprach eine Stimme zu ihr mit freundlichem Tone: „Erschrick nicht, liebe Ursula, ich bin da; erinnerst du dich wohl des Vogels, dessen Junge du von dem Marder durch einen Steinwurf befreitest und mit dem du deinen Kuchen teiltest, da du durch den Wald nach Munkelwust reistest?“

„O ja", sprach Ursula, „aber was soll dieser Vogel? Wer bist du? Sage mir um Gotteswillen, wo ist Jerum, mein armer Gemahl, und wie komme ich an diesen Ort?"

„Ich bin dieser Vogel", antwortete die Stimme; „setze dich wieder an die Erde und erlaube mir, auf deine Hand zu sitzen, so will ich dir alles erzählen, was du mich gefragt und noch viel, viel mehr. Aber fasse Mut und vertraue auf Gott, du bist sehr unglücklich.

Aber keiner ist so allein,
Und wäre Erd und Himmel von Stein,
Und schiene kein Mond, kein Sternenschein
Und grüßte ihn kein Lüftlein,
Und sänge ihm kein Vögelein:
Wird doch in seinem Herzen rein
Der liebe Gott stets bei ihm sein."

Da setzte sich Ursula an die Erde und legte ihren Kopf gegen die harte Steinwand, und streckte die Hand aus und sprach: „Komm, lieber Vogel, setze dich auf meine Hand; ach, du bist fromm, und ich will Gott vertrauen, und wäre mein Elend noch so groß." Da flog der Vogel auf ihre Hand, sie zog sie an sich und drückte ihn an ihre Wangen, die er sanft mit den Flügeln streichelte. „Deine Flügel sind ja naß", sprach Ursula. „Ja, liebe Ursula", sagte der Vogel, „ich habe sie in kühles Quellwasser getaucht und habe flatternd dein Gesicht hiermit besprengt, damit du aus der Ohnmacht erwachest." – „O, wie gut bist du", erwiderte Ursula; „was bist du denn für ein Vogel?" – „Frage nicht", sagte der Vogel, „ich habe einen häßlichen Namen." Da erwiderte Ursula: „Sage ihn mir nur, du hast dich so gut gegen mich gezeigt, ich will dich lieben, und wärest du auch ein Neuntöter." – „Der bin ich", sagte der Vogel, „und höre nun alles still an, denn ich habe noch viele Geschäfte für dich." – „Erzähle", sagte Ursula, „ich unterbreche dich nicht wieder!" Da sprach der Neuntöter also: „Du weißt, nach dem Tode von Jerums Vater, dem guten König Laudamus, führte Fanferlieschen wie gewöhnlich ihre Waisenkinder zu dem Hirsenmusfest auf die Eselswiese. Der böse Jerum wollte den Kindern, statt ihnen wie sein verstorbener Vater Zucker und Zimt auf den Brei zu streuen, Gift drauf streuen lassen, damit sie alle sterben müßten, weil er wußte, daß die Erbin von Bärwalde dabei sei, welches Ländchen er gern gehabt hätte. Ich Unglücklicher war der Kammerherr von Neuntöter und sollte das Gift auf das Mus streuen; da erschien der Geist des verstorbenen Laudamus und verwandelte mich zur Strafe in einen Neuntöter, und als ein solcher Vogel habe ich bis jetzt im Walde gelebt. Du kannst dir denken, wie es mich rührte, daß du, die ich dich doch auch mit den andern vergiften wollte, mir so große Wohltaten erwiesest; und seit dieser Zeit habe ich nie wieder von andern lebendigen kleinen Vögeln gelebt, was sonst die Art der Neuntöter ist, sondern ich habe mir große Gewalt angetan und habe nur schädliche Fliegen und Würmer und Samen von Unkraut gefressen. Immer habe ich mich gesehnt, dir für deine Wohltaten dankbar werden zu können, und endlich habe ich die Gelegenheit gefunden. Ich flog oft um das Schloß Munkelwust und belauerte alles. Da habe ich denn auch gehört, wie Jerum zu seinem alten Diener sprach, als er das letzte Mal nach Hause ritt: ›Rüste alles zum Empfange der Königin Würgipumpa im Schlosse zu. Morgen kömmt sie hier an, ich bin schon mit ihr vermählt. Heute nacht steche ich die Ursula bei dem Pumpelirio Holzebock tot.‹"

„Ach Gott, ach Gott, ist das wahr, Neuntöter?" rief da Ursula aus, „ist das wahr?"

„Ja, es ist wahr", sagte der Vogel, „die neue Königin ist da."

„Ach, lieber Gott!" sagte Ursula, „ich bitte dich, mache, daß Würgipumpa recht gut und fromm sei, daß sie ihm noch mehr Liebe erweise als ich, daß sie ihn recht pflege in seiner Krankheit. Gott segne sie, daß sie ihn auf gute Wege und wieder in seine Stadt Besserdich führe. Nun erzähle weiter, lieber Neuntöter."

„O, wie bist du gütig, Ursula! du betest für deinen Mörder!" sagte der Vogel. –

„Rede nicht so hart von dem unglücklichen Jerum; Gott der Herr möge uns allen verzeihen!" versetzte Ursula. – „Ach ja", seufzte der Vogel und sprach fort: „Als ich gehört hatte, daß du sterben solltest, flog ich auf den dürren Baum bei dem häßlichen Pumpelirio und wartete auf dich, und als Jerum sein Messer wetzte und du knietest und für ihn betetest, mußte ich vor unendlichem Grimm laut schreien. So oft er nun eines von seinen fünfzig Messern geschliffen hatte und neben sich legte, flog ich von der Nacht versteckt herzu und nahm das Messer weg und trug es auf den Baum. Das letzte aber hielt er fest in der Hand; ach! da zitterte ich für dein Leben und mein Zorn ward so groß, daß ich eines seiner früheren Messer auf seine Hand herabfallen ließ, mit welcher er soeben dein liebes, treues Herz durchbohren wollte. Meine Kinder und Freunde, welche still auf dem Baum gesessen, wurden nun auch so ergrimmt als ich, denn ich hatte ihnen erzählt, daß du von ihnen einst den Marder abgehalten, und da ergriffen sie alle die andern Messer und ließen sie auf den bösen Jerum fallen. Ach, in welcher Angst war ich, da du ihn mit deinem Leibe vor den fallenden Klingen schützen wolltest, du möchtest verletzt werden, aber ich konnte ihren Zorn nicht abwehren; doch der liebe Gott hat dich beschützt."

„Was du erzählst, ist schrecklich und traurig", unterbrach Ursula den Vogel; „aber sage mir um Gotteswillen, ist Jerum noch am Leben? wird er wohl wieder gesund werden? und wo bin ich denn? werde ich je wieder aus diesen dunklen Mauern kommen?"

Da erwiderte der Vogel: „Jerum ist schwer krank, aber ich zweifle nicht, er wird genesen. Gott wird ihn doch nicht sterben lassen, ehe er sein schweres Unrecht eingesehen und bereut hat; denn als man ihn mit dir nach Munkelwust zurückbrachte, machten seine Diener in der Nähe des Schlosses, welches wegen der Ankunft der neuen Königin schon prächtig erleuchtet war, halt und fragten ihn, was sie mit dir anfangen sollten. Da sagte er, sie sollten dich umbringen und begraben. Aber dein Anblick rührte sie, und da haben sie dich in den alten Turm des Schlosses gelegt und haben ihn vermauert. Gott hat es gefügt, daß ich, um dir nahe zu sein, in den letzten Tagen mein Nest da oben in dem Dache gebaut, und so denke ich denn, daß Gott es mir auch künftig vergönnen wird, an dir das Böse, das ich als Mensch getan, wieder gutzumachen."

„Gott sei gelobt und gepriesen", sagte Ursula; „ach, wenn ich nur den lieben Sternhimmel sehen könnte, das würde mich recht stärken und trösten!"

„Das sollst du, liebe Ursula!" erwiderte der Vogel; „überhaupt fasse Mut: alles, was ich nur auf Erden vermag, soll dazu dienen, dir dein Leben erträglich zu machen. Das Dach des Turmes ist ziemlich lose, ich will mit meinen Freunden Löcher hineinmachen, daß du den Himmel sehen kannst, und wenn es regnet, wollen wir es mit Strohhalmen und Moos decken. Ach, liebe arme Ursula! lasse mich nur sorgen, ich habe den Kopf voller Gedanken, dir Freude zu machen: wenn mir nur die Hälfte gelingt, sollst du in vielen Stunden glücklicher als manche Prinzessin sein, wenigstens glücklicher, als du es auf dem Schlosse Munkelwust warst. Lebe wohl, jetzt sorge ich dir vor allem für ein Lager und für Licht und für einige Erquickung."

Nach diesen Worten flog der gute Vogel in die Höhe des Turms und Ursula rief ihm nach: „Dank und Ehre und Preis sei Gott im Himmel, der dich guten Vogel bewogen hat, mich zu erhalten, damit ich fromm sei und beten kann." Kaum war der Neuntöter oben auf dem Turm angekommen, als er mit seinen andern Gehülfen an einigen alten Ziegeln mit dem Schnabel den Kalk loshackte, und nach einigen Minuten hörte man die losen Steine über das Dach herunterrasseln und draußen an die Erde fallen. Ach, da sah der liebe blaue Sternenhimmel hinunter in den Turm, in die Augen, in das liebe treue Herz der frommen Ursula, wie in einen tiefen Brunnen voll Schmerz und Bitterkeit. Aber sein milder Schein brachte Friede und fromme Ergebung herein. Ursula lehnte ihr Haupt gegen die Mauer und sah ruhig hinauf. Da erkannte sie das Gestirn des großen Bären, das sie an ihre Eltern erinnerte, mit viel Freude, und betete recht fromm zu Gott für ihre Eltern, und den grausamen Jerum, und für Fanferlieschen, und fiel dann in einen sanften Schlummer. Gegen Morgen wurde sie von angenehmem Gesange erweckt. Da sah sie an den offenen Stellen des Daches mehrere Rotkehlchen und Distelfinken und Schwalben sitzen, die immer herabguckten und außerordentlich schön sangen; und da sie sich aufrichtete, kam der Neuntöter herabgeflogen und brachte in seinen Klauen einen Zweig voll der schönsten Kirschen, der so groß war, daß er ihn kaum tragen konnte. Er flog auf die Hand der Ursula und gab ihr den Zweig und sprach: „Da hast du vorerst eine kleine Erquickung, bald soll mehr kommen. Jetzt lasse uns vorerst sehen, wie Boden und Wände hier beschaffen sind." Ursula dankte und aß die süßen Kirschen, und dann besahen sie den ganzen Raum. Der Turm war so geräumig als eine kleine Stube, die Wände aber waren rauhe Steine, und da Ursula daran herumfühlte, fand sie ihn an der einen Seite sehr warm. Da sagte der Vogel: „Ja, ja, ich weiß schon, gleich daneben ist die Schloßküche, und der Feuerherd steht dicht hier an der Wand." – „Du hast recht," sagte Ursula, „jetzt erinnere ich mich; aber da fällt mir etwas ein: durch die Küche läuft ja ein fließendes Bächlein gerade unter dem Herd weg. Sollte das nicht auch unter dem Turm weg laufen?" Da legte sie sich an die Erde und horchte und hörte es murmeln und rief voll Freude: „Ach! da ist lebendiges Wasser." – „Das muß geöffnet werden", sagte der Vogel, „damit du dich waschen und trinken und auch ein bißchen kochen kannst. Laß mich nur sorgen. Erst wollen wir den Boden fegen, damit du dein Bettlein machen kannst." Nun pfiff er in der Vogelsprache in die Höhe, und viele Vögel schwebten sanft herab und pickten alle Steinchen und Späne auf, die am Boden lagen, und trugen alles so sorgsam zum Dach hinaus und fegten dann mit ihren Flügeln so rein, daß der Boden wie eine Tenne sauber wurde. Nun flogen sie weg und brachten eine Menge trockenes Moos und Wolle, welche die Schafe an den Dornen hatten hängen lassen, und fuhren so lange damit fort, bis so viel beisammen war, daß Ursula sich ein recht weiches Lager daraus bereiten konnte. Als dies fertig war, kam der Neuntöter wieder und brachte einen großen

Maulwurf, den setzte er an die Erde und sprach: „Da habe ich einen Bergknappen gebracht, der soll uns nach dem Brunnen wühlen." Der Maulwurf scharrte gleich munter drauflos; da er aber bald an das Wasser kam, so hörte er auf und ließ sich wieder hinwegtragen. Ursula räumte mit einem Stein nun die Erde hübsch auf und hatte nun ein schönes Bächlein durch ihren Turm laufen, dessen Rand sie mit Steinen auslegte und dessen Grund sie mit bunten Kieseln belegte, die ihr die Vögel brachten. Von der aufgewühlten Erde machten sie sich einen kleinen Herd und eine Bank. Mit diesen Arbeiten ward es Mittag, die Sonne schien gerade vom Himmel in den Turm herein, und Ursula konnte durch die Wand den Bratenwender in der Küche schnarren hören. Da kam auf einmal der Vogel geschwinde, geschwinde den Turm herabgeflogen und trug ein gebratenes Rebhuhn in seinen Klauen und sprach: „Nimm, liebe Ursula; das hatte sich der Koch beiseite gelegt; ich bin durch den Rauchfang in die Küche und habe es für dich geholt." Dann brachte er ihr auch Brot, und während sie aß, sprach er: „Denk dir, wie gerecht der Lohn des Himmels ist: die zwei bösen Diener Jerums, welche dich hier herein vermauert, sind von den Ziegelsteinen, die ich von dem Dach losmachte, damit du den Himmel sehen solltest, totgeschlagen worden. Jetzt weiß niemand, daß du hier bist, und ich kann mit niemand reden als mit dir; nun wirst du wohl lange hier bleiben müssen." – „Wie Gott will", sagte Ursula, und bat den Vogel, er möge ihr nur recht viele Wolle verschaffen, und eine Spindel, damit sie spinnen könne und ein paar feine Stäbchen, damit sie stricken könne. Das brachte ihr der Vogel alles und brachte ihr täglich zu essen. Da spann sie und strickte und betete und entschlief nachts, nach den Sternen sehend. An einem Morgen, als der Vogel ihr keine Kirschen, aber Weintrauben brachte, fragte ihn Ursula recht ängstlich, was Jerum mache. „O, er ist recht wohlauf", sagte der Vogel, „die neue Frau Königin ist recht strenge gegen ihn; wenn er heftig will werden, so zeigt sie ihm nur ihren Pantoffel, da wird er stille." – „So!" sagte Ursula, „möge es zu seinem Besten sein; aber, liebster Vogel, ich bitte dich, kannst du mir nicht recht zarte Flaumfedern schaffen?" – „Soviel du willst", erwiderte der Neuntöter, „alle Vögel sollen sich die zartesten ausrupfen; sie tun mir jetzt alles zulieb, weil ich ihre Jungen nicht mehr fresse." Da flog er fort, und bald waren viele Vögel da, die saßen auf Ursulas Schoß und rupften sich die Flaumfedern auf ihre Schürze aus. Als es genug war, dankte Ursula, und sie flogen weg. Am andern Tag sagte Ursula: „Kannst du mir wohl einige Leinentüchlein bringen?" – „O ja", sagte der Vogel, „sie bleichen Wäsche am Schlosse; heut nacht bringe ich dir soviel du willst." In der Nacht brachte er ihr sechs Windeln, und sie nähte zwei zusammen und stopfte die Flaumfedern hinein und machte ein Kissen daraus, und suchte hervor, was sie alles gestrickt hatte von Wolle, und legte es alles fein und ordentlich zurecht. „Ei“, sagte der Vogel, „liebe Ursula, ist es doch, als wenn du dir ein Nestchen bautest, so wirtschaftest du herum und stopfest Bettchen und legst allerlei schöne Kleidchen und Mützchen zurecht.“ – „Ach lieber Vogel“, sagte Ursula, „ich habe heute nacht, als ich so an den Himmel hinauf zu meinem Stern sah, einen recht innerlichen Trost empfunden, als sollte ich nun bald nicht mehr so allein sein.“ – „Welche Gesellschaft hättest du dann am liebsten?“ fragte der Vogel, und Ursula erwiderte: „Ach, so mir Gott ein liebes schönes Kindlein bescheren wollte, o, ich wäre so glücklich, so glücklich!“ – „Das glaube ich“, sagte der Vogel, „aber lebe wohl, ich muß heute auch noch an meinem Nestchen bauen.“ Da flog er fort. So lebte Ursula ruhig fort, von den guten Vögeln bedient und ernährt. Ihr Wohnort verschönerte sich täglich, die rauhen Wände waren mit gestickten wollenen Decken behängt, der Fußboden war mit Strohmatten belegt, das durchfließende Bächlein war mit bunten Steinen ausgelegt, Bogen, Kränze, Sterne und Sonne von roten Beeren hingen an den Wänden umher; allerlei Körbe und Geräte von Weidenruten, welche ihr die Vögel brachten, hatte Ursula geflochten und auch eine recht schöne Wiege. Als diese fertig war, legte sie die Bettchen hinein, und es ward Nacht. Der Sternenhimmel war gar hell, Ursula sah ihren lieben Stern, den großen Bären, recht ernsthaft an und dachte an ihre Eltern und betete recht fromm zu Gott. Da schlief sie ein, und es war ihr im Traum, als zuckten die Sterne zusammen und als falle einer herunter in ihre Wiege. Da fühlte sie eine so heftige Freude, einen so süßen Schmerz, als flöge alles irdische Glück wie ein goldner Pfeil durch ihr Herz und als fange sie ihn mit ihren Händen, und als wäre es ein wunderschöner bunter Vogel, der sich an ihre Brust schmiege und von ihren Lippen äße und tränke wie von roten Kirschen. Ach, da war es ihr wie ein Blitz durch das innerste Leben, und sie erwachte. Und wer kann ihre Seligkeit aussprechen? Ein schöner kleiner Knabe schlummerte an ihrer Brust. Sie weinte und betete und nährte ihr Kindlein, und die gute fromme Mutter gefiel dem lieben Gott. Am andern Morgen sangen die Vögel so süß und lieblich wie nie. Der Neuntöter und alle seine Freunde kamen, das Kindlein zu sehen, und streuten Blumen auf seine Wiege und brachten ihr die besten Speisen aus der Küche, und immer blieb ein wohlsingendes Vöglein auf der Wiege sitzen und sang das Kindlein in Schlaf. Nach drei Tagen, in einer Nacht, da die Sterne so hell schienen, als wollten sie zu Gevatter stehen in ihrem schönen Glanz, betete die gute Ursula recht herzlich und dankte Gott für das liebe Kind und versprach, es in Gottesfurcht aufzuziehen und sprach: „Ach du lieber Gott, ich habe hier kein Kirchlein und keinen frommen Priester, der mein Kind taufen könnte, so nimm meinen guten Willen für den Priester und meine Not für ein Kirchlein an." Und nun schöpfte sie Wasser mit der hohlen Hand aus dem Bächlein des Turmes und taufte ihr Kind im Namen Gottes und rief hinauf: „Saget, liebe Sterne, bei welchen ich immer an meinen seligen Vater Ursus und meine Mutter Ursa denke, sagt, wie soll euer Patchen heißen?" Da bewegten sich die Sterne und es flüsterte in die Ohren der Mutter: „Ursulus". Und sie taufte den Knaben Ursulus. Am folgenden Morgen kamen die Vöglein alle und wollten das liebe Kind sehen, und sie brachten der Mutter die besten Bissen aus der Schloßküche, und ein Vöglein blieb immer auf der Wiege sitzen und sang den kleinen Ursulus in den Schlaf. So lebte die arme Mutter sieben Jahre mit Ursulus in dem Turm und erzog ihn auf das beste. Aber er bekam eine gewaltige Begierde, wenn er die Vögel oben auf dem Turm im Sonnenschein sitzen und singen sah, und wenn die Wolken so vorüberzogen, auch einmal da oben zu sein und sich umzuschauen, wie die Welt aussähe. Das sagte er seiner Mutter, und da dachten sie nach, wie es zu machen sei. Da kam der gute Neuntöter zu ihnen und hörte ihren Wunsch. „Das soll bald in Ordnung sein", sprach er und flog weg. Er kam mit vielen Vögeln wieder und alle brachten Hanf im Schnabel; daraus mußten nun Ursula und Ursulus Stricke drehen und mußten eine Strickleiter draus machen. Dann kam ein Adler, der trug die Strickleiter im Turm in die Höhe und hängte sie oben an einen Haken fest. Ursulus wollte gleich hinaufklettern, aber seine Mutter erlaubte es nicht, weil es noch Tag war und man ihn da oben hätte sehen können. Als es Abend wurde, stieg er voraus und Ursula hinter ihm auf der Strickleiter in die Höhe. Ach, sie hatte seit sieben Jahren Berg und Tal nicht mehr gesehen, und er noch nie. Als sie oben an dem Turmrande hinaussahen, umklammerte sie ihren Sohn mit beiden Armen, denn er war wie betrunken von der Luft und dem Abendrot und von Berg und Tal. Ach! sie mußte ihn sehr festhalten, daß er nicht herunterstürzte; denn wenn er die Vögel fliegen sah, so zuckte er die Arme hinaus und wollte auch fliegen. Sie stieg bald wieder mit ihm hinab und nun mußte sie ihm bis spät in der Nacht erzählen und erklären, was er gesehen hatte. Bald mußte sie es bereuen, daß sie ihm die Herrlichkeit der Welt gezeigt hatte, denn Ursulus ward täglich unruhiger, und sein einziger Gedanke war, über diese Hügel und Berge zu schweifen, die er gesehen. Er fragte seine Mutter über alles aus; er hörte, Jerum würde sie umbringen, wenn er wisse, daß sie noch lebe; auch erzählte sie ihm von dem bösen Pumpelirio Holzebock und von den armen Jungfrauen, welche gern möchten begraben sein. Das tat dem kleinen Ursulus so leid, so leid; er konnte nicht mehr ruhen und rasten, und als sein Mütterlein einst in der Nacht schlief, schlich er an ihr Bett und küßte sie und weinte und flüsterte: „Leb wohl, leb wohl, Herzmutter mein!“ Und nun stieg er die Strickleiter hinauf, und als er oben war, zog er die Leiter nach sich und warf Blumen, die oben wuchsen, in den Turm hinab; die fielen auf das Bett der Mutter, daß sie erwachte und ausrief:

Wer warf das Blümlein, das mich traf?
Wer weckt sein Mütterlein aus dem Schlaf?
Bist du es, lieber Ursulus?
Komm, gieb der Mutter einen Kuß!

Da rief Ursulus hernieder:

Leb wohl, leb wohl, lieb Mütterlein!
Der blanke Mond, der Sternenschein,
Und Berg und Tal und Wies und Fluß,
Die ziehn mich fort, ich muß, ich muß.

Da sah die Mutter ihn mit Schrecken oben auf dem Turm. Sie sprang auf und wollte die Leiter hinauf zu ihm, aber sie fand sie nicht, denn er hatte sie zu sich hinaufgezogen. Da war Ursula gar betrübt und bat ihn, er möge die Strickleiter wieder herablassen, sie wolle ihn noch einmal an ihr Herz drücken. Er aber sagte: „Mutter, ich fühle, dann könnte ich Euch nicht verlassen; der Vogel soll Euch oft von mir Nachricht bringen, und so Gott will, sehn wir uns in Freuden wieder.“ – „Aber wie willst du dann hinunterkommen?“ rief die Mutter hinauf. „Ich habe mir alles ausgedacht“, antwortete er; „daneben am Turm kömmt der Rauchfang aus der Küche herauf, da hänge ich die Strickleiter hinein und werde Küchenjunge. Da bin ich immer in deiner Nähe; und wenn ich an der Mauer anpoche, dann lasse mir einen Faden auf dem Bächlein, das durch den Turm in die Küche fließt, herüberschwimmen, da werde ich dir etwas dran binden, das kannst du zu dir ziehen. Leb wohl, Herzensmutter; es muß, es wird alles besser werden.“ – „O Gott, o Gott, mein Kind!“ rief die Mutter und sank auf die Kniee und weinte. Ursulus aber stieg durch den Rauchfang hinab in die Schloßküche. Die Mutter lauschte an der Wand und sie konnte ihn klettern hören. Da pochte er mit der Feuerzange siebenmal, und sie nahm geschwind einen Faden, band einen Holzspan dran und ließ ihn hinüberschwimmen. Als Ursulus den Span fühlte, band er einen Blumenstrauß dran, den der Koch am Fenster stehen hatte, worüber sich die Mutter sehr erfreute. Als Ursulus den Tag grauen sah, versteckte er sich hinter das Holz bei der Küchentüre, und als der Koch in der Küche zu wirtschaften anfing, trat er hervor, als sei er zur Tür hereingekommen und grüßte den Koch sehr freundlich. Dieser fragte ihn, wer er sei und wo er herkomme. Ursulus sagte, daß seine Mutter im Walde von Räubern sei umgebracht worden, und daß er als ein armes verlassenes Kind Dienst suche. Dem Koche gefiel der freundliche schöne Knabe, und er nahm ihn zu sich als Küchenjunge. Wenn nun der Koch nicht da war, klopfte er immer der lieben Mutter, und wenn dann der Faden angeschwommen kam, band er ihr etwas Gutes zu essen dran und immer schöne Blumen dazu. Als aber der Hofmarschall einmal in die Küche kam und den wunderschönen Ursulus sah, gewann er ihn sehr lieb und sprach: „Morgen früh halte dich bereit, ich will dich zum König Jerum bringen; du sollst Edelknabe bei ihm werden.“ Da dankte ihm Ursulus höflich. Am Abend aber war er voller Sorge, wie er seiner Mutter nur sagen solle, daß er aus der Küche heraus in das Schloß komme. Da ging er in den Küchengarten und suchte Blumen und band einen Strauß Vergißmeinnicht, und da kam der Neuntöter zu ihm und dem gab er den Strauß für seine Mutter und sprach zu ihm: „Lieber Vogel, sage meiner Mutter, daß ich Edelknabe werde, und besuche mich manchmal und erzähle mir von ihr.“ Der Vogel sagte leise: „Gott helf dir, ich bleibe dein Freund“, und nahm den Strauß und flog in den Turm. Am folgenden Morgen ward Ursulus zu dem König Jerum gebracht. Als dieser ihn sah, ward er recht innerlich in seinem Herzen bewegt, denn Ursulus glich seiner Mutter sehr, und da gedachte der Jerum an sie und an seine Grausamkeit. Er fragte ihn: „Wie heißt du?“ Da sagte Ursulus: „Kommtzeitkommtrat.“ Der Name machte den Jerum recht nachdenklich, aber er nahm ihn gleich zu sich und erzeigte ihm sehr viele Liebe und ließ ihn alles lehren, was nur auf der Welt zu lernen war. Jerum hatte keine Kinder und Ursulus war ihm so lieb, so lieb; er wußte nicht warum. Deswegen konnten ihn aber die meisten andern Diener nicht leiden, und vor allem die böse Königin Würgipumpa hatte immer einen innern Zorn, wenn sie ihn sah. Ursulus aber wurde von den Untertanen Jerums sehr geliebt, denn Jerum war lange nicht mehr so wild, seit der Knabe bei ihm war, und er besserte sich alle Tage. Wenn nun Ursulus allein war in der Nacht, so kam immer der Neuntöter und pickte am Fenster; da machte Ursulus auf, und der Vogel setzte sich auf sein Bett und erzählte ihm, was die Mutter im Turm mache, und Ursulus erzählte ihm wieder, wie es ihm gehe, und wie Jerum viel besser sei als sonst, und schickte ihr immer viel gute Sachen und allerlei Bildchen und Ringe, die ihm der König schenkte. Ach, da ward die arme Ursula recht froh in ihrer Einsamkeit und weinte vor Freuden und betete zu Gott. So lebte er eine Zeit lang fort und hatte sein größtes Vergnügen dran, in seinen Freistunden durch die ganze Gegend herumzuschweifen. Einstens aber kam er in einen Wald zu einem eisgrauen Schäfer; der saß an einem Brunnen unter grünen Linden und seine Lämmer weideten um ihn her. Er setzte sich zu ihm; es war so still und kühl, und die Sonne schien so freundlich durch die Bäume. Der Schäfer war traurig, und Ursulus sagte zu ihm: „Lieber Schäfer, dieses Plätzchen hier wäre recht schön, um die Gebeine der armen Fräulein hin zu begraben, die jetzt bei dem bösen Pumpelirio Holzebocke herumliegen." Der Schäfer sagte: „Was sind das für Fräulein?" Da erzählte ihm Ursulus alles, was ihm die Mutter gesagt, und der Schäfer sagte: „Ach Gott, da war mein Töchterlein auch dabei!" und war sehr betrübt. „Ach", sagte Ursulus, „wenn du hier recht schöne Gruben machen wolltest, alle recht schön in einer Reihe, und wolltest Blumen hineinstreuen, und wolltest um den Platz herum einen Zaun von Rosen machen, so wollte ich dir treulich helfen, und wollten wir die armen Fräulein hier zur Ruhe bringen." Der alte Schäfer war alles zufrieden, und sie fingen gleich an zu hacken und zu graben, bis Ursulus wieder nach Hause mußte. Aber er kehrte oft wieder, und der alte Schäfer war recht fleißig, so daß alles bald in Ordnung war. Eines Abends kam der gute Vogel zu Ursulus und fand ihn sehr nachdenklich. „Lieber Vogel", sprach er, „ich habe etwas Großes unternommen und weiß nun nicht, wie ich es ausführen soll. Ich habe einen stillen freundlichen Ort, um die Gebeine der armen Jungfrauen hin zu begraben; alles ist fertig und bereit, jetzt hilf mir das Begräbnis anstellen." Da sprach der Vogel: „Ich will alles tun, was ich kann, sorge nur für Kreuz und Glocke und für Posaunenspiel und Chorgesang; bringe das morgen nacht mit zum Pumpelirio Holzebock, so soll alles gut gehen." Ursulus sagte: „Gut, das will ich; nun grüße die Mutter und erzähle ihr alles." Da flog der Vogel fort. Am andern Morgen, als bei Hof noch alles schlief, sang ein Rotkehlchen am Fenster des Ursulus und es war ihm, als höre er die Worte: „Lieber Schläfer, weck den Schäfer!" Da sprang er vom Lager und eilte zu dem Schäfer, und sie redeten alles miteinander ab. In der nächsten Nacht schlich sich Ursulus aus dem Schloß. Der König Jerum konnte nicht ruhen, er hatte eine große Angst im Herzen; er stand allein auf, wickelte sich in seinen Mantel und ging dem Schloß hinaus. Er wollte zu dem Pumpelirio Holzebocke gehn und ihn fragen, ob er bald wieder seine Stadt Besserdich erhalten würde, denn er hatte ein rechtes Heimweh. Er war seit jener schrecklichen Nacht, da die Messer auf ihn regneten, nicht mehr hingegangen. Als er an dem Ort vorüberkam, wo er den zwei Dienern befohlen hatte, die Ursula umzubringen, konnte er vor

Bangigkeit nicht weiter; er lehnte an einen Baum und wünschte, nie geboren zu sein; da hörte er auf einmal ein wunderbares Tönen sich nahen und sah eine Reihe von Lichtern über das Feld herziehen. Der Anblick war so wunderbar, daß er sich an den Baum andrückte. Jetzt war es ganz nah, er sah den kleinen Ursulus vorausgehen mit einem Kreuz von Rosen; dann flogen eine ungeheure Menge Vögel, welche allerlei Gebeine trugen; dann kam der alte Schäfer und blies eine sehr bewegliche Weise auf der Schalmei und weinte bitterlich; hinter ihm schwebten alle die Gestalten der armen Mägdelein, die Jerum umgebracht hatte, und sangen:

Endlich, endlich schweigen die Raben,
Endlich werden wir ehrlich begraben
Weit von hier, von hierio,
Weit vom Pumpelirio,
Weit vom Holzebocke,
Hübsch mit Kreuz und Glocke,
Mit Chorgesang, Posaunenspiel;
Giebt uns Ruh und kost nicht viel.

Und nun schlossen die Schäflein des alten Hirten den Zug; sie gingen still und paarweis, hatten alle Glöcklein anhängen, und nur dann und wann blökten sie gar traurig; an beiden Seiten des Zugs aber zogen zwei Reihen von großen Irrlichtern, welche leuchteten. Als der Zug vor Jerum vorüberging, war alles ganz still, und das betrübte ihn noch weit mehr. Da der Zug aber ganz in der Ferne war, nahm Jerum seine Streitaxt und rannte mit großem Zorn nach dem Orte, wo der Pumpelirio Holzebock stand, und sprach zornig zu ihm: „Du böser gottloser Pumpelirio! du hast mich zu allen meinen großen Verbrechen beredet; um deinetwillen habe ich alle die lieben Jungfrauen ermordet; nun sollst du auch nicht länger leben." Da holte Jerum weit mit seiner Axt aus und, paff! hieb er den Pumpelirio mitten voneinander. Aber es fuhr ein schwarzer Rauch aus den Trümmern, und aus dem Rauch ward ein ungeheurer scheußlicher Bock, der sah den Jerum mit schrecklichen Augen an, meckerte abscheulich die Worte heraus: „Den Pumpelirio konntest du zerschlagen, aber den Holzebock nie." Dann ging er einige Schritte zurück, beugte den Kopf nieder, rannte gewaltig gegen Jerum, faßte ihn auf die Hörner und warf ihn weit in das Feld hinaus, wo er wie tot niederfiel. – Er hatte schon zwei Stunden so dagelegen, als Ursulus von dem Begräbnis zurück nach Hause ging und auf einmal über den König Jerum stolperte. Der Knabe fühlte bald an der Krone, daß es Jerum sei. Er rüttelte und schüttelte ihn und benetzte ihn mit seinen Tränen. Da wachte der König Jerum wieder auf; aber er konnte nicht gehen, er hatte sich ein Bein gebrochen. Da lief Ursulus ins Schloß und holte die Diener; die trugen ihn nach seinem königlichen Bett und der Doktor verband ihn und die Königin sprach: „Das kommt davon, wenn man zu nachtschlafender Zeit herumrennt." Ursulus aber verließ das Lager des Königs nie, und dieser gewann ihn immer lieber. Einstens nahm der Jerum die Hand des Ursulus und sagte: „Lieber Junge, erzähle mir, wo habt ihr dann die Gebeine der armen Fräulein begraben?" Da erzählte ihm Ursulus von dem kühlen Lindenhain und dem Brunnen und dem alten Hirten und seinen Schafen und sagte: „Herr König, es wäre sehr schön, wenn Ihr ein Kirchlein dort bauen ließet." – „Ja", sagte der König, „aber wenn es die Königin erfährt, so bin ich verloren; ich habe ihr zuschwören müssen, nie eine Kirche zu bauen. Wenn du es recht heimlich zustande kriegst, so bin ich es zufrieden und will dir gerne Geld dazu geben; und baue auch ein kleines Häuslein dabei, worin ein armer Mann wohnen kann." Ursulus dankte dem Jerum herzlich für seine Erlaubnis und setzte sich nun hin und zeichnete allerlei Gestalten von Kirchen, um sich eine auszusuchen; auch redete er oft mit Maurern und Steinmetzen. Die böse Königin Würgipumpa, welche immer einen heimlichen Haß auf den Ursulus hatte, wurde täglich grimmiger gegen ihn, und nahm sich fest vor, ihn auf eine oder die andere Art ins Unglück zu bringen. Wenn sie nun bei Ursulus vorüberging und ihn fragte. „Was hast du denn zu bauen vor, du naseweiser Bursche, daß du immer mit Zirkel und Lineal herumziehst?" so antwortete Ursulus gewöhnlich: „Schlösser in die Luft, Ihro Majestät!" Als er ihr dies öfter gesagt hatte, ward sie über die Maßen zornig und sprach zu ihm: „Ich werde dich bei dem Wort halten." Sie ging zum König und kniete vor ihm nieder und bat ihn um eine Gnade. Jerum war eine solche Demut von ihr gar nicht gewohnt und sagte ihr alles zu, was sie verlange. Da sprach sie: „Jerum, ich verlange, daß jeder deiner Diener, der mich belügt und der nicht das tut, was er mir sagt, daß er tue, des Todes sterbe." Jerum gab ihr sein königliches Wort und seine Hand drauf, und an demselben Tage noch ward das Gesetz in ganz Munkelwust bekannt gemacht: „Wer lügt, der stirbt!" Als die Königin das unterschriebene Gesetz in der Hand haltend von dem König wegging, sah sie den Ursulus im Vorzimmer wieder allerlei Linien ziehen und allerlei Zirkel schlagen. Da fragte sie ihn gleich: „Ursulus, was willst du bauen?" Er antwortete wieder: „Schlösser in die Luft, Ihro Majestät!" Da erwiderte aber Würgipumpa sehr heftig, indem sie ihm das königliche Gesetz vorhielt: „Wer lügt, der stirbt!" Sie lief gleich zum König zurück und verklagte den Ursulus. Der König ließ diesen rufen und sprach mit Tränen zu ihm: „Ursulus, du mußt ein Schloß in die Luft bauen oder sterben." Da ging Ursulus in seine Kammer und war sehr betrübt und weinte sich schier die Augen aus, weil er gar nicht wußte, wie er ein Schloß in die Luft bauen solle. In solchen Sorgen saß er, als der Neuntöter am Fenster pickte; Ursulus machte ihm auf und der Vogel sprach: „Ursulus, was weinst du?" Und nun erzählte ihm der Knabe seine Not, daß er eine Kirche in die Luft bauen müsse oder sterben. „Gräme dich nicht", sagte ihm der Vogel, „mache dir von Karten und Papier die ganze Kirche, wie du sie dir auf dem Kirchhof erdacht hast, fertig, und wenn du sie ganz vollendet hast aus einzelnen Stücken, daß man sie schön zusammensetzen kann, so lege alles bei offnem Fenster hierher; dann lade den König und die Königin auf den Altan des Schlosses und läute nur mit einem Glöckchen, und befehle mir und den andern Bauleuten, welche kommen werden, so sollst du deine Kirche bald in der Luft entstehen sehen. Ich werde sie auch dann deiner Mutter im Turm zeigen, die wird sich sehr drüber freuen, und alles wird gut gehen; denn ich trage dann das Kirchlein in den kühlen Lindenhain, und die Arbeitsleute werden die Kirche dort nach dem Muster viel besser zustande bringen als nach der bloßen Zeichnung." – „Tausend Dank, lieber Vogel", sagte Ursulus, „aber was hast du denn für Kräuter da in den Klauen mitgebracht?" – „Das sind Kräuter, mit welchen du das Bein des Königs Jerum in wenigen Tagen heilen kannst, wenn du sie ihm auf die Wunde legst", sprach der Vogel; „ich habe es von einem Reh gelernt, das neulich im Walde vom Felsen fiel; ich will dir alle Tage frische bringen. Aber du mußt dir auch eine recht ordentliche Gnade dafür ausbitten!" – „Gut", sagte Ursulus, „es fällt mir schon etwas Herrliches ein, was ich begehren will; nun lebe wohl und grüße mir die liebe Mutter viel tausendmal." Da flog der Vogel fort, und Ursulus träumte die ganze Nacht von schönen wunderbaren Kirchen. Am andern Morgen kam er ganz fröhlich zum König, wo auch die Königin zugegen war, und sagte: „Ihro Majestät, ich will sterben, wenn ich in acht Tagen das Gebäude nicht in die Luft baue; und so Ihro Majestät mir versprechen, dasselbe Gebäude auf die Erde zu bauen, so will ich bis dahin Euer zerbrochenes Bein so gut heilen, daß Sie selbst auf den Altan gehen können, mein Luftgebäude bauen zu sehen." – „Ich verspreche es", sagte der König. „Und ich verspreche es noch dazu", sagte die Würgipumpa. Das ließ sich Ursulus schriftlich geben, legte dann dem Jerum die Kräuter auf das Bein und begab sich auf seine Kammer und baute von Karten und Papier eine ganz erstaunlich schöne Kirche zusammen, und machte alles so fein und ordentlich, daß man die ganze Kirche auseinanderlegen und wieder zusammenbauen konnte. Als er fertig war, war auch der Fuß des Königs, dem er alle Tage frische Kräuter aufgelegt hatte, gesund, und er forderte den Jerum und die Würgipumpa auf, morgen früh auf den Altan zu treten, weil er vor ihnen sein Schloß bauen wolle. Die Königin sagte: „Ja, wir werden kommen; so du aber dein Gebäude nicht in die Luft bauest, will ich dir eines in die Luft bauen, in dem du sterben sollst, nämlich einen Galgen." Ursulus verbeugte sich und ging weg. Am andern Morgen fand er den König und die Würgipumpa schon auf dem Altan, als er mit einer kleinen Glocke in der Hand kam. „Was soll die Glocke?" sprach die Königin. Da sprach Ursulus:

Ich muß jetzt von allen Seiten
Meine Baumeister zusammenläuten.

Da fing er an zu klingeln, Klingling, Klingling, und es kamen eine Menge große Vögel herbeigeflogen: Adler und Geier und Falken, und auch mancherlei kleinere: Tauben und Finken und Amseln und Stare, kurz alle möglichen Vögel; worüber sich der König und die Königin sehr verwunderten. Da sprach Ursulus:

Willkommen! ihr Meister und Gesellen,
Ich will einen Bau in die Lüfte stellen;
Nun schafft einen schönen Grund herbei,
Worauf mein Werk zu richten sei!

Da flogen die Adler weg und brachten auf einmal eine große starke Pappe getragen, auf welcher von Moos eine schöne Wiese ausgelegt war, aus der allerlei grüne Zweige als Bäume hervorragten. Nun sprach Ursulus:

Eine schöne Kirche bauet mir,
Ein hoher Turm sei ihre Zier.

Da flogen wieder viele Vögel fort und brachten allerlei einzelne Stücke von einer sehr schönen papiernen Kirche und einem hohen Turm und setzten alles das auf der Mooswiese zusammen, so daß es wunderlieblich anzuschauen war. Als aber alles fertig war, brachte auch der Kreuzschnabel einen kleinen Altar und ein Kreuz hineingetragen, und der Dompfaff trug eine kleine Kanzel hinein, und eine Amsel, wie ein schwarzer Kantor, brachte eine kleine Orgel hinein. Dann flogen ein paar Nachtigallen als Sängerinnen hinein, und eine Menge Finken und

Grasmücken als Choristen. Da begannen allerlei Glöckchen im Turm zu läuten, und in der Kirche fingen die Vögel so lieblich an zu singen und zu klingen, als wenn der feierlichste Gottesdienst drin gehalten würde. Darüber ward der König Jerum ganz gerührt und umarmte den Ursulus mit den Worten: „Kommtzeitkommtrat, wie schön hast du dein Gebäude erbaut." Würgipumpa aber hatte alles mit dem entsetzlichsten Zorne angesehn und geriet in eine solche Wut, daß sie einen Stein von dem Altan nahm und nach der Kirche warf; aber auf einen Wink des Ursulus flogen die Vögel mit dem schönen Bau über ihrem Haupt hinweg, und da bei dieser Gelegenheit einiger Schmutz auf die Königin herabfiel, wollte sie erzürnt den kleinen Ursulus schlagen; aber der König nahm ihn in seine Arme und sprach: „Würgipumpa, wer nach den Bauleuten mit Steinen wirft, dem antworten sie mit Kalk." Da ging die Königin erzürnt nach ihrer Kammer. Der König Jerum aber hatte den Ursulus noch viel lieber als vorher, und ließ in dem Lindenhain, wo die Jungfräulein begraben waren, eine Kirche bauen, ganz nach der Gestalt der Kirche, die Ursulus in die Luft gebaut und welche die Vögel zu dem Schäfer im Lindenhain getragen. Alles das erzählte Ursulus dem Neuntöter, und der Neuntöter der Ursula, so daß diese sehr erfreut wurde, daß Jerum so gut werde, und herzlich in ihrer Einsamkeit dem lieben Gott dafür dankte. Die Königin Würgipumpa aber sah nun ein, daß sie mit ihrem Zorn gegen Ursulus gar nichts mehr ausrichtete, weil der König ihn zu sehr liebte, und fing deswegen an, ihm auf alle mögliche Weise zu schmeicheln und schönzutun. Heimlich aber dachte sie immer auf eine Gelegenheit, ihn in Lebensgefahr zu bringen. Sie wußte, daß der Pumpelirio Holzebock dem Jerum, als er ihn fragte, wann er seine Stadt Besserdich wieder erhalten werde, sprechend:

Pumpelirio Holzebock,
Sag mir doch,
Wann wird Jungfer Fanferlieschen
Schönefüßchen
Länger nicht vertreiben mich?
Wann kehr ich nach Besserdich?

geantwortet hatte:

Fanferlieschen blind,
Ein unschuldig Kind
Besserdich gewinnt.

Das ging der Würgipumpa immer im Kopf herum, und sie dachte hin und her, wie sie den Kommtzeitkommtrat brauchen wolle, um Jungfer Fanferlieschen blind zu machen. Weil sich aber Jerum so sehr verändert hatte, getraute sie sich nicht, ihm ihr Vorhaben gradheraus zu sagen, und sprach einstens zu ihm: „Lieber Jerum, ich glaube, du könntest doch einmal bei Jungfer Fanferlieschen fragen lassen, ob sie dir deine Stadt nicht wiedergeben will; du bist jetzt so fromm und gut, daß sie es dir gewiß nicht abschlagen wird." – „Ach!" sagte Jerum, „so gut werde ich niemals, daß ich wieder verdiene, auf dem Throne meines frommen seligen Vaters zu sitzen." – „Ja", erwiderte Würgipumpa, "darüber magst du nun denken, wie du willst; aber du bist es der Stadt schuldig, denn Jungfer Fanferlieschen kann der Regierung nicht länger vorstehen: soeben habe ich die Nachricht erhalten, daß sie blind geworden." Hier sah Jerum die Königin erschrocken an und sprach zu ihr: „Würgipumpa, lasse mich allein; ich muß über das, was du mir gesagt, nachdenken." Die Königin ging, und Jerum fiel in tiefe Gedanken. Der Spruch des Pumpelirio:

Fanferlieschen blind,
Ein unschuldig Kind
Besserdich gewinnt.

fiel ihm ein, und er war in der größten Unruhe, ob er nicht nach Besserdich hinziehen sollte. Als er aber dachte, wie der böse Holzebock ihm allzeit zum Bösen geraten hatte, entschloß er sich anders. Er ließ den Ursulus zu sich kommen und die Königin, und sprach: „Da ich gehört, wie die weise und fromme Jungfer Fanferlieschen blind ist, so ist mein sehnlicher Wunsch, daß sie wieder sehend werde, damit sie die guten Leute in Besserdich noch länger so treu regiere, als sie es bis jetzt getan. Ich begehre euern Rat, wie dies zu machen sei." Ursulus fing an zu weinen, als er das Unglück der Jungfer Fanferlieschen hörte, von welcher seine Mutter ihm so viel Gutes erzählt hatte. Würgipumpa aber sprach: „Ich habe immer gehört, daß nichts so gut für die Augen sei als Schwalbenkot: wenn es möglich wäre, daß Jungfer Fanferlieschen diesen in die Augen brächte, so würde sie gleich geheilt sein. Kommtzeitkommtrat ist ja mit den Vögeln so gut Freund, mit seinen Baumeistern, daß er ihr ein wenig von dem

Kalke könnte ins Auge fallen lassen, der neulich bei dem Luftbau auf mich niederfiel. Ich muß sagen, daß ich meine Augen seit jener Zeit sehr gestärkt finde." – „Ach", erwiderte Ursulus, „wenn das möglich wäre, ich wollte die guten Vögel sehr darum bitten." – „Wohlan, mein Geliebter", sprach der König, „wenn es dir gelingt, sollst du begehren von mir, was du willst, ich will es dir halten." Nach diesen Worten gingen sie auseinander. Die böse Würgipumpa wußte wohl, daß man von Schwalbenkot blind werde, und sie dachte: in jedem Falle werde ich den verhaßten Knaben los; denn wenn Fanferlieschen ihn erwischt, so läßt sie ihn umbringen, und sie erwischt ihn gewiß, weil sie wohl weiß, daß sie sterben muß, wenn sie blind wird, denn es steht im Zauberkalender; so läßt sie sich immer streng bewachen. Ursulus saß in seiner Kammer und lauerte auf den Neuntöter. Pick, pick, pick, da war er am Fenster. Ursulus öffnete und erzählte seinem Freund alles, was er von dem König und der Königin gehört. Der Neuntöter ward sehr nachdenklich darüber und bauschte seine Federn am Kopf einigemal auf, als ob er sehr zornig sei. „Was machst du für wunderliche Gesichter?" fragte Ursulus. „Nichts, nichts", sagte der Vogel, sich beruhigend, um zu überlegen. „Gut, ja, ja, morgen früh will ich dir sagen, was du zu tun hast", und fort flog er. Am andern Morgen war er richtig wieder da und sprach: „Auf, auf, Ursulus! mache dich auf die Reise; du hast einen weiten Weg nach Besserdich." Da sprang Ursulus aus dem Bett, zog seine Reisekleider an und machte sich auf den Weg. Der Vogel aber flog immer vor ihm her, um ihm den Weg zu zeigen. Als sie in den Wald kamen um Mittag, machte der Vogel bei einem Eichbaum halt und sagte: „Hier mußt du ausruhen, essen und trinken. Hier in dem Baume wohne ich; hier, lieber Ursulus, hat deine arme Mutter, als sie aus Besserdich ging, meinen Jungen das Leben gerettet durch einen Stein, den sie nach dem Marder warf; hier hat sie ihren Kuchen mit mir geteilt. Hier esse du auch, was ich dir aus der Hofküche hierhergetragen." Ursulus setzte sich auf das Moos am Fuße der Eiche und dachte mit vieler Liebe an seine liebe Mutter im Turm und mußte recht weinen, als er gedachte, wie sie einst hier so unschuldig in das Elend ging. Da brachte der Neuntöter die Frau Neuntöter und die jungen Herren und das junge Fräulein Neuntöter und diese hießen den Ursulus bei sich sehr willkommen mit Kopfnicken und Flügelschlagen und sich Verneigen, denn sie kannten die Menschensprache nicht. Der Neuntöter aber übersetzte dem Ursulus alles, was sie sagten. Da gefielen ihm die Reden des Fräulein besonders wohl, denn sie sprach: „Ach, liebster Ursulus, ich wollte gern ewig ein Vogel bleiben, wenn ich dir nur recht viele Liebe erweisen könnte für alles das Gute, was deine Mutter meinem Vater und meiner Mutter und uns erwiesen hat.“ Das ging dem Ursulus recht durchs Herz. Der Neuntöter brachte nun dem Ursulus einen Kaninchenbraten, den er schon am Abend vorher aus der Munkelwuster Hofküche hierhergebracht, und da Ursulus Brot in seiner Reisetasche bei sich hatte, schmeckte es ihm recht gut; denn er trank aus einer hellen Quelle, die ihm Fräulein Neuntöter zeigte, Wasser dazu. Auch rief sie ihre Spielgesellinnen, eine Amsel und eine Nachtigall, herbei, welche dem Ursulus die schönste Tafelmusik machten, während sie Erdbeeren und Brombeeren und Heidelbeeren und Haselnüsse pflückte und auf die Schultern des Ursulus fliegend sie mit ihrem blanken Schnabel zu den Lippen des Freundes reichte, der sie freundlich dafür streichelte. Während diesem Mittagmahl rief der Neuntöter viele Schwalben herbei und fragte sie, welche es wohl unternehmen wolle, ihren Kot ins Aug der Fanferlieschen zu spritzen, und er versprach dafür so viel Fliegen und Mücken und Würmchen, als sie nur wollten. Da fand sich eine dazu bereit und flog gleich von dannen. Das Fräulein Neuntöter hatte alles das gehört und ihre eigenen Gedanken darüber; und da nun Ursulus mit dem alten Neuntöter sich wieder auf die Reise machte und für die freundliche Bewirtung dankte, war das Fräulein Neuntöter weggeflogen und nicht zugegen. Das war ihm leid; er ließ ihr recht schöne Grüße zurück und sie machten sich auf den Weg. Abends kamen sie in Besserdich an. Der Vogel führte den Ursulus in den Schloßgarten, da fand er eine Laube, einen gedeckten Tisch und ein Ruhebett. Er aß und schlief ein. Als er morgens erwachte, stand die Sonne schon am Himmel, und er sah auf dem Altan des Schlosses die Jungfer Fanferlieschen auf einem Ruhebette liegen, und neben ihr standen ein paar Pfauen, welche ihr mit ihren Schweifen wie mit Sonnenfächern die Fliegen abwehrten. Die Jungfer Fanferlieschen war sehr alt, hatte aber wunderschöne lange weiße Locken, welche ihr ein schönes Ansehen gaben; und durch das goldne Gegitter des Altans sah Ursulus ihre schönen kleinen Füße in rotsamtenen Pantoffeln herabhängen. „Ach!“ dachte Ursulus, „was ist das für ein liebes gutes altes Jüngferchen, das Fanferlieschen Schönefüßchen, und wie wird sie sich freuen, wenn ihr der Sohn ihrer lieben Ursula wieder zu ihren gesunden Augen verhelfen wird.“ Da sah er auch, wie sich die Schwalbe gerade über dem Kopf der Jungfer Fanferlieschen auf den Vorsprung der Türe setzte, und konnte vor Begierde, ihr zu helfen, sich nicht mehr halten; er winkte mit dem Schnupftuch und die Schwalbe ließ den Kot der guten Fanferlieschen ins Aug fallen, welche erwachte, mit den Füßen schüttelte und aufschrie:

Der, den mein Pantoffel trifft.
Nahm mir meiner Augen Licht.

Ursulus wollte grade zu ihr hinauflaufen und ihr Glück wünschen; aber ein niederfallender Pantoffel schlug ihm so auf die Nase, daß er betäubt niedersank. Als er erwachte, lag er in Ketten und Banden in dem allerdunkelsten Kerker. Er wußte nicht, wie ihm geschehn, er tappte an den Wänden herum, er rief, er klagte, er weinte; ach! da erinnerte er sich der Worte, die er vor dem Pantoffelfall gehört:

Der, den mein Pantoffel trifft,
Nahm mir meiner Augen Licht.

Das fuhr ihm recht durch Mark und Bein. „Ach", sagte er, „die Würgipumpa hat mich betrogen; statt Fanferlieschen zu helfen, habe ich sie blind gemacht; o ich unglücklicher Ursulus." Als er so in Jammer und Klagen saß, sprang auf einmal ein eiserner Fensterladen auf, und das gute Fräulein Neuntöter flog zu ihm. Sie ließ ein kleines Büchlein auf seinen Schoß fallen und hatte eine Wurzel im Schnabel, die legte sie zu seinen Füßen, und saß auf seiner Schulter und streichelte ihn mit ihren Flügeln und tat sehr mitleidig. Ursulus dankte ihr und klagte seinen Jammer. Da blätterte sie mit dem Schnabel in dem Büchlein herum und winkte ihm, zu lesen. Das tat Ursulus und fand, daß es die Geschichte des frommen Tobias war, und als er las, daß der auch durch eine Schwalbe blind geworden, ward er seines Unglücks gewiß und weinte noch mehr. Aber Fräulein Neuntöter blätterte noch mehr im Buche, und da las er weiter, daß der Sohn des Tobias seinen Vater wieder mit der Galle eines Fisches geheilt habe. „Ach Gott im Himmel!" sagte er, „hätte ich einen Tropfen dieser Galle, wie selig wollte ich sein, wenn ich die gute Jungfer Fanferlieschen wieder heilen könnte." Da hielt ihm der Vogel die Wurzel an die Schlösser seiner Fesseln, und siehe da, sie fielen ihm ab, und hielt sie an das Schloß der Kerkertüre, und sie sprang auf. Da machte Ursulus die Türe wieder zu, weil es noch Tag war, und wartete bis zur Nacht. Dann nahm er Abschied von dem lieben Vogel, sagte ihm tausend Dank, und durch die Berührung der Wurzel sprangen alle Türen und Tore auf, und so ging er traurig zur Stadt hinaus in lauter Angst und Trauer, wie er nur die Galle von dem Fische finden sollte; und so lief er immer in den wilden Wald hinein, und kein Mensch wußte damals, wo er hingekommen war.

In Munkelwust wartete der König Jerum mit großer Ungeduld auf die Rückkehr des Ursulus, und da er nicht kam, sprach Würgipumpa: „Wie wäre es, wenn wir miteinander nach Besserdich reisten, um der Fanferlieschen zu ihrer Genesung Glück zu wünschen; sie hält den Kommtzeitkommtrat gewiß mit Liebkosungen zurück. Wenn du auch nicht wieder König dort sein willst, so kannst du doch gute Freundschaft mit Jungfer Fanferlieschen halten." Das war der König zufrieden, und sie zogen mit einem großen Gefolge nach Besserdich. Jerum war sehr traurig auf der Reise, Würgipumpa aber sehr lustig. Auf halbem Wege kamen ihm einige schwarzgekleidete Reiter entgegen. Jeder trug in der Hand eine Zitrone, in der andern Hand einen Ölzweig, und von ihren Hüten schleppten lange Trauerflore bis an die Erde hinab. Sie machten halt bei dem König, und er erkannte bald mehrere alte Bürger von Besserdich. Der eine sprach zu ihm: „König Jerum! so du dich wirklich gebessert hast, komme wieder zu uns in die Stadt und sei unser guter König; dieses hat uns Fanferlieschen zu sagen befohlen." Bei diesen Worten weinten sie. Jerum sprach: „Ich habe mich bestrebt, besser zu werden, aber ich fühle doch, daß ich noch nicht verdiene, über andre zu herrschen. Sagt das der Fanferlieschen, und bittet sie um Erlaubnis, daß ich sie sehen darf. – „Ach", sagten sie, „diese Freude kann sie nicht mehr haben, denn vor einigen Tagen ist sie durch eine Schwalbe blind geworden." Da zitterte der König vor Schrecken und zog sein Schwert und wollte die Würgipumpa erstechen und schrie: „Verräterin, das hast du mir getan!" Würgipumpa warf sich vor ihm nieder und sprach: „Mein Gemahl, ermorde mich Unschuldige; mein Bruder hat es mich gelehrt, ich wußte nichts davon, daß dies den Augen schädlich sei." Da steckte der König sein Schwert wieder ein und sprach zu den Herren: „Seht, wie soll ich über andre herrschen, da ich mich selbst nicht beherrschen kann." Die Herren redeten ihm aber so lange zu, bis er mit ihnen nach Besserdich ritt. Als er wieder in seinem Schloß war, fragte er nach Fanferlieschen und nach Ursulus; aber man erzählte ihm, daß Ursulus aus dem Kerker entkommen sei, niemand wisse wie, und daß die blinde Jungfer Fanferlieschen, als sie sich den Tag nach ihrem Unglück habe in den Garten führen lassen, ein anderes Unglück gehabt habe. Sie habe sich auf eine Rasenbank gesetzt, und die habe sich unter ihr auf einmal in einen ungeheuren schwarzen Bock verwandelt und sei wie ein Pfeil mit ihr durch die Lüfte fortgefahren. Da rief der König mit Schrecken aus: „Ach, der böse Pumpelirio Holzebocke!" Er gab nun Befehl, überall nach dem Holzebock und Fanferlieschen und Ursulus zu suchen, und ritt selbst oft ganze Tage lang nach ihnen aus. Als er nun einstens abends nach Hause kam und traurig in seine Stube ging, welche Freude! Ursulus kam ihm entgegen. Der Jüngling fiel ihm zu Füßen, der König umarmte ihn und weinte. „Ach“, sagte da Ursulus, „wo ist Jungfer Fanferlieschen, daß ich sie wieder sehend mache? Seht, hier in dem Schneckenhaus habe ich von der Fischgalle, womit der blinde Tobias von seinem Sohne geheilt wurde; ach, wo ist sie, daß ich ihr helfe!“ – „Ach und o weh“, sprach Jerum, „sie ist fort, niemand weiß, wohin; der Holzebock hat sie davon geführt.“ Da ward Ursulus noch viel trauriger. Der König fragte ihn, wo er die Fischgalle her habe. Da erzählte Ursulus alles, wie es ihm gegangen mit dem guten Vogel, und zeigte ihm das Tobiasbüchlein und die Wurzel. „Und als ich“, sprach er, „in die Wildnis gelaufen, hat mich der Vogel an einen Fluß gebracht und hat da sehr lange mit einem alten Fischreiher gesprochen; der hat immer mit dem Kopf geschüttelt, als wisse er nicht, was für ein Fisch es sein müsse, weil im Büchlein stehe, ein Fisch, und es gar viele Fische gebe. Endlich habe der alte Fischreiher in Gottes Namen einen Fisch nach dem andern gefangen, und da ich mir die Augen ganz blind geweint hatte, so haben wir die Galle an meinen Augen versucht. Da haben wir endlich einen gefangen, dessen Galle meine Augen gleich wieder herstellte, und da habe ich mir das Schneckenhaus voll genommen und komme nun leider zu spät hierher.“ Jerum ließ gleich die Probe an einem alten blinden Manne machen, und er ward gleich wieder sehend und dankte dem König sehr. Als Würgipumpa alles dies hörte, nahte sie sich dem König mit Tränen und sprach: „Ich muß alles tun, das Unrecht wieder gutzumachen, das ich unschuldig veranlaßte. Ich habe nun durch meine Nachforschungen erfahren, daß der Holzebocke sich hier im Walde in einer Höhle aufhält; wie wäre es, wenn Kommtzeitkommtrat, der alles kann, was er unternimmt, den Holzebock zu bekämpfen suchte? Er ist jetzt schon ein schöner junger Ritter, und wenn er das Ungeheuer erlegt hätte, so würde er Fanferlieschen, die er in seiner Höhle gefangen hat, heilen und befreien können.“ König Jerum sprach erzürnt: „Wie? Soll mein einziger Trost auf Erden, dieser gute Jüngling, noch einmal in Todesgefahr? Nein, das kann ich nimmermehr zugeben.“ Ursulus hatte es aber kaum gehört, als er vor dem König niederkniete und zu ihm sagte: „Lieber König, gebet mir Waffen, es mag mir gehen, wie es will, so kann ich doch nicht eher ruhen, bis ich Fanferlieschen geheilt habe. Lasset mich ausziehen gegen den Holzebocke.“ Jerum war sehr betrübt, aber Ursulus ließ mit Bitten nicht nach. „Wohlan“, sagte der König, „so will ich mit meinem Hofstaat und dir nach Munkelwust ziehen, weil der böse Holzebocke dort in der Gegend wohnt, und in unserer neuen Kirche will ich dich zum Ritter schlagen und ich will beten dort, bis du wiederkömmst.“ Da zog Jerum und seine Gemahlin und der Hofstaat und

Ursulus nach Munkelwust und der König ging mit Ursulus in die Kirche, die fertig war, und der alte Schäfer hatte den Altar mit wunderschönen Blumen geschmückt. Da schlug der König den Ursulus zum Ritter und gab ihm einen goldnen Harnisch von Kopf bis zu Fuß und ein herrliches Schwert, das war wie eine Säge. Und auf seinem Schild war abgebildet ein Kreuz und vier Nägel und ein Schwamm und eine Geißel und ein Speer und eine Dornkrone. Den Knopf des Schwertes konnte man aufschrauben, dahinein legte Ursulus das Schneckenhaus mit der Fischgalle. Und nun nahm er eine große Lanze in die Hand, und ein schneeweißer Schimmel mit himmelblauem Geschirr ward vorgeführt; der König hielt ihm selbst den Bügel, und Ursulus schwang sich in den Sattel, daß es rasselte. Da kam der alte Neuntöter geflogen und zog immer vor ihm her. Die Frau Neuntöterin aber flog auf den Kopf seines Pferdes, und der Junker Neuntöter setzte sich auf die Spitze seiner Lanze. Das Fräulein Neuntöter aber setzte sich auf seinen Helm, und so sprengte er in den Wald hinein. Der König sah ihm lange nach und warf sich dann in der Kirche betend auf sein Angesicht und der alte Schäfer auch, und alle Lämmer auch, und es war, als wenn die Blumen auch auf den Gräbern der Jungfrauen beteten. Auch Ursula, welcher der Neuntöter alles gesagt hatte, betete in ihrem einsamen Turme in heißen Tränen: „Ach Gott im Himmel, erhalte mir meinen Ursulus." Die Königin Würgipumpa aber betete nicht, sie hatte sich krank gestellt und war im Schlosse geblieben, denn sie war falsch und verlogen und glaubte ganz gewiß, daß der Holzebocke den Ursulus umbringen werde; deswegen hatte sie den bösen Rat gegeben. Als Ursulus mitten in der Wildnis angekommen war, hielt er sein Pferd an und schlug mit dem Schwert gegen sein Schild und schrie:

Pumpelirio Holzebocke,
Hörst du deine Totenglocke?

Da trat auf einmal sein Freund, der alte Schäfer, hinter einem Baum hervor und nahte seinem Pferd und sprach: „O lieber Ursulus, tue doch dem Pumpelirio Holzebocke nichts; wenn du den Pumpelirio umbringst, so muß ich sterben, denn wir sind in einer Stunde geboren." Da rief Ursulus:

In einer Stunde geboren,
In einer Stunde verloren;
Der Holzebock muß sterben,
Sonst muß Fanferlieschen verderben.

Tritt aus dem Weg zur Seiten,
Sonst muß ich dich überreiten.

Der Schäfer aber wollte nicht aus dem Weg, da machte Ursulus die Augen zu und ritt den Schäfer über den Haufen. Da flog der Vogel zu Ursulus und sagte ihm: „Gott segne dich, das war der Pumpelirio selber." Da ritt er weiter, hielt wieder an und rief wieder, an das Schild schlagend:

Pumpelirio Holzebocke,
Hörst du deine Totenglocke?

Da stürzte auf einmal der König Jerum ihm in den Weg und hielt ihm die Zügel des Pferdes und sprach wie der Schäfer: „Tue dem Pumpelirio nichts, sonst muß ich sterben." Aber Ursulus schrie wieder:

Tritt aus dem Weg zur Seiten,
Sonst muß ich dich überreiten.

Und machte die Augen wieder zu und ritt den König über den Haufen. Da kam der Vogel wieder zu Ursulus und lobte ihn sehr, daß er sich nicht irremachen ließ. Denn dieser Jerum war wieder nur der verstellte Holzebocke. Als Ursulus zum dritten Male auf das Schild schlug und den Pumpelirio rief, ach! welche Gestalt trat ihm da in den Weg, wer kniete vor seinem Pferd? Niemand anders war es als seine Mutter Ursula. Sie rang die Hände und rief aus: „Mein Sohn, mein Sohn! wenn du dem Pumpelirio etwas tust, so muß ich sterben." Ach, bei diesem Anblick brach dem Ursulus das Herz, und schon wollte er umwenden, da stieß der Vogel das Pferd mit seinem Schnabel in die Seite, und das rannte auch diese Gestalt des Pumpelirio über den Haufen, welcher ganz zornig, daß es ihm nicht gelungen war, den Ursulus zu betrügen, nun in Gestalt eines ungeheuern schwarzen Bockes auf ihn zukam und ihn fragte:

Ei, was willst du, Ursulus?

Da sagte dieser:

Fanferlieschen
Schönefüßchen,
Die ich wieder heilen muß.

Da sagte der Bock wieder:

Pumpelirio biet dir Trutz,
Holzebocke machet Stutz.

Und nun rannte der Bock auf ihn zu und stieß seinen weißen Schimmel über den Haufen, daß er tot niedersank, und die Lanze, mit welcher Ursulus nach dem Bock gestochen, zerbrach. Die guten Vögel aber hatten alle die neunundvierzig Messer, welche sie schon einmal auf den Jerum geworfen hatten, schon auf einem Baum zurechtgelegt und ließen sie eins nach dem andern auf den Holzebock fallen. Er machte sich nichts draus, denn sie blieben alle in ihm stecken und jedes ward ein Horn, so daß er endlich wie ein Stachelschwein aussah. Ursulus hatte sich vom Pferde geschwungen und schlug mit seinem Schwerte auf den Holzebock, aber das zerbrach, und Ursulus ward über den Haufen gerannt. Da bedeckte er sich mit seinem Schilde, und der Bock trampelte mit seinen Füßen auf ihm herum. Das tat dem Fräulein Neuntöter so leid, daß sie dem Bock zwischen die Hörner flog und ihm die Augen aushackte, worüber er erschrecklich zu meckern anfing. Nun griff Ursulus unter dem Schild hervor und faßte den Bock beim Bart und zog das Messer hervor, das ihm seine Mutter gegeben, und stach es dem Holzebock ins Herz. Da machte er noch einen Seitensprung und fiel tot nieder. „Gott sei Dank!" rief Ursulus und raffte sich von der Erde auf: „Ach, wo ist nun Fanferlieschen Schönefüßchen, die ich nun gleich heilen muß?" Da sagte ihm der Neuntöter, daß sie gleich hier in einer Höhle liege und schlafe. Ursulus lief in die Höhle, da lag Fanferlieschen tot auf einer steinernen Bank. Ursulus glaubte, sie schlafe, aber sie war nicht zu wecken, da klagte er Jammer und Not. Überdem kam der Vogel und sagte: „Ursulus, das Blut vom Holzebock ist auf dein Pferd gespritzt, da ist es wieder lebendig geworden." Da nahm Ursulus gleich von dem Blut und bestrich die Fanferlieschen damit. Da wurde sie wieder lebendig, und nun bestrich er ihr die Augen mit der Fischgalle, da ward sie wieder sehend. Ach, wie glücklich war da Ursulus, auch sie weinte vor Freuden und drückte ihn an ihr Herz. „Geschwind wollen wir nun zu Jerum", rief sie, „denn der ist in großer Angst." Da setzte sie der Ursulus hinter sich auf sein Pferd und ritt mit ihr nach der Kirche. Da war große Not und Kummer, denn es war die Nachricht gekommen, daß die Königin Würgipumpa tot mit einem Stich im Herzen auf ihrer Stube gefunden worden sei, und daß ihr die Augen aus dem Kopf gesprungen seien. Der König aber vergaß bald seine Betrübnis, da Ursulus und Fanferlieschen angeritten kamen. Er küßte der Fanferlieschen das schone Füßchen und hob sie vom Pferd und küßte den Ursulus viel tausendmal. Da sagte Fanferlieschen: "Es ist mir lieb, Jerum, daß du dich gebessert hast; aber wo ist Ursula, meine Pflegetochter? Zeige mir sie, daß ich sie umarme." Bei diesen Worten riß sich der König die Haare aus und schrie: „Weh, weh! ich Elender, ich bin ein Mörder und bleib ein Mörder." – „Ja", sagte Fanferlieschen, „das bist du, und deswegen sollst du lebendig in den Turm vermauert werden, in welchen du die gute Ursula hast mauern lassen." – „Von Herzen gern", sagte Jerum, „will ich sterben, wo sie gestorben ist; bringet mich hin." Da brachte man ihn an den Turm und gab ihm eine Hacke. Alle standen traurig um ihn her und sahen, wie der arme Jerum für sich selbst den Turm aufbrechen mußte. Er tat allen Abbitte, die er beleidigt hatte, er bat Fanferlieschen tausendmal um Verzeihung und bat sie, mit Ursulus sein Land zu regieren. Ach, und als er diesen ansah, wollte ihm das Herz zerreißen. Er umarmte ihn und sprach:

Du brachtest mich zum rechten Pfad,
Kommtzeitkommtrat,
Daß ich dich nie mehr wiederseh,
Das tut mir weh, o weh, o weh!

Ursulus aber sprach:

Kommtzeitkommtrat, dein Diener, spricht:
Meinen Herrn und König verlaß ich nicht.
Ich geh mit dir ins Grab hinein,
Ich denk, es wird uns wohl drin sein.

Da nahm er auch eine Hacke und sie arbeiteten zusammen, und der König Jerum sagte, so oft ein Stein herausgebrochen war:

Lieb Ursula so still und fromm,
O freue dich, ich komm, ich komm.

Und dann hielt er immer wieder ein und umarmte den Ursulus und bat ihn, zurückzubleiben. Ursulus aber sagte beständig:

Ich geh mit dir ins Grab hinein,
Ich denk, es wird uns wohl drin sein.

Und da arbeiteten sie immer drauflos, und sie waren schon bis an die wollene Decke gekommen, welche Ursula rings im Turme herumgespannt hatte, da ließ Jerum die Hacke sinken und sprach:

Lieb Ursula so still und fromm,
O freue dich, ich komm, ich komm.

Und alle, die umherstanden, weinten bitterlich. Aber auf einmal hörte man eine Stimme hinter der wollenen Decke, welche sprach: „Ihro königliche Majestät Jerum werden alleruntertänigst ersucht, noch einige Augenblicke zu verziehen zu geruhen, da Ihre Majestät die Königin Ursula noch mit ihrem Anzug beschäftigt sind." – „Allmächtiger Gott, was ist das?" rief Jerum, „Himmel und Erde mögen zusammenfallen, sie lebt! sie lebt! O, ich muß, ich muß sie sehen." Da wollte er die Decke niederreißen, aber Fanferlieschen und Ursulus hielten ihn zurück. „O laßt mich! Laßt mich ihre Füße mit meinen Tränen benetzen und sterben", rief Jerum. Da steckte Ursula ein wunderschönes Füßchen zu der Decke heraus und sprach mit süßer Stimme:

Da, mein lieber Jerumius,
Hast du deiner Ursula Fuß.

Und Jerum sank zur Erde und küßte ihren Fuß und legte sein Haupt nieder und setzte den Fuß Ursulas auf sein Haupt und sprach:

Der Unschuld Fuß auf Schlangenhaupt;
Selig, wer da liebt und glaubt.

Da streckte Ursula ihre schöne Hand hervor und sprach:

Da, Jerum, hast du meine Hand,
Leg deine drein zum Liebespfand.

Da sprang Jerum auf und küßte die Hand und benetzte sie mit Tränen und sprach:

O Engelshand, o segne mich;
Nie mehr, nie mehr beleidig ich dich!

Da steckte Ursula den Kopf durch die Decke und rief:

O Jerum, küsse meinen Mund,
Da sind wir alle beid gesund.

Ach, da riß Jerum die Decke nieder und sank an das Herz der Ursula, und Ursulus auch und Fanferlieschen auch, und alle Schmerzen waren vergessen, und alles Böse war verziehen. Der Himmel war blau und heiter, die Zuschauer aber sanken auf die Kniee und beteten. Als sie sich ein wenig erholt hatten, sagte Ursula zu Jerum: „Sieh, das ist dein Sohn Ursulus!" O, da war Jerums Freude von neuem groß. Neben der Ursula aber stand der Vogel Neuntöter wieder in den Kammerherrn von Neuntöter verwandelt, und seine Gattin war wieder die Hofdame von Neuntöter, und der Junker war ein Edelknabe, und das Fräulein Neuntöter stand so schön, so blond und schlank mit niedergeschlagenen Augen vor Ursulus, daß er vor sie hintrat und sprach: „O, mein schönes Fräulein! Ihnen verdanke ich die Befreiung aus dem Kerker durch die Springwurzel und das Tobiasbüchlein und die Fischgalle, und Sie haben dem Holzebocke die Augen ausgehackt; wie lohne ich Ihnen?" Als Jerum und Ursula und Fanferlieschen dieses hörten, legten sie die Hände der beiden zusammen und sagten: „Ihr sollt Mann und Frau sein." Darüber waren beide glücklich. Alle aber zogen nun nach der Kirche und dankten Gott, und Fanferlieschen sagte: „Gott sei Dank, Jerum, daß der Holzebock und Würgipumpa tot sind. Sie waren Geschwister und meine größten Feinde, aber sie wußten nicht, daß eines mit dem andern sterben mußte. Jetzt lasset uns alle nach Besserdich ziehen und in Tugend und Ehren das Land regieren." Jerum aber sprach: „Ich bin das Glück nicht wert, nur die Unschuld soll regieren, die Schuld aber soll Buße tun. Ich bleibe hier bei dem alten Schäfer und büße ewiglich." Da setzte er seine Krone auf das Haupt des Ursulus, und Ursula setzte ihre Krone auf das Haupt der Fräulein Neuntöter, welche auch Ursula hieß, und sprach: „Auch ich will hierbleiben und beten." Darüber ward das Herz des armen Jerums so gerührt, daß es mitten entzweisprang und Jerum starb. O, da war Weinen und Wehklagen. Und sie begruben ihn zu Füßen eines Kreuzes bei dem Brunnen, und Ursula sang, und aus allen Gräbern der Jungfräulein sang es mit.

Ursula blieb nun da bei dem alten Schäfer wohnen und nahm viele Witwen und Waisen zu sich und sie arbeiteten für die Armut und beteten und sangen. Fanferlieschen segnete sie, und Ursulus und seine Frau trennten sich weinend von ihr und zogen nach der Stadt Besserdich. Der Herr von Neuntöter und seine

Frau und sein Sohn aber regierten das Ländchen Bärwalde für Ursula. Als Fanferlieschen wegritt, ging sie auf den alten Schäfer zu und sprach zu ihm: „Dämon, kennst du mich noch? Wir sind beide alt geworden.“

„Ja“, sagte der Schäfer, „ich kenne dich noch; als du die Lämmer hütetest neben mir, da liebte ich dich und sagte dir es. Da sprachst du:

Lieber guter Schäfer mein,
Schön wärs wohl, doch kanns nicht sein,
Ich bin nur ein guter Geist,
Der so durch das Leben reist.
Liebe Gott, das ist gescheiter!–
Also sprachst du, und zogst weiter.“

„Richtig“, sagte Fanferlieschen, „so war es, und du hast meinem Rat gefolgt, drum werd ich dich im Himmel wiedersehen.“ Da sank der Schäfer tot an die Erde, und Fanferlieschen flog durch die Lüfte davon und ließ ihre Pantoffeln niederfallen. Die fing die Gemahlin des Ursulus auf und war gleich so schön und lieb und klug als Fanferlieschen. Sie kamen nach Besserdich und regieren gut bis dato.

Das Märchen von dem Schulmeister Klopfstock und seinen fünf Söhnen

Es war einmal ein Mann, der hieß Klopfstock und hatte fünf Söhne: der erste hieß Gripsgraps, der zweite hieß Pitschpatsch, der dritte hieß Piffpaff, der vierte hieß Pinkepank, der fünfte hieß Trilltrall.

Der gute Klopfstock hatte seine Söhne sehr lieb und wollte sie gerne etwas Rechts lernen lassen; aber bei ihm war Not in allen Ecken, das Dorf, wo er Schulmeister war, war abgebrannt und die Schule auch, und die Bauern auch, und die Schuljungen auch; er war mit seinen fünf Söhnen allein übriggeblieben.

Er setzte sich also auf einen Stein mitten in dem abgebrannten Dorf, und seine fünf Söhne traten um ihn her, und er sprach zu ihnen: „Herzliebe Jungen! ich bin plötzlich ein armer Mann geworden, und so gern ich euch auch zu gelehrten Leuten aufziehen wollte, fehlen mir doch alle Mittel dazu; denn erstens kann ein leerer Magen nicht viel Gelehrtes sagen, und zweitens sind mir alle meine ABC-Bücher in der Schule verbrannt. Ich muß euch daher in alle Welt schicken, daß ihr euch selbst etwas versucht; ihr seid schon große Bursche und müßt sehen, wo ihr Herrn findet, denen ihr dienen und bei denen ihr etwas lernen könnt. So lebet denn wohl, ein jeder folge seinem Beruf, und nach einem Jahr besucht mich wieder, da will ich euch examinieren, ob ihr etwas gelernt habt. Bis dahin will ich sehen, ob ich aus dem herumliegenden Holz mir wieder eine Hütte zusammengebaut habe, damit ich euch beherbergen kann." Da sagten die Söhne: „Wir wollen treulich tun, was du uns befohlen; aber du hast gesprochen: ›Ein jeder folge seinem Beruf‹ – was ist dann nun der Beruf?" Da wußte der Schulmeister nicht gleich, was er sagen sollte, was Beruf sei, und rieb sich lange die Stirn. Endlich sagte er: „Beruf kommt her von rufen: was euch ruft, das ist euer Beruf." Da fragten die Söhne wieder: „Aber, Vater! was ruft uns dann?" und der Schulmeister sagte: „Euer Name ruft euch." Da sagten die Söhne wieder: „Ihr, Vater, heißt Klopfstock, Euer Name ist Klopfstock, was ist nun Euer Beruf?" Da wurde der Vater ungeduldig und sagte: „Ein Narr kann mehr fragen, als zehn gelehrte Leute beantworten können; ja, mein Name ist Klopfstock, und mein Beruf ist Klopfstock, nämlich ich soll so dumme Narren mit dem Stocke recht ausklopfen" – und da nahm er seinen Stock und wollte seinen Söhnen einen Denkzettel mitgeben; aber sie nahmen die Beine auf die Schultern und liefen, so schnell sie konnten, davon.

Als sie ein Stück Wegs zurückgelegt hatten, war es Abend, und sie legten sich in einem Walde nieder und redeten davon, was doch jeder für einen Beruf haben möchte. Da hörten sie auf einmal Leute sprechen, die vorbeigingen. Einer sagte zum andern: „Viele Mühe hat es gekostet, bis wir hinaufkamen, dann ging es aber auch lustig, gripsgraps." Kaum hatte Gripsgraps seinen Namen nennen hören, als er von seinen Brüdern aufsprang und zu ihnen sagte: „Gripsgraps heiß ich, Gripsgraps rufts mich, Gripsgraps ist mein Beruf, zu dem mich Gott im Himmel schuf; übers Jahr sehen wir uns wieder beim Vater." Da sagten sie sich Lebewohl, und er eilte den Leuten nach, die von Gripsgraps gesprochen hatten.

Gegen Morgen hörte der jüngste Bruder Trilltrall die Vögel im Wald so trillern und trällern, da sagte er zu den andern: „Lebt wohl, liebe Brüdern! Trilltrall heiß ich, Trilltrall rufts mich, Trilltrall ist mein Beruf, wozu mich Gott im Himmel schuf." Und da nahm er Abschied und lief tiefer in den Wald.

Als sie noch weiter gingen, kamen sie auf eine Wiese; da stand eine Menge Volks und schoß mit der Büchse nach der Scheibe, und das ging immer: piffpaff. Da sagte der eine Bruder: „Piffpaff heiß ich, Piffpaff rufts mich, Piffpaff ist mein Beruf, zu dem mich Gott im Himmel schuf." Und da nahm er auch Abschied und ging zu den Schützen.

Die zwei andern gingen durch die Stadt, da hörten sie auf einmal pinke pank, pinke pank klingen, und guckten sich um, da stand ein Apotheker und stieß im Mörser pinke pank, pinke pank. Da nahm der eine Bruder Abschied vom andern mit den Worten: „Pinkepank heiß ich, Pinkepank rufts mich, Pinkepank ist mein Beruf, zu dem mich Gott im Himmel schuf", und ging zum Apotheker.

Da war nun der Bruder Pitschpatsch allein, und da kam er an einen Fluß und wollte überfahren und rief den Schiffleuten jenseits zu: „Hol über! hol über!" Die setzten sich in den Kahn und die Ruder gingen pitsch patsch, pitsch patsch. Da sprang er freudig in den Kahn und sagte: „Pitschpatsch heiß ich, Pitschpatsch rufts mich, Pitschpatsch ist mein Beruf, zu dem mich Gott im Himmel schuf", und blieb bei den Schiffleuten.

Als das Jahr herum war, hatte sich der Schulmeister Klopfstock seine Hütte bereits wieder aufgebaut bei einem großen schattigen Baum, und als der Tag herankam, an welchem seine Söhne wieder aus der Fremde kommen sollten, setzte er eine Schüssel voll Kartoffeln auf den Tisch und Bänke drum herum; da pochte es an der Türe, und vier seiner Söhne kamen anständig und wohlgekleidet herein, nur Trilltrall fehlte noch. Er umarmte sie alle vier und fragte, wo denn Trilltrall sei, da sprachen sie: „Der steht vor der Türe und schämt sich, weil er so häßlich aussieht." Da ging der Vater hinaus und sah den Trilltrall unter einem Baum stehen. Er sah ganz wild und lumpig aus, die Haare waren ihm so lang gewachsen, und er war ganz braun im Gesicht und redete kein Wort als st! st! still! horch! still! wozu er den Finger auf den Mund legte. Da sagte der Vater: „Laßt den armen Schelm stehen, er ist ein Narr geworden; wir wollen ihm hernach ein paar Kartoffeln hinausbringen; kommt und eßt." Da setzten sie sich zu Tisch und aßen, und der Vater fragte den Ältesten: „Gripsgraps! was hast du gelernt in der Fremde?" Da sagte dieser:

„Gripsgraps heiß ich,
Gripsgraps riefs mich,
Gripsgraps ist mein Beruf,
Zu dem mich Gott im Himmel schuf.

Vater! ich habe lernen Gripsgraps machen und bin ein so geschickter Dieb, daß ich alles zu stehlen weiß, und läge es unter hundert Schlössern verschlossen! Auch kann ich mit zwei Dolchen an einem steilen Turm hinaufklettern, wie auf einer Leiter!"

„O! du unglücklicher Sohn!“ rief der Vater aus, „was für eine gottlose Kunst hast du gelernt; ich bitte dich um Gotteswillen, lege dich bei Zeiten auf etwas anderes, sonst wirst du lernen ohne deine zwei Dolche an den lichten Galgen hinaufsteigen! – Aber was hast du gelernt?“ sagte er zu dem Zweiten, und dieser sagte:

„Piffpaff heiß ich,
Piffpaff riefs mich,
Piffpaff ist mein Beruf,
Zu dem mich Gott im Himmel schuf.

Ich bin zu den Schützen gekommen und habe so vortrefflich schießen gelernt, daß ich einer fliegenden Schwalbe das Aug aus dem Kopfe herausschießen kann.“

„Das läßt sich hören“, sagte der Vater, „das ist ein ehrliches Handwerk, da kannst du uns manchen Braten auf der Jagd schießen; Gott segne dich dafür.“ Dann sagte er zu dem Dritten: „Was hast du denn erlernt?“ Der antwortete:

„Pinkepank heiß ich,
Pinkepank riefs mich,
Pinkepank ist mein Beruf,
Zu dem mich Gott im Himmel schuf.

Ich habe den Apotheker hören im Mörser pinkepank stoßen und bin ein Apotheker geworden und kenne ein Kräutchen, damit kann ich die Toten lebendig machen.“

„Gelobt sei der Herr!“ sagte der Vater, „du hast etwas Herrliches gelernt; du kannst uns allen helfen, und wenn deine Kunst eintrifft, so sind wir die reichsten Leute auf der Welt.“ Nun fragte er den Vierten: „Was hast denn du erlernt?“ Der sagte:

„Pitschpatsch heiß ich,
Pitschpatsch riefs mich,
Pitschpatsch ist mein Beruf,
Zu dem mich Gott im Himmel schuf.

Ich habe die Ruder der Schiffleute hören pitschpatsch im Wasser machen, und da bin ich ein Schiffer und ein Schiffbaumeister geworden und habe gelernt ein Schifflein zu bauen, welches so geschwind fährt wie eine Schwalbe, die über das Wasser hinstreicht."

„Vortrefflich!" sagte der Schulmeister, „du hast eine ehrbare gute Kunst gelernt, und wir können einmal auf deinem Schiffe um die ganze Welt herumreisen und eine ganz neue Welt entdecken."

Nun rief der Schulmeister zur Türe hinaus: „Nun, Trilltrall! komme herein und esse und erzähle, was du Gutes in der Fremde gelernt hast. Ich glaube schier, du hast dich auf die Bärenhäuterei gelegt, weil du so wild und zottig aussiehst."

Der gute Trilltrall aber sagte nichts und winkte immer mit der Hand: st! st! sie sollten kein Geräusch machen. Darüber ärgerte sich der Vater und sagte zu seinen andern Söhnen: „Wir wollen nur fertig essen, der närrische Kerl weiß nicht, was er will." Nun aßen sie lustig auf, was da war, und erzählten sich, was sie alles mit ihren Künsten erringen wollten. Da patschte Trilltrall unter dem Baum auf einmal fröhlich in die Hände und schrie aus: „Juchheisa! Viktoria! nun ist alles richtig" – und kam vergnügt in die Stube gesprungen.

„Was ist richtig? Ich glaube, in deinem Kopfe ist es nicht richtig", sagte der alte Klopfstock. „Pfui! wie siehst du aus, wie die Erde so schwarz, man könnte auf dir ackern und säen; zu essen ist auch nichts mehr da; warum bist du nicht gekommen, als ich dich gerufen?" – „Seid nicht böse, Vater", erwiderte Trilltrall, „aber es ist doch alles richtig." – „Nun, womit ist es denn richtig?" fragte der Schulmeister ungeduldig. „Das will ich euch hernach erzählen", erwiderte Trilltrall, „erst muß ich essen; aber ich sehe, es ist nichts mehr da; nun muß ich mich selbst umsehen." Da lief er zur Türe hinaus in des Schulmeisters Garten und kam mit einem großen Kohlkopf wieder, in den er wie in einen Apfel biß.

Der Vater und die Brüder mußten recht über ihn lachen, daß ihm der rohe Kohl so schmeckte. „Ja, du mein Gott!" sprach Trilltrall, „man muß viel lernen auf der Welt; ländlich, sittlich" – und auf einmal schnappte er mit dem Maul so heftig nach einer dicken Fliege, die durch die Stube schnurrte, daß er beinahe den Tisch umgestoßen hätte. „Delikat!" sprach er, „es war eine spanische, die erhitzt mir den Magen, da kann ich den Kohl besser vertragen; habt ihr denn gar keine Spinnen hier, Vater?"

„O du Abscheu!" sprach der Schulmeister, „willst du gar Spinnen essen!" – „Ihr wißt nicht, was gut ist, lieber Vater! weil Ihr es noch nicht versucht habt. Hat der heilige Johannes Heuschrecken in der Wüste gegessen, so wüßte ich nicht, warum ich so stolz sein sollte, die Spinnen zu verschmähen." Da sprach Klopfstock: „Nun, ich bin recht begierig, was du magst erlernt haben, ich glaube gar das Einsiedlerhandwerk."

„Du hast es beinahe getroffen, lieber Vater!" erwiderte Trilltrall; „aber das lernt sich sehr leicht; nun höre: du sagtest, wir sollten unserm Beruf nachgehen, und da ich fragte, was der sei, sagtest du: Was euch ruft, das ist euer Beruf. Wie ich nun durch den Wald ging und die tausend Vögel so trillern und trällern hörte, dachte ich:

Trilltrall heiß ich,
Trilltrall rufts mich,
Trilltrall ist mein Beruf,
Zu dem mich Gott im Himmel schuf.

und ging dem Gesang der Vögel immer weiter nach bis in den tiefen, tiefen Wald; und je dunkler und dichter der Wald ward und je höher die Felsen, je lauter rief es mich und je stärker ward mein Beruf; denn die Vögel trillerten und trällerten immer lebendiger, und so kam ich endlich an einen ganz einsamen stillen Fleck, und da war ein hoher Fels und ein schöner Quell und ein recht angenehmer Rasenplatz, und ringsum standen die höchsten Eichen, Buchen, Birken, Linden, Tannen und Fichten durcheinander; und da es schon Abend war und die Sonne unterging, setzte ich mich an einen Eichenstamm dem Felsen gegenüber und zog das Stück Brot aus der Tasche, welches ich noch von dem übrig hatte, das Ihr jedem von uns mitgegeben, und aß.

Nun kamen auf einmal eine ganz erstaunliche Menge Vögel scharenweise von allen Seiten angeflogen und nahmen von den großen Bäumen Besitz und fingen ein solches Trillern und Trallern an, daß man hätte denken sollen, jedes Blättchen auf allen Bäumen fange an zu singen. Auf einmal aber geschah ein lautes Pfeifen dazwischen, und alle waren so plötzlich still, als wäre ihnen die Pfeiferei allen vor dem Schnabel auf einmal mit einem scharfen Messer abgeschnitten, gerade so, als wenn du sonst in der Schule mit dem Bakel auf den Tisch schlugst und *Silentium!* riefst, liebster Vater! Und nun fing einer allein an zu pfeifen und dann pfiffen alle mit; aber gar nicht durcheinander, sondern alle das Nämliche und sehr schön im Takt, und nach den verschiedenen Stimmen pfiffen sie die Melodie des Abendlieds: „Nun ruhen alle Wälder", worüber ich in das größte Erstaunen geriet und endlich leise anfing mitzupfeifen. Da sie den letzten Vers gepfiffen hatten, waren sie ein paar Minuten still, als beteten sie für sich, und dann war wieder ein ganz außerordentliches Gezwitscher durcheinander, als wünschten sich die Vögel gute Nacht, worauf sie auseinander in die verschiedenen Bäume nach ihren Nestern flogen.

Ich war durch diese wunderschöne und verständige Musik der Vögel ganz nachdenklich geworden und faßte schon den Entschluß, dort wohnen zu bleiben, bis ich ihren Gesang recht verstehen gelernt. Weil aber die Gegend sehr wild war, so wollte ich doch die Nacht nicht an der Erde zubringen, denn ich hörte manchmal in den Büschen rasseln, als wenn allerlei wilde Tiere da herumstreiften. Kaum war ich nun auf den Baum gestiegen, als ich von einem benachbarten Baum ein großes Tier herunterkommen sah, welches ich aber wegen der Nacht nicht recht erkennen konnte, es kroch auf allen Vieren nach der Quelle und trank. Nun kam auch noch ein großes wildes Schwein, welches ich an seinem Grunzen erkannte, an das Wasser, und da es sich in den Bach wälzen wollte, ärgerte sich das andere Tier und grunzte auch ein wenig, gerade als wenn es mit ihm zanke, daß es ihm das Bächlein trübe mache. Das Schwein aber ließ sich nicht stören, da gab ihm das andere Tier eine ganz gewaltige Ohrfeige, so daß das Schwein mit großem Klagegeschrei in den Wald fortlief.

Mit großem Erstaunen hatte ich dieses angesehen und war nicht wenig erschrocken, als das Tier gegen meinen Baum herkam und auf ihn hinaufzuklettern begann. Ich zitterte am ganzen Leibe und dachte: Ach, du mein Gott! was wird es mir erst für eine Ohrfeige geben! In dieser großen Angst fing ich an, höher im Baum hinaufzuklettern; als das Tier nun meine Bewegung hörte, begann es zu bellen wie ein Hund, und kroch immer hinter mir drein. Das Tier schien die Zweige des Baumes besser zu kennen als ich; denn es tat keinen Fehltritt und bellte immer hinter mir drein: ich aber kam auf immer dünnere Zweige, und auf einmal sah ich vor mir ein Paar große feurige Augen; es knappte eine Eule mit ihrem Schnabel gegen mich und schlug mit den Flügeln, und dicht hinter mir war das große bellende Tier. Ich wußte nicht mehr wohin, um mich zu retten; der Ast brach unter mir, und plumps fiel ich mit großem Geprassel von Zweig zu Zweig hinab an die Erde.

Zum guten Glück hatte ich mir keinen besonderen Schaden getan; aber meine Angst war ganz entsetzlich, und ich hatte den Mut nicht, mich im mindesten zu rühren oder einen Laut von mir zu geben. Ich blieb ruhig liegen, wo ich hingefallen war, und lauerte ganz scharf, ob das schreckliche Tier mir nachkommen würde. Es kam aber nicht, bellte nur noch eine Zeitlang hinter mir her und wurde hernach ganz ruhig. Da aber durch das Herumkriechen in dem Baum die Vögel aufrührerisch geworden waren, so hörte ich hie und da ein Gepfeife in den Bäumen und einen, der sehr seltsam pfiff, wie ich noch nie etwas gehört. Sodann wurden sie alle nach und nach stille.

Ich rührte mich nicht und hörte nach einer Weile ein ganz entsetzliches Schnarchen, als wenn man Holz säge. Ach, dachte ich, was muß das Tier für ein abscheulich großes Maul haben, das so gewaltig schnarchen kann! Nun ging der Mond über dem Walde auf und goß seinen wunderbaren Glanz durch die Bäume; da blickte ich mit Angst in das Gelaube des Baumes hinein, von dem ich gefallen war, um etwas zu erkennen, wie das Tier aussähe, weil ich in meinem Leben nichts von einem Tiere gehört hatte, das einem Wildschweine eine Ohrfeige gäbe und dann wie ein Hund bellend in den Bäumen herumlaufe. Bald sah ich seinen schwarzen Schatten in einem Astwinkel liegen, wo es schnarchte; aber es wehten so lange Haare herum, daß ich es nicht erkennen konnte. Indem ich so hinaufsah, hatte ich einen neuen Schrecken: das Tier streckte sich und gähnte ganz entsetzlich uah, uah, und nieste so heftig, daß die Eicheln wie ein Hagelwetter mir auf die Nase rasselten. Aber ich wagte nicht, mich zu rühren, und wie groß war mein Erstaunen, als ich das Tier auf einmal mit lauter heller Stimme folgendes schöne Lied singen hörte:

Komm, Trost der Nacht, o Nachtigall!
Laß deine Stimm mit Freudenschall
Aufs lieblichste erklingen;
Komm, komm und lob den Schöpfer dein,
Weil andre Vöglein schlafen sein
Und nicht mehr mögen singen:
Laß dein Stimmlein laut erschallen,
Denn vor allen
Kannst du loben
Gott im Himmel hoch dort oben.

Obschon ist hin der Sonnenschein
Und wir im Finstern müssen sein,
So können wir doch singen
Von Gottes Güt und seiner Macht,
Weil uns kann hindern keine Nacht,

Sein Lobe zu vollbringen:
Drum dein Stimmlein laß erschallen,
Denn vor allen
Kannst du loben
Gott im Himmel hoch dort oben.

Echo, der wilde Wiederhall,
Will sein bei diesem Freudenschall
Und lasset sich auch hören;
Verweist uns alle Müdigkeit,
Der wir ergeben alle Zeit,
Lehrt uns den Schlaf betören;
Drum dein Stimmlein laß erschallen,
Denn vor allen
Kannst du loben
Gott im Himmel hoch dort oben.

Die Sterne, die am Himmel stehn,
Sich lassen zum Lobe Gottes sehn
Und Ehre ihm beweisen;
Die Eul auch, die nicht singen kann,
Zeigt doch mit ihrem Heulen an,
Daß sie Gott auch tu preisen;
Drum dein Stimmlein laß erschallen,
Denn vor allen
Kannst du loben
Gott im Himmel hoch dort oben.

Nur her, mein liebstes Vögelein!
Wir wollen nicht die Faulsten sein
Und schlafend liegen bleiben;
Vielmehr, bis daß die Morgenröt
Erfreuet diese Wälder öd,
In Gottes Lob vertreiben;
Laß dein Stimmlein laut erschallen,
Denn vor allen

Kannst du loben
Gott im Himmel hoch dort oben.“

„Ei, das war sein Lebtag kein wildes Tier, welches dieses Lied sang!“ rief da der Schulmeister Klopfstock aus, und Trilltrall sagte: „Ihr habt gut reden, lieber Vater! Ihr habt es nicht gesehen auf allen Vieren ans Wasser kriechen, dem Wildschwein die Ohrfeige geben und dann auf dem Baum herumbellen; freilich, als es das schöne fromme Lied so recht aus Herzensgrund durch den Baum sang, in welchen der Mond hineinschien wie in eine schöne Kirche, und als Echo, der wilde Wiederhall, und die liebe Frau Nachtigall auch sangen zu diesem Freudenschall, und der Quell lieblicher rauschte und der Wald andächtiger lauschte, da zogen die Wölkchen am Himmel nicht mehr so schnell, und der Mond ward noch einmal so hell, und alle meine Angst besänftigte sich; meine Seele, welche gewesen war wie ein Meer, in welches ein großer Felsen hineinstürzte, verwirrt und trüb voll niederschlagender Wellen, wurde nach dem ersten Verse schon wie ein See, in den ein Fisch, den ein Geier herausgeraubt, frisch und gesund wieder hineinfällt; und nach dem zweiten Vers wie ein See, auf welchen ein singender Schwan niederfliegt und schimmernde Gleise zieht; und nach dem dritten Vers wie ein See, in welchen eine vorüberreisende Taube ein Zweiglein von dem friedlichen Ölbaum fallen läßt; und nach dem vierten Vers wie ein See, in den ein vorüberziehendes Lüftlein ein Rosenblatt weht; und nach dem fünften Vers war es mir, als sei ich wie ein müdes Bienlein, das über den See fliegen wollte und gar nicht weiter konnte und in großer Angst war, da es zum Wasser herabfiel, auf dieses Rosenblatt gefallen, und als schiffe ich sicher und ruhig auf dem Rosenblättlein hinüber und lande jenseits in einem blumenvollen Garten, aus dem mir die Nachtigallen entgegenschmetterten; mein Herz war so ruhig wie ein Spiegel, in dem sich der Mond anschaut und vor dem der Friede sang:

Ach, hört das süße Lallen
Der kleinen Nachtigallen!“

Nach diesen Worten sagte Gripsgraps: „Du bist doch ein recht närrischer Kerl, mein lieber Trilltrall! Du siehst so zottig aus wie ein Zeiselbär und sprichst dabei wie Honig so süß; warum sagst du nicht, es sei dir so ängstlich gewesen als mir, da ich zum erstenmal Gripsgraps machte?“

„So war es mir nicht", sagte Trilltrall, „denn ich hatte nichts Böses getan; ach, lieber Gripsgraps! du hast ein schlimmes Handwerk; aber ich hoffe, wir werden es bald nicht mehr nötig haben." – „Gott gebe es!" sagte Gripsgraps und ward ganz ernsthaft.

„Ich kann mir recht denken", sagte Piffpaff, „wie dir am Anfang bange war; es war dir gewiß so wie mir damals, als ich mich verschworen hatte, einem schlafenden Kinde einen Apfel aus der Hand zu schießen, den ihm seine Mutter geschenkt hatte. Der Apfel hatte so rote Bäckchen wie es selbst, und es hatte ihn darum an sein Herz gedrückt. Ach, wie war ich in Ängsten! aber ich konnte es nicht lassen, ich mußte schießen; ich zitterte am ganzen Leibe; ich drückte los – paff – da lag das Kind, und ich stürzte auch mit dem Bogen zusammen. Es war mir, als falle ein Berg auf mich; aber wie war mir, da das Kind mich an den Locken zupfte und vor mir stand und weinend sagte: ›Nun mußt du mir einen andern Apfel geben, du hast einen Pfeil meinem Apfel durch die roten Bäckchen geschossen; ach, mein Apfel! mein Apfel!‹ – O! so selig war da niemand wie ich, als es mir den von dem Pfeil durchspießten Apfel reichte! Seht, da trag ich ihn zum ewigen Andenken in meinem Köcher." Piffpaff zog den Apfel mit dem Pfeile aus dem Köcher, und die Tränen standen ihm dabei in den Augen. Trilltrall umarmte ihn und sprach: „Es freut mich sehr, lieber Bruder! daß deine frevelhafte Kühnheit dich so reut; aber es war mir nicht wie dir damals, denn du hattest dich zu einem abscheulichen Wagstück entschlossen. Ach! du treibst ein sehr gefährliches Handwerk, wenn du solchen bösen Gelüsten nachgiebst; aber ich hoffe, du wirst es bald nicht mehr nötig haben." Da wurde Piffpaff ganz rot und sprach: „Ich will so etwas nie wieder tun; darum trage ich diesen Pfeil mit dem Apfel immer in meinem Köcher", und nun schob er diesen Pfeil wieder zu den andern Pfeilen.

„Ich kann mir deine Angst recht denken", sagte Pinkepank, „es muß dir gerade gewesen sein wie mir in der Apotheke. Da sollte ich einmal Pillen machen für eine kranke Mutter, deren Kind zu mir kam und sprach: ›Ach! lieber Herr Subject! gebe Er mir etwas recht Gutes und Süßes für die Mutter, das ihr gut schmeckt und sie recht bald gesund macht; denn wenn sie nicht bald gesund wird, so kann sie nicht spinnen, und wenn sie nicht spinnt, kriegt sie kein Garn, und wenn sie kein Garn kriegt, kann ich und die Schwestern keine Strümpfe stricken, und können wir keine Strümpfe stricken, so können wir keine verkaufen, und können wir keine verkaufen, so kriegen wir kein Geld, und kriegen wir kein Geld, so kann die Mutter kein Brot kaufen und müssen wir alle verhungern‹. Da wollte ich dem Kind etwas recht Gutes geben und griff unter den Arzneibüchsen hin und her und holte weißen Zucker aus einer Büchse, in dem rollte ich die Pillen hin und her und gab sie dem Kind und ließ es selbst ein Messerspitze voll ablecken, worauf es sagte: ›Ach! das ist süß, das wird der Mutter sehr gut schmecken. Wenn sie gesund wird, Herr Subject! will ich Ihm ein Paar Strümpfe mit roten Blumenzwickeln und oben einen Sternenrand darum stricken‹, worauf es fröhlich die Apotheke hinauslief. Als ich die Büchsen wieder an ihre Stellen ordnen wollte, o du allmächtiger Gott! in welches Elend kam ich! Ich las, daß auf der Büchse, aus der ich geglaubt hatte weißen Zucker zu nehmen, mit großen Buchstaben stand: ›Bleizucker‹, welcher ein weißes Gift ist, das ganz wie Zucker aussieht. Wie ein Rasender stürzte ich die Türe hinaus und rannte durch alle Straßen nach dem Kinde und fragte überall nach dem Kinde, denn ich wußte nicht, wo es wohnte; ach! und niemand hatte es gesehen; ich konnte es nicht finden. Jetzt wird die Mutter die Pillen schon gegessen haben und gestorben sein von dem Gift, dachte ich, und das Kind wird auch gestorben sein, dem ich eine Messerspitze voll davon gab. In solcher Verzweiflung rannte ich zum Tore hinaus und kam an eine kleine verfallene Kapelle. Allerlei wilde Kräuter wuchsen um den kleinen zerbrochenen Altar, der drin vor einem Kreuze stand; wie ein Verzweifelter kniete ich da nieder und rang die Hände und betete zu Gott, er möge sich meiner erbarmen und möge die arme Mutter und das Kind am Leben erhalten. Indem ich so betete, raschelte neben mir etwas in den Kräutern, und ich sah da eine Eidechse, die auf einem Stein lag und sich hin und her wand, als habe sie große Schmerzen, und andere kleine Eidechschen saßen um sie herum, als wären sie sehr traurig; ach! da fiel mir die Mutter mit den Kindern wieder recht in die Seele, und als die kranke Eidechse auf einmal ganz still wurde und tot von dem Stein herabfiel, schrie ich: ›O weh! o weh! jetzt ist sie tot; ach! die gute Mutter, der ich aus Unachtsamkeit Gift statt Zucker geschickt, ist jetzt gewiß tot‹, – und da betete ich wieder recht innig zu Gott. Sieh! da raschelte es an der andern Seite, und ich sah die kleinen Eidechschen Blätter von einem Kraute abbeißen, welches da in großer Menge wuchs, und sah, daß sie mit den Blättern zu der toten Eidechse hinliefen und ihr Saft davon in den Mund flößten, und sah, daß die tote Eidechse davon wieder lebendig wurde und frisch und gesund davonlief und die Jungen hinter ihr drein. Wie ein Blitz lief es mir durch die Seele, ich wollte die Mutter aufsuchen, und wenn sie auch schon begraben wäre, so wollte ich sie wieder mit diesem Kraut lebendig machen. Ich nahm viel von dem Kraut und lief schnell in die Stadt zurück und fragte von Haus zu Haus, konnte sie aber nirgend finden. Als ich am andern Tor endlich bei dem Torwärter fragte, sagte er mir, daß heute morgen ein solches Kind, wie ich gesagt, vom Lande in die Stadt gekommen sei und ihn nach der Apotheke gefragt habe; daß es auch bald wieder hinausgegangen sei, aber daß er nicht wisse, wohin. Da war meine Angst wieder so groß als vorher, und ich lief nach der Apotheke zurück und wollte nun auch von dem nämlichen Gift essen, um zu sterben. Ich stürzte nach der Büchse hin und riß sie auf und aß in der Verzweiflung alles, was darin war. Aber auf einmal kam der Apotheker heraus mit einer großen Süßholzwurzel in der Hand und kriegte mich beim Schöpfe zu fassen und prügelte mich ganz abscheulich und rief immer dabei: ›O! du naschhafter Zuckerschlecker! da hast du auch Süßholz dazu, du Bengel! Erst läufst du den ganzen Tag auf der Straße herum und kömmst abends nach Haus und schleckst mir noch dazu die Zuckerbüchse aus; da nimm Süßholz, Süßholz dazu!‹ und dabei prügelte er immer darauf los. Ich aber rief immerzu: ›O! Herr Prinzipal! schlagen Sie mich tot, um Gotteswillen, schlagen Sie mich tot, wenn das Gift mich nicht schon umbringt.‹ Der Herr Prinzipal aber war schon ganz müd und sprach: ›Was redest du von Gift, du Narr!‹ – ›Ei!‹›sagte ich, ›war denn kein Bleizucker in der Büchse, es steht ja darauf geschrieben?‹ – ›Nein, es war Zucker drin‹, sagte der Prinzipal; ›ich werde dir Bleizucker dahin stellen, du unachtsames Naschmaul! daß du mir die Leute vergiftest; ich habe alle solche Sachen unter Schloß und Riegel liegen, damit kein Unglück geschieht, und in allen Büchsen, wo hier Gift drauf geschrieben steht, ist nichts als weißer Zucker, damit ihr mir das Naschen sein lasset.‹

Ihr könnt euch mein Entzücken denken bei dieser Nachricht; ich kriegte meinen Prinzipal bei den Ohren zu fassen und küßte und drückte ihn vieltausendmal und tanzte wie ein Narr mit ihm in der Apotheke herum, so daß er anfing um Hülfe zu rufen, weil er glaubte, ich sei rasend geworden. Da kam die Apothekerin herzugelaufen und schlug die Hände über dem Kopf zusammen über den Spektakel, und der Mann schrie zu ihr: ›O Quassia! liebe Quassia! gieb ihm Süßholz.‹ Da nahm Frau Quassia die Süßholzwurzel wieder und prügelte auf mich los, so erbärmlich, daß ich den Prinzipal fahren ließ und so in der Apotheke herumsprang, daß alle Büchsen auf den Brettern tanzten und die Mörser zu klingeln anfingen. Bratsch! fiel eine große Flasche mit Jalap an die Erde und eine andere mit Oxymel simplex hintennach; sie ließen mich los und eilten, ferneres Unglück zu verhüten. Ich aber rannte so gegen die Türe, daß ich alle Fenster einstieß und den König Salomo, der als Schild an der Türe stand, über den Haufen rannte. Wie unsinnig flog ich zur Stadt hinaus nach der kleinen

Kapelle und kniete nieder vor dem kleinen Altar und betete die ganze Nacht, bis ich vor Müdigkeit einschlief.

Am andern Morgen konnte ich von dem vielen genossenen Süßholz meinen Rücken kaum bewegen; da nahm ich von dem Kraut, was neben mir wuchs, und rieb mir den Rücken damit, und auf einmal war ich frisch und gesund. Da betrachtete ich das Kraut recht genau und nahm mir Samen davon mit und Blätter, und spazierte fort, in die Welt hinein.

Als ich einige Tage fortgezogen war, kam ich in einen Wald, da hörte ich ein Kind außerordentlich weinen; ich ging nach der Gegend hin, und da sah ich dasselbe kleine Mägdlein an der Erde sitzen und an einem großen Strumpfe stricken und immer dazu weinen. Ich trat näher und sah, daß es einen kleinen Hund im Schoße liegen hatte und bitterlich auf ihn niederweinte. ›Liebes Kind!‹ sagte ich, ›ach, die Mutter ist gewiß gestorben, weil du so weinst?‹ Da sprang aber das Mägdlein auf und sprach: ›Ach nein, lieber Herr Subject! die Mutter ist frisch und gesund von Seinen guten Pillen, und die Strümpfe für Ihn sind auch gleich fertig; ich habe Tag und Nacht gestrickt; sehe Er die schönen roten Zwickel‹ – und da breitete sie einen schönen fertigen Strumpf vor mir aus. ›Ziehe Er den nur gleich an; indes stricke ich den andern fertig.‹ Ich setzte mich hin, den Strumpf anzuziehen, und während ich meine Schuhe auszog und den Staub herausschüttelte, fragte ich: ›Aber, Kind! warum hast du denn so geweint?‹ Da fing die Kleine, die über meine Ankunft ihren Kummer vergessen hatte, wieder an zu weinen und sagte: ›Ach, lieber Herr Subject! ich wollte zu Ihm in die Stadt und wollte Ihm danken und Ihm die Strümpfe bringen, den einen wollt ich unterwegs fertig stricken; da nahm ich auch unser treues Hündchen Wackerlos mit, das krank war, und wollte Ihn bitten, Er solle dem Hündchen doch eine von seinen Pillen geben, ich wollte Ihm ein Paar Winterhandschuhe von Seidenhasenhaaren dafür stricken; ach, und denke Er sich, als ich bis hierher kam, wollte das treue Hündchen Wackerlos nicht mehr fort. Ich nahm es auf meinen Schoß und setzte mich hier hin, und da sah es mich traurig an und wedelte ein bißchen mit dem Schwanz und streckte sich; ach, und jetzt ist es still und ist tot. Ach! wäre Er nur eher gekommen, da hätte Er ihm vielleicht helfen können; aber jetzt geht es wohl nicht mehr?‹ Dabei sah mich das gute Mägdlein in großen Sorgen an; ich aber hatte den einen Strumpf schon angezogen und sprach: ›Wir wollen es versuchen, liebes Kind!‹ Da brachte sie mir das Hündlein Wackerlos geschwind herbei; ich nahm von meinen Kräutern und drückte ihm Saft davon in den Mund, da tat es die Augen auf; noch ein wenig Saft, da wedelte es ein bißchen mit dem Schwanz; noch ein wenig Saft, da leckte es mir die Hände und sprang an dem guten Mägdlein freudig in die Höhe, welches gar nicht aufhören wollte, mir zu danken. Aber schnell setzte es sich hin und strickte den Strumpf aus, während das Hündchen Wackerlos mir alle seine Künste vormachte: Apportieren, Suchverloren, Aufwarten, Bitten, Schildwachstehen, über den Stock Springen, wie spricht der Hund, Tanzen, sich tot Stellen, nach welchem letzten Kunststück das Hündchen immer zu mir kam und mir die Hände leckte, um mir zu danken, daß ich es lebendig gemacht. ›Nun bin ich fertig‹, sprach das Mägdlein und rief den Wackerlos, und der mußte mir den Strumpf bringen. Ich zog diesen Strumpf auch an, und diese Strümpfe stehen mir recht hübsch, an Sonn- und Feiertagen werdet ihr sie an meinen Beinen sehen. Darauf brachte mich das Mägdlein zu seiner Mutter, die mir nochmals sehr dankte; den andern Tag aber machte ich mich auf die Reise hieher und habe unterwegs noch einige Menschen lebendig gemacht mit meinem Kraut."

„Deine Geschichte, lieber Pinkepank", sagte Trilltrall, „war sehr rührend, aber meine Angst und Überraschung war doch ganz anders als die deinige in der Apotheke; denn du hattest ein böses Gewissen und glaubtest durch Unachtsamkeit jemanden vergiftet zu haben, der Hülfe bei dir suchte. Aber ich bin versichert, so etwas wird dir nie mehr geschehen." – „Gewiß nicht", sagte Pinkepank, „die große Angst und das viele Süßholz haben mich auf ewig gewarnt."

„Alle die Brüder", begann nun Pitschpatsch, „haben von großer Angst geredet, um sie mit deinem Schrecken vor dem vermeinten wilden Tiere zu vergleichen, so muß ich denn auch einmal einen rechten Schrecken von mir erzählen: Ich fuhr einstens in einem kleinen Boote auf das Meer hinaus zu fischen, und ein anderer Fischer, ein sehr rauher und harter Mann, den ich kannte, war auch ausgefahren; ich konnte sein Boot von weitem erkennen. Ich warf mein Netz aus und tat einen guten Fang; besonders war ein großer Fisch dabei, der sich sehr wehrte und mit dem Schwanz um sich schlug; ich gab ihm deswegen eins mit dem Ruder auf den Kopf und schnitt ihm den Bauch auf. Stellt euch meine Verwunderung vor, als ich einen schönen goldenen Ring in seinem Magen fand. Ich steckte ihn freudig an den Finger und wollte eben mein Netz zum zweiten Male auswerfen, als ich zwischen meinem Schiffchen und dem des andern Fischers das Meer große Wellen hervorwerfen sah, aus welchem Strudel ein Meerfräulein hervortauchte, das schöne, lange, grüne Haare hatte und ein goldenes Perlenkrönlein auf dem Haupt und eine Menge Muscheln und Korallen um den Hals. Es rang die Hände und weinte sehr beweglich; ich sah, daß es sich dem Boote des bösen Schiffers näherte, und weil ich schon ahndete, daß das arme Meerfräulein nichts Gutes bei ihm zu erwarten habe, ruderte ich gegen jenen Schiffer zu. Aber ich hatte ihn noch nicht erreicht, als er dem Meerfräulein, welches weinend gegen sein Schiff schwamm, einen kleinen Spieß, den er, um Walfische zu töten, bei sich führte, in die Seite warf. Das arme Meerfräulein stieß einen herzzerreißenden Schrei aus und wollte untertauchen; aber sie konnte nicht mehr recht schwimmen, weil sie verwundet war, und wendete sich nun nach meinem Boote, das ich ihr mit angestrengtem Ruderschlage entgegentrieb. Der böse Schiffer fuhr mit ebenso großer Gewalt hinter ihr drein. Schon war sie meinem Schifflein nah und streckte die Arme, um Rettung flehend, gegen mich aus, und ich sah das rote Blut aus ihrer Wunde rieseln und sich mit dem Meerwasser vermischen, da rief sie aus: ›Ach! um des allmächtigen Gottes willen, vor welchem auch du mein Bruder bist, flehe ich dich an: rette mir mein junges Leben!‹ Da tat sie mir so leid, daß ich sie in mein Boot hereinzog und sie zu meinen Füßen bettete; aber nun war mir der böse Schiffer auch so nahe gekommen, daß ich ihm nicht mehr entfliehen konnte. ›Pitschpatsch!‹ rief er aus, ›gieb mir mein Meerfräulein, oder ich schlage dich mit dem Ruder tot!‹ – ›Ich kann sie dir nicht geben‹, antwortete ich, ›denn sie hat eine Zuflucht im Namen Gottes bei mir gesucht, und ich habe ihr meinen Schutz im Namen Gottes versprochen; auch hast du kein Recht an sie, da du sie nur verwundet, ich aber sie gefangen.‹ Hier kamen wir in einen heftigen Streit, während welchem unsere aneinandergehakten Schiffe von einem heftigen Sturm in die offene See getrieben wurden. Ich bot dem bösen Schiffer meinen ganzen Fischzug für das Meerweib, er verlangte immer mehr; er wollte auch mein Netz und endlich mein Boot, und wenn ich sagte: ›Ach! das kann ich nicht‹, so wimmerte das Meerfräulein immer zu meinen Füßen: ›Gieb! gieb! um Gottes willen, gieb!‹ so gestand ich auch dieses zu. Nun trieb uns der Wind gegen eine Sandbank, und da stieß mich der böse Schiffer aus meinem Boot hinaus und warf mir das arme Meerfräulein nach. Ich flehte ihn um Gottes willen an, er möge mich hier nicht zurücklassen, ohne Fahrzeug mitten im weiten Meer, auf der wüsten Sandbank; er wollte mich aber nicht mitnehmen, es sei denn, daß ich ihm den Ring geben wolle, den er an meinem Finger glänzen sah. Es war derselbe, den ich in dem Fische gefunden. Schon war ich im Begriff, ihm den Ring zu übergeben, als das Meerfräulein heftig aufschrie: ›Mein Ring! mein Ring! um Gottes willen, mein Ring!‹ und sich nach mir aufrichtete und mir den Ring entriß. Da wollte der böse Schiffer nach ihr schlagen; aber ich trat ihm entgegen, und wir rangen miteinander. Er war viel stärker als ich und warf mich zu Boden. Da rieb das Meerfräulein den Ring heftig und schrie in die See hinein mit einer Stimme scharf wie die Waffe eines Schwertfisches:

Korali, hilf, Mord und Weh!
Margaris stirbt über See!

Da hoben sich die Wellen haushoch und schlugen über die Sandbank hin, und eine Welle riß den bösen Schiffer, der mir eben mit seinem Ruder die Brust einstoßen wollte, von mir weg und schleuderte ihn weit in die Wogen hinaus. Auch beide Boote wurden fortgerissen, und die See beruhigte sich wieder. Nun saß ich mit dem verwundeten Meerfräulein einsam und allein auf der Sandbank; keine Hülfe nah und fern; die Nacht kam heran, ich sah kein Land rings umher, und mein Tod war gewiß. ›Unglückseliges Meerfräulein!‹ sprach ich, ›in welches Elend hast du mich gebracht! Ohne Boot muß ich hier verhungern oder von den Wellen verschlungen werden um deinetwillen, und wenn du noch ein Mensch wärest; aber dein Leib, der sich von den Hüften hinab in einen schuppichten Fischschwanz verwandelt, macht mich schaudern, wenn ich dich ansehe.‹ – ›O, du armer Pitschpatsch!‹ sagte sie, ›ärgere dich nicht, daß du menschlich an mir gehandelt hast; und was meinen Leib angeht, so bedenke, daß mir deine gespaltenen nackten Beine, die in der Mitte geknickt sind, auch eben nicht sehr schön vorkommen; tue lieber das Gute, das du mir erwiesen, ganz: ziehe mir den Speer aus der Wunde und sauge mir das Blut aus und verbinde mich.‹ Ich fand ihre Worte recht vernünftig und tat, was sie von mir begehrte. Während ich das Blut aus ihrer Wunde sog und sie verband, sang sie mit einer bezaubernd lieblichen Stimme:

Süß ist mein Blut, süß ist mein Blut,
Nun wird dir das Meer nicht mehr bitter sein;
Auf stiller und auf wilder Flut
Wirst du nun der seligste Ritter sein;
Du wirst schwimmen, segeln, tauchen,
Wirst kein Schiff, kein Ruder brauchen;
Zu Füßen dir der Sturm sich schmiegt,
Und deinen Winken folgt Welle und Wind,
Das weite Meer so treu dich wiegt,
Als eine Mutter je wieget ihr Kind.

Wer aus Meerweibs Wunden trinket,
Nimmer dem sein Schifflein sinket.

Ihr Gesang war so lieblich und rann mir wie ein süßes Bächlein durch das Ohr, und ums Herz ward mir so kühl, als wenn man im heißen Sommer in klaren Wellen sich badet. Da zerrannen mir alle Gedanken, und mir war, als sänke ich immer tiefer und tiefer hinab. Ich war entschlafen, und das Meerfräulein zog mich durch die Wellen hinab, und ich konnte darin atmen wie in blauer Himmelsluft; da sah ich den Leib des bösen Schiffers in den Zweigen eines roten Korallenbaumes hängen, und häßliche Meerungeheuer fraßen sein Herz. Als wir auf den Grund des Meeres kamen, pochte das Meerfräulein an einer Türe von Perlmutter an und rief:

Korali, auf! tu auf die Tür!
Margaris deine Braut ist hier.

Da antwortete der Meermann:

Ich tu nicht auf das Perlentor,
Margaris meinen Ring verlor.

MEERFRÄULEIN:
Ich bringe den Ring, den Schiffer auch,
Der ihn gefunden in Fisches Bauch.

MEERMANN:
Den Fischer schlag ich mit Steinen tot
Und häng ihn in die Korallen rot.

MEERFRÄULEIN:
Er hat gegeben sein Ruder und Netz,
Daß er mich wieder in Freiheit setz.

MEERMANN:
So geb ich ihm Ruder und Netz so gut,
Das Fehlschlag nie noch Fehlzug tut.

MEERFRÄULEIN:
Er hat gegeben sein Fischerboot,
Zu retten mich aus Todesnot.

MEERMANN:
So lehr ich ihn bauen ein solches Schiff,
Das führt über Sand und Felsenriff.

MEERFRÄULEIN:
Aus meiner Wunde saugte sein Mund
Das süße Blut, da ward ich gesund.

MEERMANN:
So soll er nun atmen im bittern Meer,
Als ob es die lichtblaue Himmelsluft wär.

Nun machte der Meermann das Perlmuttertor auf und umarmte seine Braut sehr freundlich; aber sie mußte ihm vorher den Ring zeigen, den sie nachlässig von jenem Fisch hatte verschlingen lassen, in dessen Leib ich ihn wiederfand. Der Meermann verwies ihr ihre Nachlässigkeit und sagte ihr: ›Dieser Ring ist bezaubert, und hättest du ihn nicht wiedergebracht, so wäre ich gestorben.‹ Als sie ihm aber erzählte, welche große Schmerzen und Angst sie ausgestanden, mußte der gute Meermann vor großer Teilnahme weinen und erwies ihr tausend Gutes. Mir dankte er nun recht von Herzen und gab mir alles, was er mir versprochen; erstens: ein Ruder ganz von Fisch, Schildkrot und Perlmutter, das einen nie müde macht, sondern je mehr man rudert, desto kräftiger; zweitens: ein Netz von grünen Meerfräuleinshaaren, in das die Fische mit der größten Freude hineinspringen; dann baute er mir ein Schiff aus Binsen mit Fischhaut überzogen und mit beweglichen Floßfedern wie ein Fisch, und so leicht, daß es wie eine Schwalbe über das Wasser streift. Die Gabe aber, unter dem Wasser wie auf der Erde zu leben, habe ich, seit ich die Wunden des Meerfräuleins aussaugte.

Als er mir alles das geschenkt hatte, wollte er, ich sollte auf seiner Hochzeit bleiben; aber ich sagte ihm, daß der Tag herannahe, an dem ich meinen Vater besuchen müsse, und da sagte er: ›Das geht freilich vor‹; und legte mir noch die schönsten Muscheln, Perlen und Korallen in das Schiff, und ich mußte mich hineinsetzen; er aber und das Meerfräulein faßten es an beiden Seiten, und so stieg es leise, leise mit mir dem lieben Sonnenlicht entgegen; das Schifflein kam an einem ganz einsamen, von Gebüschen versteckten Felswinkel an die Oberfläche des Wassers, der Meermann und seine Braut umarmten mich mit Tränen und baten mich, wenn ihnen Gott ein kleines Meersöhnchen schenke, sein Taufpate zu werden. Ich versprach es ihnen von Herzen, wenn sie es mir anzeigen wollten, worauf sie unter den freundlichsten Versicherungen ewiger Dankbarkeit in den Wogen verschwanden. Mein herrliches Schifflein voll der größten Kostbarkeiten habe ich in der einsamen Bucht ganz im Schilf versteckt, daß es kein Mensch finden kann als ich, und so bin ich hieher gereist, Euch, lieber Vater! und die Brüder wieder zu sehen."

„Deine Geschichte, lieber Pitschpatsch! war recht schön", sagte Trilltrall, „und deine Angst vor dem bösen Schiffer ging schnell vorüber und ward reichlich belohnt, weil du einem armen Geschöpfe Hülfe geleistet."

„Aber", sagte der Schulmeister, „ich dächte, Trilltrall, du erzähltest weiter; noch immer wissen wir nicht, was für ein wildes Tier es war, welches das schöne Lied an die Nachtigall sang, das dich so sehr erfreute." Da fuhr Trilltrall fort:

„Ich war von dem schönen Lied und der Nachtigall und dem Widerhall so erfreut, daß, als sie aufhörten, ich mich aufrichtete und auf den Baum losging, um den Sänger zu bitten, er möge wieder anheben; aber kaum machte ich einiges Geräusch, so fing es auch gleich an, wieder wie ein Hund zu bellen, und warf noch dazu mit abgebrochenen dicken Zweigen nach mir, davon mich einer so derb auf die Nase schlug, daß ich laut zu schreien anfing: ›Ach Gott! ach Gott! meine Nase!‹ und auf dieses mein Geschrei war das Wesen wie der Blitz vom Baum herunter, und ich konnte so geschwinde nicht entlaufen, daß es mich nicht mit beiden Armen umfaßte und ausrief: ›Ach! ich bitte tausendmal um Verzeihung, ich habe es nicht gern getan!‹ und dabei tappte es mir mit so harten knöchernen Fingern, an welchen lange krumme Nägel waren, an der Nase herum, daß es mich nicht weniger schmerzte als der niederfallende Zweig. ›Wer bist du denn?‹ fragte ich, ›daß du so ganz voller Haare bist und bald wie ein Vogel pfeifst, bald wie ein Hund bellst, auf den Bäumen herumkletterst wie eine wilde Katze, auf allen Vieren zum Bächlein trinken gehst und dann wieder so schöne Lieder singst? Bist du denn ein ordentlicher Christenmensch und kein wildes Tier?‹ – ›Ich bin‹, erwiderte er mir, ›der Holzapfelklausner, und lebe seit achtzig Jahren hier allein im Wald und bin ein Vogelsprachforscher und habe hier eine hohe Schule der Vogelsprache, welche mein eigentliches Hauptfach ist; und beschäftige ich mich nebenbei mit der Sprache der wilden Schweine und Katzen und habe hier in der Einsamkeit alle Sitten und Gebräuche der wilden Tiere angenommen, um mich in ihrer Gesellschaft als ein Mann von Anstand und Erziehung aufführen zu können; da nun, seit ich hier lebe, kein Mensch sich hier hat sehen lassen, so habe ich, da du auf dem Baume herumkrochst, geglaubt, du wärest eine wilde Katze, welche mir meine Studenten, die Vögel, wegfressen wollte, und drum bellte ich wie ein Hund, um dich zu verjagen.‹ Nun sagte ich ihm, wer ich sei, und daß ich Trilltrall heiße, und daß Trilltrall mein Beruf sei, und daß ich ebendeswegen mich in den wilden Wald begeben hätte, um die Vogelsprache zu erlernen. ›Brav‹, sagte er, ›sehr brav, da bist du nun gerade an den rechten Mann gekommen, und ich freue mich auch recht sehr, daß ich einen Menschen gefunden, welchem ich meine große Gelehrsamkeit überlassen kann; denn ich bin schon sehr alt und werde nicht lange mehr leben. Du kannst dann nach meinem Tode die Schule hier fortsetzen und besonders darauf wachen, daß die Vögel hier reines Vogeldeutsch reden und keine französischen Wörter einmischen.‹ Mir war das alles sehr angenehm; der Morgen kam heran, und ich besah mir nun den Klausner bei Tage. Da wunderte ich mich nicht, daß ich ihn für ein wildes Tier gehalten, denn er sah aus wie ein uralter Affe und war ganz von seinen weißen Haupt- und Barthaaren bedeckt. Da er mit den Vögeln ein schönes Morgenlied gesungen, sagte er ihnen Lebewohl. ›Sie haben jetzt Ferien‹, sprach er zu mir, ›weil sie Nester bauen, Eier legen und Junge ausbrüten müssen, da kann ich dich einstweilen im ABC unterrichten.‹

So lebte ich denn eine Zeitlang mit dem Klausner ruhig und lernte fleißig. Vieles Essen und Trinken hinderte uns nicht, wir aßen nichts als Wurzeln und Kräuter, besonders aber Vogelfutter: Mücken, Spinnen, Käferchen, Ameiseneier, Wachholderbeeren usf., und ich mußte besonders immer das Lieblingsfutter des Vogels essen, dessen Mundart und Sprache ich gerade lernte, wie mir denn die Wiedehopfsprache am allerschwersten fiel, weil sie sehr schmutzige Küche halten. Wir waren bis zu der Krametsvogelsprache gekommen, und ich steckte eben in einem dichten Wachholderbusch und aß Beeren, um mich vorzubereiten, als ich in der Nähe folgendermaßen sprechen hörte: ›Ach! warum bin ich von der Seite meines königlichen Herrn Vaters weg hier in das Gebüsch gegangen!‹ klagte eine gar liebliche Prinzessinnenstimme; ›ach! jetzt bin ich verirrt, und Ihro Majestät, mein Vater, der König Pumpam, wird mich nicht wiederfinden!‹

Da antwortete eine plumpe Stimme: ›Allergehorsamste, untertänigste Prinzessin Pimperlein! Der schwarze Feldprediger, welcher mit der Kuhglocke, als sie Ihnen von Ihrem kohlrabenweißen Hals herabfiel, auf und davon ging, ist nach dieser Seite der unvernünftigen Wildnis entflohen; Sie haben mir befohlen, den Dieb mit Ihnen zu verfolgen; anfangs ging das gut, solange wir den Klang der Glocke hörten, die er trug, aber nun stehen die Ochsen am Berg; ich höre nichts und sehe nichts, ich weiß keinen Weg als den in Küche und Keller und Bett, und hier ist nichts von solchen angenehmen Anlagen zu sehen.‹

Nach diesen Worten kamen sie an mir vorüber, und ich sah die allerschönste Prinzessin von der Welt. Sie hatte ein graues Reisekleid mit Gold gestickt an, das bis an die Knie aufgeschürzt war, und dazu rotsaffianene Stiefel mit goldenen Spornen, und auf dem Kopfe hatte sie einen grünen Hut, auf welchem eine kleine goldene Krone blinkte; mit ihr ging ein untersetzter Mann mit Jacke und Beinkleidern von allen möglichen Farben, einen weißen trichterförmigen Hut und eine Pritsche in der Hand; er sah so närrisch aus, daß man ihn ohne Lachen nicht ansehen konnte. Aber ich kümmerte mich gar nicht um ihn, denn ich konnte gar kein Auge von der allerschönsten Prinzessin Pimperlein wenden.

Als die Prinzessin die vielen blauen Glockenblumen sah, die an diesem Orte der Wildnis wuchsen, rief sie aus: ›Ach! wie viele schöne blaue Glöckchen, welche artige Pimperlein! aber sie geben keinen Klang; sowas habe ich nie gesehen; hier will ich mich hinsetzen und mir einen Kranz flechten. Gehe du, lieber Hanswurst! und sieh dich um, ob du niemand findest, der uns den Weg zu der Landstraße zurück zeigen kann.‹ – ›Prinzessin Pimperlein‹, sagte der närrische Hans, ›wenn hier ein Bär kommt und frißt Sie wie einen Honigfladen auf, so müssen Sie es selbst verantworten, wenn ich Sie verlasse.‹ – ›Gehe und folge meinem Befehl‹, sprach sie, ›und störe mich nicht in meinen Betrachtungen.‹ Da sagte er: ›Ich bin kein Stör, ich bin der Reisemarschall, und wollte gerne der Pimperlein Befehlen folgen; aber ich weiß nicht, wo sie hingegangen sind, sie mögen sich auch verirrt haben wie wir.‹ Da sagte Pimperlein: ›Gehe dort nach jenen alten Eichen, ich sehe Fußstapfen im Sand, die dahin führen, und suche dort einen Wegweiser.‹ Da sagte der Narr: ›Wenn Sie sich so auf Schuhschlappen verstehen, Prinzessin, so ist uns geholfen.‹ – ›Wieso?‹ sagte Pimperlein, und er antwortete: ›Wir wollen dann hier wohnen bleiben und Schuhflickerei treiben und den wilden Tieren die Schuhe flicken. Das nährt seinen Mann, denn wenn ich auf meine fünf Zehen trauen darf, sind dies hier Bärenpfoten und keine Menschentritte.‹ Nun ward Prinzessin Pimperlein ungeduldig und befahl ihm, kein Wort mehr zu sprechen und hinzugehen, wie sie befohlen. Da wusch sich der Narr seine Hände im Bach, machte eine tiefe Verbeugung und ging den Fußtritten nach. Die Prinzessin aber machte sich einen Kranz von Glockenblumen und sang dazu:

Silberglöckchen klingen schön,
Wenn sie spielen in dem Wind:
Pim pim Pimperlein;
Aber schöner anzusehn
Doch die Glockenblümchen sind,
Läuten sie den Frühling ein.

Rabe fliege immer hin,
Der mein Glöckchen mir geraubt,
Pim pim Pimperlein;
Glockenblümchen sollen blühn
Künftig um mein blondes Haupt,
Friede läuten sie mir ein.

Eh das Glöckchen ich verlor,
Tönt' es, wo ich stand und ging:
Pim pim Pimperlein;
Und jetzt hört kein menschlich Ohr,
Wenn ich durch die Wiese spring,
Glockenblümchen schweigen fein.

Die Prinzessin gehet dort,
Sprach gleich jeder, wenn es klang:
Pim pim Pimperlein;
Jetzt kann ich an stillem Ort
Lauschen auf der Vögel Sang,
Glockenblümchen klingt nicht drein.

Ach! wie war die Welt so kalt,
Als ich immer hören mußt:
Pim pim Pimperlein;
Vöglein singt im stillen Wald,
Herzchen pocht in selger Brust,
Seit die Glockenblümchen mein.

Dies Liedchen sang die liebe Jungfrau mit so süßer Stimme, daß alle Vöglein schwiegen und lauschten, daß der Quell leiser murmelte und horchte, und die blauen Glockenblumen neigten sich freundlich zu ihr, um gebrochen zu werden.

Der närrische Hans aber war mit furchtsamen Schritten bis an eine alte hohle Eiche gegangen, in welcher der Holzapfelklausner ganz zusammengedrückt saß, so daß nur sein weißer Bart wie ein Wasserfall heraushing und seine lange Nase hervorsah, worüber der Hanswurst vor Schrecken mit einem lauten Geschrei sechs Burzelbäume bis zu den Füßen der Prinzessin zurück schlug. ›Ach!‹ rief er aus, ›dort der Eichbaum hat einen Ziegenbock gefressen, der Bart hängt ihm noch aus dem Maule; nun wird er uns beide auch verzehren.‹ Da sah die Prinzessin nach der Eiche und sprach: ›O du furchtsamer Diener! ich sehe an der langen Nase, daß es ein Mensch ist; gehe hin und frage ihn, wer er ist.‹ Da ging der Hans hin und machte einen langen Hals gegen den Klausner und sprach:

Nase groß und Bart nicht klein!
Einen schönen Gruß von Pimperlein
Bringe ich und frag euch beide:
Ob ihr ordentliche Menschenleute.

Da brummte der Klausner mit dunkler Stimme und zog die Worte gewaltig lang:

Ich bin ein alter Waldbrudererere.

Hans lachte und sagte zu Pimperlein, in dem er die Worte auch sehr lang zog:

Er sagt, er sei ein kalter Stallbrudererere.

Da sprach Pimperlein:

Geh hin und frage noch einmal:
Was soll in diesem Felsental
Wohl ein alter Stallbruder machen?
Das ist gesprochen um zu lachen.

Hans ging wieder hin und sprach:

Nase groß und Bart nicht klein!
Der Prinzessin Pimperlein
Ein Stallbruder zum Lachen ist;
Ich soll fragen, wer du bist.

Da brummte der Klausner wieder sehr lang:

Ich bin ein alter Eremitetete.

Da sprach Hans zu Pimperlein:

Er sagt, er sei ein alter Scherenschmiedetete.

Da sprach Pimperlein:

Geh hin und frage noch einmal:
Was soll in diesem Felsental
Wohl tun ein alter Scherenschmied?
Die Krebse bringen ihre Scheren mit.

Hans fragte nun wieder:

Nase groß und Bart nicht klein!
Die Prinzessin Pimperlein
Glaubt nicht an den Scherenschmied,
Sag mir, wer du bist, ich bitt.

Da schnurrte der Klausner wieder:

Ich bin ein alter Einsiedlererere.

Und Hans sagte wieder zu Pimperlein:

Er sagt, er sei ein kalter Leimsiedererere.

Da sprach Pimperlein:

Geh hin und frage noch einmal:
Was soll in diesem Felsental
Ein alter Leimsieder wohl machen?
Das ist gesprochen um zu lachen.

Da fragte Hans wieder, und der Einsiedler sprach:

Ich bin ein alter Anachoretetete.

Da fragte Hans wieder und der Klausner sprach:

Ich bin ein alter Einödererere.

Hans sprach:

Er sagt, er ist ein alter Neuntötererere.

Die Prinzessin ließ fragen, wovon er hier lebe, und der Klausner sprach:

Ich esse Blätter und Gräslein.

Hans sagte:

Er ißt Vetter und Bäslein.

Der Klausner sagte ungeduldig nochmals:

Ich esse Blätter und Gras,
Wurzeln und Kräuter,
Pilze, Schwämme und Beeren,
Käfer, Grillen und Mücken.

Und Hans schnatterte ihm nach:

Er ißt Bretter und Glas,
Schurzfell und Schneider,
Filze, Kämme und Bären,
Schäfer, Brillen und Krücken.

Da ward der Klausner und ich und die Prinzessin Pimperlein zugleich sehr unwillig gegen den Hanswurst, der alle Worte verdrehte, und wir traten alle zugleich hervor: der Klausner aus der hohlen Eiche, ich aus dem Wachholderbusch, und Pimperlein von ihren Glockenblumen, um ihn auszuprügeln; aber er sprang wie ein Hase über den Bach und lief in den Wald, und wir selbst waren so übereinander erstaunt, daß wir ihn laufen ließen. Als der Klausner der Prinzessin nun erzählt hatte, daß er Doktor der Vogelsprache und ich sein Student sei, faßte sie einen guten Mut und sprach: ›Ich bin die Prinzessin Pimperlein und zog mit meinem Vater Pumpam, dem König von Glockotonia, hier durch den Wald; wir waren ausgereist, um den großen goldenen Glockenschwengel zu suchen, der neulich bei einem großen Wettgeläute aus der Hofglocke losriß und über die Stadt hinaus in die weite Welt flog. Ich war mit dem Hanswurst hinter dem Zug des Königs etwas zurückgeblieben, da stieß ich mit meiner Krone gegen einen Zweig und riß mir die kleine goldene Klingel von der Krone, welche immer die Kronprinzessin von Glockotonia tragen muß und darum Pimperlein heißt; das Glöckchen blieb am Baume hängen, und während wir es mit Steinen herabwerfen wollten, kam ein Rabe geflogen und trug das Glöckchen im Schnabel weg. Da wir es immer klingeln hörten, sind wir dem Klang nachgezogen bis hierher, wo der Ton auf einmal verschwand. Nun habe ich mich von meinem Vater Pumpam verirrt, und weiß nicht, wo hinaus in diesem wilden Wald. Kannst du wohl, lieber Einsiedler! da du die Vogelsprache verstehst, von den Vögeln erfragen, ob sie den Raben nicht mit meinem Silberglöckchen gesehen haben, und ob sie den Weg wohl wissen, wo mein Vater hingezogen?‹ – ›Ich will sie gleich zusammenrufen, teuerste Prinzessin!‹ sagte der Einsiedler, und winkte mir, ihm zu helfen; da stiegen wir auf zwei Bäume und fingen an mit allen Vogelstimmen zu locken, und da kamen die Vögel heran von allen Seiten, worüber Pimperlein sich sehr freute; der Einsiedler fragte nun die Vögel, ob sie den Raben nicht gesehen hätten mit dem Glöckchen, und wo der König hingezogen sei. Da wußten die Vögel alle nichts, außer ein Rabe, der erzählte: sein Kamerad, der andere Rabe, sei mit dem Glöckchen auf das Schloß des Nachtwächterkönigs Knarratschki geflogen, das auf einem hohen Felsen im Meere liege, und auf dem sich auch der goldene Glockenschwengel befinde, der bei dem Geläute zu Glockotonia aus der Glocke gerissen und dort hingeflogen sei. Der König Pumpam sei auch dahin unterwegs, und wenn ihm die Prinzessin Pimperlein folgen wolle, so sei er bereit, ihr den Weg zu zeigen.

Der Einsiedler machte der Pimperlein diese guten Nachrichten bekannt, worüber sie sehr erfreut war und sich gleich entschloß, dem Raben zu folgen. Sie rief darum den Hanswurst, sich fertigzuhalten; der kam nun mit großem Geklapper aus den Büschen gelaufen; denn er hatte sich alle Taschen mit Haselnüssen gefüllt, und seine Finger und sein Mund waren schwarz von Heidelbeeren, die er gegessen. Die Prinzessin Pimperlein dankte dem Einsiedler, der ihr eine frische Honigwabe auf die Reise mitgab, sehr; ich gab ihr noch eine Menge der schönsten Glockenblumen mit, die ich mitsamt der Wurzel und Erde dem Hanswurst in seinen trichterförmigen Hut pflanzte, worüber sie sich sehr freute; sie schenkte darauf dem Einsiedler eine goldene Schnupftabaksdose, worauf ihr Portrait mit Brillanten besetzt war, und mir schenkte sie einen brillantenen Ring mit ihrem Namenszug von ihren Haaren. Wir küßten ihr beide mit Tränen den Saum ihres Rocks, da schrie der Rabe: ›Marsch! marsch! es ist Zeit, wir haben gar weit.‹ Sie reichte uns die Hände, und wir weinten bitterlich, da sie fortging.

Ich aber lief noch ein gutes Stück Wegs mit und bog ihr die verwachsenen Zweige auseinander, daß sie bequemer gehen sollte. Ich hatte mich schon sehr weit von unserer Heimat entfernt, als auf einmal eine Schnepfe geflogen kam und mir sagte: ich sollte geschwind zurückkommen, der Klausner sei nicht gar wohl; da empfahl ich mich der Pimperlein nochmals untertänigst und wünschte Glück auf die Reise; sie erlaubte mir, ihr die Hand zu küssen, und lud mich ein, sie einmal in Glockotonia zu besuchen, worauf wir uns trennten.

Ich weinte bis nach Haus, so lieb hatte ich die freundliche Pimperlein gewonnen. Da ich bei dem Klausner ankam, fand ich ihn mit Hacke und Spaten beschäftigt, eine Grube zu machen. Er rief mir zu: ›Hilf, Trilltrall! hilf!‹ und gab mir den Spaten; ich gehorchte ihm stillschweigend, denn wir sprachen selten mit einander; aber dann und wann unter dem Graben sah ich traurig fragend nach ihm, da legte er den Finger auf den Mund und winkte mir, auf die Stimmen der Vögel achtzugeben. Da schrie ein Käuzlein sehr betrübt einige Mal auf der hohlen Eiche, das schauerte dem Klausner durch Mark und Bein und ging mir wie ein Messer durchs Herz. Die Vöglein auf den Bäumen wurden ganz still und verkrochen sich und drückten sich ängstlich zusammen und flüsterten sich einander in die Ohren. Da streckte auf einmal der Specht den Kopf aus seinem Nest hervor und fragte:

Sagt mir, was der Kauz so schreit?

Da guckte die Turteltaube aus dem Nest und sprach:

Kauz schreit: Klausner, es ist Zeit!

Und nun schrie der Dompfaff:

Kauz schreit: Grab dein Grab bereit.

Worauf der dicke Bülow rief:

Kauz schreit: Fünf Schuh lang, drei breit.

Da rief die Amsel gar neugierig:

Eine Grube? Ei, wozu?

Da sprach ein Starmatz sehr ernsthaft:

Ei nun, zu der ewigen Ruh.

Nun fragte eine Schwalbe sehr betrübt:

Wer drückt ihm die Augen zu?

Da antwortete eine Lerche:

Liebe Freundin! ich und du.

Die Nachtigall aber sagte:

Nein, ihr Freunde, ich es tu;
Schwalb und Lerche soll ihn wecken
Zu dem ewgen Himmelslicht,
Ich muß ihm die Augen decken,
Wenn sein Herz im Tode bricht.

Wir haben manche fromme Nacht
Mit Gottes Lob vereint durchwacht,

Drum drücke zu der ewgen Ruh
Ich ihm die lieben Augen zu.

O Klausner! lieber Klausner mein!
Grab deine Grube nicht zu klein,
Laß Platz für die Frau Nachtigall
Und ihres Leidenliedes Schall.

Da der Klausner und ich diese rührenden Worte der lieben Nachtigall hörten, flossen uns die Tränen stromweis herab; das Grab war fertig, der Einsiedler stieg hinein, und ich sprang ihm nach und drückte ihn heftig an mein Herz. ›Ach!‹ rief ich aus, ›lieber Herr und Meister! ich lasse dich nicht, ich halte dich fest in meinen Armen! nein, nein, du mußt bei mir bleiben.‹ Der Klausner aber drückte mich von sich und sprach:

Troll, Trilltrall! aus dem Grabe
Dich, nimm mir nicht den Raum,
Den ich drin nötig habe
Für mich und meinen Traum.
Ich sehne mich nach Stille,
Der grelle Vogelschrei,
Das grause Tiritille,
Das bunte Dudeldei
Macht mir so angst und bange,
Macht mir den Kopf ganz dumm,
Ich hört es gar zu lange;
Geh raus, ich bitt dich drum.

Da stieg ich aus dem Grabe heraus und sprach:

Ach, lieber Meister! saget,
Warum auf einmal so?
Ihr seid gar hochbetaget,
Doch wart Ihr frisch und froh.

Da sprach er sehr ernsthaft zu mir und mit einem Eifer, den ich nie an ihm früher bemerkt hatte, woraus ich sah, daß er ein starkes Fieber hatte:

Ich schnupfte aus der Dose
Der guten Pimperlein,
Da ward mir sehr kuriose
In dem Gehirne mein.

Da sagte ich zu dem guten Klausner:

Ach, Meister hocherfahren!
Du hast dich nicht geschont,
Du bist seit langen Jahren
Das Schnupfen nicht gewohnt.

Der Klausner antwortete mir hierauf strafend:

So spricht allein der Schwache,
Allein der Feige gern
Und hält von ernster Sache
Sich so entschuldgend fern.

Manch Kind will sich nicht waschen
Und nennt das Wasser kalt,
Doch giebts etwas zu naschen,
Da kömmt ein jedes bald.

Arznei wills Kind nicht nehmen,
Schiebt immer auf die Stund
Und steckt doch ohne Schämen
Den Zucker in den Mund.

Doch endlich bringt die Stunde
Den sauern Apfel heiß,
Ist auch kein Zahn im Munde,
So heißt es doch: Nun beiß!

Mein Stündlein ist gekommen
Mit Prinzeß Pimperlein,
Tabak hab ich genommen,
Der ging durch Mark und Bein.

Ich mußt gleich einem Riesen
Mit prasselnder Gewalt
So ganz entsetzlich niesen:
Der Fels kriegt einen Spalt.

Das Echo brach in Stücke,
Der wilde Wasserfall
Fuhr in sich selbst zurücke
Von meiner Nase Schall.

Es fuhren in die Wurzeln
Die Eichen tiefer ein,
Und aus den Lüften purzeln
Sah ich die Vögelein.

Da fing ich an zu hören,
Da fing ich an zu sehn,
Daß wir gar vieles lehren
Und wenig doch verstehn.

Die ganze Vogelsprache
Nebst der Grammatika
In meinem Tränenbache
Ich da ersaufen sah.

Wie Butter an der Sonnen
In lauter Ach und Weh
Ist mir allda zerronnen,
Das Vogel-ABC.

Am Himmel sah ich brennen
Buchstaben lichterloh,
Da konnt ich wohl erkennen
Ein großes A und O.

Und nun will ich mich strecken,
Wie mancher andre lag,

Kein Vogel wird mich wecken
Bis an den Jüngsten Tag.

Da legte sich der Einsiedler der Länge lang in das Grab; der Abend war herangekommen; die Vöglein sammelten sich rings in den Bäumen; aber sie zwitscherten nicht wie gewöhnlich fröhlich durcheinander, sie waren ganz still und guckten traurig auf den Klausner herab in das Grab. Da fing er nach seiner Gewohnheit an, das Abendlied zu singen: ›Nun ruhen alle Wälder‹ – und die Vöglein sangen alle gar lieblich mit, worüber er einzuschlafen schien. Ich kniete neben ihm und weinte, und als die Vögel alle verstummt waren, kam die Nachtigall auf die Brust des Klausners geflogen; sie rupfte sich mit dem Schnabel ein Flaumfederchen aus und legte es ihm auf den Mund, und weil das Federchen sich gar nicht bewegte, hörte ich sie sagen: ›Ach! er atmet nicht mehr, das Federchen regt sich nicht von seinem Atem; ach! der gute Klausner ist tot!‹ Da flog sie auf einen Zweig gerade über das Grab des Klausners und fing so traurig an zu singen und immer heftiger und kläglicher, bis ihr nach einem tiefen Seufzer ihr treues Herzchen zersprang und sie zu dem Klausner tot herunter in das Grab fiel.

Am andern Morgen streuten die Vöglein Kräuter und Blumen auf ihn, und ich bedeckte ihn mit Erde; aber seinen langen weißen Bart ließ ich aus der Erde heraushängen, denn der Wind bat mich gar sehr darum, weil seine Kinder, die kleinen Sommerlüftchen, gar gern mit diesem Bart spielten; auch wollte sich die Grasmücke ein Nestchen hineinbauen. Als ich alles dieses verrichtet hatte, fiel mir ein, daß der Tag herangekommen sei, daß ich mich bei dir, liebster Vater! mit den Brüdern wieder einfinden sollte. So nahm ich, was mir der Klausner zurückgelassen hatte: die Dose mit dem Bild der Prinzessin Pimperlein; nahm von den Vögeln freundlichen Abschied und bat sie, mich aufzusuchen, wenn es was Neues gäbe.

Als ich nun hierher kam, saß der Vogel Bülow, auch Pfingstdrossel genannt, auf dem Baum und hat mir eine Nachricht gebracht, die mich so sehr betrübt als erfreut. Der Rabe, der die gute Prinzessin Pimperlein und den Hanswurst zu dem Nachtwächterkönig Knarratschki führen wollte, wo ihr Glöckchen und ihr Vater sein sollte, war ein Betrüger. Der König Pumpam war nicht dort, der böse Knarratschki kam über den See geflogen und trug die Pimperlein auf seinen hohen Felsen, wo sie den ganzen Tag sitzen muß und dem Knarratschki, der seinen Kopf in ihren Schoß legt, eins singen muß, bis er einschläft; denn er schläft bei Tag, weil er nachts die Nachtwächter regieren muß. Der Hanswurst aber muß den ganzen Tag am See stehen und mit seiner Pritsche hineinschlagen, damit die Frösche nicht schreien und den Knarratschki nicht aufwecken. Der Knarratschki will dem König Pumpam auch die Prinzessin Pimperlein nicht wiedergeben, weil ihm der goldne Glockenschwengel, der aus der Glocke zu Glockotonia losriß und bis auf diesen Felsen flog, seine Gemahlin, die Königin Schnarrassel, totgeschlagen. Nun hat aber der König Pumpam in aller Welt bekannt machen lassen, wer ihm seine Tochter Pimperlein freimache, der solle sie zur Gemahlin und sein halbes Königreich dazu haben, und das ist es, was der Vogel Bülow erzählt, und warum ich so fröhlich ausrief: ›Es ist richtig! es ist alles richtig!‹ denn ich denke, wir wollen nicht lange zögern, sondern uns gleich alle miteinander aufmachen und die Prinzessin und das halbe Königreich gewinnen. Seht nur einmal hier das Bild der Pimperlein auf der Dose." Da zeigte er allen die Dose herum, und sie waren alle erfreut über die Schönheit und Freundlichkeit der Prinzessin; aber keiner wollte aus der Dose schnupfen, weil es dem Klausner so schlecht bekommen war.

Alle Brüder und der Vater Klopfstock waren es zufrieden, sogleich sich auf die Reise zu machen. Der Schulmeister zog seinen schwarzen Rock an und nahm sein spanisches Rohr in die Hand und schloß die Türe zu, und so gingen sie fort. Trilltrall führte sie, Gripsgraps sagte: „Ich will sie dem Knarratschki schon wegholen, und den Felsen sollt ihr mich mit meinen zwei Dolchen hinauflaufen sehen, besser als eine Katze." Pitschpatsch sagte: „Über die See soll euch mein Schifflein führen geschwind wie der Wind." Piffpaff sagte: „Ich will dem Knarratschki eins auf die Pelzmütze schießen, daß er sein Lebtag daran denken soll." Pinkepank sagte: „Und ich will euch mit meinem Kraut bei der Hand sein, wenn einem ein Unglück geschieht." Klopfstock aber war ganz gewaltig froh und erzählte weitläufig, wie er gleich Geheimer Ober-Hof- und Landschulmeister werden wollte, wenn sie nur erst das Königreich hätten.

Unter diesen Reden kamen sie nach mehreren Tagereisen an den See. Da suchte Pitschpatsch sein künstliches Binsenschiff, das ihm der Meermann Korali geschenkt, und fand es noch gar schön in dem Schilf versteckt und alle die Perlen und Muscheln drin. „Die wollen wir der Prinzessin zur Hochzeit schenken", sagte er; „munter! munter! eingestiegen!" Da stiegen sie ein, er ruderte, und mit jedem Ruderschlag flog das Schiff eine Meile weiter in den See.

Bald kamen sie an einen hohen steilen Felsen mitten in der See, an dessen Fuß der arme Hanswurst immer ins Wasser schlug, daß die Frösche nicht schreien sollten, weil Knarratschki oben schlief. Der arme Schelm hatte keine andere Wohnung als ein altes zerlöchertes Nachtwächterhorn, das Knarratschki an den Felsen gehängt hatte, und aus welchem er wie eine Schnecke herausguckte. Als er den Trilltrall erblickte, machte er tausend Freudenbezeigungen und winkte immer mit dem Finger auf dem Mund, man solle sich still halten.

Nun fuhren sie dicht mit dem Schifflein an den Fuß des Felsen, der wie eine hohe Mauer steil vor ihnen in die Höhe stieg. Da machte sich Gripsgraps fertig, den Felsen hinaufzuklettern; er schürzte sich die Ärmel auf, nahm in jede Hand einen Dolch, und alle Brüder waren sehr neugierig, zu sehen, wie er hinaufkommen würde. Das machte er aber mit wunderbarer Geschicklichkeit also: er stieß den Dolch in der rechten Hand in eine Felsspalte und hob sich an ihm in die Höhe, dann stieß er den zweiten Dolch in der Linken etwas höher in den Fels und hob sich an diesem etwas höher, dann zog er den ersten Dolch mit der rechten Hand aus dem Felsen und stieß ihn wieder etwas höher in eine Steinritze und hob sich wieder höher hinan, worauf er den zweiten Dolch wieder höher steckte und so fortfuhr, bis er hinaufkam. Als seine Brüder und sein Vater ihn so schweben sahen, waren sie sehr besorgt um ihn und knieten in das Schifflein und beteten: Gott möge ihm glücklich hinaufhelfen.

Da er in der Mitte des Felsens an dem Dolch der linken Hand schwebend hing und eben den andern Dolch mit der Rechten höher einschlagen wollte, kam er in große Gefahr. Er stach nämlich in ein Adlernest, das in einer Felsenritze war, und zwei große Adler stürzten heraus und hackten und bissen auf ihn, so daß er vor Schrecken den Dolch aus der rechten Hand herab in das Meer fallen ließ. Ach! in welcher Not war da Gripsgraps: mit der linken Hand an dem Dolche festgehalten, schwebte er über der entsetzlichen Meerestiefe, mit der Rechten mußte er sich gegen den grimmigen Adler wehren und konnte nicht rückwärts und nicht vorwärts. Als die Brüder dieses sahen, stürzte sich Pitschpatsch gleich auf den Grund des Meeres, um den herabgefallenen Dolch wiederzuholen, und Piffpaff legte gleich einen Pfeil auf seine Armbrust und schoß den einen Adler herunter, daß er halb tot in das Schifflein fiel. Da ging Trilltrall zu ihm, und der Adler sagte ihm in der Adlersprache: „Ich habe wohl den Tod verdient, denn ich habe das Glöckchen der Prinzessin Pimperlein gestohlen; meine Frau, die zu Besuch ausgeflogen ist, hat es anhängen; sie will immer etwas vor andern Adlersfrauen voraushaben an Putzwerk und Geschmeide und hat mich zu dem Diebstahl beredet. Der Rabe, der droben noch nach dem Manne hackt, ist mein Knecht, welcher die Prinzessin Pimperlein bei dem Klausner belogen und sie in die Gefangenschaft des Riesen Knarratschki gebracht hat.“ So sprach er und starb.

Nun kam Pitschpatsch aus dem Meer heraus und brachte den Dolch wieder, den legte Piffpaff auf seine Armbrust und schoß ihn so geschickt gegen den Raben, der immer noch auf den armen schwebenden Gripsgraps loshackte, daß er diesen Verräter durchbohrte und an den Fels festnagelte. Nun hatte Gripsgraps den Dolch wieder und setzte seinen halsbrechenden Weg glücklich fort bis hinauf. Pinkepank aber drückte dem toten Adler ein wenig von seinem Kräutlein Stchauf in die Wunde, und er ward wieder lebendig; worauf Trilltrall zu dem Adler sagte: „Sieh, durch unsere Kunst warst du getötet, durch unsere Kunst bist du wieder lebendig. Wenn du mir versprichst, sogleich deine Frau hierherzubringen, daß sie uns das Glöckchen der Prinzessin Pimperlein bringt, so wollen wir dir das Leben und die Freiheit schenken.“ Das versprach der Adler und schwur bei seinen Schwungfedern. Da sagte Trilltrall: „Schwöre höher!“ Da sprach der Adler: „Ich schwöre bei meinen Klauen.“ Da sagte Trilltrall: „Schwöre höher.“ Da sprach der Adler: „Ich schwöre bei meinem Schnabel.“ – „Noch höher schwöre“, sagte Trilltrall. „Ei! du verstehst es“, sprach der Adler; „ich schwöre bei dem doppelten Adler des heiligen, deutschen, römischen Reichs, bei dem doppelten Hals, bei den zwei Köpfen, bei den zwei Kronen, bei Zepter, Schwert und Reichsapfel.“ – „Gut!“ sagte Trilltrall, „aber schwöre noch höher.“ Der Adler aber guckte ihn an, lachte und sprach: „Höher geht es nicht, das weißt du wohl.“ – „Ja, ich weiß es“, erwiderte Trilltrall, „halte deinen Schwur!“ und da ließ er ihn fliegen.

Bald kehrte der Adler mit dem Glöckchen im Schnabel zurück, aber seine Frau war nicht bei ihm, und er sagte zu Trilltrall, sie schäme sich zu kommen, weil er ihr ihre große Eitelkeit verwiesen habe. Da schenkte ihm Pitschpatsch einige Muscheln für sie zum Halsschmuck, wofür er sehr dankte und davon flog. Als Gripsgraps auf den Felsen hinaufkam, sah er nichts als ein großes Nachtwächterhäuschen darauf, aus welchem er die Prinzessin Pimperlein folgendes Lied singen hörte, wozu der Riese Knarratschki schrecklich schnarchte:

Schnarch! Knarrasper, schnarche!
Schnarrassel schnarcht im Sarge;
Der Glockenschwengel schlug sie tot.
Der grobe Riese mir gebot,

Zu singen ihm bei trocknem Brot,
Vom Morgen- bis zum Abendrot.
O! weite See, schick mir ein Boot,
Das mich erlöst aus meiner Not.

Schnarch! Knarrasper, schnarche!
Schnarrassel schnarcht im Sarge.
Auf meinem Knie sein breiter Kopf,
Mein Arm gebunden an seinen Zopf,
Vor meinen Augen sein kahler Schopf,
Sein schnarchend Maul ein schwarzer Topf,
Sein roter Bart, sein dicker Kropf,
O, dazu sing ich armer Tropf!

Schnarch! Knarrasper, schnarche!
Schnarrassel schnarcht im Sarge.
Am Abend geht mein Elend los,
Er hebt den Kopf aus meinem Schoß
Und gibt mir manchen Rippenstoß;
In Eselsmilch muß einen Kloß
Ich kochen von isländschem Moos
So wie ein Schmiedeamboß groß.

Schnarch! Knarrasper, schnarche!
Schnarrassel schnarcht im Sarge.
Und hat er diesen Kloß im Schlund,
Brummt er: Das ist der Brust gesund;
Und setzt das Tuthorn an den Mund,
Ut, ut, bläst er, da heult sein Hund,
Da bebt der Fels bis auf den Grund,
Und also gehts von Stund zu Stund.

Schnarch! Knarrasper, schnarche!
Schnarrassel schnarcht im Sarge.
Er singt und ist recht drauf vernarrt,
Scharf wie ohn Schmalz ein Karrnrad knarrt,
Hart rasselnd mit der Hellepart

Er rappelnd übers Pflaster scharrt,
Rapp, rapp, die Klapperratsche schnarrt.
Daß mir das Blut in Adern starrt.

Schnarch! Knarrasper, schnarche!
Schnarrassel schnarcht im Sarge.
Zu seinem Horn und Rasselschall
Hör lärmen ich auch Knall und Fall
Auf Erden die Nachtwächter all,
Auf Straß und Mauer, Turm und Wall;
Denn, ach! hier in dem Widerhall
Ist dieses Volks Regierungsstall.

Schnarch! Knarrasper, schnarche!
Schnarrassel schnarcht im Sarge.
O! Sternennacht so still vertraut,
Wo Mondlicht in die Blümlein taut,
Wo Schlaf ein buntes Schloß mir baut,
Wo Traum mir durch das Fenster schaut,
Bunt wie der Bräutigam zur Braut,
Wie bist du hier so wild und laut!

Schnarch! Knarrasper, schnarche!
Schnarrassel schnarcht im Sarge.
Ohn Flötenspiel, ohn Harfenklang,
Ohn Glock und Klingel ting tang tang
Muß singen ich den Schlafgesang
Dem Mann, vor dem mir angst und bang,
Und Sonn und Mond gehn ihren Gang.
Ach Gott! wie wird die Zeit mir lang!

Schnarch! Knarrasper, schnarche!
Schnarrassel schnarcht im Sarge.
Pumpam, mein Vater, wohnet weit,
Das Meer ist tausend Meilen breit
Und bitter wie mein Herzeleid,
Und noch viel bittrer ist die Zeit.

Ach! ist kein Ritter denn bereit,
Der mich erlöst aus Einsamkeit!

Während diesem Gesang war Gripsgraps rings um die Hütte herumgegangen und hatte einige große Brummfliegen und ein paar Heuschrecken und Grillen und Hummeln gefangen; dann machte er die Hüttentüre leise, leise auf und flüsterte der armen Pimperlein, die vor Freuden zitterte, ganz sachte ins Ohr: „Sing immer fort und laß mich nur ruhig machen." Nun betrachtete er den abscheulichen Knarrasper erst recht; er sah dick, groß, breit, zottig und verdrießlich aus, wie ein alter Bär; er hatte ein paar kahle große Fledermausflügel an den Schultern, und hinten an seinem Kopf einen dicken langen Zopf, den er um den Arm der Pimperlein gebunden hatte, daß sie ihm nicht fortlaufen sollte. Seinen Kopf legte er auf ihren Schoß und schnarchte und blies mit der Nase, daß der Staub und Sand von der Erde in die Höhe flog. An der Wand hing sein Nachtwächterhorn, so groß, daß ein Mann drin schlafen konnte; daneben hing seine Nachtwächterratsche, so groß wie eine Stubentüre, und in der Ecke stand seine Helleparte.

Das Horn verstopfte ihm Gripsgraps, die Ratsche zerbrach ihm Gripsgraps, die Helleparte versteckte ihm Gripsgraps, damit er keinen Lärm machen konnte, wenn er erwachte. Der Knarrasper hatte ein paar dicke Haarlocken über den Ohren, da steckte ihm Gripsgraps die Brummfliegen, Heuschrecken, Grillen und Hummeln hinein und machte die Locken hinten und vornen zu.

Wenn sie nun drin schnurrten und grillten, glaubte er, Pimperlein singe immer fort. Aber Pimperlein schwieg nun still. Gripsgraps band den Zopf von ihrem Arm und knüpfte ihn an den goldenen Glockenschwengel, der hinter ihr an der Wand lehnte. Nun holte Gripsgraps einen alten rußigen kupfernen Kessel, in welchem Pimperlein dem Knarrasper immer abends den Kloß kochen mußte, und Pimperlein mußte leise, leise aufstehen, und Gripsgraps schob dem Knarrasper den rußigen Kessel unter den Kopf, so daß er ruhig fortschnarchte, als liege er noch auf Pimperleins Schoß. Nun nahm Gripsgraps die Prinzessin Pimperlein und setzte sich mit ihr in den Kübel, mit welchem dem Hanswurst sein Essen vom Felsen herabgelassen wurde, und ließ sich schnell mit ihr hinab in das Schifflein.

Ach! wie waren der Schulmeister und die Brüder froh, denen schon der Hals vor lauter Hinaufsehen wehtat, als sie den Gripsgraps mit der Pimperlein ankommen sahen. Der Hanswurst sprang mit gleichen Füßen aus seinem Horn in das Schiffchen, Gripsgraps und Pimperlein stiegen auch hinein, alle Brüder küßten ihr die Hände, außer Pitschpatsch, der schlug mit seinem Ruder so kräftig ins Wasser, daß das Schifflein wie ein Pfeil von dem Felsen wegflog.

Aber sie waren nicht lange gefahren, als sie in eine große Not kamen. Knarrasper hatte nicht lange geschlafen, nachdem Gripsgraps mit der Pimperlein fort war. Die Tierchen, welche ihm Gripsgraps in die Locken gesteckt, waren herausgekrochen, die Fliegen, Grillen und Heuschrecken auch, und waren zur Türe hinausgeflogen oder gehüpft; die Hummel aber hatte sich auf seine rote Nase gesetzt. Wic sic nun nicht mehr vor seinen Ohren brummten und sangen, glaubte er, Pimperlein singe nicht mehr, und sprach halb im Schlaf: „Pimperlein! Pimperlein! singe los, oder ich gebe dir einen Rippenstoß."

Da aber immer kein Pimperlein sang und ihn die Hummel recht tüchtig in die Nase stach, weil sie sich ärgerte, daß er so pustete, ward er zornig und wollte mit geballter Faust auf Pimperlein schlagen; aber er schlug so heftig auf den rußigen kupfernen Kessel, daß er ein entsetzliches Auweh! ausstieß. Der Kessel brummte wie eine große Glocke, und er wollte im höchsten Zorn aufspringen; aber sein Zopf war an den großen Glockenschwengel gebunden, und er riß sich abscheulich an den Haaren. Er machte sich mit Mühe los, er rannte auf dem ganzen Felsen herum: da war kein Pimperlein hinten, kein Pimperlein vornen. Aber auf der weiten See drauß sah er das Schifflein schwimmen. „Ha! ha!" sagte er, „kommst du mir so, so komm ich dir so", und griff nach seiner Helleparte; aber er konnte sie nicht finden. Da sprach er:

Auf einen rußigen Kessel gelegt,
Das ist ein schöner Spaß!
An den Glockenschwengel gebunden,
Das ist ein schöner Spaß!
Die Helleparte gestohlen,
Das ist ein schöner Spaß!

Da wollte er seine Ratsche nehmen, die war zerbrochen;

Die Ratsche zerbrochen,
Das ist ein schöner Spaß!

Nun wollte er in sein Horn stoßen und alle Nachtwächter zusammenrufen, aber es war ganz verstopft, und er blies sich fast die Backen entzwei. Da schrie er:

„Dem Nachtwächterkönig das Horn verstopft,
Das ist ein garstiger Spaß!

Aber warte, Pimperlein! ich will dich mit deinem Räuber treffen. Der Glockenschwengel deines Vaters Pumpam hat mir, als er hierher flog, mein Weib Schnarrassel totgeschlagen; nun soll er ihm seine Tochter Pimperlein und ihren Räuber auch totschlagen.“ – Da nahm er den großen Glockenklöpfel auf die Schulter, spannte seine großen Fledermausflügel aus und flog, flatter, flatter, flatter, über die See hin, dem Schiffchen nach.

„Ach! um Gotteswillen, da kömmt der Knarrasper“, schrie Pimperlein und legte sich glatt in das Schiff nieder, daß er sie nicht sehen sollte. Der Knarrasper aber kam wie eine schwarze Wolke geflogen und sang mit fürchterlicher Stimme:

Hört ihr Herren, und laßt euch sagen,
Der Knarrasper bringt den Klöppel getragen,
Der ihm Schnarrassel sein Weib erschlagen;
Nun geht es der Pimperlein an den Kragen.
Pimperlein bewahre dein Lebenslicht,
Wenn dir der Klöppel den Hals zerbricht.

Ach, da kniete der Schulmeister und die Brüder um Pimperlein und beteten weinend um Hülfe, Pitschpatsch ruderte schnell; aber Piffpaff spannte seinen Bogen und sagte: „Pitschpatsch! halte ein wenig still, daß ich sicher zielen kann.“ Da hielt Pitschpatsch still, da war Knarrasper gerade über dem Schiff, paff schoß Piffpaff los, dem Knarrasper mitten durch das Herz, und patsch fiel er mitsamt dem Glockenklöpfel tot in das Schiff herunter, das er mit seinen ausgebreiteten Fledermausflügeln ganz zudeckte.

Anfangs waren die Brüder alle still vor Angst und Schrecken, weil der Knarrasper über ihnen lag. Zuerst rührte sich der Schulmeister und sprach: „Ach Gott, meine Kinder! lebt ihr noch?“ Da sprach Pitschpatsch: „Ja! aber der Kopf tut mir weh.“ Da sagte Trilltrall: „Meine Hand ist verstaucht.“ Dann sprach Gripsgraps: „Meine Nase blutet.“ Dann sagte Piffpaff: „Mein Ohrläppchen ist geschwollen.“ Dann sprach Pinkepank: „Ich habe ein Loch im Kopf.“ – „Ach!“

schrie der Hanswurst, „ach weh und aber weh und ach! ich bin ein elender Krüppel, ich werde nicht mit dem Leben davonkommen, o weh! o weh! o weh!" – „Ei! was fehlt dir denn?" schrieen sie alle; da fing er an entsetzlich zu lamentieren und sprach: „Ach! meine Pritsche ist mir zerbrochen, und es ist mir ein Knopf von der Jacke gesprungen." – Da fingen sie alle an über ihn in ihrer Herzensangst zu lachen, Trilltrall aber sagte: „Lachet nicht, Pimperlein redet kein Wort, Pimperlein ist gewiß tot; geschwind, geschwind, werft den Knarrasper hinaus, daß wir sie finden können." Da legten sie sich alle auf Hände und Füße und stemmten sich mit dem Rücken gegen den Knarrasper und drückten, upp, schupp, upp, und patsch fiel er über das Schiff hinaus ins Wasser und ging unter.

Aber welches Elend sahen sie da! der große Glockenklöpfel war mitten in das Schiff auf die Prinzessin Pimperlein gefallen und hatte sie mausetot geschlagen. Da jammerten die Brüder und der Vater und der Hanswurst und rissen sich die Haare aus. Pinkepank aber sagte: „Zieht sie nur unter dem schweren Glockenschwengel hervor, ich will schon helfen." Da zogen die Brüder sie hervor, und Pinkepank drückte ihr ein wenig Saft von seinem Kräutlein Stehauf in ihren rosenroten Mund, und sie sprang auf und war frisch und gesund.

Da war Freude an allen Ecken; pitschpatsch, pitschpatsch ging das Ruder, und sie waren bald am Land. Da machte Pitschpatsch sich vier Räder an sein Schiff, und Trilltrall rief sechs Bären aus dem Wald und versprach einem jeden einen großen Pfefferkuchen, wenn sie sich wollten vorspannen lassen und sie alle nach Glockotonia fahren. Sie waren es zufrieden, und die Reise ging geschwind fort.

Ach! wie verwunderten sich die Leute in Glockotonia über die wunderbare Kutsche mit den Bären bespannt. Hanswurst aber lief voraus zum König und erzählte ihm alles; der kam ihnen mit allem seinem Hofstaat entgegen, außer mit den Glöcknern, die hatten zuviel zu tun, denn sie mußten mit allen Glocken läuten, und zu Glockotonia hat jedes Haus eine Glocke, jede Türe eine Schelle, jeder Mensch eine Klingel am Hals und jedes Tier ein Glöckchen. Das war ein entsetzlich lustiges Pimpam, Tingtang, Bimpim, Klingkling. Nur der Hofglöckner ging in Trauer bei dem König, weil der Hofglockenklöpfel verloren war. Aber da er ihn im Schifflein liegen sah, trug er ihn gleich weg und hängte ihn in die große Glocke und fing auch nun an zu läuten: pumpam.

Da umarmte Pumpam die Tochter und den Schulmeister und die Brüder, welche alle bei ihm frühstücken mußten. Worauf er sagte: „Nun muß ich Wort halten, ich habe dem meine Tochter versprochen, der mir sie wiederbringt, und mein halbes Reich; wer soll sie aber haben, da ihr ein Vater und fünf Söhne seid?“ Da sprach Gripsgraps: „Ich habe sie vom Fels geholt.“ – Da sagte Piffpaff: „Ich habe den Knarrasper getötet.“ – Da sagte Pitschpatsch: „Ich habe euch im Schiff hingefahren.“ – Da sagte Pinkepank: „Ich habe sie mit dem Kräutlein Stehauf lebendig gemacht.“ – Da sagte Trilltrall: „Ich habe sie sehr lieb, und habe euch die Nachricht gegeben, wo sie sei.“ – Da sagte Klopfstock: “Ich bin euer aller Vater, mir gebührt sie.“ – „Ja“, sagten die Söhne, „Ihr sollt sie haben.“

„Ich will sie gar nicht, ich wollte euch nur auf die Probe stellen; aber ihr seid gehorsame Kinder“, sprach Klopfstock. „Und nun soll sie selbst sagen, bei wem sie leben will.“ Sie aber wollte es nicht sagen; da sagte der König: „So rede doch und schäme dich nicht.“ Da machte sie ein spitzes Mäulchen und sprach: „Im Wald, bei den Glockenblumen, bei den Vögeln, bei dem Trilltrall will ich wohnen“, und da umarmte sie Trilltrall, und die Brüder waren es alle zufrieden. Da gab ihr Trilltrall auch das Glöckchen wieder, worüber sie sehr froh ward. Pumpam aber nahm ein großes Messer und schnitt sein Königreich in zwei Teile und fragte den Klopfstock: „Rücken oder Schneide?“ Da sagte er: „Schneide.“ Und Pumpam gab ihm die Hälfte, die an der Schneide des Messers lag. Klopfstock teilte das wieder in fünf Teile und gab jedem seiner Söhne ein Stück. Piffpaff legte sich einen Schützenplatz auf seinem Stück Königreich an, Pitschpatsch einen schönen Fischteich, Pinkepank einen botanischen Garten, Gripsgraps baute sich eine Einsiedelei und lebte fromm darin, und Trilltrall legte sich einen Tiergarten und eine Vogelhecke auf seinem Stück Königreich an. Klopfstock aber ward Geheimer Fünffünftelschulmeister, zog im ganzen Land herum und hielt Geheime Fünffünftelschule. Als alles fertig war, ließ Pumpam die ganze Geschichte an die große Glocke hängen und tüchtig läuten, und da habe ich sie auch gehört.

Das Märchen von Gockel und Hinkel

In Deutschland in einem wilden Wald lebte ein altes graues Männchen, und das hieß Gockel. Gockel hatte ein Weib, und das hieß Hinkel. Gockel und Hinkel hatten ein Töchterchen, und das hieß Gackeleia. Ihre Wohnung war in einem alten Schloß, woran nichts auszusetzen war, denn es war nichts drin, aber viel einzusetzen, nämlich Tür und Tor und Fenster. Mit frischer Luft und Sonnenschein und allerlei Wetter war es wohl ausgerüstet, denn das Dach war eingestürzt und die Treppen und Decken und Böden auch. Gras und Kraut wuchs überall, aus allen Winkeln, und Vögel vom Zaunkönig bis zum Storch nisteten in dem wüsten Haus. Es versuchten zwar einigemal auch Geier, Habichte, Weihen, Falken, Eulen, Raben und solche verdächtige Vögel sich da anzusiedeln, aber Gockel schlug es ihnen rund ab, wenn sie ihm gleich allerlei Braten und Fische als Miete bezahlen wollten. Einst aber sprach sein Weib Hinkel: „Mein lieber Gockel, es geht uns sehr knapp, warum willst du die vornehmen Vögel nicht hier wohnen lassen? Wir könnten die Miete doch wohl brauchen; du läßt ja das ganze Schloß von allen möglichen Vögeln bewohnen, welche dir gar nichts dafür bezahlen!" Antwortete Gockel: „O du unvernünftiges Hinkel, vergißt du denn ganz und gar, wer wir sind? Schickt es sich auch wohl für Leute unsrer Herkunft, von der Miete solches Raubgesindels zu leben? Und gesetzt auch, Gott suchte uns mit solchem Elend heim, daß uns die Verzweiflung zu solch unwürdigen Hilfsmitteln triebe, was doch nie geschehen wird, denn eher wollte ich Hungers sterben: womit würden die räuberischen Einwohner uns vor allem die Miete bezahlen? Gewiß würden sie uns alle unsre lieben Gastfreunde erwürgt in die Küche werfen, und zwar auf ihre mörderische Art zerrupft und zerfleischt. Die freundlichen Singvögel, welche uns mit ihrem lieben Gezwitscher unsre wüste Wohnung zu einem anmutigen, herzerfreuenden Aufenthalt machen, willst du doch wohl lieber singen hören als sie gebraten essen? Würde dir das Herz nicht brechen, eine liebe Nachtigall, eine treuliche Grasmücke, einen fröhlichen Distelfink oder gar das liebe, treue Rotkehlchen in der Pfanne zu rösten oder am Spieße zu braten, und dann zuletzt, wenn sie alle die Miete bezahlt hätten, nichts als das Geschrei und Geächze der greulichen Raubtiere zu hören? Aber wenn auch alles dieses zu überwinden wäre, bedenkst du dann in deiner Blindheit nicht, daß diese Spitzbuben allein so gerne hier wohnen möchten, weil sie wissen, daß wir uns von der Hühnerzucht nähren wollen? Haben wir nicht die schöne alte Glucke Gallina jetzt über dreißig Eiern sitzen, werden diese nicht dreißig Hühner werden, und kann nicht jedes wieder dreißig Eier legen, welche es wieder ausbrütet zu dreißig Hühnern? Macht schon dreißigmal dreißig, also neunhundert Hühner, welchen wir entgegensehen. O du unvernünftiges Hinkel! und zu diesen willst du dir Geier und Habichte ins Schloß ziehen! Hast du denn gänzlich vergessen, daß du ein Nachkömmling aus dem hohen Stamme der Grafen von Hennegau bist, und kannst du solche Vorschläge einem gebornen, leider armen, leider verkannten Rauhgrafen von Hanau machen? Ich kenne dich nicht mehr! – O du entsetzliche Armut, ist es denn also wahr, daß du auch die edelsten Herzen endlich mit der Last deines leeren und doch so schweren Sackes zum Staube niederdrückest?“ Also redete der arme alte Rauhgraf Gockel von Hanau in edlem, hohem Zorne zu Hinkel von Hennegau, seiner Gattin, welche so betrübt und beschämt und kümmerlich vor ihm stand, als ob sie den Pips hätte.

Hinkel aber sammelte sich und wollte soeben sprechen: „Die Raubvögel bringen aber wohl manchmal junge Hasen“; doch da krähte der alte schwarze, ungemein große Haushahn ihres Mannes, der über ihr auf einem Mauerrande saß, in demselben Augenblick so hell und scharf, daß er ihr das Wort wie mit einer Sichel vor dem Munde wegschnitt, und als er dabei mit den Flügeln schlug und Gockel von Hanau sein zerrissenes Mäntelchen auch auf der Schulter hin und her warf, so sagte die Frau Hinkel von Hennegau auch kein Pipswörtchen mehr; denn sie wußte den Hahn und den Gockel zu ehren.

Sie wollte eben umwenden und weggehn, da sagte Gockel: „O Hinkel! ich brauche dir nichts mehr zu sagen, der ritterliche Alektryo, der Herold, Wappenprüfer und Kreiswärter, *Notarius publicus* und Kaiserlich gekrönte Poet meiner Vorfahren, hat meine Rede unterkrähet und somit dagegen protestiert, daß seinen Nachkommen, den zu erwartenden Hühnchen, die gefährlichen Raubvögel zugesellt würden.“ Bei diesen letzten Worten bückte sich Frau Hinkel bereits unter der niedrigen Türe und verschwand mit einem tiefen Seufzer im Hühnerstall.

Im Hühnerstall? Ja – denn im Hühnerstall wohnte Gockel von Hanau, Hinkel von Hennegau und Gackeleia, ihr Fräulein Tochter, und in der Ecke lag ein altes Schild voll Stroh, worauf die Glucke Gallina über den dreißig Eiern brütete, und von einer Wand zur andern ruhte eine alte Lanze in zwei Mauerlöchern, auf welcher sitzend der große schwarze Hahn Alektryo nachts zu schlafen pflegte. Der Hühnerstall war der einzige Raum in dem alten Schlosse, der noch bewohnbar unter Dach und Fach stand.

Vor alten Zeiten war dieses Schloß eines der herrlichsten in ganz Deutschland, aber die Franzosen, welche es so zu machen pflegen, zerstörten es ganz und gar, als es der Urgroßvater Gockels von Hanau bewohnte, und weil sie außerordentlich gern Hühnerfleisch essen, verzehrten sie ihm alle sein herrliches Federvieh.

Dem Urgroßvater Gockels blieb nichts als sein Erbhahn Alektryo und sein Erbhinkel Gallina, mit welchen er sich im Wald versteckt hatte, und von diesen stammte der Hahn und die Henne gleichen Namens unseres Gockels ab.

Nach jenem Unfall haben die Vorfahren Gockels sich nie wieder erholt und waren meistens Fasanen- und Hühnerminister bei den benachbarten Königen von Gelnhausen gewesen. Gockel hatte nach dem Tode seines Vaters diese Stelle auch gehabt; weil aber der letzte König ein übermäßiger Liebhaber von Eiern war und keine Brut von Hühnern aufkommen ließ, sondern sie alle als Eier verzehrte, so widersetzte sich Gockel diesem Mißbrauch so lebhaft, daß der erbitterte König ihm seine Stelle als Fasanen- und Hühnerminister nahm und ihm befahl, den Hof zu verlassen. In den elendesten Umständen kam der alte Gockel von Hanau mit seiner Frau Hinkel von Hennegau und Gackeleia, seiner Tochter, auf dem zerstörten Schlosse seiner Vorfahren an, und sein einziger Reichtum war sein Stammhahn Alektryo und sein Stammhuhn Gallina, welche er von seinem Vater ererbt hatte, und die ihn nie verließen; aber er hatte, was mehr wert war als ein Hahn und das Huhn, ein edles, stolzes Herz in seiner Brust und ein freies, schuldloses Gewissen dazu.

Frau Hinkel von Hennegau folgte zwar ihrem lieben Manne sehr betrübt in das Elend, und sie seufzte oft unterwegs in dem wilden Wald, wenn sie an die Herrlichkeit der Stadt Gelnhausen gedachte, wo immer ein Haus um das andre ein Bäcker- oder Fleischerladen ist. Traurig dachte sie an die fetten aufgehängten Kälber, Hammel und Schweine, in deren aufgeschlitzten Leibern dort weiße, reinliche Tücher ausgespannt zu sein pflegten, und an die schön in Reih und Glied auf weißen Bänken aufgestellten braunglänzenden Brode und gelben Semmeln und schön lackierten Eierwecke, Bubenschenkel genannt. Gackeleia, ihr Töchterchen, das sie an der Hand führte, fragte ein um das andere Mal: „Mutter, giebt es auch Brezeln, wo wir hingehen?“ Da seufzte Frau Hinkel; Gockel aber, der ernsthaft und freudig mit dem Hahn auf der Schulter und dem Stabe in der Hand voranschritt, sagte: „Nein, mein Kind Gackeleia, Brezeln giebt es nicht, die sind auch nicht gesund und verderben den Magen; aber Erdbeeren, schöne rote Walderdbeeren giebt es die Menge“, und somit zeigte er mit seinem

Stocke auf einige, die am Wege standen, welche Gackeleia mit vielem Vergnügen verzehrte.

Als Gackeleia diese gegessen hatte, fragte sie wieder: „Mutter, giebt es so schöne braune Kuchenhäschen, wo wir hingehen?“ Da seufzte Frau Hinkel wieder, und die Tränen kamen ihr in die Augen, Gockel aber sagte freundlich zu dem Kinde: „Nein, mein Kind Gackeleia, Kuchenhäschen giebt es da nicht, sie sind auch nicht gesund und verderben den Magen; aber es giebt da lebendige Seidenhäschen und weiße Kaninchen, aus deren Wolle du der Mutter auf ihren Geburtstag ein Paar Strümpfe stricken kannst, wenn du fleißig bist. Sieh, sieh, da läuft einer!“ Und somit zeigte er mit seinem Stock auf ein vorüberlaufendes Kaninchen. Da riß sich Gackeleia von der Mutter los und sprang dem Hasen nach mit dem Geschrei: „Gieb mir die Strümpfe, gieb mir die Strümpfe!“ Aber fort war er, und sie fiel über eine Baumwurzel und weinte sehr. Der Vater verwies ihr ihre Heftigkeit und tröstete sie mit Himbeeren, welche neben der Stelle wuchsen, wo sie gefallen war.

Nach einiger Zeit fragte Gackeleia wieder: „Liebe Mutter, giebt es denn auch da, wo wir hingehen, so schöne gebackne Männer von Kuchenteig mit Augen von Wachholderbeer und einer Nase von Mandelkern und einem Mund von einer Rosine?“ Da konnte die Mutter die Tränen nicht zurückhalten und weinte; Gockel aber sagte: „Nein, mein Kind Gackeleia, solche Kuchenmänner giebt es da nicht, die sind auch gar nicht gesund und verderben den Magen; aber es giebt da schöne bunte Vögel die Menge, welche allerliebst singen und Nestchen bauen und Eier legen und ihre Jungen füttern. Die kannst du sehen und lieben und ihnen zuschauen und die süßen wilden Kirschen mit ihnen teilen.“ Da brach er ihr ein Zweiglein voll Kirschen von einem Baum, und das Kind ward ruhig.

Als Gackeleia aber nach einer Weile wieder fragte: „Liebe Mutter, giebt es dann dort, wo wir hingehen, auch so wunderschöne Pfefferkuchen wie in Gelnhausen?“ und die Frau Hinkel immer mehr weinte, ward der alte Gockel von Hanau unwillig, drehte sich um, stellte sich breit hin und sprach: „O mein Hinkel von Hennegau, du hast wohl Ursache zu weinen, daß unser Kind Gackeleia ein so naschhafter Freßsack ist und an nichts als an Brezeln, Kuchenhasen, Buttermänner und Pfefferkuchen denkt! Was soll daraus werden? Not bricht Eisen, Hunger lehrt beißen. Sei vernünftig, weine nicht, Gott, der die Raben füttert, welche nicht säen, wird einen Gockel nicht verderben lassen, der säen kann; Gott, der die Lilien erhält, die nicht spinnen, wird die Frau Hinkel von Hennegau nicht umkommen lassen, welche sehr schön spinnen kann, und auch das Kind Gackeleia nicht, wenn es das Spinnen von seiner Mutter lernt." Diese Rede Gockels ward von einem gewaltigen Geklapper unterbrochen, und sie sahen einen großen Klapperstorch, der aus dem Gebüsche ihnen entgegentrat, sie sehr ernsthaft und ehrbar anschaute, nochmals klapperte und dann hinwegflog. „Wohlan", sagte Gockel, „dieser Hausfreund hat uns willkommen geheißen; er wohnt auf dem obersten Giebel meines Schlosses, gleich werden wir da sein; damit wir aber nicht lange zu wählen brauchen, in welchem von den weitläufigen Gemächern des Schlosses wir wohnen wollen, so will ich unsre höchste Dienerschaft voraussenden, damit sie uns die Wohnungen aussuchen."

Nun nahm er den großen Stammhahn von der Schulter auf die rechte Hand und die Stammhenne auf die linke und redete sie mit ehrbarem Ernste folgendermaßen an: „Alektryo und Gallina! Ihr stehet im Begriff wie wir, in das Stammhaus eurer Voreltern einzuziehen, und ich sehe es an euern ernsthaften Mienen, daß ihr so gerührt seid als wir. Damit nun dieses Ereignis nicht ohne Feierlichkeit sei, so ernenne ich dich, Alektryo, edler Stammhahn, zu meinem Schloßhauptmann, Haushofmeister, Hofmarschall, Astronomen, Propheten, Nachtwächter und hoffe, du wirst unbeschadet deiner eignen Familienverhältnisse als Gatte und Vater diesen Ämtern gut vorstehn. Das nämliche erwarte ich von dir, Gallina, edles Stammhuhn. Indem ich dich hiermit zur Schlüsseldame und Oberbettmeisterin des Schlosses ernenne, zweifle ich nicht, daß du diesen Ämtern trefflich vorstehen wirst, ohne deswegen deine Pflichten als Gattin und Mutter zu vernachlässigen. Ist dies euer Wille, so bestätigt mir es feierlich!"

Da erhob Alektryo seinen Hals, blickte gen Himmel, riß den Schnabel weit auf und krähete feierlichst, und auch Gallina legte ihre Versicherung mit einem lauten, aber rührenden Gegacke von sich; worauf sie Gockel beide an die Erde setzte und sprach: „Nun, Herr Schloßhauptmann und Frau Schlüsseldame, eilet voraus, suchet eine Wohnung für uns aus und empfangt uns bei unserm Eintritt!" Da eilte der Hahn und die Henne, in vollem Laufe, was giebst du, was hast du, in den Wald hinein, nach dem Schlosse zu. Nun ermahnte Gockel auch noch die Frau Hinkel und das Kind Gackeleia zur Zufriedenheit, zum Vertrauen auf Gott und zu Fleiß und Ordnung in dem neu bevorstehenden Aufenthalt auf eine so liebreiche Art, daß Frau Hinkel und das Kind Gackeleia den guten Vater herzlich umarmten und ihm alles Gutes und Liebes versprachen.

Nun zogen sie alle froh und heiter durch den schönen Wald, die Sonne sank hinter die Bäume, es ward so recht stille und vertraulich, ein kühles Lüftlein spielte mit den Blättern, und Frau Hinkel von Hennegau sang folgendes Liedchen mit freundlicher Stimme, wozu Gockel und Gackeleia leise mitsangen:

Wie so leis die Blätter wehn
In dem lieben, stillen Hain!
Sonne will schon schlafen gehn,
Läßt ihr goldnes Hemdelein
Sinken auf den grünen Rasen,
Wo die schlanken Hirsche grasen
In dem roten Abendschein.
Gute Nacht! Heiapopeia!
Singt Gockel, Hinkel und Gackeleia.

In der Quellen klarer Flut
Treibt kein Fischlein mehr sein Spiel;
Jedes suchet, wo es ruht,
Sein gewöhnlich Ort und Ziel
Und entschlummert überm Lauschen
Auf der Wellen leises Rauschen
Zwischen bunten Kieseln kühl.
Gute Nacht! Heiapopeia!
Singt Gockel, Hinkel und Gackeleia.

Schlau schaut auf der Felsenwand
Sich die Glockenblume um;
Denn verspätet über Land
Will ein Bienchen mit Gebrumm
Sich zur Nachtherberge melden
In den zarten blauen Zelten,
Schlüpft hinein und wird ganz stumm.
Gute Nacht! Heiapopeia!
Singt Gockel, Hinkel und Gackeleia.

Vöglein, euer schwaches Nest,
Ist das Abendlied vollbracht,
Wird wie eine Burg so fest;
Fromme Vöglein schützt zur Nacht

Gegen Katz und Marderkrallen,
Die im Schlaf sie überfallen,
Gott, der über alle wacht.
Gute Nacht! Heiapopeia!
Singt Gockel, Hinkel und Gackeleia.

Treuer Gott, du bist nicht weit,
Und so ziehn wir ohne Harm
In die wilde Einsamkeit,
Aus des Hofes eitelm Schwarm.
Du wirst uns die Hütte bauen,
Daß wir fromm und voll Vertrauen
Sicher ruhn in deinem Arm.
Gute Nacht! Heiapopeia!
Singt Gockel, Hinkel und Gackeleia.

Als dies Lied zu Ende war, ward der Wald etwas lichter, und sie sahen den feurigen Abendhimmel durch die leeren Fensterbogen des Schlosses schimmern, an dessen offnem Tore sie standen. Ihr Empfang war feierlich. Der Hahn Alektryo saß auf dem steinernen Wappen über dem Tore, schüttelte sich, schlug mit den Flügeln und krähte als ein rechtschaffener Schloßtrompeter dreimal lustig in die Luft, und alle Vöglein, die in dem verlassenen, baumdurchwachsenen Baue wohnten, und welchen der Hahn die Ankunft der gnädigen Herrschaft verkündigt hatte, waren aus ihren Nestern herausgeschlüpft und schmetterten lustige Lieder in die Luft, indem sie sich auf den blühenden Holunderbäumen und wilden Rosenhecken schaukelten, welche ihre Blüten vor den Eintretenden niederstreuten. Der Storch auf dem Schloßgiebel klapperte dazu mit seiner ganzen Familie, daß es schier wie eine große Musik mit Pauken und Trompeten klang.

Gockel, Hinkel und Gackeleia hießen alle willkommen und traten in die alte, zerfallene Kapelle, wo sie sich an dem Altar neben die wilden Waldblumen niederknieten, ganz nahe dem Grabstein des alten Urgockels von Hanau, und Gott für ihre glückliche Reise dankten und ihn um Schutz und Hülfe anflehten. Während ihrem Gebet waren alle Vögel ganz stille, und da sie sich von den Knien erhoben, lockten Alektryo und Gallina, als Schloßhauptmann und Schlüsseldame, an der Türe, sie sollten ihnen nach dem ausgesuchten Gemache folgen. Sie taten dies, und der Hahn und die Henne schritten gackernd und majestätisch über den Schloßhof auf den wohlerbauten, ganz erhaltenen Hühnerstall zu, der eine große Türe hatte; als Alektryo über die Schwelle schritt, bückte er sich tief mit dem Kopf, als befürchte er, mit seinem hohen roten Kamme oben anzustoßen, da die Türe doch für einen starken Mann hoch genug war; aber dieses war im Gefühle seines Adels, denn alle hohen Adeligen und alle gekrönten Häupter pflegen es so zu machen.

In diesem Hühnerstalle nun, dessen Fenster in ein kleines Gärtchen gingen, richteten sie sich ein, so gut sie konnten. Gockel machte von grünen Zweigen einen Besen und fegte mit Hinkel den Boden rein; dann machten sie ein Lager von Moos und dürren Blättern, worüber Gockel seinen Mantel und Hinkel ihre Schürze breitete und sich darauf schlafen legten, Gockel rechts, Hinkel links, das Töchterlein Gackeleia in der Mitte zwischen beiden. Der Hahn und die Henne nahmen auch ihren Platz ein, und von der Reise ermüdet, entschliefen sie alle bald.

Gegen Mitternacht rührte sich Alektryo auf seiner Stange, und Gockel, der vor allerlei Gedanken, was er alles vornehmen wolle, seine Familie zu ernähren, nicht fest schlief, ward munter und sah umher, was vorging. Da bemerkte er an der Türe, durch welche der Mond schien, eine lauernde große Katze; sie tat auf einmal einen Sprung herein, und in demselben Augenblick hörte Gockel ein Gepfeife und fühlte, daß ihm etwas in den weiten Ärmel seiner Jacke lief. Der Hahn und die Henne flatterten schreiend wegen der Katze herum, Gockel sprang auf und trieb die Katze hinaus, trat an die Türe und zog die Tierchen, die ihm in den Ärmel geschlüpft waren, hervor. Da erkannte er zwei weiße Mäuschen von außerordentlicher Schönheit. Sie waren nicht scheu vor ihm, sondern setzten sich auf die Hinterbeine und zappelten mit den Vorderpfötchen, wie ein Hündchen, das bittet, was dem alten Herrn sehr wohl gefiel. Er setzte sie in seine Pudelmütze, legte sich wieder nieder und diese neben sich, mit dem Gedanken, die guten Tierchen am folgenden Morgen seinem Töchterchen Gackeleia zu schenken, welche, sehr ermüdet wie ihre Mutter, nicht erwacht war.

Als Gockel wieder eingeschlafen war, machten sich die zwei Mäuschen aus der Pudelmütze heraus und unterhielten sich miteinander. Die eine sprach: „Ach, Sissi, meine geliebte Braut, da hast du es nun selbst erlebet, was dabei herauskömmt, wenn man des Nachts so lange im Mondschein herumgeht. Habe ich dich nicht gewarnt?“ Da antwortete Sissi: „O Pfiffi, mein werter Bräutigam, mache mir keine Vorwürfe; ich zittere noch am ganzen Leibe vor der schrecklichen Katze, und wenn sich ein Blatt regt, fahre ich zusammen und meine, ich sehe ihre feurigen Augen." Da sagte Pfiffi wieder: „Du brauchst dich nicht weiter zu ängstigen, der gute Mann hier hat der Katze einen so großen Stein nachgeworfen, daß sie vor Angst schier in den Bach hineingesprungen ist." – „Ach", sagte Sissi, „ich fürchte mich nur auf unsre weitere Reise; wir müssen wohl noch acht Tage laufen, bis wir zu deinem Königlichen Herrn Vater kommen, und da jetzt einmal eine Katze uns ausgekundschaftet hat, werden sie an allen Ecken auf uns lauern." Da erwiderte Pfiffi: „Wenn nur eine Brücke über den Fluß wäre, der eine halbe Tagreise von hier durch den Wald zieht, so wären wir bald zu Haus; aber nun müssen wir die Quelle des Flusses umgehn." Als sie so sprachen, hörten sie eine Eule drauß schreien und krochen bang tiefer in die Mütze. „Auch noch eine Eule!" flüsterte Sissi. „O, wäre ich doch nie aus der Residenz meiner Mutter gewichen!" Und nun weinte sie. Der Mäusebräutigam war hierüber sehr traurig und überlegte her und hin, wie er seine Braut ermutigen und vor Gefahren schützen soll. Endlich sprach er: „Geliebte Sissi, mir fällt etwas ein; der gute Mann, der uns in seine Pudelmütze gebettet hat, würde uns vielleicht sicher nach Haus helfen, wenn er unsere Not nur wüßte. Lasse uns leise an seine Ohren kriechen und ihm recht flehentlich unsre Sorgen vorstellen; rede in deinen süßesten Tönen zu ihm, dann kann er nicht widerstehen, aber ja recht leise, damit er nicht aufwacht, denn nur im Schlafe verstehen die Menschen die Sprache der Tiere."

Sissi war sogleich bereit und kroch an das linke Ohr Gockels, und Pfiffi an das rechte, und zischelten ihm mit ihren feinsten Stimmchen zu. Pfiffi sang, nachdem er sich auf die Hinterbeine gesetzt und seinen Schweif quer durch das Maul gezogen hatte, um eine rührendere Stimme zu bekommen:

Ich bin der Prinz von Speckelfleck
Und führe heim die schönste Braut;
Die Katze bracht ihr großen Schreck,
Sie bangt um ihre Sammethaut.
Ach, Gockel, bring uns bis zum Fluß
Und bau uns drüber einen Steg,
Daß ich mit meiner Braut nicht muß
Den Quell umgehn auf weitem Weg!
Gedenken wird dirs immerdar
Ich und der hohe Vater mein;
Ists auch nicht gleich, vielleicht aufs Jahr,

Stellt Zeit zu Dank und Lohn sich ein.
Doch was brauchts da viel Worte noch?
Hart wird es mir, der edlen Maus,
Vor deinem großen Ohrenloch
Zu betteln, mir, die stets zu Haus
Als erstgeborner Königssohn
Gefürchtet und befehlend sitzt
Auf einem Parmesankästhron,
Der stolze Buttertränen schwitzt.
Sag dir hiermit, erwähl dein Teil,
Nimm mich und meine Braut in Schutz,
Schaff uns nach Haus gesund und heil,
Sonst biete ich dir Fehd und Trutz!
Wenn uns die Katze auch nicht beißt,
Maulleckend nur die Zähne bleckt,
Miauend meine Braut erschreckt,
Woran viel liegt, was du nicht weißt,
Krümmt sie uns nur ein einzig Haar,
Faßt uns ein wenig nur am Schopf,
Vielmehr, frißt sie uns ganz und gar,
So kömmt die Tat auf deinen Kopf.
Wonach du dich zu achten hast.

Gegeben vor dem Ohrenloch
Des Wirtes, auf der dritten Rast
Von unsrer Brautfahrt, da ich kroch
In seinen Ärmel vor der Katz
Nebst meiner Braut aus großem Schreck
Und in der Pudelmütze Platz
Er uns gemacht.

Prinz Speckelfleck,
Punktum, Streusand, und halte still,
Ins Ohr beiß ich dir mein Sigill.

Nach dieser ziemlich unhöflichen Rede biß Speckelfleck dem ehrlichen Gockel ins Ohr, daß er mit einem lauten Schrei erwachte und um sich schlug. Da flohen die beiden Mäuse in großer Angst wieder in die Pudelmütze. „Nein, das ist doch zu grob, einen ins Ohr zu beißen!“ sagte Gockel. Da erwachte Frau Hinkel und fragte: „Wer hat dich denn ins Ohr gebissen? Du hast gewiß geträumt.“ – „Ist möglich“, sagte Gockel, und sie schliefen wieder ein.

Nun sprach Sissi zu Pfiffi: „Aber um alle Welt, was hast du nur getan, daß der Mann so bös geworden?“ Da wiederholte ihr Pfiffi seine ganze Rede, und Sissi sagte mit Unwillen: „Ich traue meinen Ohren kaum, Pfiffi, kann man unvernünftiger und plumper bitten als du? Die niedrigste Bauernmaus würde sich in unsrer Lage anders benommen haben. Alles ist verloren, ich bin ohne Rettung in die Krallen der Katze hingegeben durch deine übel angebrachte Hoffart. Ach, mein junges Leben! O hätte ich dich niemals gesehen!“ usw. Pfiffi war ganz verzweifelt über die Vorwürfe und Klagen seiner Braut und sprach: „Ach, Sissi, deine Vorwürfe zerschneiden mein Herz; ich fühle, du hast recht; aber fasse Mut, gehe an das linke Ohr und wende alle deine unwiderstehliche Redekunst an; das linke Ohr geht zum Herzen, er erhört dich gewiß. O ich Unglücklicher, daß ich in die verwünschten königlichen Redensarten gefallen bin!“ Da erhob sich Sissi und sprach: „Wohlan, ich will es wagen.“ Leise, leise schlüpfte sie an das linke Ohr Gockels, nahm eine rührende Stellung an, kreuzte die Vorderpfötchen über die Brust, schlang den Schweif wie einen Strick um den Hals, neigte das Köpfchen gegen das Ohr und flüsterte so fein und süß, daß das Klopfen ihres bangen Herzchens schier lauter war als ihre Stimme:

Verehrter Herr, ich nahe dir
Bestürzt, beschämt und herzensbang;
Ich weiß, mein Bräutigam war hier
Und ziemlich grob vor nicht gar lang.
Auch war sein Siegel sehr apart,
Mit Recht hast du ihn angeschnarrt.
Weil er verwöhnt, von Not entfernt,
Als einziger Prinz verzogen ward,
Hat er das Bitten nicht gelernt;
Drum, edler Mann, nimms nicht so hart!
Wie Grobsein ihm, sei Höflichsein
Dir leicht, weil du erzogen fein.
Er meints gewiß von Herzen gut,
Doch kömmt beim Sprechen er in Zug,

So regt sich sein erhabnes Blut,
Und er wird gröber als genug.
Bedenk, der Kinder Pfeife klingt,
Wie ihrer Eltern Orgel singt.
Doch reuts ihn immer hinterdrein,
Und in der Pudelmütze sitzt
Jetzt krumm das arme Sünderlein
Und seufzt und wimmert, daß es schwitzt,
Und schimpft, daß ihm die Hofmanier
So grob entfuhr zur Ungebühr.
Bekennet hat er mir, der Braut,
Die ihn erst tüchtig zappeln ließ,
Ihm tüchtig wusch die grobe Haut,
Die Nas ihm auf den Fehler stieß
Und endlich, nach manch bitterm Ach,
Dich zu versöhnen ihm versprach.
Doch, daß ich selbst mich nicht vergeß,
Vergönne jetzt in Demut mir
Zu sagen, daß ich, was Prinzeß
Bei Menschen ist, bin als ein Tier,
Und zwar als kleine weiße Maus.
So schütt ich nun mein Herz dir aus.
Prinzeß Sissi von Mandelbiß
Fleht dich um Ritterdienste an;
Du weißt aus dem Äsop gewiß,
Was für die Maus ein Löw getan,
Und wie ihm dankbar half die Maus
Dann wieder aus dem Netz heraus.
Auch meinem Bräutigam und mir
Hilf sicher in das Mausereich.
Die Katz, das ungeheure Tier,
Macht mich vor Schreck ganz totenbleich!
O, hättest du ein bißchen nur
Von Mausgeschmack und Mausnatur!
O, wüßtest du, wie weiß und zart,
Wie lieblich ich an Leib und Seel,
Gar nicht nach andrer Mäuse Art,

ja, unter allen ein Juwel,
Du littest lieber selbst den Tod,
Als du mich ließ'st in Katzennot.
Die Äuglein sind wie Diamant,
Die Zähnlein Perl und Helfenbein,
Mein Leib ist zierlich und gewandt,
Die Pfötchen rosenrot und klein,
Das Mäulchen pfiffiglich gespitzt,
Ich schweig vom Teil, auf dem man sitzt;
Die Öhrlein sind zwei Blumen zart,
Die Nase einer Blüte gleich;
Wie Blütenfäden ist mein Bart
So rein, so fein, so weiß und weich.
Und wie Frau Catalani singt,
Mein Stimmlein bei den Mäusen klingt.
Man hat mich drum als Gegensatz
Oft Mausalani auch genannt;
Weil Kata etwas klingt wie Katz,
Hat man das Wort so umgewandt,
Das Lani ließ man angehängt,
Weil man dabei an Wolle denkt.
Verleugne nicht dein Zartgefühl,
Laß rühren dich durch meinen Sang!
Denn lockender als Flötenspiel,
Als Harfen- und als Geigenklang
Fleht er aus meiner Brust heraus:
Beschütz die kleine weiße Maus!
Bei deiner hohen Adelspflicht,
Die dich zum Schutz der Damen weiht,
Beschwör ich dich, verlaß mich nicht!
Vielleicht ist ja der Tag nicht weit,
Daß ich dir wieder helfen kann,
Doch danach fragt kein Edelmann.
Wer, mich zu retten, einen Stein
Der Katze in die Rippen warf,
Wer zugab, daß der Liebste mein
An meiner Seite schlummern darf,

In seiner Pudelmütze warm,
Der schützt mich auch mit starkem Arm!
Erlaub nun, daß dir als Sigill
Der Wahrheit ohne Hinterlist
Hier einsamlich und in der Still
Das Ohrläppchen demütig küßt,
Was niemals sie noch tat gewiß,
Prinzeß Sissi von Mandelbiß.

Nun küßte sie ganz leise das Ohrläppchen Gockels, und weil er im Schlafe etwas durch die Nase pfiff, glaubte sie, er sage ihr in der Mausesprache die artigsten Sachen und verspreche ihr seine Hülfe für gewiß. Mit leichtem Herzen begab sie sich daher nach der Pudelmütze zurück und verkündigte ihrem Bräutigam den guten Erfolg ihrer Bitten, worauf dieser sie zärtlich umarmte.

Jetzt aber war die Stunde gekommen, da die schwarze Nacht gegen Morgen ergrauet, und Alektryo als ein getreuer Burgvogt streckte dem anbrechenden Lichte seinen Hals entgegen, um es zum erstenmal mit einem krähenden Trompetenstoße hier zu bewillkommen. Da erwachte Gockel und Frau Hinkel, Gackeleia aber schlief fest. Frau Hinkel fragte ihren Mann, warum er denn heute nacht so unruhig gewesen, und wie er nur geträumt habe, daß ihn jemand ins Ohr gebissen. Da zeigte Gockel ihr die weißen Mäuschen in seiner Pudelmütze und erzählte ihr, wie sie vor der Katze, die er verjagt, zu ihm geflohen, und wie er hernach geträumt habe, die eine Maus begehre auf eine unhöfliche Weise Hülfe von ihm und beiße ihn noch dazu ins Ohr, wie aber hernach die andere Maus so artig gebeten und ihm das Ohrläppchen so demütig geküßt habe, daß er ihr versprochen habe, zu helfen. „Und das will ich auch tun“, fuhr Gockel fort, „ich will beide sogleich über den nächsten Fluß bringen, wo sie außer Gefahr in ihrer Heimat sind.“

Da wollte er aufstehen und sich auf die Reise begeben, aber Frau Hinkel sagte: „Du bist nicht recht klug; dir träumt, du hättest den Mäusen etwas versprochen und willst es ihnen nun im Wachen halten, und deswegen willst du mich hier in der Wildnis mit Gackeleia allein lassen, wo du so nötig bist, um aufzuräumen und alles in Ordnung zu bringen?“ Da sprach Gockel: „Du hast scheinbar ganz recht, aber Versprochen muß gehalten werden; ich habe mein Ehrenwort gegeben, und das ist mir so deutlich und gegenwärtig als der Biß in das Ohr.“ Da erwiderte Hinkel: „Wenn aber der Biß ein Traum war, so war auch das Ehrenwort ein Traum." Gockel sagte hierauf zornig: „Paperlapapp! Ein Ehrenwort ist nie ein Traum, das verstehst du nicht, und den Biß habe ich so deutlich gefühlt, daß ich mit einem Schrei erwachte; das Ohr brennt mir noch." – „Laß doch einmal sehen!" sagte Frau Hinkel und erblickte mit großer Verwunderung die Spur von fünf spitzen Zähnchen an Gockels Ohr. Als sie ihm dieses gesagt hatte, ließ er sich keinen Augenblick länger aufhalten, sprang vom Lager auf, nahm das Brot aus seinem Reisesack, schnitt sich ein Stück herunter, das er einsteckte, und sprach zu seiner Frau: „Hinkel, räum einstweilen alles hübsch auf, sieh dich im Schlosse und der Umgegend um und denke dir alles aus, wie du es gern zu unsrer Haushaltung eingerichtet hättest; besonders gebe auf Alektryo und Gallina acht, weil es, wie du gehört hast, Katzen hier giebt; nachmittags hoffe ich wieder hier zu sein." Und nun nahm er seinen Reisestab in die Hand, schob die Pudelmütze, aus der ihm die Mäuschen freundlich entgegenpfifferten, in den Busen und ging mit starken Schritten in den Wald gegen den Fluß hin.

Als er ein paar Meilen gegangen war, ruhte er an einer Quelle, wo er sein Brot mit seinen Reisegefährten teilte. Da er aber endlich an den Fluß kam, ging er auf und ab, eine schmale Stelle zu finden, fand auch endlich einen Ort, wo er den Fluß leicht mit einem Steine überwerfen konnte. Hier nun nahm er sich vor, die Mäuschen überzusetzen; aber keine Brücke, kein Kahn war da; er entschloß sich daher kurz, zog die Pudelmütze hervor und sprach hinein: „Lebt wohl, meine lieben Gäste! Du, Prinz von Speckelfleck, befleißige dich besserer Sitten, und du, Prinzeß von Mandelbiß, bilde dir nicht soviel auf deine Schönheit ein; übrigens bist du ein vortreffliches Tierchen. Lebt wohl, grüßt eure Anverwandten und vergeßt nicht den armen Gockel von Hanau!" Die Mäuschen wußten gar nicht, was er wollte, weil er schon Abschied nahm und sie noch diesseits des Flusses waren, auch kein Kahn und keine Brücke weit und breit zu sehen; sie pufferten ihm daher allerlei Fragen entgegen, aber er verstand kein Wort, ließ sich auch weiter auf nichts ein, sondern wickelte sie in die Pudelmütze fest ein, holte weit aus und warf sie glücklich hinüber in das hohe Gras. Da sich von dem Falle die Mütze drüben öffnete, schrien die kleinen Tierchen noch immer sehr verwundert, wie er sie nur hinüberbringen wollte, als sie zu ihrer größten Verwunderung sahen, daß sie bereits drüber waren, und fröhlich nach Hause liefen, ihre Abenteuer zu erzählen.

Auf dem Heimwege begegnete Gockel ein paar alten Juden, welche große Naturphilosophen waren; sie führten einen alten Bock und eine alte, magere Ziege an Stricken zur Frankfurter Messe. Sie redeten Gockel an: „Seid Ihr der

Besitzer des alten Schlosses hier im Walde?" Gockel: „Ja, ich bin der alte Rauhgraf Gockel von Hanau." Da fragten ihn die Juden, ob er ihnen nicht seinen alten Haushahn verkaufen wollte, sie wollten ihm den Bock dafür geben. Gockel antwortete: „Ich bin kein Schneider; was soll ich mit dem Bock? Ihn etwa zum Gärtner machen? Kann der Bock etwa krähen? Mein Hahn ist kein gewöhnlicher Alletagshahn, er ist ein Wappenhahn, ein Stammhahn; sein Vater hat auf meines Vaters Grab gekräht, und er soll auf meinem Grabe krähen. Lebt wohl!" Da boten ihm die Juden die Ziege, und als er abermals nicht wollte, boten sie ihm den Bock und die Ziege. Gockel aber lachte sie aus und ging seiner Wege. Da riefen sie ihm nach: „In vier Wochen gehen wir wieder vorbei, da wollen wir wieder nachfragen; vielleicht habt Ihr dann mehr Lust, den Hahn zu verkaufen."

Gockel kam gegen Abend nach Haus, und nachdem er von seiner Reise ausgeschlafen hatte, begann er am andern Morgen mit Frau Hinkel und dem Töchterchen Gackeleia sich in dem wüsten Schlosse seiner Voreltern so gut einzurichten, als es nur immer gehen wollte. Sie legten auf allen fruchtbaren Erdfleckchen zwischen den Mauern Gartenbeete an, ordneten und verbanden alle Winkelchen mit Zäunen und aus umherliegenden Steinen zusammengestellten Treppen. Hinkel sammelte den Samen von allen Gartengewächsen, die hie und da im verschütteten alten Schloßgärtchen noch übriggeblieben waren, und säte sie fein ordentlich in die neu angelegten Beete.

Gackeleia sollte aus Weidenruten Hühnernester flechten und zu einem großen Hühnerkorbe für die jungen Hühnchen, die sie erwarteten, die Weidenruten in den Quell legen, der mitten im Schloßhofe entsprang, damit sie sich recht geschmeidig flechten ließen. Aber sie tat das sehr nachlässig, war eine neugierige, naschhafte kleine Spielratze, guckte in alle Vogelnester, naschte von allen Beeren, machte sich Blumenkränze und hatte keine rechte Lust zum Arbeiten, weswegen der alte Haushahn Alektryo sie manchmal mit rechtem Zorn ankrähte, so daß sie heftig erschrak und zu ihrer Arbeit zurücklief, weswegen sie einen rechten Unwillen auf den alten Wetterpropheten kriegte und ihn immer bei der Mutter verklagte. Auch diese hatte keine rechte Liebe zu dem Alektryo; denn wenn sie manchmal über der Gartenarbeit ermüdete und sich auf einen Stein setzte und sehnsüchtig an die Fleischer- und Bäckerladen zu Gelnhausen dachte, fing Alektryo an, der ihr überhaupt immer, wie ein beschwerlicher Haushofmeister, auf allen Schritten nachging, auf den zu bestellenden Gartenbeeten zu scharren und zu gackern, um sie an die Arbeit zu erinnern. Und als sie einstens so sitzend eingeschlafen war und vergessen hatte, der Henne

Gallina Futter vorzustreuen und frisch Wasser zu geben, träumte ihr auch von den Gelnhausner Braten und Eierwecken so klar und deutlich, daß sie im Traum sagte: „Ach, es ist Wahrheit, es ist kein Traum!“ Da krähte ihr der Alektryo so schneidend dicht in die Ohren, daß sie vor Schrecken erwachte und an die harte Erde fiel. Darum faßte sie noch einen viel größern Unwill gegen den ehrlichen Stammhahn Alektryo und jagte ihn überall hinweg, wo sie zu tun hatte. Auch hätte sie ihm längst gern den Hals abgeschnitten, weil er sie alle Morgen um drei Uhr von ihrem Lager aufweckte. Aber er war ihr zu der Hühnerzucht, auf welche Gockel alle seine Hoffnungen gestellt hatte, gar zu nötig.

Gockel brachte meistens den ganzen Tag auf der Jagd zu und kehrte abends, wenn er in der umliegenden Gegend seine Beute gegen Brot, Nahrungsmittel und andere Bedürfnisse vertauscht hatte, zu den Seinigen zurück. Da kam ihm dann gewöhnlich der alte Alektryo entgegengeflogen, schlug mit den Flügeln, krähte und gackerte allerlei, als wollte er Hinkel und Gackeleia verklagen wegen ihrer Nachlässigkeit, und diese verklagten den Hahn wieder, und es ging ein strenges Nachforschen Gockels über alles an, wo dann Hinkel und Gackeleia mancherlei Verdruß bekamen, so daß sie dem Alektryo immer feindseliger wurden. Das alles währte so fort, bis die Henne Gallina dreißig Eier gelegt hatte, auf denen sie brütend saß. Auf diese Brut setzte Gockel alle seine Hoffnung für die Zukunft und zürnte drum so gewaltig auf Frau Hinkel, als sie die Vorsprecherin der Raubvögel werden wollte, die gern im Schlosse aufgenommen gewesen wären. Darüber Gockel ihr einen so derben Verweis gab, wie ich gleich anfangs erzählte.

Die Freude des guten Gockels über seine brütende Henne war ungemein groß, und da er täglich erwartete, daß die kleinen Hühnchen auskriechen sollten, eilte er nach einer nah gelegenen Stadt, Hirse zu ihrem Futter zu kaufen, und empfahl sowohl der Frau Hinkel als der kleinen Gackeleia recht sehr, auf die brütende Gallina acht zu haben, damit ihr ja niemals etwas mangle. Er ging schon um Mitternacht weg, weil er einen weiten Weg vor sich hatte. Frau Hinkel aber dachte nun einmal recht auszuschlafen und nahte sich dem Hahn Alektryo, der noch auf seiner Stange schlafend saß, ergriff ihn und steckte ihn in einen dunklen Sack, damit er den anbrechenden Morgen nicht erblicken und sie mit seinem Krähen nicht erwecken möge, worauf sie sich wieder niederlegte und wie eine Ratze zu schlafen begann. Das Töchterlein Gackeleia aber schlief gar nicht lang, denn sie hatte sich lange darauf gefreut, wenn der Vater Gockel einmal länger abwesend sein würde, um sich ein Vergnügen zu machen, das sie gar nicht erwarten konnte. Sie hatte nämlich bei ihrem Herumklettern in einem entfernten Winkel des alten Schlosses eine Katze mit sieben Jungen gefunden und weder dem Vater noch der Mutter etwas davon gesagt, weil diese immer sehr gegen die Katzen sprachen. Gackeleia aber konnte sich nie satt mit den artigen Kätzchen spielen und brachte alle ihre Freistunden bei denselben zu.

Heute stand sie nun in aller Frühe leise neben der schlafenden Mutter auf, froh, daß Alektryo sie nicht verraten könne; denn sie hatte wohl bemerkt, daß die Mutter ihn in den Sack gesteckt. Als sie aber an dem Neste der brütenden Gallina vorüberging, hatte sie eine wunderbare Freude; denn siehe da, alle die Eier waren kleine Hühnchen geworden und piepten um die Henne herum und drängten sich unter ihre ausgebreiteten Flügel und guckten bald da, bald dort mit ihren niedlichen Köpfchen hervor. Gackeleia wußte sich vor Freude gar nicht zu lassen; anfangs wollte sie die Mutter gleich wecken, dann aber fiel es ihr ein, sie wollte es zuerst ihren kleinen Kätzchen erzählen, und meinte, die würden sich ebenso sehr als sie selbst über die schönen Hühnchen freuen.

Schnell lief sie nun nach dem Katzennest, und als ihr die alte Katze mit einem hohen Buckel entgegenkam und um sie herumzuschnurren begann und die kleinen Kätzchen alle hinter ihr drein zogen, sprach Gackeleia: „Ach, Schurimuri, Gallina hat dreißig junge Hühnchen, und jedes ist nicht größer als eine Maus.“ Als die Katze das hörte, war sie so begierig, die Hühnchen zu sehen, daß ihr die Augen funkelten. Da sagte Gackeleia: „Wenn du hübsch leise auftreten willst und nicht mauen, damit die Mutter nicht erwacht, so will ich dir die artigen Hühnchen zeigen; die kleinen Kätzchen können auch mitgehen, die werden große Freude an den Hühnchen haben.“

Gleich lief nun Schurimuri mit ihren Jungen vor Gackeleia her, und als sie an den Stall gekommen waren, ermahnte sie dieselben nochmals, recht artig zu sein, und machte leise die Türe auf. Da konnte sich aber Schurimuri nicht länger halten, sie setzte mit einem Sprunge auf die brütende Gallina und erwürgte sie, und die jungen Kätzchen waren ebenso schnell mit den jungen Hühnchen fertig.

Das Wehgeschrei der Gackeleia und der sterbenden Gallina weckte die Mutter, die noch auf dem Lager schlief und mit Entsetzen ihre ganze Hoffnung von der Katze erwürgt sah, die sich nebst ihren Jungen bald mit ihrer Beute davonmachte. Gackeleia und Hinkel weinten und rangen die Hände, und der arme Alektryo, der das Wehgeschrei der Seinigen wohl gehört hatte, flatterte und schrie in dem Sacke. Gackeleia wollte sterben vor Angst, sie umfaßte die

Kniee der Mutter und schrie immer: „Ach, der Vater, der Vater, ach, was wird der Vater Gockel sagen! Ach, er wird mich umbringen! Mutter, liebe Mutter, hilf der armen Gackeleia!“ Frau Hinkel war nicht weniger erschreckt als Gackeleia und fürchtete sich nicht weniger als diese vor dem gerechten Zorne Gockels; denn sie hatte dem Kinde die Katzen verbergen helfen und hatte den wachsamen Alektryo in den Sack gesteckt. Als sie das bedachte, fiel ihr auf einmal ein, sie wollte den Hahn Alektryo als den Mörder der jungen Hühnlein angeben, und hoffte dadurch den Zorn Gockels auf diesen unbequemen Wächter zu wenden. Sie nahm daher den Sack, worin der Hahn war, und sagte: „Komm, Gackeleia, wir wollen dem Vater nacheilen und ihm Alektryo als den Mörder der kleinen Hühner und der Gallina überbringen“, und so eilten sie nun beide, den Gockel einzuholen, der im Walde herumstrich, einiges Wild zu erlegen, das er bei dem Krämer gegen Hirse vertauschen wollte.

Bald sahen sie ihn auch in einem Busche zwei Schnepfen, die sich in einem Sprenkel gefangen hatten, in seinen Ranzen stecken; da fingen sie laut an zu weinen. Gockel schrie ihnen entgegen: „Gott sei Dank! Ihr weinet gewiß vor Freude, Gallina hat gewiß dreißig schöne junge Hühnchen ausgebrütet.“ – „Ach!“ schrie Frau Hinkel, „ach ja, aber –“ – „Und alle waren bunt und hatten Büsche auf dem Kopf“, unterbrach sie der freudige Gockel. – „Ach!“ schrie Gackeleia, „ach ja, aber – aber –“ – „Was aber?“ sagte Gockel, „was aber weint ihr? Dreißig Hühner, wenn jedes wieder dreißig Eier legt, macht aufs Jahr neunhundert Hühner und immer so fort entsetzlich viel Hühner.“ Da sagte Hinkel: „O du Unglück über Unglück! Alektryo, dein sauberer Haushahn, hat Gallina und alle die gegenwärtigen und künftigen Hühner gefressen! Da habe ich ihn in den Sack gesteckt; da hast du ihn, strafe ihn, ich will ihn nie wieder sehen!“ Mit diesen Worten warf sie dem vor Schreck versteinerten Gockel den Sack mit dem Hahn vor die Füße.

Gockel war über die schreckliche Nachricht, die alle seine Hoffnungen zerstörte, ganz wie von Sinnen. „Ach!“ rief er aus, „nun gebe ich alles verloren; das Glück weichet von meinem Stammhaus, alle meine Voreltern und Nachkommen sind betrogen durch den unseligen Alektryo, den wir über Menschen und Vieh hochgeachtet haben. O, hätte ich ihn doch den drei jüdischen Naturphilosophen gestern für den Geißbock und die Ziege verkauft, da hätten wir doch etwas gehabt!“ Als Frau Hinkel hörte, daß er den Alektryo so gut habe verkaufen können, machte sie dem Gockel bittre Vorwürfe, der noch immer trauriger ward und endlich seinen alten pergamentnen Adelsbrief aus dem Busen zog und zu seiner Frau sagte: „Hinkel, sieh, was mich immer gezwungen hat, den Alektryo zu ehren; da unten auf der buchsbaumenen Büchse, in welcher der treulose Alektryo als mein Familienwappen in Wachs abgebildet ist, steht folgender Spruch, der alle meine Vorfahren und auch mich bewogen, von dem Geschlecht des Alektryo unser Glück zu erwarten.“ Und nun las er den Spruch, der auf der Kapsel eingeschnitten stand:

Dem Gockel Hahn
Bringt Glücke selbst
Um Undank,
Hals ab,
Kropf auf,
Stein kauf,
Brot gab.

Als er kaum die letzten Worte gesprochen, traten die drei Juden, die ihm gestern den Hahn abkaufen wollten, aus dem Gebüsch und sprachen: „Was befehlen der Herr Graf Gockel von Hanau von uns?“ – „Wieso?“ sagte Gockel unwillig, „was soll ich begehren?“ – „Der Herr Graf haben uns doch mit Namen gerufen“, sagten die Juden alle drei, „denn haben Sie doch Halsab, Kropfauf, Steinkauf gesprochen, und dies sind unsre drei Namen; vielleicht wollen Sie Ihr Wappen auf ein Petschaft stechen lassen, denn wir sind auch Petschierstecher und sehen, daß Sie Ihr Wappen in den Händen haben.“ – „Ach!“ sagte Gockel, „ich möchte mein Wappen lieber ganz vernichten; denn der Hahn Alektryo, der drauf abgebildet ist, hat uns schändlich betrogen“, und nun erzählte er ihnen sein ganzes Unglück. „Sehen der Herr Graf“, sagten die drei philosophischen Petschierstecher, „wie gut wir es mit Ihnen gemeint, da wir Ihnen den Hahn abkaufen wollten? Haben wir nicht gesagt, Sie würden ihn nächstens vielleicht gern loswerden, wenn ihn nur noch jemand wolle?“ – „Wieso, gut gemeint?“ sagte Gockel, „wie konntet ihr denn wissen, daß mich der Hahn in solches Leid versetzen würde?“ Da erwiderte der eine Jude: „Dies Leid steht ja hell und klar auf der buchsbaumenen Kapsel, unsere Voreltern haben ja selbst dieses Siegel verfertigt und deswegen ihre drei Namen Kopfab, Kropfauf, Steinkauf unter die alte Unglücksprophezeiung geschnitten. Da wir nun hörten, daß der Herr Graf wirklich in Armut geraten ist, wollten wir demselben den Hahn abkaufen, weiteres Unglück von Ihnen abzuwenden, weil Ihre Vorfahren den unsern durch die Verfertigung des Wappens Brot gaben, weswegen auch Brotgab unter die

Namen geschrieben wurde.“ – „Das ist wunderbar“, erwiderte Gockel, „aber ich sehe in dem Wappenspruch gar keine Unglücksprophezeiung, sondern grad das Gegenteil. Steht nicht in den Worten

Dem Gockel Hahn
Bringt Glücke selbst
Um Undank.

ganz deutlich ausgesprochen, daß der Hahn selbst für Undank dem Geschlecht der Gockel Glücke bringen werde?“

„Ja“, sagte da der zweite Jude, „der Spruch ist wie alle solche Sprüche geheimnisvoll gestellt; wir aber als Petschierstecher müssen dergleichen besser verstehn; es kommt hier nur auf ein paar Strichlein zuviel oder zuwenig an. Sehen der Herr Graf: ein Strichlein über dem ü im Wort Glücke ist zuviel von unsern Vätern hineingeschnitten, und der Spruch heißet eigentlich:

Dem Gockel Hahn
Bringt Glucke selbst
Um, Undank!

Nämlich: der Hahn bringt dem Gockel die Glucke selbst um, o Undank! Und daß dies so heißt, bezeugt die Tatsache, daß der undankbare Hahn auch wirklich die brütende Glucke mitsamt den Küchlein umgebracht.“

Durch diese Auslegung war Gockel ganz von der Rede der Juden und seinem Unglück überzeugt. Er bat die Juden, ihm doch den Bock und die Ziege jetzt für den Hahn zu geben, aber das wollten sie nicht mehr und sprachen: „Was soll uns der Hahn? Er ist ein Unglückshahn, er kann uns ein Leid antun, wer wird einen Unglückshahn essen? Und bleibt er leben, er könnte einem ein Unglück ankrähen. Aber lassen ihn der Graf einmal sehen, man kauft keine Katze im Sack, viel weniger einen Hahn!“

Da zog der Gockel den Hahn aus dem Sack und sprach weinend: „O Alektryo, Alektryo, welches Leid hast du mir getan!“ Alektryo ließ Kopf und Flügel hängen und war sehr traurig. Als ihm der eine Jude an den Kropf fühlen wollte, ward er ganz wütend, alle seine Federn sträubten sich empor, er hackte und biß nach ihm und schrie und schlug so heftig mit den Flügeln, daß der Jude zurückwich und Gockel den Hahn kaum halten konnte! „Schau eins!“ sagten die Juden, „das wilde Ungeheuer, es will die Leute fressen, das tut das böse Gewissen. Wer wird ihn kaufen?“ Als aber Gockel ihn immer wohlfeiler bot, sagten ihm endlich die Juden: „Wenn Ihr uns den Hahn nach Hause tragen wollt, so wollen wir Euch neun Ellen Zopfband für ihn geben, daß Ihr Euch einen schönen langen Zopf binden könnt, wie sichs einem Grafen gebührt“; und Gockel willigte endlich ein, um nur etwas für den Alektryo zu erhalten.

Frau Hinkel und Gackeleia hatten alles dies still mit angehört und gingen mit schwerem Gewissen nach Haus; denn sie wußten wohl, daß die Juden die Unwahrheit sagten.

Gockel aber nahm den Alektryo unter den Arm und folgte traurig den drei philosophischen Petschierstechern durch den Wald nach ihrem Wohnorte. Anfangs gingen die Juden dicht um ihn, weil der Hahn aber dann immer nach ihnen biß und schrie, sagten sie dem Gockel, einige Schritte mit dem grausamen Ungeheuer hinter ihnen her zu gehen. Gockel hörte, wie immer die drei Juden zueinander sagten: „Kropfauf, Steinkauf, Halsab“, und wie sie dann miteinander zankten und immer einer zum andern schrie: „Nein, ich Steinkauf, nein, du Kropfauf, nein, du Halsab“, und als Gockel sie fragte, warum sie immer ihre Namen nennend zankten, sagten sie: „Ei, es will keiner von uns den Hahn schlachten, weil er ein so grausames Tier ist; wenn du ihn uns gleich schlachten willst, so wollen wir dir seinen Kamm, seine Füße und Sporen und seinen Schwanz geben, die kannst du auf deine Mütze setzen zum ewigen Andenken. Drehe ihm unterm Tragen den Hals ganz leise um!“ „Gut“, sagte Gockel und faßte den guten Alektryo an der Kehle. Da fühlte er aber etwas sehr Hartes in seinem Kropfe, und der Hahn bewegte sich so heftig dabei, daß die Juden sich sehr fürchteten und zu Gockel sprachen: „Gehe ein wenig weiter hinter uns her!“ Das tat Gockel, und als er wieder an den Hals des Alektryo faßte, fühlte er das Harte im Kropfe wieder und machte sich allerlei Gedanken, was es doch nur sein könnte. Da sagte auf einmal der Hahn mit deutlichen Worten zu ihm:

Lieber Gockel, bitt dich drum,
Dreh mir nicht den Hals herum,
Köpf mich mit dem Grafenschwert,
Wie es eines Ritters wert!
Graf Gockel, o bittre Schmach!
Trägt den Juden Hahnen nach.

Gockel blieb vor Schrecken und Rührung starr stehen, als er den Alektryo reden hörte; aber er besann sich bald eines andern und wollte den Juden nicht mehr den köstlichen Hahn, der reden konnte, um neun Ellen Zopfband nachtragen und rief den Juden zu, links in das Gebüsch zu treten, jetzt wolle er das grausame Ungeheuer töten. Die Juden sprangen in das Gebüsch, aber da war eine mit Reisern bedeckte Wolfsgrube, die kannte Gockel gut, denn er hatte sie selbst gegraben, und plumps! fielen alle drei naturphilosophischen Petschierstecher hinein und riefen dem Gockel, ihnen herauszuhelfen. Aber der gab keine Antwort und schlich sich in die Nähe der Grube, um zu hören, was die alten Petschierstecher vorbringen würden.

„Ach!" schrie der eine, „da haben wir es: wer einem andern eine Grube gräbt, fällt selbst hinein; alle Mühe und Arbeit und der köstliche Zauberstein in des Hahnes Kropf ist verloren für uns. Der Gockel muß es gemerkt haben, daß Halsab, Kropfauf, Steinkauf, Brotgab nicht unsre Namen sind, und daß dieser Spruch nichts anders heißt als: man müsse dem Hahn den Hals ab- und den Kropf aufschneiden, um den köstlichen Stein aus demselben zu erhalten, der einem nicht nur Brot giebt, sondern alles, was man von ihm begehrt, Jugend, Reichtum, Glück und alle Güter der Welt." Da schrie der andre: „O wehe uns, daß wir jemals etwas von dem Steine in dem Hals des Hahnen erfahren haben! O hätten unsre Väter doch niemals in dem alten Gockelschloß nach Schätzen gegraben und dort das ganze Geheimnis auf dem alten Steine eingehauen gelesen, so hätten wir Ruhe gehabt; jetzt schwebt uns der Stein immer vor Augen, mit dem wir all unser Glück verloren haben." Nun schrie der dritte Petschierstecher: „Unglück über Unglück! Alle Mühe und Arbeit verloren! Wie lange haben wir dem König von Gelnhausen zugesetzt, wieviel Geld haben wir an seine Minister bezahlt, bis sie den Gockel vertrieben und in Armut gebracht, damit wir ihm den Hahn leicht abkaufen könnten! Haben unsre Eltern doch allein das Petschierstechen gelernt, um das Wappen des alten Gockels in die Hände zu kriegen und den Spruch auf der Kapsel zu lesen; wieviel Arbeit und Kopfbrechens hat uns die Naturphilosophie nicht gekostet, um den Spruch ganz zu verstehen! Alles, alles ist verloren, und Gockel wird uns dazu noch auslachen, daß wir in dem Loche sitzen! Wenn wir nur aus dem Loche wären! Und wer bezahlt mir nun die Katze, die ich mit ihren sieben Jungen selbst aus meinem Beutel gekauft und in das Schloß gesetzt habe, damit sie die Gallina mitsamt der Brut fressen sollte, auf daß dem Gockel der Hahn feil würde? Wer bezahlt mir die Katze? Ich will mein Geld für die Katze! Hätte ich ihr den Pelz doch abziehen können und sie als einen Hasen verkaufen und den Pelz auch verkaufen können! Ich will mein Geld für die Katze!“ Über dies Geschrei mußte Gockel lachen; da glaubte der eine Petschierstecher, einer seiner Gesellen habe ihn ausgelacht, und schlug nach ihm; der schrie und sagte, der andre sei es gewesen; da schlug dieser nach ihm, und daraus entstand eine allgemeine Prügelei unter den dreien, worüber Gockel mit seinem Hahn Alektryo die Grube verließ und nach seinem Schlosse in tiefen Gedanken zurückging.

Er hatte gar vieles erfahren, die Lüge der Frau Hinkel und der kleinen Gackeleia, die Anwesenheit einer alten Schrift auf Stein in seinem Schloß, das Geheimnis von dem Zauberstein in des Hahnen Kropf und die ganze Betrügerei der naturphilosophischen Petschierstecher. Alles dieses machte ihn gar tiefsinnig und betrübt; er drückte den edlen Hahn Alektryo ein Mal um das andre an sein Herz und sagte zu ihm: „Nein, du geliebter, ehrwürdiger, kostbarer Alektryo, und wenn du den Stein der Weisen und Salomons Petschaft in deinem Kropf hättest, du sollst darum durch meine Hand nicht sterben, und ehe Gockel nicht verhungert, sollst du auch nicht umkommen.“ Nach diesen Worten wollte er dem Alektryo ein bißchen Brot geben, der schüttelte aber den Kopf und sprach gar traurig:

Alektryo ist in großer Not,
Gallina tot, dreißig Hühnchen tot,
Alektryo will mehr kein Brot,
Will sterben durch das Grafenschwert,
Wie es ein edler Ritter wert.
Nur eine Bitte sei gewährt:
Will haben ein ehrlich Halsgericht,
Wo Gockel von Hanau das Urteil spricht
Und der Katze das Stäblein bricht.
Alektryo ist ein armer Tropf,
Schneid du ihm ab den edlen Kopf
Und nimm den Stein ihm aus dem Kropf!

„O Alektryo“, sprach Gockel mit Tränen, „ein schreckliches Gericht soll über die Katze ergehen, deine verstorbene Gallina und deine dreißig Jungen sollen gerächt werden, und was noch von ihnen übrig ist, soll in einem ehrlichen Grabe bestattet werden; aber du, du mußt bei mir bleiben.“ Der Hahn aber wiederholte immer die nämlichen Worte, daß er in jedem Falle sterben wollte, und wenn

Gockel ihn nicht schlachten wollte, so werde er sich zu Tode hungern; Gockel werde schon auf dem alten Stein alles beschrieben finden und dann kurzen Prozeß machen. Kurz, er blieb immer bei seiner Meinung und begehrte, daß Gockel ihm den Kopf mit dem Grafenschwert abhauen solle.

Es war Nacht geworden, als Gockel nach Haus kam, und Frau Hinkel und die kleine Gackeleia schliefen schon; denn sie erwarteten den Gockel heute nicht zurück, weil sie glaubten, er sei mit den Käufern des Alektryo nach der Stadt gegangen. Zuerst schlich sich Gockel nach dem Winkel, wo die mörderische Katze mit ihren Jungen lag; Alektryo zeigte ihm den Weg. Gockel ergriff sie alle zusammen und steckte sie in denselben Sack, in welchem der arme Alektryo gefangengelegen hatte.

Ach, wie trauerte der arme Gockel und Alektryo, als sie die Federn und Gebeine der guten ermordeten Gallina und ihrer Küchlein um das Nest der Katze herumliegen sahen! Sie weinten bittre Tränen miteinander, und Alektryo trug, mit seinem Schnabel herumsuchend, alle die Beinchen und Federn der Gallina und ihrer Jungen auf einen Haufen.

Nun führte der Hahn den alten Gockel in die wüste Schloßkapelle und begann vor dem Altar heftig mit den Füßen in der Erde zu scharren. Gockel verstand ihn und fing an diesem Orte zu graben an. Da entdeckte er einen großen Marmorstein, auf welchem geschrieben stand, daß vor langen Zeiten ein Vorfahre Gockels von Hanau den Edelstein aus dem Ringe Salomonis besessen habe; als aber die Feinde das Schloß verwüstet hätten, habe der Hahn, welcher immer bei der Familie ernährt werde, den kostbaren Stein verschluckt, damit ihn die Feinde nicht eroberten. Der fromme Gockel aber habe darum den Hahn nicht schlachten wollen, weil es ein heiliges Gesetz sei bei der Familie, den Hahnen nie zu ermorden, bis er selbst den Tod begehre.

Als Gockel diese Schrift gelesen, sagte er zu Alektryo: „Da kannst du selbst lesen, lieber Alektryo, daß ich dich nicht umbringen darf; aber sage, wie ist denn der edle Zauberstein an dich gekommen?“ Da erwiderte ihm Alektryo:

Urgroßvater sterbend spie aus den Stein,
Da schluckte ihn mein Großvater ein;
Großvater sterbend spie aus den Stein,
Da schluckte ihn mein Herr Vater ein;
Herr Vater sterbend spie aus den Stein,

Da schluckte ihn ich, der Alektryo, ein;
Alektryo sterbend speit aus den Stein,
Da kehrt er zu Gockel, dem Herren sein.
Gallina tot und Küchelchen tot,
Alektryo frißt mehr kein Brot,
Will sterben durch das Grafenschwert,
Wie es eines edlen Ritters wert.
Die Prophezeiung auf deinem Siegel steht,
Ist aus, an mir in Erfüllung geht.

„Wohlan", sagte Gockel, „so will ich dann morgen früh allhier ein strenges Halsgericht halten, und soll dir eine strenge Genugtuung für den Tod der Gallina und deiner Jungen gegeben werden. Dann aber will ich an dir tuen, was du begehrst." Nun setzte sich Gockel auf die Stufen des Altars, um noch ein wenig zu schlummern, Alektryo aber trug alle Gebeine und Federn der Gallina und ihrer Jungen in die Kapelle und legte aus den Gebeinen einen kleinen Scheiterhaufen auf dem ausgegrabenen Steine zusammen und stopfte die Federn alle in die Mitte desselben.

Als aber der Morgen zu grauen begann, flog der Alektryo auf die höchste Mauer des Schlosses und krähte dreimal so laut und heftig in die Luft hinein, daß sein Ruf wie der Schall einer Gerichtstrompete von allen Wänden widerschallte und alle Vögel erwachten und die Köpfe aus dem Nest steckten, um zu hören, was er verkünde. Und da sie hörten, daß er sie zu Recht und Gericht gegen die mörderische Katze vor den Rauhgrafen Gockel von Hanau rief, fingen sie gewaltig an, mit tausend Stimmen ihre Freude über diesen Ruf zu verkünden. Sie machten sich alle auf, schüttelten sich die Federn und putzten sich die Schnäbel, um ihre Klagen vorzubringen, und flogen alle in den Raum der Kapelle, wo sie sich hübsch ordentlich in Reih und Glied in die leeren Fenster, auf die Spitzen der zerbrochenen Säulen und auf die Mauervorsprünge und auf die hie und da drin wachsenden Büsche setzten und die Eröffnung des Gerichts erwarteten.

Als die Vögel alle versammelt waren, trat Alektryo vor die Stalltüre, worin Hinkel und Gackeleia noch schliefen, und indem er gedachte, daß hier der Mord an der frommen Gallina geschehen, krähte er mit solchem Zorne in den Stall hinein und schlug dermaßen mit den Flügeln dazu, daß Frau Hinkel und Gackeleia mit einem gewaltigen Schrecken erwachten und beide zusammen ausriefen: „O weh! O weh! Da ist der abscheuliche Alektryo schon wieder; er ist gewiß dem Vater im Walde entwischt, wir müssen ihn nur gleich fangen.“ Nun sprangen sie beide auf und verfolgten den Alektryo, mit ihren Schürzen wehend; er aber lief spornstreichs in die Kapelle hinein, und wie erschraken Hinkel und Gackeleia, als sie daselbst auf den Stufen des Altars den Gockel mit finsterm Angesicht, das große, rostige Grafenschwert in der Hand haltend, sitzen sahen! Sie wollten ihn eben fragen, wie er wieder hierhergekommen sei, aber er gebot ihnen zu schweigen, und wies ihnen mit einer so finstern Miene einen Ort an, wo sie ruhig stehenbleiben sollten, bis sie vor Gericht gerufen würden, daß sie sich verwundert einander ansahen.

Der Hahn Alektryo ging immer sehr traurig und in schweren Gedanken mit gesenktem Kopfe vor Gockel auf und ab, wie ein Mann, der in traurigen Umständen sehr tiefsinnige, verwickelte Dinge überlegt. Ja, er sah ordentlich aus, als lege er die Hände auf den Rücken. Auch Gockel sah einige Minuten still vor sich hin, und alle Vögel rührten sich nicht. Nun stand Gockel auf und hieb mit seinem Grafenschwert majestätisch nach allen vier Winden mit dem Ausruf:

Ich pflege und hege ein rechtes Gericht,
Wo Gockel von Hanau das Urteil spricht
Und über den Mörder den Stab zerbricht.

Nach diesen Worten flog Alektryo auf die Schulter Gockels und krähte dreimal sehr durchdringlich. Frau Hinkel wußte gar nicht, was dies alles bedeuten sollte, und schrie in größten Ängsten aus: „O Gockel, mein lieber Mann, was machst du? Ach, ich Unglückliche, er ist närrisch geworden.“ Da winkte ihr Gockel nochmals, zu schweigen, und sprach:

Wer kömmt zu Rüge, wer kömmt zu Recht?

Da trat Alektryo vor und sprach mit gebeugtem Haupt:

Alektryo klagt, dein Edelknecht!

Ach, wie fuhr das der Frau Hinkel und der kleinen Gackeleia durch das Gewissen, als sie hörten, daß der Hahn reden konnte; sie zitterten, daß nun alles gewiß herauskommen würde. Da sprach Gockel:

Alektryo, was ward dir getan?

Da trat Alektryo zu den Gebeinen der Gallina und sprach:

Ach Herr, schau diese Gebeinlein an!
Das war mein Weib und meine Brut,
Die Katze zerriß sie und trank ihr Blut.
Des schrei ich weh! und aber weh!
Und immer und ewig herrjemine!

Bei diesen Worten krähte er wieder gar betrübt, und Gockel sagte:

Alektryo, du mein edler Hahn,
Ich hörte, du hättest es selbst getan.
Nun bringe du mir auch Zeugen bei,
Daß deine Klage wahrhaftig sei!

Da antwortete Alektryo:

Weil ich die Faulen zu früh erweckt,
Ward vor Tag in den Sack gesteckt;
Ich hab nur gehört, hab nicht gesehn,
Wie das grausam Unglück geschehn.
Aber ich bitte alle die lieben Vögelein,
Sie sollen meine treuen Zeugen sein.

Nach diesen Worten fingen alle die Vögel an, so gewaltig durcheinander zu zwitschern, zu schnarren und zu klappern, daß Gockel sprach:

Halt ein, hübsch still, macht kein Geschrei!
Ich will euch vernehmen nun nach der Reih,
Zuerst Frau Schwalbe, die früh aufsteht,
Mein Zeugenruf an dich ergeht.

Da flog Frau Schwalbe heran und sprach:

Es ist wirklich, gewiß, sicherlich geschehn,
Ich wills immer und ewig nimmermehr wieder sehn,

Wie die wilde Kätzin und ihre Kätzchen
Sprengten mit zierlichen Sprüngen und Sätzchen
Und rissen ripps, rapps die Küchlein
und ihr Mütterlein treu Gripps, grapps
in viele, viele klein winzige Fetzen entzwei.
Ich blieb drüber im Schrecken
Schier im zierlichsten Gezwitscher stecken.
Ich bin im Begriffe gewesen,
Meinen Kindern, wie üblich, ein Kapitel aus der Bibel
Von Tobiä Schwälblein explizierend zu lesen.
Da geschah das himmelschreiende, grimmige Übel.
Als ich, wie's schicklich ist, mit witziger List meine Geschichte
Und Hirngespinste, die figürlichen, manierlichen Traumgedichte,
Meinen Kindern so ziemlich klimperklärlich im Schimmer
Des glitzernden Frühlichts rezitierte, ist, was ich nimmer
Sehen will, geschehen, die verzweifelte, verzweifelte
Misse- Misse- Missetat. Sieh, es ist die liebe, fleißige, emsige,
Pickende, kritzende, kratzende Gickel, Gackel, Gallina nicht mehr.
Das liebe, zierliche, von weißen Weidenzweigen gewickelte,
Gezwickelte, von piependen, pickenden, trippelnden Küchelchen
Wimmelnde Nest ist zerrissen und lee, lee, lee, leer.
Ach, ich will mit denen, die drum wissen, das böse Gewissen
Teilen für immer und ewiglich nimmer und nimmer me, me, me, mehr.

Nach dieser sehr beweglichen Aussage der kleinen Schwalbe krähte Alektryo wieder:

So kräh ich dann weh! und aber weh!
Und immer und ewig herrjemine!

Bei dem Krähen aber ward der Frau Hinkel und der kleinen Gackeleia fast zu Mute wie dem heiligen Petrus, als der Hahn krähte, da er den lieben Herrn Jesus verleugnet hatte. Gockel sprach nun:

Hab Dank, Frau Schwalbe, tritt von dem Plan,
Nun komme, Rotkehlchen, und zeuge an!

Da flog das liebe Rotkehlchen auf einen wilden Rosenstrauch in der Nähe des Altars und sagte:

Auf des höchsten Giebels Spitze
Sang im ersten Sonnenblitze
Ich mein Morgenliedlein fromm,
Pries den lieben Tag willkomm.
Bei mir saß, gar freundlich lächelnd,
Sich im Morgenlüftchen fächelnd,
Der erwachte Sonnenstrahl;
Unten lag die Nacht im Tal.
Unten zwischen finstern Mauern
Sah ich Katzenaugen lauern,
Und ich dankte Gott vertraut,
Daß ich hoch mein Nest gebaut.
Nun sah ich die Katze schleichen,
Mit den Jungen unten streichen
In den Stall und hört Geschrei,
Wußt bald, was geschehen sei.
Denn sie und die Jungen alle
Sprangen blutig aus dem Stalle,
Trugen Hühnchen in dem Maul
Und zerrissen sie nicht faul.
Ach, da war ich sehr erschrecket,
Hab die Flügel ausgestrecket,
Flog ins Nest und deckt in Ruh
Meine lieben Jungen zu.
Ja, ich muß es eingestehen,
Hab den bösen Mord gesehen,
Und mein kleines Mutterherz
Brach mir schier vor Leid und Schmerz!

Nach diesen Worten krähte Alektryo wieder:

So krähe ich weh! und aber weh!
Und immer und ewig herrjemine!

Nun hörte Gockel noch viele andre Vögel als Zeugen ab, und alle, vom Storch bis zur Grasmücke, erzählten, wie sie den Mord durch die Katze gesehen.

Als aber Gockel nun sich zu Frau Hinkel und zu Gackeleia wendete und sie beide fragte, wie sie das hätten können geschehen lassen, da die Gallina doch dicht neben ihrem Ruhebett gebrütet habe, und warum sie gelogen und alles auf den edlen Alektryo geschoben hätten, sanken beide auf die Kniee, gestanden ihr Unrecht unter bittern Tränen und versprachen, es niemals wieder zu tun. Gockel hielt ihnen eine scharfe Ermahnung und bat den Alektryo, ihnen selbst ihre Strafe zu bestimmen. Der gute Hahn aber bat für sie und verzieh ihnen selbst. Gockel aber sagte: „Deine Strafe, Frau Hinkel, soll sein, daß ich dir und deiner Tochter ein Hühnerbein und einen Katzenellenbogen in das Wappen setze zum ewigen Angedenken für eure böse Handlung, und außerdem soll Gackeleia, weil sie die Katzen heimlich sich zum Spiele erzogen und durch diese ihre Spielerei ein solches Unglück angestellt hat, nie mit einer Puppe spielen dürfen."

Ach, da fingen Frau Hinkel und Gackeleia bitterlich zu weinen an! Gockel aber befahl dem Hahn, den Scharfrichter zu holen, damit die Katze mit ihren Jungen hingerichtet würden. Da schrie der Hahn und alle Vögel: „Das ist die Eule, die große alte Eule, die dort drauß in der hohlen, dürren Eiche mit ihren Jungen sitzt." Und sogleich ward die Eule gerufen. Als sie ernsthaft und finster, wie ein verhaßtes, gefürchtetes, von allen andern verlassenes Tier, mit ihren Jungen zu der Kapelle mit schweren Flügeln hereinrasselte und mit dem Schnabel knappte und hu hu schrie und die Augen verdrehte, flohen die Vögel zitternd und bebend in alle Löcher und Winkel; Gackeleia verkroch sich schreiend hinter der Schürze ihrer Mutter, welche sich selbst die Augen zuhielt.

Gockel aber legte den Sack, worin die böse Katze mit ihren Jungen stak, in die Mitte der Kapelle, und die Eule trat mit ihren drei Jungen vor den Sack hin und sprach:

Ich komme, zu richten und zu rechten
Mit meinen drei Söhnen und Knechten.
Nun höre, du Katz, armer Sünder,
Nun höret, ihr Katzenkinder,
Die ihr seid arme Sünderlein:
Ein Exempel muß statuieret sein.
Nun, Hackaug, Blutklau und Brichdasgenick,
Meine Söhne, macht euer Meisterstück!

Da wollten sie den Sack aufmachen und die Katzen vor aller Augen hinrichten; aber Gackeleia schrie so entsetzlich, daß Gockel der Eule befahl, mit ihren Söhnen den Sack fortzutragen und ihr Geschäft zu Haus zu verrichten, was sie auch taten.

Als so dieses schreckliche Schauspiel vermieden war, trat Alektryo vor Gockel und verlangte, daß er ihm nun mit dem Grafenschwert den Kopf abschlagen, sich den Zauberstein aus seinem Kröpfe nehmen und ihn sodann mit den Gebeinen der Gallina und ihrer Jungen verbrennen sollte. Gockel weigerte sich lange, dem Begehren des Alektryo zu folgen; aber da er sich auf keine Weise wollte abweisen lassen und ihn versicherte, daß er sich doch in jedem Falle zu Tode hungern werde, so willigte Gockel ein. Er umarmte den edlen Alektryo nochmals von ganzem Herzen. Dann streckte der ritterliche Hahn den Hals weit aus und krähte zum letztenmal mit lauter Stimme, und unterdem schwang Gockel das Grafenschwert und hieb den Hals des Alektryo mittendurch, so daß der Edelstein ihm vor die Füße fiel und der tote Hahn daneben.

Alle Anwesenden weinten bitterlich; man legte den guten Hahn auf die Gebeine der Gallina, und alle Vögel brachten dürre Reiser und legten sie drum her. Da steckte Gockel die Reiser an und verbrannte alles zu Asche; aus den Flammen aber sah man die Gestalt eines Hahns wie ein goldnes Wölkchen durch die Luft davonschweben. Nun begrub Gockel die Asche und deckte den Stein mit der Schrift wieder mit Erde zu und hielt dann eine schöne Rede über die Verdienste und die großmütige Seele des verstorbenen Alektryo und des edlen Hahnengeschlechts überhaupt; unter anderm aber sprach er:

„Wer giebt die Weisheit ins verborgne Herz des Menschen? Wer giebt dem Hahnen Verstand? Gleichwie der Hahn den Tag verkündet und den Menschen vom Schlaf erweckt, so verkünden fromme Lehrer das Licht der Wahrheit in die Nacht der Welt und sprechen: Die Nacht ist vergangen, der Tag ist gekommen, lasset uns ablegen die Werke der Finsternis und anlegen die Waffen des Lichts! O wie lieblich und nützlich ist das Krähen des Hahnes! Dieser treue Hausgenosse erwecket den Schlafenden, ermahnet den Sorgenden, tröstet den Wanderer, meldet die Stunde der Nacht und verscheucht den Dieb und erfreuet den Schiffer auf einsamem Meere, denn er verkündet den Morgen, da die Stürme sich legen. Die Andächtigen wecket er zum Gebet, und den Gelehrten rufet er, seine Bücher bei Licht zu suchen. Den Sünder ermahnet er zur Reue, wie Petrum. Sein Geschrei ermutiget das Herz des Kranken. Dreierlei haben einen feinen Gang, und das Vierte geht wohl, der Löwe, mächtig unter den Tieren, er fürchtet niemand – ein Hahn mit kraftgegürteten Lenden, ein Widder und ein König, gegen den sich keiner erheben darf – aber dennoch fürchtet der Löwe, der niemanden fürchtet, den Hahn und fliehet vor seinem Anblick und Geschrei; denn der Feind, der umhergeht wie ein brüllender Löwe und suchet, wie er uns verschlinge, fliehet vor dem Rufe des Wächters, der das Gewissen erwecket, auf daß wir uns rüsten zum Kampf. Darum auch ward kein Tier so erhöhet; die weisesten Männer setzen sein goldenes Bild hoch auf die Spitzen der Türme über das Kreuz, daß bei dem Wächter wohne der Warner und Wächter. So auch steht des Hahnen Bild auf dem Deckel des Abc-Buches, die Schüler zu mahnen, daß sie früh aufstehen sollen, zu lernen. O wie löblich ist das Beispiel des Hahnen! Ehe er kräht, die Menschen vom Schlafe zu wecken, schlägt er sich selbst ermunternd mit den Flügeln in die Seite, anzeigend, wie ein Lehrer der Wahrheit sich selbst der Tugend bestreben soll, ehe er sie anderen lehret. Stolz ist der Hahn, der Sterne kundig, und richtet oft seine Blicke zum Himmel; sein Schrei ist prophetisch, er kündet das Wetter und die Zeit. Ein Vogel der Wachsamkeit, ein Kämpfer, ein Sieger, wird er von den Kriegsleuten auf den Rüstwagen gesetzt, daß sie sich zurufen und ablösen zu gemessener Zeit. So es dämmert und der Hahn mit den Hühnern zu ruhen sich auf die Stange setzt, stellen sie die Nachtwache aus. Drei Stunden vor Mitternacht regt sich der Hahn, und die Wache wird gewechselt; um die Mitternacht beginnt er zu krähen, sie stellen die dritte Wache aus, und drei Stunden gen Morgen rufet sein tagverkündender Schrei die vierte Wache auf ihre Stelle. Ein Ritter ist der Hahn, sein Haupt ist geziert mit Busch und roter Helmdecke, und ein purpurnes Ordensband schimmert an seinem Halse; stark ist seine Brust wie ein Harnisch im Streit, und sein Fuß ist bespornt. Keine Kränkung seiner Damen duldet er, kämpft gegen den eindringenden Fremdling auf Tod und Leben, und selbst blutend verkündet er seinen Sieg stolz emporgerichtet gleich einem Herold mit lautem Trompetenstoß. Wunderbar ist der Hahn; schreitet er durch ein Tor, wo ein Reiter hindurchkönnte, bücket er doch das Haupt, seinen Kamm nicht anzustoßen, denn er fühlt seine innere Hoheit. Wie liebet der Hahn seine Familie! Dem legenden Huhn singt er liebliche Arien: Bei Hühnern, welche Liebe fühlen, fehlt auch ein gutes Herze nicht, die süßen Triebe mitzufühlen, ist auch der Hahnen erste Pflicht. Stirbt ihm die brütende Freundin, so vollendet er die Brut und führet die Hühnlein, doch ohne zu krähen, um allein Mütterliches zu tun. O welch ein erhabenes Geschöpf ist der Hahn! Phidias setzte sein Bild auf den Helm der Minerva, Idomeneus auf seinen Schild. Er war der Sonne, dem Mars, dem Merkur, dem Äskulap geweiht. O wie geistreich ist der Hahn! Wer kann es den morgenländischen Kabbalisten verdenken, daß sie sich Alektryos bemächtigen wollten, da sie an die Seelenwanderung glaubten, und der Hahn des Micyllus sich seinem Herrn selbst als die Seele des Pythagoras vorstellte, die inkognito krähte? Ja, wie mehr als ein Hahn ist ein Hahn, da sogar ein gerupfter Hahn noch den Menschen des Plato vorstellen konnte!" usw.

Diese schöne Leichenrede ward sehr oft von dem lauten Schluchzen und Weinen des Gockels, der Frau Hinkel und der kleinen Gackeleia unterbrochen; auch alle Vögelein waren sehr gerühret und weinten stille mit. Den ganzen übrigen Tag weinte Frau Hinkel und Gackeleia noch und wollten sich gar nicht zufrieden geben, daß sie an dem Tode der Gallina und des Alektryo schuld gewesen. Gockel gab ihnen die schönste Ermahnung, sie versprachen die aufrichtigste Besserung, und so entschlief die ganze Familie am Abend dieses traurigen Tages nach einem gemeinschaftlichen herzlichen Gebet.

Als Gockel in der Nacht erwachte, dachte er der Frau Hinkel und seines Töchterleins Gackeleia mit vieler Liebe und entschloß sich, ihnen nach dem vielen Schrecken, den sie gehabt, eine rechte Freude zu machen und zugleich den Zauberstein aus des Hahnen Kropf zu versuchen. Er nahm daher den Stein aus seiner Tasche, steckte ihn an den Finger und drehte ihn an demselben herum mit den Worten:

Salomon, du weiser König,
Dem die Geister untertänig,
Mach mich und Frau Hinkel jung!
Trag uns dann mit einem Sprung
Nach Gelnhausen in ein Schloß!
Gieb uns Knecht und Magd und Roß,
Gieb uns Gut und Gold und Geld,
Brunnen, Garten, Ackerfeld!
Füll uns Küch und Keller auch,
Wie's bei großen Herren Brauch!
Gieb uns Schönheit, Weisheit, Glanz,
Mach uns reich und herrlich ganz!
Ringlein, Ringlein, dreh dich um,
Machs recht schön, ich bitt dich drum!

Unter dem Drehen des Ringes und dem öftern Wiederholen dieses Spruches schlief Gockel endlich ein. Da träumte ihm, es träte ein Mann in ausländischer reicher Tracht vor ihn, der ein großes Buch vor ihm aufschlug, worin die schönsten Paläste, Gärten, Hausgeräte, Wagen, Pferde und andere dergleichen Dinge abgebildet waren, aus welchen er sich die schönsten heraussuchen mußte. Gockel tat dies mit großem Fleiß und träumte alles so klar und deutlich, als ob er wache. Da er aber das Buch durchgeblättert hatte, schlug der Mann im Traume es so heftig zu, daß Gockel plötzlich erwachte. Es war noch dunkel, und er war so voll von seinem Traum, daß er sich entschloß, seine Frau zu wecken, um ihr denselben zu erzählen; auch fühlte er ein so wunderliches Behagen durch alle seine Glieder, daß er sich kaum enthalten konnte, laut zu jauchzen. Da er sich immer mehr vom Schlafe erholte, empfand er die lieblichsten Wohlgerüche um sich her und konnte gar nicht begreifen, was nur in aller Welt für köstliche Gewürzblumen in seinem alten Hühnerstall über Nacht müßten aufgeblüht sein. Als er aber, sich auf seinem Lager wendend, bemerkte, daß kein Stroh unter ihm knistere, sondern daß er auf seidenen Kissen ruhe, begann er vor Erstaunen auszurufen: „O jemine! was ist das?" In demselben Augenblick rief Frau Hinkel dasselbe, und beide riefen: „Wer ist hier?" und beide riefen: „Ich bins, Gockel! Ich bins, Hinkel!" Aber sie wolltens beide nicht glauben, daß sie es wären. Es hatte ihnen beiden dasselbe geträumt und sie würden geglaubt haben, daß sie noch träumten, aber sie fanden gegenseitig ihre Stimme so verändert, daß sie vor Verwunderung gar nicht zu Sinnen kommen konnten.

„Gockel", flüsterte Frau Hinkel, „was ist mit uns geschehen? Es ist mir, als wäre ich zwanzig Jahr alt." – „Ach, ich weiß nicht", sagte Gockel, „aber ich möchte eine Wette anstellen, daß ich nicht über fünfundzwanzig alt bin." – „Aber sage nur, wie kommen wir auf die seidnen Betten?" sagte Frau Hinkel. „So weich habe ich selbst nicht gelegen, als du noch Fasanenminister in Gelnhausen warst. Und die himmlischen Wohlgerüche umher! Aber ach, was ist das? Der Trauring, der mir immer so lose an dem Finger hing, daß ich ihn oft nachts im Bettstroh verloren, sitzt mir jetzt so fest, daß ich ihn kaum drehen kann, ich bin gar nicht mehr mager." Diese letzten Worte erinnerten den Gockel an den Ring Salomonis; er dachte: „Ach, das mag alles von meinem gestrigen Wunsch herkommen." Da hörte er auf einmal Rosse im Stalle stampfen und wiehern, hörte eine Tür gehn, und es fuhr ein Licht durch die Stube an der Decke weg, als wenn jemand mit einer Laterne nachts über den Hof geht. Er und Hinkel sprangen auf, aber sie fielen ziemlich hart auf die Nase, denn jetzt merkten sie, daß sie nicht mehr auf der ebenen Erde, sondern auf hohen Polsterbetten geschlafen hatten, und der Schein, der durch die Stube gezogen war, hatte nicht die rauhe Wand ihres Hühnerstalls, an der Stroh und eine alte Hühnerleiter lag, sondern prächtige gemalte und vergoldete Wände, seidene Vorhänge und aufgestellte Silber- und Goldgefäße beleuchtet. Sie rafften sich auf von einem spiegelglatten Boden, sie stürzten sich in die Arme und weinten vor Freude wie die Kinder. Sie hatten sich so lieb, als hätten sie sich zum erstenmal gesehen. Nun bemerkten sie den Schein wieder und sahen, daß er durch ein hohes Fenster hereinfiel. Mit verschlungenen Armen liefen sie nach dem Fenster und sahen, daß es von der Laterne eines Kutschers mit einer reichen Livree herkam, der in einem großen, geräumigen Hof stand, Haber siebte und ein Liedchen pfiff. Im Schein der Laterne, der an das Fenster fiel, sah Gockel Hinkel an und Hinkel Gockel, und beide lachten und weinten und fielen sich um den Hals und riefen aus: „Ach Gockel, ach Hinkel, wie jung und schön bist du geworden!“

Da sprach Gockel: „Alektryo hat die Wahrheit gesprochen; der Ring Salomonis hat Probe gehalten, alle meine Wünsche, bei welchen ich ihn drehte, sind in Erfüllung gegangen“, und da erzählte er der Frau Hinkel alles von dem Ring und zeigte ihr ihn, und ihre Freude war unaussprechlich. Nun liefen sie an ein anderes Fenster und sahen in einen wunderschönen Garten; ein wunderlieblicher Blumenduft strömte ihnen entgegen, die herrlichsten Springbrunnen plätscherten im Mondschein, und die Nachtigallen sangen ganz unvergleichlich dazu.

Nun liefen sie an ein drittes Fenster. „Oje, welche Freude!“ rief Frau Hinkel aus. „Wir sind in Gelnhausen, da oben liegt das Schloß des Königs, und da drüben, oh! zum Entzücken! da sehe ich in einer Reihe alle die Bäcker- und Fleischerladen; es ist noch ganz stille in der Stadt, horch, der Nachtwächter ruft in einer entfernten Straße, drei Uhr ist es. Ach, was wird er sich wundern, wenn er hierher auf den Markt kömmt und auf einmal unsern gräflichen Palast sieht! Und der König, was wird der König die Augen aufreißen und alle die Hofherrn und Hofdamen, die uns so spöttisch nachsahen, da wir ins Elend gingen, was werden sie gedemütigt sein durch unsern Glanz! O Gockel, lieber Gockel, was bist du für ein allerliebster, bester Mann mit deinem Ringe Salomonis!“ und da fielen sie sich wieder um den Hals.

Der Tag brach aber an, und sie sahen verwundert den Glanz ihres prächtigen Schlafgemachs und ihrer schönen, atlassenen, himmelblauen Schlafröcke und ihrer goldenen Nachtmützen. Nun erinnerten sie sich in ihrer Freude erst an

Gackeleia, ihr liebes Töchterlein, und eilten nach einem wunderschönen Bettchen, rissen die rotsamtnen, goldgestickten Vorhänge hinweg: da lag Gackeleia, schön wie ein Engel, ach, viel schöner, als sie je gewesen. Gockel und Hinkel erweckten sie mit Küssen und Tränen: „Wach, wach auf, Gackeleia! Ach, alle Freude ist um uns her! Ach, Gackeleia, sieh alle die schönen Sachen an!“ Da schlug Gackeleia die blauen Augen auf und glaubte, sie träume das alles nur, und da sie Vater und Mutter, welche beide so jung und schön geworden waren, gar nicht wiedererkannte, fing sie an zu weinen und verlangte nach ihren Eltern. Ja, alle die schönen Sachen konnten sie nicht zufriedenstellen; sie sagte immer: „O, was soll ich mit alle der Herrlichkeit, ich will zu meiner lieben Mutter, Frau Hinkel, zu meinem guten Vater Gockel zurück!“ Die Mutter und der Vater konnten sie auf keine Weise bereden, daß sie es selbst seien. Endlich sagte Gockel zu ihr: „Wer bist du denn?“ – „Gackeleia bin ich“, erwiderte das Kind. „So“, sagte Gockel, „du bist Gackeleia? Aber Gackeleia hatte ja gestern ein Röckchen von grauer, grober Leinwand an; wie kömmt dann Gackeleia in das schöne buntgeblümte, seidne Schlafröckchen?“ – „Ach, das weiß ich nicht“, antwortete Gackeleia; „aber ich bin doch ganz gewiß Gackeleia, ach, ich weiß es gewiß, die Augen schmerzen mich noch so sehr, ich habe gestern gar viel geweint; ich habe großes Unglück angestellt, ich habe die Katze ans Nest der Gallina geführt, ich bin schuld, daß sie gefressen worden, ich habe dadurch den guten Alektryo in den Tod gebracht, ach, ich bin gewiß die böse Gackeleia!“ Dabei weinte sie und fuhr fort: „O, du bist Gockel nicht, der Vater Gockel hat schneeweiße Haare und einen weißen Bart und ist bleich im Gesicht und hat eine spitze Nase; du Schwarzer mit den roten Wangen bist Gockel nicht; du bist auch die Mutter Hinkel nicht, du bist ja so geschmeidig und schlank wie ein Reh; die Mutter Hinkel ist ganz breit. Ich will fort ins alte Schloß! ihr habt mich gestohlen!“ Und da weinte das Kind wieder heftig. Gockel wußte sich nicht anders zu helfen, als daß er dem Kinde sagte: „Schau einmal recht an, ob ich dein Vater Gockel nicht bin!“ Da guckte Gackeleia ihn scharf an, und er drehte den Ring Salomonis ganz sachte am Finger und sprach leise:

Salomon, du großer König,
Mache mich doch gleich ein wenig
Dem ganz alten Gockel ähnlich,
Mach mich wieder wie gewöhnlich!

Und wie er am Ringe drehte, ward er immer älter und grauer, und das Kind sagte immer: „Ach Herr, ja, ja, fast wie der Vater!" Und als er ganz fertig mit dem Drehen war, sprang das Kind aus dem Bett und flog ihm um den Hals und schrie: „Ach ja, du bists, du bists, liebes gutes, altes Väterchen! Aber die Mutter ist es mein Lebtag nicht!" Da begann Gockel auch für Frau Hinkel den Ring zu drehen, daß sie wieder ganz alt ward. Aber der machte das gar keine Freude, und sie sagte immer: „Halt ein, Gockel, nein, das ist doch ganz abscheulich, einen so herunterzubringen; nein, das ist zu arg, so habe ich mein Lebtag nicht ausgesehen, du machst mich viel älter, als ich war!" Und nun begann sie zu weinen und zu zanken und wollte dem Gockel mit Gewalt nach der Hand greifen und ihm den Ring wieder zurückdrehen, aber Gackeleia sprang ihr in die Arme und küßte und herzte und rief sie ein Mal über das andre aus: „Ach Mutter, liebe Mutter, du bists, du bists, ganz gewiß!" Da sagte Frau Hinkel: „Nun, meinethalben!" und küßte das Kind Gackeleia von ganzem Herzen. Gockel aber sprach: „Ei, ei, Frau Hinkel, ich hätte mein Lebtag nicht gedacht, daß du so eitel wärst; es ist gut, nun habe ich ein Mittel, dich zu strafen. Sieh, wenn du nun nicht fein ordentlich und fleißig bist oder brummst oder bist neugierig, da drehe ich gleich den Ring um und mache dich hundert Jahre alt." Da sagte Frau Hinkel: „Tue, was du willst; ich habe es nicht gern getan, es hat mich nur so überrascht." Da umarmte sie Gockel und drehte den Ring wieder, und sie wurden beide wieder jung und schön. So erfuhr auch Gackeleia das Geheimnis mit dem Ringe, und Gockel schärfte ihr und der Frau Hinkel ein, ja niemals etwas von dem Ringe zu sprechen, sonst würde er ihnen gestohlen werden, und dann würden sie um all ihr jetziges Glück kommen und wieder in das Elend nach dem alten Schlosse ziehen müssen. „Jetzt aber", fuhr Gockel fort, „wollen wir vor allem Gott herzlich danken für unsern neuen Zustand, denn ihm gebührt allein die Ehre." Da knieten sie in der Mitte der Stube und dankten Gott von ganzem Herzen.

Aber unterdessen war der Nachtwächter auf den Markt gekommen und hatte das herrliche Schloß Gockels, das wie ein Pilz in der Nacht hervorgewachsen, kaum erblickt, als er ein entsetzliches Geschrei anfing:

Hört, ihr Herrn, was will ich euch sagen,
Die Glocke hat vier Uhr geschlagen,
Aber das ist noch gar nicht viel
Gegen ein Schloß, das vom Himmel fiel.
Da stehts vor mir ganz lang und breit,

Ich weiß nicht, ob ich recht gescheit;
Ich schau es an, es kömmt mir vor
Wie der alten Kuh das neue Tor.
Wacht auf, ihr Herrn, und werdet munter,
Schaut an das Wunder über Wunder
Und bewahrt das Feuer und das Licht,
Daß dieser Stadt kein Unglück geschieht,
Und lobet Gott den Herrn!

Da wachten die Bürger rings am Markte auf, die Bäcker und die Fleischer rieben sich die Augen und rissen die Mäuler sperrangelweit auf und staunten das Schloß an und machten ein entsetzliches Geschrei vor Verwunderung. Gockel und Hinkel und Gackeleia standen am Fenster und guckten hinter dem Vorhang alles an. Endlich schrie ein dicker Fleischer: „Da ist da, das Schloß kann keiner wegdisputieren; aber ob Leute drin sind, die Fleisch essen, das möcht ich wissen!“ – „Ja, und Brot und Semmeln und Eierwecke“, fuhr ein staubiger, untersetzter Bäckermeister fort. Da ging aber auf einmal die Schloßtüre auf, und es trat ein großer, bärtiger Türsteher heraus mit einem großen Kragen, wie ein Wagenrad, und einem breiten, silberbordierten Bandelier über die Brust und weiten, gepufften Hosen und einem Federhut, wie ein alter Schweizer gekleidet; er trug einen langen Stock, woran ein silberner Knopf war, wie ein Kürbis so groß, und auf diesem ein großer silberner Hahn mit ausgebreiteten Flügeln. Die versammelten Leute fuhren alle auseinander, als er mit ernster, drohender Miene ganz breitbeinig auf sie zuschritt; sie meinten, er sei ein Gespenst. Auch Gockel und Hinkel oben am Fenster waren sehr über ihn verwundert und öffneten das Fenster ein wenig, um zu hören, was er sagte. Er aber sprach:

„Hört einmal, ihr lieben Bürger von Gelnhausen, es ist sehr unartig, daß ihr hier bei Anbruch des Tages einen so abscheulichen Lärm vor dem Schlosse Ihrer Hoheit des hochgebornen Rauhgrafen Gockel von Hanau, Hennegau und Henneberg, Erbherrn auf Hühnerbein und Katzenellenbogen macht! Ihre hochgräflichen Gnaden werden es sehr ungern vernehmen, so ihr Sie also frühe in der Ruhe stört, und wünsche ich, das nicht wieder zu erfahren; das laßt euch gesagt sein.“ – „Mit Gunst“, sagte da der Fleischer und zog seine Mütze höflich ab, „wenns erlaubt ist, zu fragen, wird dies Schloß, das über Nacht wie ein Pilz aus der Erde gewachsen ist, von dem ehemaligen hiesigen Fasanenminister bewohnt?“ – „Allerdings“, erwiderte der Schweizer, „es ist bewohnt von ihm und seiner gräflichen Gemahlin Hinkel und Hochdero Töchterlein Gackeleia, außerdem zwei Kammerdienern, zwei Kammerfrauen, vier Bedienten, vier Stubenmädchen, zwei Jägern, zwei Läufern, zwei Heiducken, zwei Kammerhusaren, zwei Kammermohren, zwei Kammerriesen, zwei Kammerzwergen, zwei Türstehern, wovon ich einer zu sein mir schmeicheln kann, zwei Leibkutschern, sechs Stallknechten, zwei Köchen, sechs Küchenjungen, zwei Gärtnern, sechs Gärtnerburschen, einem Haushofmeister, einer Haushofmeisterin, einem Kapaunenstopfer, einem Hühnerhofmeister, einem Fasanenmeister und noch allerlei anderem Gesinde, welche alle zusammen täglich hundert Pfund Rindfleisch, hundert Pfund Kalbfleisch, fünfzig Pfund Hammelfleisch, fünfzig Pfund Schweinefleisch, sechzig Würste und dergleichen essen." – „Ach!" schrie da der Metzger und kniete beinah vor dem Schweizer nieder, „ich rekommandiere mich bestens als hochgräflicher Hofmetzger." Und der Bäcker zupfte den Schweizer am Ärmel mit den Worten: „Ihre hochgräflichen Gnaden und die hochgräfliche Dienerschaft werden doch das viele Fleisch nicht so ohne Brot in den Magen hineinfressen; das könnte ihnen unmöglich gesund sein." – „Ei behüte!" sagte der Schweizer, „sie brauchen täglich dreißig große Weißbrode, hundertfünfzig Semmeln, hundert Eierwecke, hundert Bubenschenkel und zweihundertundsechsundneunzig Zwiebacke zum Kaffee." – „O, so empfehle ich mich bestens zum hochgräflichen Hausbäcker", rief der Bäckermeister. „Wir wollen sehen", sprach der Schweizer, „wer heute gleich das beste Fleisch und die besten Semmeln liefern wird." Da stürzten alle die Bäcker und Fleischer nach ihren Buden und hackten und kneteten und rollten und glasierten die Eierwecke und rissen die Laden auf und stellten alles heraus, daß es eine Pracht war. Aber dies ging nun auf allen Seiten von Gelnhausen so; alle Krämer und alle Krauthändler kamen, sahen, staunten und wurden berichtet und waren voll Freude, daß sie viel Geld verdienen sollten.

Gockel und Hinkel und Gackeleia aber liefen im Schloß herum und sahen alles an; alle die Dienerschaft setzte sich in Bewegung, man kleidete sich an, man wurde frisiert, man putzte Stiefel und Schuh, man klopfte Kleider aus, tränkte die Pferde, fütterte Hühner, frühstückte; es war ein Leben und Weben wie in dem größten Schloß. Die Bürgerschaft, um ihre Freude zu bezeigen, kam mit fliegenden Fahnen gezogen, jede Zunft mit ihrem Schutzheiligen und schöner Musik; sie standen alle vor dem Schloß, feuerten ihre rostigen Flinten in die Luft und schrien: „Vivat der Graf Gockel von Hanau! Vivat die Gräfin Hinkel und die Komtesse Gackeleia! Vivat hoch! und abermals hoch!" Gockel und Hinkel und

Gackeleia standen auf dem Balkon am Fenster und warfen Geld unter das Volk, und der Kellermeister wälzte ein Stückfaß Wein aus dem Keller und schenkte jedem ein, der trinken wollte.

Der König von Gelnhausen wohnte damals nicht in der Stadt, sondern eine Meile davon in seinem schönen Lustschloß Kastellovo, auf deutsch Eierburg, denn das ganze Schloß war von lauter ausgeblasenen Eierschalen errichtet, und in die Wände waren bunte Sterne von Ostereiern hineingemauert. Dieses Schloß war des Königs Lieblingsaufenthalt, denn der ganze Bau war seine Erfindung, und alle diese Eierschalen waren bei seiner eignen Haushaltung ausgeleert worden. Das Dach der Eierburg aber ward in Gestalt einer brütenden Henne wirklich von lauter Hühnerfedern zusammengesetzt, und inwendig waren alle Wände eiergelb ausgeschlagen. Grade der Bau dieses Schlosses war schuld gewesen, daß Gockel einstens aus den Diensten des Königs gegangen war, weil er sich der entsetzlichen Hühner- und Eierverschwendung widersetzte und dadurch den König erbittert hatte. Täglich kam nun der königliche Küchenmeister mit seinem Küchenwagen nach Gelnhausen gefahren, um die nötigen Vorräte für den Hofstaat einzukaufen. Wie erstaunte er, als er die ganze Stadt in einem allgemeinen Bürgerfest vor einem nie gesehenen Palast erblickte und den Namen Gockels an allen Ecken ausrufen hörte! Aber sein Erstaunen war bald in einen großen Ärger verwandelt, denn wo er zu einem Bäcker oder Fleischer oder Krämer mit seinem Küchenwagen hinfuhr, um einzukaufen, hieß es überall: „Alles ist schon für Seine hochgräfliche Gnaden Gockels von Hanau gekauft." Da nun der königliche Küchenmeister endlich sich mit Gewalt der nötigen Lebensmittel bemächtigen wollte, widersetzten sich die Bürger, und es entstand ein Getümmel. Gockel, der die Ursache davon erfuhr, ließ sogleich dem Küchenmeister sagen, er möge ohne Sorge sein, denn er wolle Seine Majestät den König und seine ganze Familie und seine ganze Dienerschaft alleruntertänigst heute auf einen Löffel Suppe zu sich einladen lassen, und er, der Küchenmeister, möchte nur mit seinem Küchenwagen vor seine Schloßspeisekammer heranfahren, um ein kleines Frühstück für den König mitzunehmen. Der Küchenmeister fuhr nun hinüber, und Gockel ließ ihm den ganzen Küchenwagen mit Kiebitzeneiern anfüllen und setzte seine zwei Kammermohren obendrauf, welche den König unterrichten sollten, wie man die Kiebitzeneier mit Anstand esse, denn der König hatte sein Lebtage noch keine gegessen.

Mit höchster Verwunderung hörte König Eifrasius die Geschichte von dem Schloß und dem Gockel von dem Küchenmeister erzählen und ließ sich sogleich einhundert von den Kiebitzeneiern hart sieden. Als nun die zwei schwarzen Kammermohren in ihren goldbordierten Röcken mit der silbernen Schüssel voll Salz, in welches die Eier festgestellt waren, hereintraten und mit ihrer schwarzen Farbe so schön gegen den weißen Eierpalast abstachen, hatte König Eifrasius große Freude daran. Er ließ seine Gemahlin Eilegia und seinen Kronprinzen Kronovus berufen zum Frühstück und erzählte ihnen das große Wunder vom Palast und Gockel. „Ach", sagte Kronovus, „da ist wohl die kleine Gackeleia, mit welcher ich sonst spielte, auch wieder dabei?" – „Natürlich", sprach Eifrasius, „und wir wollen gleich nach diesem Frühstück hineinfahren und uns den ganzen Spektakel ansehen. Aber seht nur die kuriosen Eier, die er uns zum Frühstück sendet! Grün sind sie mit schwarzen Punkten, man nennt sie Kibitkeneier; sie kommen weit aus Rußland und werden so genannt, weil sie in Kibitken, einer Art von Hühnerstall auf vier Rädern, gefunden oder gelegt oder hierhergefahren werden."

Da sprach der eine Kammermohr: „Ich bitte Euer Majestät um Vergebung, man nennt sie Kibitzeneier; sie werden vom Kiebitz, einem Vogel gelegt, der ungefähr so groß wie eine Taube und grau wie eine Schnepfe ist und wie eine französische Schildwache beim Eierlegen immer „*qui vit*" schreit; wenn man dann „Gut Freund!" antwortet, so kann man hingehen und ihm die Eier nehmen, worauf er gleich wieder andre legt."

Den König Eierfraß ärgerte es, daß der Mohr ihn in Eierkenntnissen belehren wollte, und sagte zu ihm: „Halt Er sein Maul! Er versteht nichts davon, sei Er nicht so naseweis!" Darüber erschrak der Mohr wirklich so sehr, daß er ganz weiß um den Schnabel wurde. Der andre Mohr sprach nun: „Der Rauhgraf Gockel hat uns befohlen, Euer Majestät zu zeigen, wie diese Eier jetzt nach der neusten Mode gegessen zu werden pflegen." – „Ich bin begierig", sagte der König, „es zu sehen." Da nahm jeder der Kammermohren eins von den Eiern in die flache linke Hand, und so traten sie sich mit aufgehobener Rechte einander gegenüber und baten den König, eins, zwei, drei zu kommandieren. Das tat Eifraßius, und wie er drei sagte, schlug der eine Mohr dem andern so auf das Ei, daß der gelbe Dotter gar artig auf die schwarze Hand herausfuhr. Dem König gefiel dieses über die Maßen, und sie mußten es ihm bei allen hundert Eiern machen, wofür er ihnen beim Abschied beiden den Orden des Roten Ostereis dritter Klasse zur Belohnung um den Hals hängte.

Nun fuhr der König und seine Gemahlin und der Kronprinz sogleich in Gefolge des ganzen Hofstaats nach Gelnhausen zu Gockel, der ihm mit Hinkel und Gackeleia an der Schloßtüre entgegentrat. Die Verwunderung über den Reichtum und die jugendliche Schönheit Gockels konnte nur durch die außerordentliche Mahlzeit noch übertroffen werden. Alles war in vollem Jubel; Kronovus und Gackeleia saßen an einem aparten Tischchen und wurden von den zwei Kammerzwergen bedient, und Musik war an allen Ecken. Beim Nachtisch tranken Eifraßius und Gockel Brüderschaft und Eilegia und Hinkel Schwesterschaft, und Kronovus und Gackeleia sagten zueinander: „Du bist mein König, und du bist meine Königin." Eifraßius zog dann den Gockel in ein Fenster und hing ihm das Großei des Ordens des Goldnen Ostereis mit zwei Dottern um den Hals und borgte hundert Gulden von ihm. Worauf das Ganze mit einem großen Volksfeste beschlossen wurde.

So lebten Gockel und die Seinigen beinah ein Jahr in einer ganz ungemeinen irdischen Glückseligkeit zu Gelnhausen, und der König war so gut Freund mit ihm und seiner vortrefflichen Küche und seinem unerschöpflichen Geldbeutel, und alle Einwohner des Landes hatten ihn seiner großen Freigebigkeit wegen so lieb, daß man eigentlich gar nicht mehr unterscheiden konnte, wer der König von Gelnhausen war, Gockel oder Eifraßius. Auch wurde es unter beiden fest beschlossen, daß einstens Gackeleia die Gemahlin des Erbprinzen Kronovus werden und an seiner Seite den Thron von Gelnhausen besteigen sollte. Aber der Mensch denkt und Gott lenkt, und so kamen auch über diese guten Leute noch manche Schicksale, an die sie gar nicht gedacht hatten.

Alles hatte die kleine Gackeleia in vollem Überfluß, nur keine Puppe; denn Gockel hielt streng auf dem Verbot, das er über sie bei dem Tode des Alektryo hatte ergehen lassen, sie sollte zur Strafe niemals eine Puppe haben. Wenn sie nun um Weihnachten oder am St. Niklastag alle Mägdlein in Gelnhausen mit schönen neuen Puppen herumziehen sah, war sie gar betrübt und weinte oft im stillen, eine solche Sehnsucht hatte sie nach einer Puppe. Merkte der alte Gockel aber, daß Gackeleia, die er über alles liebte, so traurig war, so tat er ihr alles zuliebe, um sie zu trösten, zeigte ihr die schönsten Bilderbücher, erzählte ihr die wunderbarsten Märchen, ja, gab ihr wohl auch manchmal den köstlichen Ring des Salomonis in die Hände, der mit seinem funkelnden Smaragd und den wunderbaren Zügen, die darauf eingeschnitten waren, alle Augen erquickte, die ihn anschauten.

Einstens ging nun Gackeleia einmal in ihrem kleinen Gärtchen spazieren. Da waren die zierlichsten Beete voll schöner Blumen, alle mit Buchsbaum und Salbei eingefaßt, und die Wege waren mit glitzerndem Goldsand bestreut; in der Mitte war ein Springbrünnchen, worin Goldfische schwammen, und über demselben ein goldner Käficht voll der buntesten singenden Vögel; hinter dem Brunnen aber war eine kleine Laube von Rosen und eine kleine Rasenbank. Ein schönes goldnes Gitter umgab das ganze liebe Gärtchen. „Ach", dachte Gackeleia, „wie glückselig wäre ich, wenn ich eine Puppe in meinem schönen Garten spazierenführen könnte! So allein gefällt er mir gar nicht; was hilft es mir auch, wenn ich mir aus meinem Taschentuche durch allerlei Knoten eine Puppe zusammensetze? So ist doch nie eine schöne Gliederpuppe, ganz wie ein Mensch mit einem schönen lackierten Gesicht, und der Vater hat mir selbst diese Puppen verboten."

Während Gackeleia so in schweren Puppensorgen auf ihrer Rasenbank saß, hörte sie auf einmal eine angenehme, summende, aber sehr leise Musik ganz nahe hinter ihr vor dem Garten, der an einem Feldweg lag. Da guckte sie durch die Blätter und sah etwas gar Kurioses. Dicht vor dem Gitter saß ein Mann in einem schwarzen Mantel ohne Kopf an der Erde zusammengehuckt, und unter dem Mantel hervor schnurrte die Musik. Gackeleia legte sich ganz dicht an die Erde, um zu sehen, wo nur in aller Welt die feine Musik herkomme, und wie war sie erstaunt, als sie da unten ein Paar allerliebste Puppenbeinchen in himmelblauen, mit Silber gestickten Pantoffelchen ganz im Takte der Musik herumschnurren sah! Sie wußte gar nicht, was sie vor Neugierde, die Puppe ganz zu sehen, anfangen sollte. Oft war sie im Begriff, die Hand durchs Gitter zu stecken und den schwarzen Mantel ein wenig aufzuheben, aber die Furcht, weil sie an dieser Gestalt keinen Kopf sah, hielt sie immer wieder zurück. Endlich brach sie sich eine lange Weidenrute ab, steckte sie durch das Gitter und lüftete den Mantel ein wenig. Da schnurrte eine wunderschöne Puppe in den artigsten Kleidern, wie eine Gärtnerin geputzt, unter dem Mantel hervor und rannte grade auf das Gitter des Gartens zu, stieß einigemal an die goldnen Gitterstäbe und würde gewiß zu ihr hineingekommen sein, wenn nicht eine hagere Hand aus dem Mantel sich nach ihr hingestreckt und sie wieder in die Verborgenheit zurückgezogen hätte, wo die kleine Puppe von einer rauhen Stimme sehr ausgeschimpft wurde, daß sie sich unterstanden habe, unter dem Mantel hervorzulaufen.

Gackeleia konnte sich nicht mehr länger zurückhalten und rief ein Mal über das andere Mal: „Ach, du schwarzer Mantel, schimpfe doch die liebe, schöne Puppe nicht so; ach, lasse sie doch ein wenig heraus, zu mir in den Garten!“ Da tat sich auf einmal der Mantel auf, und ein alter Mann mit einem langen weißen Bart richtete sich vor Gackeleia auf und sprach: „Ich bitte dich sehr um Verzeihung, daß ich meine Puppe hier ein wenig unter meinem Mantel tanzen ließ und auf der Maultrommel dazu spielte; ich habe nicht gewußt, daß mir jemand zusah. Ich wollte nur versuchen, ob sie mir auf der Reise nicht verdorben sei, denn ich will sie hier in Gelnhausen vor Geld auf dem Rathause tanzen lassen. Sieh nur, sie ist ganz artig, jetzt ist sie wie eine Gärtnerin gekleidet und hat einen Harken in der einen Hand und eine Gießkanne in der andern; aber ich habe noch viele andre Kleider für sie. Sieh nur, mein Kind, hier ist ein Schäferkleid und Hut und Stab und ein Lämmchen, und hier ein Jagdröckchen und ein Spieß und ein Hündchen und noch gar viele Kleider, daß ich sie ankleiden kann, wie ich will.“ Bei diesen Worten zog der Alte allerlei bunte Puppenkleider aus allen Taschen hervor und reichte sie der kleinen Gackeleia durch das Gitter, welche sie mit großer Freude betrachtete. Die kleine Puppe aber guckte dem alten Manne aus dem Ärmel hervor und wackelte immer mit dem Kopf.

„Ach“, sagte Gackeleia, „wie allerliebst sind die Kleider! Lieber alter Mann, leih mir doch die Puppe nur einen Augenblick, daß ich sie nur einmal recht betrachte!“ Der Alte aber sagte: „Kind, das kann ich nicht; gieb mir die Kleider wieder, ich muß machen, daß ich in meine Herberge komme. Willst du mir aber einen Gefallen tun, so sollst du die Puppe und alle die Kleider von mir zum Geschenke erhalten.“ – „Ach, ich darf keine Puppe haben“, sagte Gackeleia, „und hätte diese doch so gern!“ Da erwiderte der Alte: „Diese darfst du haben, denn es ist keine Puppe, sondern eine Kunstfigur mit einem Uhrwerk im Leibe, und wenn ich das aufziehe, läuft sie wie ein lebendiger Mensch eine halbe Stunde allein herum. Schau nur her!“ Da zog er die Puppe aus dem Ärmel, nahm einen Uhrschlüssel und steckte ihr denselben in eine Öffnung an der Brust, und drehte knirr, knirr, knirr, wie man eine Taschenuhr aufzieht, setzte dann die kleine Gärtnerin an die Erde, und sie lief, mit dem Kopfe nickend, immer vor dem Gitter des Gartens herum. „Ach, sie winkt mir“, rief Gackeleia und patschte in die kleinen Hände, „sie möchte gern zu mir in den Garten. Ach, sage mir doch, alter Mann, was soll ich dir zu Gefallen tun, daß du mir die kleine Puppe giebst?“ – „Es ist nur eine Kleinigkeit“, erwiderte der Alte. „Sieh, mein liebes Kind, ich bin ein sehr betrübter, alter Mann, und habe keinen Vater und keine Mutter, keinen Sohn, keine Tochter, keinen Bruder, keine Schwester, keinen Hof und kein Haus, keine Katze und keine Maus, ich habe auf der Welt nichts als diese Puppe, aber ich bin so betrübt, daß sie mich nicht trösten kann; du aber kannst mich trösten, daß ich so lustig werde wie ein Lämmerschwänzchen." Bei diesen Worten weinte und wimmerte der alte Mann dermaßen, daß Gackeleia sprach: „Ach, weine nur nicht, ich will dir ja alles tun, was dich trösten kann, wenn du mir die Puppe giebst; sage nur um Gottes willen, was dich trösten kann!" Da erwiderte der Alte:

Dein Vater hat ein Ringelein
Mit einem grünen Edelstein,
Der hat gar einen schönen Schein.
Laß mich nur einmal sehn hinein,
So werd ich gleich durch Mark und Bein
Froh wie ein Lämmerschwänzchen sein.
Und dann laß ich mein Püppchen fein
Zu dir ins Gärtchen gleich hinein;
Es bleibt mit allen Kleidern sein
Dann, Gackeleia, dein allein.

„Ei", sagte Gackeleia, „den Ring kenne ich wohl, er hat auch mich manchmal fröhlich gemacht, wenn ich ihn ansehen durfte; warte nur bis heute nach Tisch, da will ich dir den Ring hieher bringen, wenn der Vater schläft. Aber daß du ja wieder hieher kömmst, wenn ich mit dem Ringe in den Garten komme!" – „Ganz gewiß!" sagte der Alte, „ich will dir die Kleider der Puppe gleich hier lassen; du kannst sie alle hübsch glatt streichen, ich habe sie in der Tasche ein wenig zerdrückt." Da gab er ihr die Kleider, ließ die Puppe nochmals vor ihr tanzen und verließ dann mit derselben die kleine Gackeleia, die ihm immer nachrief: „Aber daß du nur auch ganz gewiß kömmst, der Ring soll dich recht anlachen!" – „Ja, ja, ganz gewiß!" rief der Alte und verschwand hinter den Hecken. Gackeleia aber setzte sich in ihre Laube, musterte und ordnete alle Kleider der Puppe und dachte schon, wie die kleine Gärtnerin bei ihr zwischen den Blumenbeeten herumlaufen würde, und konnte sich zum voraus vor Freude gar nicht lassen.

Als nach Tisch der Vater Gockel auf seinem Stuhle schlief, saß Gackeleia zu seinen Füßen und hatte seine Hand in der ihrigen und sah in den grünen Stein des Rings, und als sie den Ring berührte und vor sich sagte: „Ach, wenn der Vater nur nicht aufwachte und gar nichts merkte; ach, wenn ich den Ring nur leise von seinem Finger herunter hätte!“ da tat der Ring, welcher alle Wünsche desjenigen erfüllte, der ihn berührte, seine Wirkung. Gockel schlief fest und schnarchte, und der Ring fiel in das Händchen der Gackeleia, welche geschwind wie der Wind nach ihrem Gärtchen lief, wo der alte Mann vor Begierde nach dem Ring sein mageres Gesicht mit dem Barte schon wie ein alter Ziegenbock über das Gegitter herüberstreckte. Gackeleia rief ihm entgegen: „Die Puppe her, die Puppe her! hier ist der Ring! Aber gucke geschwind hinein, ich muß gleich wieder mit dem Ring ins Schloß, ehe der Vater aufwacht.“ Da gab ihr der Alte die Puppe und lehrte sie, wie sie das Uhrwerk aufziehen mußte. Sie gab den Ring hin und tanzte mit Entzücken vor der Puppe her, die überall nachschnurrte, und patschte in die kleinen Hände. Der Alte aber patschte auch in die Hände, und als sie das hörte, fragte sie ihn, ob er schon von dem Anschauen des Ringes getröstet sei. „Ja“, erwiderte er fröhlich und gab ihr den Ring wieder und wünschte ihr mit einem häßlichen Gelächter viel Freude mit der Puppe und ging seiner Wege. Nun eilte Gackeleia mit dem Ringe zu Gockel zurück, der noch schlief, und steckte ihm den Ring wieder an den Finger. Ihre Puppe hatte sie mit den Kleidern in ihrer Laube ins Gebüsch versteckt.

Da Gockel aufwachte, erhielt er eine Einladung von dem König, ihn mit den Seinigen auf der Eierburg zu besuchen. Da lief Gackeleia geschwind nach dem Garten und steckte ihre Puppe und die Kleider zu sich und dachte dem Prinzen Kronovus, wenn sie allein beieinander sein würden, eine große Freude damit zu machen. Hierauf stieg sie mit ihren Eltern auf einen prächtigen Wagen, mit sechs Pferden bespannt, und sie fuhren auf die Eierburg, wo viele Menschen versammelt waren auf einer grünen Wiese, wo getanzt und gespielt wurde um Eier; denn es war Ostern und das große Ordensfest des Ostereierordens. Man lief und sprang um die Wette nach aufgestellten Eiern, man warf mit Eiern nach Eiern, man stieß mit Eiern gegen Eier, und wessen Ei eingeknickt wurde, der hatte verloren. Die Kinder von ganz Gelnhausen suchten Eier, welche der große Königliche Geheime Ober-Hofosterhas in versteckten Winkeln ins hohe Gras gelegt hatte; kurz, die Freude war allgemein. Und soeben reihte sich das Volk in einen großen Kreis, die königlichen Hofmusikanten und die Gelnhausner Stadtpfeifer bliesen einen herrlichen Tanz, nämlich den Eiertanz, welchen die königliche Familie mit der rauhgräflichen in höchsteigner Person tanzen wollte. Ein köstlicher Teppich ward ausgebreitet und auf demselben hundert vergoldete Pfaueneier in zehn Reihen gelegt. Nun trat die Königin Eilegia zu Gockel und verband ihm die Augen mit einem seidnen Tuch, und er tat ihr ebendasselbe;

ebenso verbanden sich der König Eifraßius und Frau Hinkel und der Prinz Kronovus und Gackeleia die Augen und wurden nun von den Hofmarschällen auf den Eierteppich geführt, auf welchem sie mit den zierlichsten Schritten und Sprüngen und Wendungen zwischen den Eiern herumtanzen mußten, ohne auch nur eins mit den Füßen zu berühren. Die Zuschauer sahen mit gespannter Aufmerksamkeit ganz stille zu und bewunderten die Geschicklichkeit der hohen Herrschaften. Aber nicht weit davon in einem Gebüsche saßen ein Paar alte Männer, die hatten keine Freude an dem Tanz und guckten alle Augenblicke nach dem Fußsteige aus der Stadt, ob ihr Geselle, der dritte alte Mann, nicht bald komme, und ehe sie sichs versahen, stand er mitten unter ihnen.

„Hast du? Hast du?" schrien sie dem Neuangekommenen mit weit vorgestreckten Hälsen entgegen und machten Finger, so spitz wie Krallen, gegen seine festgeschloßne Faust, und er erwiderte: „Ja, ich habe glücklich den Ring durch Gackeleias Spielsucht ertappt; ich habe ihr einen ganz ähnlichen mit einem falschen grünen Glasstein gegeben, welchen Gockel jetzt am Finger hat. Jetzt können wir uns an ihm rächen, daß er uns bei dem Hahnenkauf betrogen und uns in die Wolfsgrube hat fallen lassen, wo wir elend verhungert wären, wenn uns die Bauern nicht herausgezogen hätten."

So sprachen die drei Alten, welche niemand anders als die drei naturphilosophischen Petschierstecher waren, die Gockel hatten anführen wollen, und die er angeführt hatte. Sie hatten sich nun doch mit ihrer List in den Besitz des Rings gebracht und wollten jetzt gleich seine Wunderkraft versuchen.

Sie faßten alle drei an den Ring und sprachen zu gleicher Zeit die Worte:

Salomon, du weiser König,
Dem die Geister untertänig,
Mach den Gockel wieder alt,
Zumpig, lumpig, mißgestalt;
Mach Frau Hinkel wieder häßlich,
Zänkisch, ränkisch, griesgram, gräßlich;
Mach die Gackeleia schmutzig,
Ruppig, struppig, zuppig, trutzig!
Nehme ihnen Gut und Geld,
Schloß und Roß und Hof und Feld,
Jag sie wieder Knall und Fall
In den alten Hühnerstall!

Aber uns drei Petschaftstechern
Bau ein Schloß mit goldnen Dächern,
Mache uns zu Hofagenten,
Hoffaktoren, Konsulenten,
Rittern und Kommerzienräten,
Kommissaren und Propheten!
Gieb uns Gold und Ehr und Glanz,
Stell uns hoch in der Finanz,
Mach uns schön wie Davids Sohn,
Den scharmanten Absalon!
Mach uns glücklich ganz enorm,
Orden gieb und Uniform!
Ringlein, Ringlein, dreh dich um!
Mach es schön, wir bitten drum.

Während sie so an dem Ring drehten, entstand ein lautes Murren und Lachen und Schimpfen unter dem versammelten Volk. „Ei, seht den alten Bettler, die alte, schmutzige Bettlerin, das schmutzige, freche Kind! Nein, das ist unverschämt! Jagt sie fort, pratsch, pratsch, wie sie die Eier zertreten!“ Und bald ward das Geschrei und Getümmel so allgemein, daß der König Eifraßius und die Königin Eilegia und der Prinz Kronovus ihre Binden von den Augen rissen, und wie erstaunten sie nicht, als sie den Rauhgrafen Gockel und die Frau Hinkel und Fräulein Gackeleia, die vorher so schön und jung und prächtig gekleidet gewesen waren, in eine alte, häßliche, zerrissene Bettlerfamilie verwandelt sahen, welche alle Eier auf dem köstlichen Teppich zertreten hatten. Auf ihr unwilliges Geschrei rissen nun auch diese Armen die Binden von den Augen und fingen bitterlich an zu weinen und zu klagen über ihren verwandelten Zustand, denn sie erkannten sich kaum mehr. Gockel griff nach seinem Ring Salomonis und drehte und drehte, aber der falsche, verwechselte Ring vermochte nichts. Da sah er ihn an und erkannte, daß er ausgetauscht war, und schrie laut aus: „O weh mir! Ich bin verloren, ich bin um den Ring betrogen!“

Er wollte eben dem König zu Füßen fallen und ihm sein Unglück klagen, aber dieser stieß ihn von sich, und Eilegia wendete der Frau Hinkel den Rücken und sprach von Bettelgesind. Der Prinz Kronovus allein war noch menschlich gegen Gackeleia; als sie ihm weinend die Hand reichte, gab er ihr einen Taler, den er in der Tasche hatte, und sein Taschentuch, sie solle sich das schmutzige Gesicht waschen, und bat sie, doch geschwind fortzulaufen, denn er sehe den Bettelvogt kommen. Er wolle ihr auch immer sein Taschengeld aufbewahren, und wenn sie sonnabends am Abend hinten an den Brunnen bei dem Eierschloß kommen wolle, werde sie bei dem Vergißmeinnicht immer ein Ei finden, auf dem „Vivat Gackeleia!" geschrieben sei, und darin solle immer sein Wochengeld für sie stecken. Gackeleia weinte bitterlich über seine Güte und wollte ihn eben herzlich umarmen, da riß der Bettelvogt sie von ihm los und trieb das Kind mit Vater und Mutter unbarmherzig über die Grenze. Der König und seine Familie begaben sich in das Schloß, der seltsamen Geschichte nachzudenken, und das Volk zog nach der Stadt zurück, um Gockels Palast zu plündern; aber es war schon Nacht geworden, und da sie auf dem Markte ankamen, sang ihnen der Nachtwächter entgegen:

Hört, ihr Herrn, und laßt euch sagen,
Die Glocke hat zehn Uhr geschlagen,
Aber das ist noch gar nicht viel
Gegen ein Schloß, das in Staub zerfiel.
Hier hats gestanden lang und breit,
Ich weiß nicht, ob ich recht gescheit;
Der Markt ist leer als wie zuvor,
Die Kuh steht wieder vor dem alten Tor.
Schaut an, ihr Herrn, das große Wunder
Ging schnell, wie es entstanden, unter.
Bewahrt das Feuer und das Licht,
Daß nicht der Stadt solch Unglück geschieht,
Und lobet Gott den Herrn!

Wirklich war auch das herrliche Schloß Gockels und alle seine Gärten und alles, was drin war, mit Mann und Maus verschwunden; auf dem Markt plätscherte der alte Stadtbrunnen, als wenn er von gar nichts wüßte. Die guten Bürger gingen nach Haus, nachdem sie lange in die leere Luft geschaut hatten, und überlegten, wo sie mit allen ihren Semmeln und Braten hin sollten, da der große Hofstaat Gockels nicht mehr bei ihnen einkaufen würde.

Der arme Gockel, die arme Hinkel, die arme Gackeleia zogen wieder, wie ehedem, durch den wilden Wald nach dem alten Schloß, aber sie waren viel trauriger und redeten kein Wort, ja, Frau Hinkel hatte gar die Schürze über den Kopf gehängt, weil sie sich schämte, so häßlich geworden zu sein. Als sie auf einer Höhe angekommen waren, wo man Gelnhausen noch einmal sehen konnte, drehte sich Gockel um und sprach: „Unseliger Ort, wo ich um den köstlichen Ring Salomonis betrogen ward! Abscheulicher, undankbarer Eifraßius, wie schändlich hast du mich in meinem Unglück verstoßen und hast nicht dran gedacht, mir das Geld wiederzugeben, das du in glücklicher Zeit von mir geborgt!"

Frau Hinkel aber rief aus: „O Königin Eilegia, wie manches Backwerk habe ich dir zum Geschenk gemacht, wie viele Eierspeisen habe ich dich bereiten gelehrt, wieviel hundert Ostereier habe ich dir bunt gesotten! Die schönsten Muster zu Hauben und Kleidern habe ich dir mitgeteilt, und nun, da wir den Ring verloren und arm geworden, läßt du Undankbare mich zerlumpt und hungernd über die Grenze führen!"

Nun erhob auch Gackeleia ihre Stimme und sprach: „Ach, du kleines Prinzchen Kronovus, du bist doch der Beste von allen; du hast mir deinen Taler geschenkt und dein Taschentuch, daß ich mich abwischen soll; du willst mir dein Wochengeld alle Sonnabend an den Brunnen in ein Ei verstecken; ach, du bist doch mein guter Kronovus geblieben und hast die arme schmutzige Gackeleia nicht von dir weggestoßen. Ach, es tut mir recht leid, daß ich in der Angst vergessen, dir meine herrliche Puppe zum Andenken zu schenken."

Kaum hatte Gackeleia das Wort Puppe ausgesprochen, als Gockel zornig nach ihr blickte und heftig sprach: „Du unseliges Kind! Du hast eine Puppe? Welche Puppe? Woher hast du die Puppe? Ach, ich ahnde die Ursache meines Verderbens!" Und da er hierauf die kleine Gackeleia ergreifen wollte, lief sie vor dem erzürnten Vater nach dem äußersten Rande eines Felsen hin, der über einen schroffen Abhang hinausragte. Frau Hinkel schrie: „Um Gottes willen, das Kind fällt sich zu Tode!" und hielt Gockel beim Arme zurück. Gackeleia aber kniete auf dem äußersten Rande des Felsens und breitete ihre Ärmchen gegen den Vater aus und sprach:

Vater Gockel, ach, verzeih!
Mutter Hinkel, steh mir bei!
Oder Gackeleia klein
Springt und bricht sich Hals und Bein.

Da bat die Frau Hinkel den Gockel sehr, er solle dem Kind verzeihen, und Gockel sagte: „Sie soll nur alles erzählen, was sie angestellt, ich werde sie nicht umbringen." – „Erzähle, Gackeleia", sagte die Mutter, „wo hast du eine Puppe herbekommen?" Da war Gackeleia in großer Angst, denn der Vater riß während der Erzählung an einer Birke, die bei dem Felsen stand, dann und wann ein Zweiglein ab, und es sah so ziemlich aus, als wenn er, wo nicht einen Besen, doch wenigstens eine Rute binden wollte; aber was half alles? Das Kind mußte sprechen:

An mein Gärtchen kam heut morgen
Ein alt Männchen, ganz voll Sorgen,
Ließ vor mir im Tanz sich drehn
Ach! ein Püppchen, wunderschön.

„Da haben wir es", rief Gockel und riß ein starkes Birkenreis ab, „da haben wir es. Eine Puppe! O, es ist abscheulich!" Gackeleia aber sagte geschwind:

Nein, kein Püppchen, es ist nur
Eine schöne Kunstfigur.
Eine kleine Gärtnerin,
Jägerin und Fischerin,
Bäurin, Hirtin und so weiter,
Jede hat besondre Kleider.

„Ach, abscheulich!" sagte Gockel, aber Gackeleia fuhr fort:

Allerliebst, kaum auszusprechen,
Mir wollt schier das Herz zerbrechen
Nach dem schönen Wunderding;
Als es an zu laufen fing,
Als die Räder in ihm schnarrten,
Wollt es zu mir in den Garten,
Lief am Gitter hin und her,
Als ob es lebendig wär.
Und ich glaubt des Alten Schwur,
Daß es eine Kunstfigur,
Daß es keine Puppe sei,
Glaubt', daß das nicht Unrecht sei.

„Schöne Ausreden!“ sagte Gockel unwillig und riß wieder ein Birkenreis ab. Gackeleia gefiel das gar nicht, und sie sagte:

Vater Gockel, ich bitt schön,
Laß das Birkenreis doch stehn;
Ach, ich bin vor Angst verwirrt,
Daß es eine Rute wird.

Da sprach Gockel ernsthaft:

Gackeleia, glaub du nur,
Daß es eine Kunstfigur,
Daß es keine Rute sei,
Denk nichts Arges dir dabei!

Da sagte Gackeleia:

Kunstfigur von Birkenreis?
Ach, du machst mir gar zu heiß.

Und Gockel sagte:

Kunstfigur für Kunstfigur,
Rute für die Puppe nur.

Da ward Gackeleia wieder sehr betrübt und schrie wieder ganz erbärmlich:

Vater Gockel, ach, verzeih!
Mutter Hinkel, steh mir bei!
Oder Gackeleia klein
Springt und bricht sich Hals und Bein.

Frau Hinkel bat sehr, und Gockel sagte: „Ich werde sie nicht umbringen, sie soll nur erzählen, was der Alte weiter gesagt hat, und was sie ihm für die Kunstfigur gegeben hat.“ Da fuhr Gackeleia fort:

Ach, der Alte weinte sehr,
Hätt nicht Vater, Mutter mehr,

Bruder nicht noch Schwesterlein,
Keinen Sohn, kein Töchterlein,
Keinen Vetter, keine Base,
Nichts als eine lange Nase,
Einen Bart, ganz weiß und lang,
War betrübt und angst und bang.

„Der alte Schelm!“ rief da Frau Hinkel aus und riß auch ein starkes Birkenreis ab, „der alte Schelm ist schuld, daß ich auch wieder eine so häßliche lange Nase habe.“ Und Gockel sagte: „Schau, Frau Hinkel, jetzt merkst du auch, was wir ihm zu danken haben, du die Nase und ich den Bart. O, unglückselige Kunstfigur, was sind wir für abscheuliche Figuren durch dich geworden! Aber erzähle weiter, Gackeleia, was wollte er für die Puppe?“ Da erwiderte Gackeleia mit großer Angst:

Für die schöne Kunstfigur
Wollt in deinen Ring er nur
Einmal ein klein bißchen blicken,
Seinen Kummer zu erquicken.

„O du abscheulicher Betrüger!“ rief Gockel aus, „o du unseliges, leichtsinniges, spielsüchtiges Kind! Und du zogst mir den Ring im Schlaf ab und gabst dem Schelmen den Ring? Sprich, sprich, hast du das getan? Sprich gleich, oder ich werfe dich gleich vom Felsen!“ Da rief Gackeleia wieder in großer Angst:

Vater Gockel, ach verzeih!
Mutter Hinkel, steh mir bei!
Ja, als Vater Gockel schlief,
Mit dem Ring ich zu ihm lief;
Doch er sah nicht lang hinein,
Gab zurück den Edelstein,
Den ich gleich zurückgebracht,
Eh der Vater aufgewacht.
Ach, ich wills nicht wieder tun,
Einmal ist das Unglück nun
Durch mich böses Kind geschehn.
Werdet ihr die Puppe sehn,

Nein, nicht Puppe, es ist nur
Eine schöne Kunstfigur,
Ganz natürlich nach dem Leben,
Ach, ihr müßt mir dann vergeben!

Und nun zog sie die Puppe aus ihrer Tasche, zog das Uhrwerk auf, und die kleine Gärtnerin schnurrte so artig zwischen dem Thymian auf dem Felsen herum, daß Gackeleia ihr, in die Hände patschend, nachlief. Da erwischte der alte Gockel das Kind beim Arm und sagte: „Nun habe ich dich, ungehorsames Kind! Habe ich dir nicht tausendmal verboten, meinen Ring ohne meine Erlaubnis nicht anzurühren? Du hast ihn aber dem alten Betrüger gegeben, und der hat ihn mit einem andern vertauscht, der keinen Heller wert ist, und so hast du deine Eltern und dich in Schande und Armut gebracht durch deine Begierde nach einer elenden Puppe."

Da schrie Gackeleia ganz erbärmlich:

Keine Puppe, es ist nur
Eine schöne Kunstfigur.
Vater, Vater, laß mich los!
Ach, sie ist durch Stein und Moos
Von dem Fels in vollem Lauf;
Mutter Hinkel, halt sie auf,
Daß sie nicht den Hals zerbricht,
Denn sie kennt die Wege nicht!

Die kleine Puppe lief auch ganz wie toll den Felsen hinunter, und Frau Hinkel wollte sie aufhalten, aber glitt auf dem glatten Rasen aus und rollte ein ziemlich Stück Weg hinunter. Darüber wurde der alte Gockel noch viel ungeduldiger und sagte: „Nun sieh das Unglück! Deine Mutter bricht noch schier ein Bein über der abscheulichen Puppe. Recht muß sein, du hast unverzeihlich gefehlt, jetzt wähle, Gackeleia, entweder kriegst du hier recht tüchtig die Rute, oder du läßt die Puppe laufen." Und da Gackeleia wieder schrie:

Keine Puppe, es ist nur
Eine schöne Kunstfigur,

legte Gockel sie über das Knie und gab ihr tüchtig die Rute mit den Worten:

Keine Rute, es ist nur
Eine schöne Kunstfigur,

und Gackeleia schrie:

Mutter, halt, ojemine,
Halt sie auf, sie tut sich weh!

und Gockel schlug immer zu und schrie:

Fitze, fitze, Domine,
Tut die ganze Woche weh!

Er hätte auch noch länger zugeschlagen, aber Frau Hinkel schrie so erbärmlich, sie könne nicht wieder herauf, daß Gockel das Kind losließ und hinabging, ihr zu helfen. Kaum aber war Gackeleia los, so rüttelte und schüttelte sie sich über die abscheuliche Kunstfigur, die sie empfunden hatte und lief ihrer kleinen Kunstfigur nach, die sie eben unten im Tal über den Steg eines Baches laufen sah; aber die Puppe lief, als ob sie vier Beine hätte, über den Steg und linksum in den Wald hinein, und Gackeleia immer hinter ihr drein.

Gockel hatte indessen Frau Hinkel durch einen Umweg wieder auf die Höhe heraufgebracht, und sie klagten sich unterwegs einander, wie der Alte, der sie durch Gackeleias Spielsucht um den köstlichen Ring des Salomon gebracht, gewiß einer von den alten Petschierstechern sei, die ihn einst um den Hahn Alektryo hätten betrügen wollen. Als sie unter solchen Reden auf den Fels zurückkamen und die Gackeleia nicht mehr sahen, riefen sie nach allen Seiten nach dem Kind, aber nirgends hörten und sahen sie etwas von ihr. Da ward ihr Kummer um allen ihren Verlust in eine große Sorge um ihr Kind verwandelt; sie liefen hin und her und schrien durch den Wald: „Gackeleia! Gackeleia!" Und wenn das Echo wieder rief: „Eia! Eia!" glaubten sie, das Kind antworte, und so verirrten sie sich immer tiefer in der Wildnis, bis sie endlich beide, ach, aber ohne Gackeleia, sich bei ihrem alten Stammschlosse wiederfanden. Die Vögel wachten alle auf und flogen wie alte Bekannte um sie her und grüßten sie, aber Gockel und Hinkel riefen immer:

Gackeleia, liebe Gackeleia, komm doch nur!
Ja, es ist eine Kunstfigur,

Komm, es soll dir nichts geschehn,
Wenn wir dich nur wiedersehn!

Aber keine Antwort, von keiner Seite. Da saßen die zwei armen Eltern auf der Schwelle des alten Hühnerstalles nieder und weinten die ganze Nacht bitterlich, und alle Vögelein weinten mit.

Am Morgen aber schnitt sich Gockel einen tüchtigen Knotenstock und gab auch der Frau Hinkel einen und sagte: „Liebe Frau, wir sind arme Leute geworden, aber es gebühret einem Rauhgrafen Gockel von Hanau, und einer Rauhgräfin Hinkel von Hennegau nicht, im Unglück zu verzweifeln; lasse uns auf Gott vertrauen und unsere Fräulein Tochter Gackeleia durch die weite Welt suchen, und sollten wir unterwegs Hungers sterben! Geh du links, und ich geh rechts, alle Monate kommen wir hier wieder zusammen und sagen uns, was wir entdeckt haben; dabei können wir zugleich dem Dieb unsers Ringes nachforschen.“ Frau Hinkel war das zufrieden; sie umarmten sich beide unter bittern Tränen und wanderten dann auf getrennten Wegen, Herr Gockel rechts, Frau Hinkel links. Und wenn sie in die Dörfer oder Städte kamen, sangen sie vor allen Türen:

Habt ihr nicht ein Kind gesehn?
Ein klein Mägdlein wunderschön,
Blaue Augen, rote Backen,
Zähnchen weiß zum Nüsseknacken,
Und ein roter Kirschenmund
Frisch und froh und dick und rund,
Glänzend wie ein Mandelkern,
Hüpft und spielt und singet gern.
Es hat einen blonden Zopf,
Einen Strohhut auf dem Kopf,
Trägt auch eine alte Juppe
Und läuft hinter einer Puppe
Her und schreit, es sei ja nur
Eine schöne Kunstfigur.
Barfuß läuft es ohne Schuh;
Fragt man es: Wie heißest du?
Sagt es gleich ganz freundlich: Eia,
Ich bin Gockels Gackeleia.

Ach, das Kind hab ich verloren,
Und hab einen Eid geschworen,
Nicht zu ruhn, bis ich das Kind
Gackeleia wiederfind!

Aber immer sagten die Leute:

Wir haben so kein Kind gesehn,
Ihr armer Mensch müßt weitergehn,
Da habet Ihr ein Stückchen Brot,
Gott helfe Euch in Eurer Not!

Da nahmen sie dann das Brot, die armen Eltern, und aßen es mit Tränen und setzten ihren Stab traurig weiter.

So waren sie schon dreimal in dem alten Stammschlosse wieder ohne Gackeleia zusammengekommen, hatten mit großem Jammer in dem alten Hühnerstall geschlafen und sich ihre vergeblichen Nachforschungen einander mitgeteilt. „Ach Gott“, sagte Frau Hinkel, „das arme Kind ist gewiß umgekommen; hättest du es doch nicht so hart wegen der Puppe behandelt!“ Da erwiderte Gockel: „Und hättest du besser auf sie achtgegeben, so hätten wir den Ring und das Kind nicht verloren; nichts ist leichter zu sagen als: ›Hättest du‹. Lasse uns lieber auf dem Grabe des Alektryo in der Kapelle recht herzlich beten, daß wir das Kind morgen zum vierten Male nicht vergebens suchen mögen.“ Hierauf gingen sie nach der Kapelle und beteten recht eifrig, legten sich dann auf ihr Mooslager und schliefen einen gar süßen Schlaf und träumten von Gackeleia.

Gegen Morgen hörte Gockel noch halb im Schlafe etwas um sich her rascheln, es war noch sehr dunkel in der Stube, aber er sah etwas an der Erde hinlaufen und verschwinden; er stieß Frau Hinkel an und sagte: „Mir war gerade, als wenn die fatale Puppe der Gackeleia vorübergelaufen wäre.“ Da sprach eine Stimme:

Keine Puppe, es ist nur
Eine schöne Kunstfigur.

Gockel meinte, Frau Hinkel habe das gesagt, und verwies ihr, daß auch sie so eigensinnig wie Gackeleia spreche. Frau Hinkel hatte schlaftrunken die Worte auch gehört und behauptete, er habe es selbst gesagt. Sie wollten eben hierüber zu zanken anfangen, als sie leise an der Tür pochen hörten. Sie fuhren ordentlich vor Schreck zusammen, wer das wohl sein könne, der in dem wüsten, zerstörten Schlosse so leis anpoche. Da es aber zum dritten Male pochte, fragte Gockel laut: „Wer ist drauß?“ Und es antwortete eine männliche Stimme: „Ich bitte alleruntertänigst um Verzeihung, Herr Graf, daß ich so früh störe; aber die Leute lassen mir keine Ruhe, sie sagen, daß ich ihnen drei Zentner Käse aus der gräflichen Käsefabrik abliefern soll; nun wollte ich doch den Befehl des Herrn Grafen selbst abholen.“

Gockel wußte auf diese Rede gar nicht, wo ihm der Kopf stand. „Drei Zentner Käse“, sagte er, „aus der gräflichen Käsefabrik! Hast du gehört, Hinkel?“ – „Ja“, sagte Frau Hinkel, „was kann das sein? Ich weiß nicht, ob ich träume oder wache.“ Da der Mann aber immer von neuem pochte und um die Erlaubnis bat, den Käse abzuliefern, schrie Gockel heftig: „Bist du, der da pochet, toll oder ein Spötter, der einen armen Greis zum Narren haben will, so nehme dich in acht, oder ich komme mit meinem Knotenstock über dich! Wo habe ich Käse oder eine Käsefabrik? Gehe von dannen und gönne den Armen ihr einziges Gut, die Ruhe und den Schlaf!“ Da antwortete die Stimme wieder: „Gnädigster Graf, vergebet mir, daß ich Euch erweckte; ich sehe wohl, daß Ihr den Leuten den Käs nicht abliefern lassen wollet; ich werde sie abweisen.“

Nun hörte Gockel draußen auf dem Hofe sprechen und hin und wider gehen, und seine Verwunderung, was das zu bedeuten habe, wuchs immer mehr. „Ach“, sagte er zu seiner Frau, „ich fürchte fast, es ist irgendeine Nachstellung von unseren Feinden, die uns ermorden wollen.“ – „Das wäre entsetzlich!“ erwiderte Frau Hinkel und drückte sich in der Angst an ihn. Da pochte es wieder an der Türe, und Gockel rief zwar erschrocken, doch ziemlich laut: „Wer da?“

Da antwortete eine andere Stimme: „Eurer Hochgräflichen Gnaden untertänigster Küchenmeister fragt an, ob er einen Zentner Schinken aus der gräflichen Rauchkammer abliefern darf, welche auf drei Eseln, die vom König Sissi angekommen sind, abgeholt werden sollen.“

Gockel wußte nicht, wo ihm der Kopfstand bei diesen Reden. „Warte, ich will dir Schinken geben, du nichtswürdiger Spötter!“ rief er aus, indem er aufsprang und nach seinem Stock suchte. Als er aber ganz klar und deutlich drei Esel vor der Tür wiehern hörte, schrie er und Frau Hinkel zugleich: „Herrjemine, die Esel sind wirklich da!“ Es war noch dunkel in dem Stalle, der kein Fenster hatte, und dessen verschlossene Türe nur durch einen Spalt einen Schimmer des Tags hineinfallen ließ. Gockel tappte an der Wand nach seinem Knotenstock herum, und plötzlich wurde er von ein Paar zarten Armen herzlich umschlossen, so daß er laut aufschrie: „Um Gottes willen, wer ist das?“ Aber die Unbekannte hörte nicht auf, ihn mit den zärtlichsten Küssen zu bedecken, und als Frau Hinkel auch dazukam, ging es derselben nicht besser; und da sie sich in diese Liebkosungen gar nicht finden konnten, sagte endlich das unbekannte Wesen mit einer wohlbekannten Stimme zu ihnen: „Ach, kennt ihr denn euer Töchterlein Gackeleia gar nicht mehr?“ – „Du? Gackeleia?“ riefen beide aus. „Nein, das ist nicht möglich, du bist ja eine erwachsene Jungfrau.“ – „Ach, groß oder klein“, antwortete es, „ich bin doch eure Gackeleia“, und da riß sie die Türe auf, und es fiel zu gleicher Zeit so viel Fremdes und Wunderbares in die Augen des alten Gockels und der Frau Hinkel, daß sie sich einander in die Arme sinken und herzlich weinen mußten. Denn erstens sahen sie wirklich die ganze Gackeleia vor sich, aber nicht mehr als ein kleines Mädchen, sondern als eine blühende, wunderschöne, allerliebst geputzte Jungfrau, und zweitens sahen sie sich selbst beide nicht mehr alt und in Lumpen, sondern als zwei schöne wohlbekleidete Leute in den besten Jahren, und drittens sahen sie durch die Türe nicht mehr in einen verfallenen, mit Schutt und wildem Unkraut bewachsenen Burghof hinaus, sondern in einen schön geplatteten, reinlichen Hof, von schönen Schloßgebäuden und allen Wohnungen und den Ställen umgeben, in der Mitte aber, an einem plätschernden Springbrunnen, sahen sie drei verdrießliche alte Esel mit langen Ohren angebunden, welche die Köpfe zusammendrückten, als ob sie sich schämten. Auch sahen sie allerlei Gesind in schönen Livereien geschäftig auf und nieder gehen, die immer, so oft sie am Hühnerstall vorüberkamen, tiefe Verbeugungen machten und schönen guten Morgen wünschten.

„Ach, was ist das? Es ist nicht möglich! Woher alle diese Wunder?“ rief Gockel aus; da reichte Gackeleia ihm ihre schöne Hand und sah ihm freundlich lächelnd in die Augen, und Gockel schrie mit lautem Jubel aus: „Ach, der Ring! Der köstliche Ring Salomonis ist wieder da, den du durch die Puppe verloren!“ Da sagte aber Gackeleia gleich wieder:

Keine Puppe, es ist nur
Eine schöne Kunstfigur,

und Gockel sagte: „Meinetwegen, ich will dir die Rute nicht mehr geben, du bist auch zu groß dazu, und alles ist ja wieder gut.“ – „Aber wie hast du alles angefangen?“ sagte Frau Hinkel, welche immer um die schöne, prächtige Jungfrau herumgegangen war, sie zu betrachten und zu küssen und zu drücken; „um Gottes willen, Herzwunder Gackeleia, erzähle!“ – „Ja, erzähle!“ rief Gockel und drückte sie herzlich an seine Brust.

Gackeleia aber erwiderte: „Lobet mich nicht zu sehr, geliebter Vater, denn all unser neues Glück haben wir allein Euch selbst zu verdanken.“ – „Mir?“ fragte Gockel, „das müßte seltsam zugehen. Ach, ich habe ja nichts tun können, als vor den Häusern, nach dir suchend, bettelnd herumzuziehen.“ Da sagte Gackeleia: „Schon gut! Ihr sollt alles hören, folgt mir nur nach einer andern Stube; wir wollen das wiederhergestellte Stammschloß unsrer lieben Vorfahren einmal ein wenig durchmustern, wir werden gewiß ein Plätzchen finden, wo es uns besser gefällt als in dem alten Hühnerstall, in dem wir ohnedies dem Federvieh Platz machen wollen, das gleich wieder hinein muß.“ Da drehte Gackeleia den Ring und sprach:

Salomon, du weiser König,
Dem die Geister untertänig,
Fülle gleich den Hühnerstall!
Laß die bunten Hühner all
Gackeln, scharren, glucken, brüten,
Sie vom hohen Hahn behüten!
Alle soll er übersehen,
Stolz mit Spornen einhergehen,
Kamm und Sichelschweif hoch tragen,
Streitbar mit den Flügeln schlagen,
Krähen wie ein Hoftrompeter,
Daß bei seinem Anblick jeder
Ganz mit Wahrheit sagen kann:
Das ist recht ein Rittersmann.
Bringe uns auch schöne Pfauen,
Die bei ihren grauen Frauen
Goldne Augenräder schlagen,
Abends nach der Sonne klagen.
Gieb uns dann auch welsche Hahnen,
Zornig-schwarze Indianen,
Solch hoffärtige Gesellen,

Denen rot die Hälse schwellen,
Die sich kollernd neidisch blähen,
Wenn sie rote Farbe sehen,
Aufgespreizt mit Hofmanieren
Um die Hennen her turnieren.
Schenk uns Enten bunt und prächtig,
Weiße Gänse, die bedächtig
Nach dem Wolkenhimmel sehn
Und auf einem Beine stehn
Oder auf der Wiese gackeln,
Bis sie in das Wasser wackeln.
Lasse auch schneeweiße Schwäne,
Rein wie blanke Silberkähne,
Ernst und klar mit edlem Schweigen
Schwimmen in den Spiegelteichen.
Auf dem Dache laß sich drehen
Tauben, schimmernd anzusehen,
Um den Hals mit goldnen Strahlen,
Schöner, als man sie kann malen.
Alles sei recht auserlesen,
Wie's im Paradies gewesen.
Ringlein, Ringlein, dreh dich um,
Machs recht schön, ich bitt dich drum!

Kaum hatte Gackeleia dies gesagt, als aus dem Hühnerstall, den sie verlassen hatten, ihnen eine Schar der buntesten Hühner, Pfauen, Puten, Enten, Gänse und Schwanen nachströmte und auf dem Dache alles von Tauben wimmelte. Gockel und Hinkel hatten die größte Freude an den herrlichen Tieren und begaben sich, nachdem sie alle bewundert hatten, in das Schloß.

Freudig und neugierig betrachteten sie eine Reihe von Gemächern und Sälen, welche alle mit dem prächtigsten alten Hausrat versehen waren, und setzten sich endlich in dem obersten Stockwerke auf die Galerie eines Turmes, von welchem sie die Aussicht über die höchsten Gipfel des Waldes hin in die Ferne bis nach den Turmspitzen von Gelnhausen hatten.

„Hier ist es gar schön", sagte Gackeleia, „hier will ich euch alles erzählen, wie ich den Ring wiedererhalten habe, aber wir wollen auch etwas frühstücken."

Kaum hatte sie dies gesagt, als ein alter Diener einen großen Korb voll Früchten und kaltem Fleischwerk und feinem Gebackenen und Wein und Milch die Treppe heraufbrachte und, als er alles vor sie niedergesetzt hatte, nochmals fragte, ob die drei Esel mit dem Käse und den Schinken sollten bepackt werden. „Ja", sagte Gackeleia, „und daß nur alles recht gut und ausgesucht sei! Ich werde hernach das Weitere selbst befehlen." Gockel und Hinkel waren sehr begierig nach ihrer Erzählung und baten sie, zu beginnen. Da erzählte sie folgendes:

„Als du mich so hart straftest, lieber Vater, fühlte ich vor Angst um meine Puppe – nicht doch Puppe, es ist nur eine schöne Kunstfigur –, also um meine Kunstfigur gar nichts von der Rute; ich erwartete nur mit Sehnsucht den Moment, meiner kleinen Gärtnerin nacheilen zu können, welche bergab lief wie sie noch nie gelaufen war. Da rief die Mutter um Hülfe; da ließt du mich los, und wie ein Pfeil nach dem Ziel stürzte ich meiner Kunstfigur nach. Sie lief über den Steg, in den Wald, durch Distel und Dorn, und ich hatte sie einigemal zum Greifen nah; wie ich aber die Hand ausstreckte, fing sie von neuem so zu rennen an, daß ich ermüdet endlich niedersank und weinend ausrief: ›Ach, schöne Gärtnerin, wie handelst du so undankbar gegen mich, ich habe dich so lieb, so lieb, daß ich lieber die schimpflichste Strafe über mich ergehen ließ als dich zu verlassen, und jetzt läufst du vor mir, als wenn ich deine ärgste Feindin wäre.‹

Als ich diese Worte gesprochen hatte, fiel mir auch erst ein, wie sehr weit ich von euch, liebe Eltern, fortgelaufen war; ich sah die Sonne bereits sinken und war außer allem Weg und Steg; mit Verzweiflung rief ich: ›Vater Gockel! Mutter Hinkel!‹ Aber alles war vergebens. So sank ich ganz erschöpft in einen tiefen Schlaf und träumte immer von der Figur, und da ich zu ihr sprach: ›Nicht wahr, du bist keine Puppe, sondern nur eine schöne Kunstfigur?‹ hörte ich ein feines Stimmchen zu mir sprechen: ›Eigentlich, meine liebe Gackeleia, bin ich keine Kunstfigur und keine Puppe, sondern ich bin –‹ hier griff ich mit beiden Händen zu und hatte sie glücklich wieder ertappt; denn ich war über den Worten der kleinen Gärtnerin leise aufgewacht, hatte aber nur durch die Augen geblinzelt, um sie unvermutet zu erwischen.

›Nun sollst du mir nicht mehr entwischen‹, sagte ich, ›besonders da ich weiß, daß du reden kannst; nun habe ich dich noch einmal so lieb, warte, ich will dir etwas zu essen geben.‹ Da stopfte ich ihr einige Brotkrumen in den Mund und hörte sie knuppern und beißen. Dann bat ich sie wieder, sie solle mir doch eigentlich sagen, wer sie sei, aber sie war stumm wie zuvor und sagte kein Wort. Ich war schier unwillig über sie, band sie mit meinem Strumpfband an meinen

Arm fest und deckte meine Schürze über mein Gesicht, betete auch zu Gott, daß er mich in dieser Nacht beschützen möge, damit ich morgen früh meine Eltern wieder finden möge, und so schlief ich ruhig wieder ein.

Da träumte ich wieder von der kleinen Gärtnerin, und es war, als ob sie zu mir spreche: ›Liebe Gackeleia, wache nur nicht auf; denn nur im Traum kannst du meine Worte verstehen. Siehe, ich bin dir ganz außerordentlich gut, weil du lieber die Rute hast empfinden wollen als dich von mir trennen. Ich bin aber eigentlich gar keine Kunstfigur, sondern bin eine arme gefangene Prinzessin und bin allein so entsetzlich vor dir gelaufen, um meinen Gemahl, den Prinzen, der gewiß ganz verzweifelt über meinen Verlust ist, wiederzusehen; denn er und meine ganze königliche Familie wohnt keine Stunde Wegs mehr von hier. Du kannst dir denken, wie lieb ich dich habe, da ich, als du einschliefst, meinen Weg nicht fortsetzte, sondern zu dir hinlief, um dir auf deine harten Vorwürfe der Undankbarkeit antworten zu können, weil du mich schlafend nur verstehen kannst.‹

›Eine Prinzessin wärst du?‹ antwortete ich, ›und dein Prinz und deine ganze königliche Familie wären ebenso wunderschöne Figürchen? Ach, das möchte ich vor mein Leben gern sehen, führe mich doch zu ihnen!‹ – ›Nein, solche Figürchen sind sie nicht‹, erwiderte sie, ›denn sonst wären sie so unglücklich als ich, die niemand anders ist als die arme, kleine Mäuseprinzessin Sissi von Mandelbiß, welcher diese fatale Figur auf den Rücken geheftet ist, damit sie von mir herumgetragen wird.‹“

„Potztausend!“ rief der alte Gockel aus, „das ist ja dieselbe kleine Mäuseprinzessin, welcher ich in der ersten Nacht unseres Hierseins das Leben vor der Katze rettete, und die ich nachher nach ihrer Heimat brachte.“

„Ganz recht“, sagte Gackeleia, „und sie ist nicht undankbar; denn sie ist es, der wir den Wiederbesitz des Rings und somit unser ganzes neues Glück verdanken.“

„Ist nicht möglich!“ sagte Frau Hinkel.

„Schau, schau!“ sagte Gockel, „man soll doch nie versäumen, auch dem geringsten Geschöpfe Liebe zu erweisen! O die gute Mäuseprinzessin! Nun erzähle nur weiter!“

Nun fuhr Gackeleia fort:

„Sie erzählte mir nun alle Liebe, die du ihr und ihrem Gemahl einst erwiesen, und war in Verzweiflung, daß sie gegen ihren Willen in der Kunstfigur mit schuld an unserm Unglück gewesen, versprach mir aber, so ich sie aus der Figur befreien und ihr nach ihrer Residenz nachfolgen wollte, alles mögliche zu versuchen, um uns wieder zu dem Ringe zu verhelfen. Dazu aber sei es unumgänglich nötig, daß ich in ihrer Residenz, wenn sie den großen Rat versammle, mir alle Mühe geben müßte, einzuschlafen, damit ich die Sprache ihrer Nation verstehen könne. Ich versprach, mein möglichstes zu tun, und bat sie, mir doch noch zu erzählen, wie sie dann in die Kunstfigur gekommen sei. ›Ach‹, erwiderte sie, ›ich begleitete meinen Gemahl auf einer Wallfahrt, die wir wegen unsrer Rettung durch deinen Vater gelobt hatten. Da ließ ich mich verführen, in der Nachtherberge, wo drei alte, bärtige Männer, welche sich für Petschierstecher ausgaben, auf der Streu schliefen, dem Geruche von gebratnem Specke nachzugehen, und so ward ich in der Falle gefangen. Der eine von den Alten kam am Morgen an die Falle und sagte: „Ei, da habe ich ja alles, was ich brauche“, und heftet mich gleich unter den Rock der kleinen seidnen Puppe, welche er aus dem Schnappsack zog, und hatte tausend Freude, wenn ich mit der Puppe hin und her lief, welche doch zu schwer war, als daß ich mit ihr entlaufen konnte. Am Anfange rannte ich gegen Tisch und Bänke; da er aber einmal sagte: „Wenn die kleine Maus nicht bald sich durch Hunger zähmen läßt, so werde ich sie der Katze vorwerfen“, kriegte ich eine solche Angst vor diesem Schicksal und tat von nun an alles, was er wollte, immer in der Hoffnung, bei guter Gelegenheit zu entwischen, und die fand ich, wie du es weißt. Die Liebe zur Freiheit und die Nähe meiner Heimat gab mir ungewöhnliche Kräfte, und so sind wir dann gekommen bis hierher. Jetzt aber erschrick nicht zu sehr, ich will dich ein wenig ins Ohr beißen, damit du mich losmachen kannst; dann folge mir nach meiner Residenz, wo ich dir ein Plätzchen zum Schlafen anweisen und meinen Rat um dich versammeln will.‹ Kaum hatte sie dies gesagt, als sie mich ins Ohrläppchen biß, daß ich erwachte. Es war Nacht und heller Mondschein. Gleich untersuchte ich nun die Kunstfigur und erblickte das artigste weiße Mäuschen mit einem goldnen Krönchen auf dem Kopf, welchem die kleine seidne Puppe mit einem Draht um den Leib befestigt war; ich löste diesen Draht mit Behutsamkeit auf, und die Mäuseprinzessin machte die lustigsten Freudensprünge vor mir her durch das Gras. Ich folgte ihr nach, aber sie eilte so sehr, daß ich sie oft aus dem Gesicht verlor; wenn ich dann ängstlich rief: ›Mäuseprinzessin, laß mich nicht im Stiche!‹ pfiff sie laut und sprang vor mir hoch aus dem Gras in die Höhe, wodurch ich mich wieder zurechtfand.

Als wir ungefähr eine halbe Stunde gegangen waren, hörte ich ein großes Gepfeife und sah um einen Hügel herum die Residenz des Mäusekönigs im Mondschein liegen, die ich auch gleich beschreiben will. Kaum hatte die Prinzessin sich am Tor der Stadt gezeigt, als es aufflog und ein freudiges Gepfeife durch die ganze Stadt und das oben liegende Schloß sich verbreitete, aus welchem viele weiße Mäuse ihr entgegenstürzten und sie mit großem Jubel empfingen. Sie wollte aber nicht in das Schloß hinein, sondern drehte sich abwechselnd gegen mich und die Ihrigen, welchen sie von mir zu erzählen schien, so daß alle die Mäuse bald ihre Köpfchen gegen mich aufhoben und allerlei pfiffen, was ich nicht verstand. Da sagte ich zu ihnen: ›Ihr lieben Mäuse, gleich will ich mich schlafen legen, damit ich eure Gespräche verstehen kann‹, und kaum hatte ich das gesagt, als sie auch zu Tausenden anströmten und das zarteste Moos an einen trocknen Ort unter einer großen Eiche zusammentrugen. Ich sah wohl, daß dies ein Bettchen für mich werden sollte, und betrachtete mir unterdessen die schöne Mäusestadt.

Oben auf dem Hügel lag das königliche Schloß, ein weites Viereck von großen holländischen Käsen zusammengelegt, die alle auf das reinlichste ausgenagt waren; alle Türen und Fenster waren zwar etwas nach altem Geschmack und nicht ganz gleichförmig verteilt, doch hatte die Burg ein ehrwürdiges Ansehen. Rings um das Schloß her und selbst auf seinen Dächern waren die schönsten Gärten von Schimmel angelegt, den ich nie höher und leichter gesehen habe. Türme von Käserinden, mit Mandelschalen statt Ziegeln gedeckt, gaben dem Gebäude eine besondere Zierde. Die Häuser der Untertanen bestanden aus hohlen Kürbissen und Melonen und Kommißbroten und Semmeln; einige wohnten auch in alten Stiefeln und Schuhen. Und alle die Wohnungen lagen in Reih und Ordnung um den Hügel herum und hatten größere und kleinere Anlagen von Schimmel um sich her. Auch bemerkte ich viele Höhlen in die Erde hinein, welches ihre Keller und Vorratskammern waren. Das Schönste war in der Mitte des Hügels, auf einem weiten freien Platz, eine große gotische Kirche, von weiß gebleichten Pferdeschädeln zusammengebaut und von tausend kleinen Knochensplittern verziert und verspitzt; um sie her aber war der Kirchhof, Grab an Grab schön geordnet, und mitten drauf ein Beinhaus von lauter Mäusegerippen und Beinchen, weiß wie Elfenbein, in schönster Ordnung zusammengelegt. Alles das konnte ich nicht genug bewundern, und der Mond schien so hell in die kleine wimmelnde Welt, daß es eine Lust war, hineinzuschauen.

Währenddem war mein Mooslager fertig geworden, und ich war so müde, daß ich mich drauf niederlegte und entschlief. Da versammelte sich denn die ganze königliche Familie und ihr ganzer Staatsrat um meinen Kopf, und ich konnte alle ihre Gespräche vernehmen. Nachdem der Prinzessin Sissi nochmals von ihrem Gemahl und von ihren Eltern Glück gewünscht worden war zu ihrer Rettung, sagte sie, wie man die Gelegenheit nicht versäumen müßte, der Familie des Rauhgrafen Gockel, welcher sie zum zweitenmal so verbindlich geworden, sich dankbar zu erzeigen. Sie erzählte, daß ich ihretwegen die Rutenschläge standhaft erlitten. Da sagte ein alter Rat, die Rute hätte ich wohl verdient, weil ich einstens eine so große Katzenfreundin gewesen, und es sei überhaupt zu überlegen, ob ich nicht eine Spionin der Katzen sei. Dieser Verdacht ängstete mich dermaßen, daß ich mich selbst mit Tränen dagegen verteidigte, und zwar so nachdrücklich, daß dem alten Rat das Maul verboten wurde. Prinz Pfiffi gab endlich der ganzen Sache den Ausschlag mit folgenden Worten:

›Nach der unglücklichen Nacht, in welcher meine geliebte Sissi in die Gefangenschaft der alten Petschierstecher kam, welche sie unter die Puppe befestigten, machte ich viele Reisen durch die Welt, um sie wieder aufzusuchen. Ich hatte die alten Schelmen ganz aus dem Gesicht verloren, und so kam ich einst über Nacht in ein Schloß, um da zu übernachten. Da sah ich drei junge, freche Gesellen in einem Saale in heftigem Zank, und zwischen ihnen lag ein schöner Ring, nach welchem sie während ihrem Streit einer nach dem andern heftig hingriffen, sich aber immer wieder einander davon zurückstießen. Sie hatten jeder eine andre seltsame Uniform und nannten sich Kommerzienrat, Hoffaktor und Hoflieferant und schrien und lärmten ganz gewaltig. Jeder warf dem andern vor, er wolle ihn übervorteilen, jeder wollte den Ring vor allen andern haben, und endlich sagte der eine: „Ich muß ihn von Rechts wegen statt aller tragen, und wer von euch beiden etwas gewünscht haben will, der kömmt zu mir und giebt mir einen vollwichtigen Louisdor, so wünsche ich ihm etwas. Ich müßte den Ring bewahren, denn ich habe die Maus gefangen und unter die Puppe geheftet, durch welche der Ring gewonnen worden ist.“ – „Was soll mir das?“ sagte der andre. „Habe ich nicht den falschen Ring gemacht, welcher für den echten ist hingegeben worden?“ Dann schrie der dritte: „Was soll mir das? Habe ich nicht die Puppe mit der Maus der kleinen Gackeleia gegen den Ring aufgeschwätzt? Bin ich es nicht, der euch den Ring gebracht, durch dessen Besitz wir uns an Gockel gerächt und uns jung und schön zu vornehmen Standespersonen gemacht haben?“ Sie waren im Begriff, sich in die Haare zu fallen, aber ich hatte genug gehört, ich wußte, daß Sissi lebte, und daß sie zu Gelnhausen bei der kleinen Gackeleia in einer Puppe stecke. Gleich begab ich mich wieder auf die Reise. Aber in Gelnhausen auf dem Markt erfuhr ich von einer Menge Mäusen, welche dort in allerlei Küchenabfall nagten, der umherlag, wo die rauhgräfliche Küche gestanden, daß Gockel und Hinkel und Gackeleia arm und lumpicht ins Elend gezogen seien. Nun suchte ich diese guten Leute auf und fand sie betrübt, daß Gackeleia der fatalen Puppe nachgelaufen sei. Ich machte mich nun von neuem auf den Weg, und so war ich denn endlich so glücklich, dich, liebe Sissi, und deine Freundin Gackeleia hier wiederzufinden. Jetzt aber halte ich es für das beste, wenn wir dem Gockel den Ring wiederverschaffen, und ich glaube, in eigner Person das ausführen zu können.‹ – ›Nein‹, rief da die Prinzessin Sissi, ›ich will auch dabei sein, du bist zu ungestüm, wir wollen es zusammen versuchen, und Gackeleia soll auch mitgehen.‹ – Da sprach ich: ›Ja, ja, das wollen wir, und ich verspreche euren königlichen Eltern, wenn ich den Ring wiedererhalte, einen Zentner der schönsten holländischen Käse und einen Sack der besten Knackmandeln, ihre Residenz neu erbauen zu können, und dazu noch einen Zentner der besten Schinken zu allgemeiner Belustigung der Nation, und sonst alles, was dem edeln Volk der Mäuse lieb und angenehm sein kann.‹ – ›Ach‹, rief da der alte König aus, ›meine liebe Gemahlin sagt mir soeben, daß sie vor ihr Leben gern einmal Königsberger Marzipan und Thornischen Pfefferkuchen und Jauersche Bratwürste und Spandauer Zimtbrezeln und Nürnberger Honigkuchen und Frankfurter Brenten und Mainzer Vitzen und Gelnhäuser Bubenschenkel und Koblenzer Totenbeinchen und dergleichen patriotische Kuchen essen möge.‹

›Alles das sollt ihr in Übermaß erhalten‹, sagte ich, ›wenn ich nur erst den Ring besitze.‹ – ›Wohlan‹, sagte der König, ›so mag Sissi und Pfiffi morgen früh gleich mit dir auf das Abenteuer ausziehen; lasset uns aber vor allem in die Kirche einziehen und den Schöpfer um einen glücklichen Ausgang bitten! Schlafe du indessen wohl, liebe Gackeleia, bis wir dich morgen früh erwecken!‹

Nun begaben sie sich paarweis in einer schönen Prozession in die Kirche, und jede Maus hatte ein Stückchen leuchtendes faules Holz im Maule, welches sie im Vorübergehen aus einer hohlen Weide abbissen, so daß sie wie ein Fackelzug in die Kirche einzogen, und dazu sangen sie folgendes fromme Lied:

Kein Tierlein ist auf Erden
Dir, lieber Gott, zu klein,

Du ließt sie alle werden,
Und alle sind sie dein.
Zu dir, zu dir
Ruft Mensch und Tier.
Der Vogel dir singt,
Das Fischlein dir springt,
Die Biene dir brummt,
Der Käfer dir summt,
Auch pfeifet dir das Mäuslein klein:
Herr Gott, du sollst gelobet sein!

Das Vöglein in den Lüften
Singt dir aus voller Brust,
Die Schlange in den Klüften
Zischt dir in Lebenslust.
Zu dir, zu dir
Ruft Mensch und Tier usw.

Die Fischlein, die da schwimmen,
Sind, Herr, vor dir nicht stumm,
Du hörest ihre Stimmen,
Ohn dich kommt keines um.
Zu dir, zu dir usw.

Vor dir tanzt in der Sonne
Der kleinen Mücken Schwarm,
Zum Dank für Lebenswonne
Ist keins zu klein und arm.
Zu dir, zu dir usw.

Sonn, Mond gehn auf und unter
In deinem Gnadenreich,
Und alle deine Wunder
Sind sich an Größe gleich.
Zu dir, zu dir usw.

Zu dir muß jedes ringen,
Wenn es in Nöten schwebt,
Nur du kannst Hülfe bringen,
Durch den das Ganze lebt.
Zu dir, zu dir usw.

In starker Hand die Erde
Trägst du mit Mann und Maus,
Es ruft dein Odem: Werde!
Und bläst das Lichtlein aus.
Zu dir, zu dir usw.

Kein Sperling fällt vom Dache
Ohn dich, vom Haupt kein Haar,
O teurer Vater, wache
Bei uns in der Gefahr!
Zu dir, zu dir usw.

Behüt uns vor der Falle
Und vor dem süßen Gift
Und vor der Katzenkralle,
Die gar unfehlbar trifft!
Zu dir, zu dir usw.

Daß unsre Fahrt gelinge,
Schütz uns vor aller Not,
Und helf uns zu dem Ringe
Und zu dem Zuckerbrot!
Zu dir, zu dir usw.

Während diesem Gesange war ich eingeschlafen, und am andern Morgen weckte mich Prinz Pfiffi und Prinzessin Sissi. Ich stand auf und folgte ihnen durch den Wald über Berg und Tal einen weiten Weg. In den Dörfern und Städten befestigte ich den Prinzen oder die Prinzessin unter meine Puppe und ließ diese vor den Kindern auf dem Markte tanzen, wodurch ich für mich und meine Reisegefährten Brot gewann; denn den Taler, welchen mir der kleine Prinz Kronovus geschenkt, hatte ich zu lieb, um ihn auszugeben.

Als ich nun einst in der Nähe einer großen Stadt bei einem kühlen Brunnen im Gebüsche wegemüd eingeschlummert war, sagte mir Pfiffi ins Ohr: ›Liebe Gackeleia, die Stadt, welche vor uns liegt, ist der Ort unsrer Bestimmung. Du sollst drin gleich in die Kirche gehn und beten, daß unser Vorhaben gelinge; wir laufen indessen in den Palast der Petschierstecher und geben dir, sobald wir alles ausgeforscht, die gehörige Nachricht.‹ Ich versprach, ihrem Rate zu folgen, und da wir in die Stadt kamen, begab ich mich sogleich in die Kirche und kniete mich in ein Winkelchen und betete recht herzlich zu Gott, daß ich den Ring wiedergewinnen und zu euch, liebe Eltern, zurückfinden möge. Die Mäuse aber hüpften in den Korb einer alten Köchin, die auch da betete, und ließen sich von ihr in den Palast der Petschierstecher tragen; denn Pfiffi erkannte sie als die Köchin derselben, welche er bei seinem vorigen Aufenthalt in der Speisekammer besucht hatte.

Als ich allein war, kamen mancherlei Leute in die Kirche und beteten und klagten Gott ihre bittre Not, und da ich durch den Umgang mit den Mäusen mein Gehör sehr geschärft hatte, hörte ich das meiste, was sie in ihrer Herzensangst flüsterten, und alle beteten, Gott möge doch die Stadt von dem bösen Hoffaktor befreien, er sei schuld, daß der Fürst die Semmeln so klein backen lasse. Ein andrer betete, Gott möge doch den geizigen Kommerzienrat vertreiben, er sei schuld, daß der Fürst das Salz so teuer verkaufe. Ein dritter betete, Gott möge die Stadt doch von dem habsüchtigen Hoflieferanten befreien, er sei schuld, daß der Fürst das Fleisch so teuer werden lasse. Alle beteten um Hülfe gegen die drei Petschierstecher, und ich betete um so herzlicher, daß ich den Ring wieder von ihnen erhalten möchte, weil sie doch niemand dadurch glücklich machten.

Da es aber in der Kirche so hübsch still und kühl war, überfiel mich ein leiser Schlummer, und ich hatte schier so lange geschlafen, daß mich der Küster in die Kirche eingesperrt hätte, aber Sissi kam gerade zu rechter Zeit und flüsterte mir in die Ohren: ›Geschwind, Gackeleia, gehe mit mir aus der Kirche, hörst du? Der Küster rasselt schon mit den Schlüsseln. Gehe mit mir, du selbst sollst sehen, wie wir den Ring erwischen; wir haben die beste Hoffnung.‹ Fröhlich nahm ich nun die kleine Maus in den Ärmel und ging mit ihr nach dem Schlosse der drei Betrüger. Als wir an die Gartenmauer kamen, sprang Sissi an die Erde und zeigte mir den Weg zur Türe. Ich gelangte hinter ein kleines Gartenhaus, wo ich mich im Gebüsch versteckte und durch eine Spalte im Fensterladen alles sehen und hören konnte, was im Gartenhaus vorging.

Die drei Betrüger saßen um einen Tisch, in dessen Mitte der köstliche Ring lag, und stritten miteinander, wer in dieser Woche den Ring am Finger tragen sollte. Da sie gar nicht einig werden konnten und lange geschrien und geschimpft hatten, weil immer der eine fürchtete, der andre möge ihm den Tod wünschen, wenn er den Ring am Finger habe, griff endlich der eine mit solcher Heftigkeit nach dem Ring, daß er den Tisch umstieß, und das machte sich der andre zunutz und ertappte den an die Erde gefallnen Ring, steckte ihn an den Finger und drehte und schrie:

Salomon, du weiser König,
Dem die Geister untertänig,
Mach zwei Esel aus den beiden,
Die in diesem Garten weiden!
Ringlein, Ringlein, dreh dich um,
Machs geschwind, ich bitt dich drum!

Während er dieses mit der größten Eile hergeschnattert hatte, rissen die beiden andern ihn hin und her, aber es währte nicht lang, so waren sie beide zwei dicke, häßliche Esel, und er nahm einen Prügel und trieb sie aus dem Gartenhaus hinaus, das er hinter ihnen verschloß. Sie schrien und bissen sich untereinander noch eine Weile, fingen aber bald an, sich in ihre neue Natur zu schicken und allerlei Gras und Disteln am Wege zu fressen.

Ich guckte wieder in das Gartenhaus, da wollte sich der, welcher den Ring hatte, schier bucklig lachen, weil er seine Gesellen endlich so sauber angeführt. ›Gott sei Dank!‹ sagte er, ›nun kann unsereins doch einmal ruhig ausschlafen ohne die Gefahr, daß der andre ihm den Tod wünscht‹, und nach diesen Worten legte er sich breit in einen Sorgenstuhl und fing bald an, tüchtig zu schnarchen.

Nun ist es Zeit, dachten Pfiffi und Sissi und schlüpften beide durch ein Loch in das Gartenhaus. Ich wendete kein Aug von dem Schlafenden und dem Ring an seinem Finger. Ach, er hatte eine Faust gemacht, und der Ring schien sehr schwer zu bekommen. Aber Sissi nahte sich seinem Ohre und sang mit der süßesten Stimme nichts als das Verslein:

Louisdore und Dukaten,
Echte Perlen, Diamant,
Ritterorden, Ihro Gnaden,

Hohe Bildung, Ordensband,
Witz und Wesen, scharf und zart,
Gänsefett und Backenbart.

Kaum hatte der Schlafende diesen Vers gehört, als er die Hand so öffnete, als wolle er nach all den schönen Sachen greifen. Nun biß ihm Prinz Pfiffi in den Ringfinger, er wachte auf und sagte: ›Ein scharmanter Traum, aber der Ring drückt mich und weckt mich auf; wer kann ihn mir hier nehmen? Die zwei Esel grasen draußen nach bestem Appetit, was brauchen sie mehr? Sie haben keine andern Bedürfnisse. Ach, der schöne Traum! Ich will versuchen, ob ich ihn wieder träumen kann. Der Ring soll mich nicht wieder stechen; ich lege ihn, bis ich erwache, auf den Tisch.‹ Nun zog er den Ring ab und schlief wieder ein. Kaum schnarchte er, als Sissi ihm wieder ins Ohr sang:

Louisdore und Dukaten,
Echte Perlen, Diamant,
Ritterorden, Ihn Gnaden,
Hohe Bildung und Verstand,
Witz und Wesen, scharf und zart,
Gänsefett und Backenbart.

Da lächelte er gar süß wie ein Topf voll saure Milch, und Pfiffi brachte mir den Ring [aus] dem Loch heraus. Schnell steckte ich ihn an den Finger und sprach:

Salomon, du weiser König,
Dem die Geister untertänig,
Lasse diesen, wie die andern,
Gleich als einen Esel wandern,
Schaff auch einen Eseltreiber,
Der mir ihre faulen Leiber
Mit dem Prügel tüchtig rührt
Und zum Vater Gockel führt!
Ringlein, Ringlein, dreh dich um,
Machs recht schnell, ich bitt dich drum!

Und sieh da, gleich war der Esel fertig, und der Treiber stand schon bei ihm drin und trieb ihn mit einem Prügel dem Gartenhaus hinaus und erwischte auch die beiden andern, und ich drehte den Ring und wünschte bei euch zu sein. Da war ich gleich hier auf dem Hof, und als ich euch in dem alten Hühnerstall so klagen hörte, wünschte ich, daß das Schloß wieder sein möchte, wie es einst im höchsten Glanze bei unsern Voreltern gewesen; auch wünschte ich, daß ihr wieder schön und jung werden möchtet, und daß auch ich eine schöne, vernünftige Jungfrau sein möchte, damit ich meine gefährliche Spielsucht verlöre. Und da alles das so geworden war, schlich ich zu euch in den Hühnerstall und drückte mich in einen Winkel, um eure Überraschung recht zu genießen. Sissi aber wollte mit aller Gewalt unter die Puppe gebunden sein, um euch zu necken. Da lief sie über euer Stroh, und als ihr rieft: ›Die Puppe, die Puppe!‹ sagte ich:

Keine Puppe, es ist nur
Eine schöne Kunstfigur.

Das andre wißt ihr alles."

Nach dieser Erzählung umarmten Gockel und Hinkel die Gackeleia unter Freudentränen und sagten: „Dank, tausend Dank, liebes Kind, du sollst zum Lohne deiner Güte auch den Ring immer am Finger haben, du sollst alles wünschen, was du willst."

Gackeleia sagte: „Ich nehm es an; vor allem wollen wir die drei Esel, welche im Hofe stehen, mit allem beladen, was ich dem guten Mäusekönig versprochen habe, und dann sollt ihr sehen, wie vernünftig ich wünschen will."

Nun gingen sie hinab und wünschten, nachdem die Käse und die Schinken den Eseln auf den Rücken gepackt waren, den Königsberger Marzipan, den Thornischen Pfefferkuchen, die Jauerschen Bratwürste, die Spandauer Zimtbrezeln, den Nürnberger Lebkuchen, die Frankfurter Brenten, die Mainzer Vitzen, die Gelnhausner Bubenschenkel und die Koblenzer Totenbeinchen auch dazu, welche sich ohne Verzug einstellten und die Esel so belasteten, daß sie schier niederbrachen. Als nun Prinz Pfiffi und Prinzessin Sissi ihren Freunden den zärtlichsten Abschied zugepfiffen hatten, befestigte Gockel seine Pudelmütze auf den Kopf des einen Esels und setzte die Mäuschen hinein und ließ den Treiber die drei Esel nach dem Mäuseland hintreiben und recht viele schöne Grüße ausrichten.

„Ach", sagte Gackeleia, „jetzt wollen wir auch einmal in unsre Schloßkapelle gehen und sehen, wie sie sich verändert hat." Kaum hatte sie diese Worte gesprochen, als die Glocke zu läuten anfing und sie in die Kapelle rief. Sie traten hinein und konnten sich nicht satt sehen an den schönen Bildern und Leuchtern, mit denen die Altäre geschmückt waren. Besonders aber erfreuten sie sich an einer silbernen Bildsäule des heiligen Petrus, neben welchem ein goldner Hahn saß, der mit seinem Krähen immer die Stundenzahl ansagte und dabei mit den Flügeln schlug, als wenn er lebte. Gockel und Hinkel erinnerten sich lebhaft des getreuen Alektryo dabei, denn er glich ihm über die Maßen, und kaum hatten sie den Wunsch ausgesprochen, daß er noch leben möge, als auch Gackeleia den Ring drehte und sprach:

Salomon, du weiser König,
Dem die Geister untertänig,
Mache meine Eltern froh
Durch den Hahn Alektryo!
Ringlein, Ringlein, dreh dich um,
Machs geschwind, ich bitt dich drum!

Gleich flog der silberne Hahn dem alten Gockel auf die Schulter und schlug mit den Flügeln und war Alektryo. Nun aber begann der Gottesdienst; alles Schloßgesinde füllte die Kirche, man spielte die Orgel und sang und predigte, daß es eine Lust war. Als aber am Schlusse des Gottesdienstes der Geistliche am Altar fragte, ob niemand da sei, der Hochzeit machen wolle, drehte Gackeleia ihren Ring und sprach:

Salomon, du weiser König,
Dem die Geister untertänig,
Bring doch den Kronovus her,
So ganz wie von ungefähr!
Ringlein, Ringlein, dreh dich um,
Machs geschwind, ich bitt dich drum!

Da hörten sie Jagdhörner im Schloßhof, Gackeleia lief hinaus und sah den Prinzen Kronovus in einem grünen Jagdröckchen von einem kleinen Schimmel springen, und sie flogen sich einander in die Arme mit dem Ausruf: „Ach, wie bist du so klein, ach, wie bist du so groß!" Da aber drehte Gackeleia ihren Ring und wünschte, daß Kronovus so groß und verständig wie sie sei, und das ward er auch alsogleich. Da trat sie mit ihm in die Kirche, und Gockel und Hinkel grüßten den Kronovus; der sagte ihnen, daß sein Vater Eifraßius und seine Mutter Eilegia gestorben seien, und wann Gockel ihm Gackeleia zur Gemahlin geben wolle, solle sie seine Königin von Gelnhausen sein. Hinkel war es zufrieden und Gockel auch; sie führten die beiden vor den Altar, und der Priester legte ihre Hände zusammen, und sie wechselten die Ringe. Im ganzen Schlosse wurde nun ein großes Fest gefeiert, nach Gelnhausen wurden Boten gesandt, um alles Volk einzuladen, und bald war das Schloß und der Wald umher mit lustigen Leuten angefüllt. Als nun Gockel, Hinkel und Gackeleia dem Kronovus bei Tische alles erzählten, zog dieser den Ring Salomonis, den ihm Gackeleia am Altar geschenkt hatte, vom Finger, legte ihn auf seinen Teller und betrachtete ihn sehr aufmerksam und sagte: „Den ersten Wunsch der Gackeleia soll mir der liebe Ring gleich erfüllen."

„Ach", sagte Gackeleia, „alles ist so herrlich und so glücklich, was bleibt zu wünschen übrig, als daß wir alle Kinder wären und die ganze Geschichte ein Märchen, und Alektryo erzählte uns die Geschichte, und wir wären ganz glücklich drüber und patschten in die Hände vor Freude!"

Kaum hatte sie dies gesagt, als Alektryo, der in der Mitte des Tisches saß, mit dem Schnabel nach dem Ring zuckte und ihn verschluckte, und in demselben Augenblick waren alle Anwesende in lauter schöne, fröhliche Kinder verwandelt, die auf einer grünen Wiese um den Hahn herumsaßen, der ihnen die Geschichte erzählte, worüber sie dermaßen in die Hände patschten, daß mir meine Hände noch ganz brennen; denn ich war auch dabei, sonst hätte ich die Geschichte niemals erfahren.

Das Märchen von Komanditchen

Es war einmal ein sehr reicher Kaufmann, der hieß Seligewittibs-Erben und Compagnie. Er hatte eine sehr schöne Tochter, die hieß Komanditchen, und diese mußte ihm alle Morgen die Zeitung und den Kalender vorlesen, wenn er sein Täßchen Zichorienkaffee trank und dazu sein Pfeifchen Runkelrübenknaster rauchte, wobei er große Spekulationen und Pläne zu Kauf und Verkauf machte.

Aus der Zeitung merkte er sich Krieg und Frieden, Todesfälle und Heiraten, und ob einer ein General, ein Kaiser, ein Papst, ein Doktor, ein Fürst geworden sei und so weiter; aus dem Kalender merkte er sich die Geburts- und Namenstage aller vornehmen Leute, und wie das Wetter durch das ganze Jahr hindurch sein werde. Stand im Kalender: „Der Sommer wird sehr heiß sein", so ließ er gleich viele Zitronen aus Italien kommen, weil er gleich spekulierte, die Leute werden viel Limonade trinken und viele Zitronen kaufen. Stand im Kalender: „Es wird viel Regenwetter sein", so ließ er gleich sehr viele Regenschirme kommen. Stand im Kalender: „Es wird sehr viel Wein wachsen, aber er wird etwas sauer sein", so ließ er sich gleich sehr viele Häringe aus Hamburg senden; denn er spekulierte, die Leute würden auf den gesalzenen Häring den sauern Wein lieber trinken. Stand im Kalender: „Es wird kein gutes Kornjahr sein", so kaufte er gleich alle Katzen zusammen, die er auftreiben konnte; denn er spekulierte: „Wenn wenig Korn da ist, wird man sehr besorgt sein, die Mäuse abzuhalten, damit sie das bißchen nicht gar auffressen, und da werde ich das Dutzend ordinäre vermischte Katzen zu 1 fl., das Dutzend fein sortierte Mittelkatzen zu 1 fl. 12 kr., das Dutzend extrafein supra-ordinäre Durchschnittskatzen zu 2 fl., das Dutzend fein ausgesuchte spinnende Favoritkatzen nach den geschmackvollsten Mustern gezeichnet zu 4 fl.; das Besteck von dergleichen zu 1 fl. 12 kr. leicht verkaufen können; wer zehn Dutzend nimmt, erhält das eilfte frei; zu Ende des Verkaufs wird der Rest des Warenlagers in einer Lotterie ausgespielt, worin alle Nummern gewinnen, wenigstens eine ausrangierte Ausschußkatze." Stand im Kalender: „Es wird ein gutes Sauerkrautjahr werden", so kaufte er viele Erbsen und Schweinefleisch zusammen; denn er spekulierte, das essen die Leute gern zum Sauerkraut und werden mir es teuer bezahlen. Stand im Kalender: „Es wird eine große Trockenheit sein", so kaufte er viele Gießkannen. Stand im Kalender: „Es wird eine große Sonnenfinsternis sein", ließ er sich eine Menge Talglichter und Lampenöl kommen, weil er spekulierte, man werde vieles Licht brennen, und so benutzte er auch alle Zeitungsnachrichten. Fing ein großer Herr an zu kränkeln, so kaufte er gleich schwarzes Tuch ein, um es zur Hoftrauer verkaufen zu können. Las ihm Komanditchen vor, es werde bald eine Hochzeit vornehmer Leute sein, so kaufte er alle alten Töpfe zusammen, um sie wieder an die Hofkavaliere zu verkaufen, welche sie bei der Hochzeit nach altem Gebrauch zu zerschmettern pflegen.

Alle diese Geschäfte gelangen ihm, und er ward täglich reicher; aber ein Handel schlug ihm über alle Begriffe gut ein, so daß er sich sein ganzes Haus mit

Talern pflastern konnte. Es war im Dezember Anno Elf, da kam der neue Kalender auf das Jahr Zwölf und die Zeitung morgens an und er rief seiner Tochter: „Komanditchen! Komanditchen! komm spekulieren." Da kam Komanditchen mit dem Kaffee und der Pfeife und las aus dem Kalender:

„Im Januar Anno Zwölf wird der St. Paulustag voll Nebel, Regen und Sturm sein."

„Viktoria! Viktoria!" schrie da der Kaufmann, „o, nun wird Seligewittibs-Erben und Compagnie einen außerordentlichen Schlag tun; aber nun lese auch die Zeitung, Komanditchen! Ich will gar nichts mehr weiter aus dem Kalender hören, damit ich nicht irre werde." Da las Komanditchen aus der Zeitung:

„Der politische Horizont beginnt sich hier sehr aufzuhellen; man siehet einem sehr vorteilhaften Viehhandel entgegen; der Rindviehmarkt zu Jenseits dürfte große Aussichten eröffnen; es ist bereits am 25. dieses ein bedeutender Mann unter dem Namen des Herrn von Incognito mit einer Kolonne von zweitausend Stück inländischen Stempelochsen mit geheimen Instruktionen, die er aber erst auf dem hohen Gebirg an der Grenze eröffnen darf, abgegangen. Man sieht dem Erfolg dieser wichtigen Sendung mit gespannter Erwartung entgegen. Die öffentlichen Papiere fallen übrigens außerordentlich, und ist der hiesige Platz ganz mit denselben überhäuft."

Hier rief Seligewittibs-Erben und Compagnie aus: „O teures, liebes, einziges Komanditchen! O welche einzige Konjunkturen hast du mir heute vorgelesen! Ich sehe den vortrefflichsten Handelsgeschäften entgegen."

Komanditchen aber sprach in ebenso großer Freude: „Ach teurer Vater! hier steht noch etwas; o, das mußt du mir kaufen!"

„Kaufen! kaufen!" sagte der Vater, „gewiß wieder ein schwärmerisches Buch. Komanditchen! Komanditchen! Ich habe dir viele schöne Lesebücher gegeben, zum Beispiel die *Regula Caeci* oder die Geliebte des blinden Flötenspielers, und die welsche Praktika oder das italienische Banditenmädchen, und den faulen Rechenknecht in Clairobscür für die Lesewelt, und du willst immer mehr haben; ich fürchte, ich fürchte, du wirst mir von dem vielen Romanenlesen am Ende gar krank werden." – „Lieber Vater!" sagte Komanditchen, „höre nur den Titel dieses vortrefflichen Buches, du wirst es mir gewiß kaufen: Der altteutsche Spritzkuchen aus den Papieren einer perfekten Köchin; ach! das Buch muß ich haben."

„Ei! ei! aus den Papieren einer perfekten Köchin, der altteutsche Spritzkuchen!" sagte der Kaufmann kopfschüttelnd; „es wird mir ganz wunderlich bei diesem Titel; wer mag diese Papiere deiner Mutter, aus welchen ich Düten machen ließ, bekannt gemacht haben?"

„Meiner Mutter?" rief Komanditchen. „Ja, deine Mutter", erwiderte der Kaufmann, „welche gestorben, da du auf die Welt kamst, war eine geborne perfekte Köchin, und brachte einstens, um sich zu zerstreuen und zu bilden, den altteutschen Spritzkuchen zu Papier, eine Arbeit von vielem Geschmack. Da sie es aber in ihr Ausgabebüchlein zwischen Semmel, Milch, Butter, Eier, Licht, Petersilie, Meerrettich, Knoblauch geschrieben, so ist dieses herrliche Schriftchen meinen Ladenjungen in die Hände geraten, welche Schnupftabaksdüten daraus gemacht haben; gewiß hat ein Gelehrter, der den Schnupftabak bei mir kauft, die herrlichen Gedanken deiner Mutter aus diesen Düten benützt und dieses Buch herausgegeben. Wir wollen es sogleich bei dem Buchhändler holen lassen; aber da kömmt der Briefträger, ich bin sehr begierig, was mir Gebrüder Seligensohnsschwiegermutter von Jenseits schreiben werden, das ist ein Freund, der mir schon sehr viel Geld gebracht hat; ihre Winke und Neuigkeiten sind immer ganz vortrefflich; denn der Minister, Graf Horstbutter, ist in geheimer Compagnie mit ihnen."

Da kam der Brief. Komanditchen erbrach und las: „Dero vom 1. Current haben erhalten und melden im höchsten Vertrauen, daß ein hoher Freund unter dem Namen Herr von Incognito an der Spitze einer Kolonne von dreitausend Stück Kühen nach Ihrem diesjährigen Viehmarkt von hier abgereiset; wir empfehlen Ihnen denselben Ihrer Freundschaft und bitten Sie, demselben auf alle Weise gefällig zu sein. Man spricht hier von baldigen hohen Vermählungen. Die Papiere fallen hier gänzlich; Rosinen steigen bis zum Himmel; Häringstran ist angenehm; spanische Fliegen ziehen stark; Löschpapier ist flau; aufrichtige alte Ölfässer werden gesucht; Hasenfelle schleppen; Leim hält sich; Pfeffergurken schwanken; Spinnräder schwindeln" usw.

„Allmächtiger Gott!" rief hier der Kaufmann aus, „welche Ereignisse! Ich sehe einem ungeheuren Geschäft entgegen, und wenn es nur halb gelingt, so lasse ich mich adeln, werde Kommerzienrat, baue mir ein Treibhaus, verheirate dich an einen großen Herrn, lasse mich in Kupfer stechen, lese ein Buch über die Unsterblichkeit der Seele, lasse unsern Schimmel englisieren, kurz, so will ich zeigen, daß ich nicht ohne Empfindung bin. – Lasse mich allein, Komanditchen, ich muß spekulieren." Da machte Komanditchen einen Knix, schlich sich zur

Haustüre hinaus, fort in den Buchladen, kaufte sich den altteutschen Spritzkuchen aus den Papieren einer perfekten Köchin, küßte und drückte das Buch tausendmal und setzt sich damit in ein großes, leeres Kaffeefaß, welches der Lehrjunge ihres Vaters ihr zu ihrem Geburtstage in ein schönes, wohlriechendes Kabinett verwandelt hatte.

Dieses Kaffeefaß stand aufrecht auf dem Heuboden des Hauses, mitten in dem duftenden Heu wie eine Ritterburg zwischen grünen Bergen. Auswendig sah es noch ganz aus wie ein Faß, und die Türe war so geschickt darin angebracht, daß man sie nicht bemerkte. Wenn man hineintrat, sah man durch ein Fenster, das mit einer Bohnenlaube umzogen war, die aus einer alten Zuckerkiste an Bindfäden hinaufwuchs, auf die Dächer des Hauses und in den Taubenschlag. Das ganze Faß war inwendig mit Matten und Tuch von Ingwer- und Pfeffer- und Anisballen ausgeschlagen; oben herum ging eine Guirlande von Morcheln, gedörrten Pflaumen, Mandeln und Rosinen, Feigen, Hausenblase, Zitronat, verzuckerten Pomeranzenschalen und Kakaobohnen. An der Wand ringsherum war ein Sitz von alten Zitronenkistenbrettern angebracht, auf welchen Polster lagen von den Binsensäcken, worin die Smyrnaschen Feigen gepackt werden, und diese waren mit verdorbenem Safran und Sennesblättern ausgestopft. Der Tisch, der mitten in dem Faß stand, war eine aufgerichtete Zimmetkiste; auf diese war ein Brett genagelt, auf dem einstens Chokolade war gemacht worden. Ein blechernes Vanillekästchen stand hierauf als Schreibzeug, das Dintenfäßchen, eine ausgetrocknete Zitronenschale, war auf die Galläpfel fest geleimt, und das Sandfäßchen, worin der Sand der wohlriechendste Gewürzstaub war, bestand aus einer trockenen Pomeranzenschale mit Muskatnüssen beleimt. Oben an der Decke hing ein Kronleuchter aus den Brettern einer Syrupstonne künstlich zusammengefügt, damit die Fliegen, welche der süße Geruch häufig in das Faß zog, daran kleben blieben. Als Gemälde hingen an der Wand herum Papierbogen, auf welchen Biskuit, Anisschnittchen, Pfeffernüsse, Honigkuchen, Zuckerbretzeln, Chokoladeküchlein waren gebacken worden; auf dem Tisch stand als Lampe ein Pomadeglas voll feinem Öl, worauf ein brennender Mandelkern schwamm, und daneben stand ein Senftopf voll der schönsten Rosen als Blumenurne. Vor dem Fenster hing ein Eichhörnchen in einem Trillerhäuschen und ein Star, der sprechen konnte, in seinem Vogelbauer und auch eine Wachtel in ihrem grünen Haus. An der Wand stand auf Goldpapierbogen geschrieben: ›Tempel der Liebe und Freundschaft, der Dankbarkeit und Erinnerung geweiht‹, und

›Ruheplätzchen holder Schwärmerei‹ und ›Lieblingsörtchen der Sehnsucht‹ ›wandle auf Rosen und Vergißmeinnicht!‹, ›Komanditchens-Ruh‹, ›Hüttchen für Komanditchen‹, und allerlei solche bedeutende Sprüche deutscher Lieblingsdichter. Und was das Allerlustigste hier war, war ein kleines Loch im Boden des Fasses, welches hinunter in das Besuchzimmer des Vaters ging, und durch welches man alles hören und sehen konnte, was da vorging.

Der Kaufmann wußte gar nichts von diesem einzigen Faßkabinettchen. Der gute Ladenpeter, so hieß der Lehrjunge, hatte für Komanditchen diesen reizenden Aufenthalt in seinen Feierstunden eingerichtet, aus Dankbarkeit, weil sie einstens ihm eine Tracht Schläge bei ihrem Vater abgebeten, da er einem Landkrämer, der Sirup kaufte, diesen in ein Häringsfäßchen einpackte, wodurch er verdarb.

Hier pflegte Komanditchen, umgeben von den süßesten Wohlgerüchen, oft stundenlang mit ihrem Strickstrumpf ihrem lustigen Eichhorn zuzusehen und auf den Schlag ihrer Wachtel zu hören, oder mit dem Star zu plaudern, welchem der gute Ladenpeter die artigsten Sprüche und Redensarten eingelehrt hatte, z. B. ›Komanditchen! Favoritchen! Biskuitchen! komm ins Hüttchen‹, oder ›Die Liebe ist ein Spazierstöckchen, die Freundschaft ist ein Knotenstock auf Reisen‹ oder ›Arm und klein ist dieses Hüttchen, aber Ruh und Einsamkeit findet hier Komanditchen an der Hand der Dankbarkeit‹ oder ›Fantasie! Fantasie! Fantasiemus, o verehrte Komandite! oder ›Der ich verbleibe bis in das Grab dero untertänigster Ladenpeter‹.

Auch sah sie hier den Tauben zu, wie sie in der Sonne auf dem Dach spielten, und den Katzen, wie sie auf die Tauben lauerten, und dem Rauch, wie er aus den Schloten in die Luft wirbelte. Kurz, wenn sie in ihrer Faßeinsiedelei saß, war sie ganz glücklich und vergnügt und hätte es nicht mit einem königlichen Palaste vertauscht.

In diesem Tempel der Erinnerung verschloß sich nun Komanditchen und las die Geschichte des altteutschen Spritzkuchens aus den Papieren einer perfekten Köchin mit der größten Begierde, weil ihr der Vater gesagt hatte, daß ihre verstorbene Mutter die perfekte Köchin gewesen sei. Und wie schön muß die Geschichte gewesen sein: es kam eine alte böse Königin Waffeleisen drin vor, und eine Prinzessin Marzipan und ein Prinz Mandelwandel und viele andre schöne Sachen, die gar nicht zu beschreiben sind.

Während nun Komanditchen ganz in ihrem Buch vertieft saß, ging der Kaufmann in seinem braunen damastnen Schlafrock unten in seiner Stube auf und ab und spekulierte über alle Nachrichten, die er heute erhalten hatte, folgendes heraus:

Der Kalender sagt: Der Paulustag wird voll Regen, Nebel und Sturm sein; des Kaufmanns Vater aber, der ein frommer Bauer gewesen war, hatte ihn folgendes Sprüchlein gelehrt:

Sankt Paulus Sonn bringt fruchtbar Jahr;
Sankt Paulus Sturm bringt Kriegsgefahr;
Sankt Paulus Nebel bringt Viehestod;
Sankt Paulus Regen bringt teures Brot,
Bewahr uns Gott vor Hungersnot!

Also war Krieg, Viehsterben und Kornmangel zu befürchten; also mußte der Kaufmann alles, was man im Krieg braucht, und alles Vieh und alles Korn, das er auftreiben konnte, zusammenkaufen, um es desto teurer wieder zu verkaufen, wenn es überall daran fehlte.

Weiter stand in der Zeitung: daß ein vornehmer Herr unter dem Namen Incognito mit dreitausend Ochsen von Diesseits nach dem Viehmarkt zu Jenseits in das benachbarte Königreich gehe, und daß er geheime Aufträge habe, die er erst im Gebirg eröffnen dürfe; sein Handelsfreund von Jenseits aber schreibt ihm, daß eine ebenso große Kolonne von Kühen von einem vornehmen Mann unter dem nämlichen Namen eines Herrn von Incognito auch mit geheimen Aufträgen an dem nämlichen Tag von Jenseits nach dem Viehmarkt von Diesseits ausgezogen sei, und empfiehlt ihm diesen Anführer; spricht auch von bevorstehenden großen Verbindungen. Der König von Diesseits war ein junger Prinz, die Königin von Jenseits war eine junge Prinzessin, es konnte eine Vereinigung beider Königreiche stattfinden. Aber der stürmische Paulustag deutet auf Krieg, ganz gut die zwei Viehherden, welche von beiden Königreichen ausgezogen waren, mußten einander im hohen Gebirge in einem Hohlweg begegnen, da konnte es leicht zu Streit und Händeln kommen, und der Friede konnte durch eine Vermählung der beiden Regenten geschlossen werden; da war auf die Feierlichkeiten und Illuminationen zu gedenken und alles zu kaufen, was dann begehret werden könnte.

Weiter: die Papiere fielen so gewaltig, daß der Platz damit überschwemmt war, also mußte er so viele aufzusammeln suchen als möglich, um sie zu haben, wenn sie wieder steigen würden, weil es viel leichter ist, etwas zu verlangen, was fällt, als etwas, was steigt.

Auf diese Weise überlegte und spekulierte er, und am Ende rief er: „Komanditchen! Komanditchen!“ Die hörte es durch die Öffnung im Boden des Dankbarkeitsfasses und kam geschwind gelaufen; da mußte sie dem Vater etwas Wäsche in seinen Mantelsack packen, und der Ladenpeter mußte den alten Schimmel aus dem Stall ziehen und satteln und vorführen. Der Kaufmann schrieb noch eine Menge Briefe, schnallte sich eine große Geldkatze voll Goldstücken um, und sagte seinem Kassierer: „Ich werde einige Tage verreisen und mache Sie unterdessen auf folgendes aufmerksam: die Rosinen steigen bis zum Himmel; drum sagen Sie allen, die welche kaufen wollen, daß wir keine haben, und wenn sie dann am höchsten sind, so verkaufen Sie schnell. Spanische Fliegen ziehen stark: drum halten Sie die unsrigen zurück, und wenn sie im höchsten Zug sind, lassen Sie los, so werden wir am weitesten kommen. Löschpapier ist flau: gießen Sie deswegen Essig in die Tinte, welche wir verkaufen, und verkaufen schlechteres Papier, so wird es durchschlagen, und die Leute werden mehr Löschpapier kaufen. Hasenfelle schleppen: lassen Sie in die Zeitung setzen, daß der türkische Kaiser befohlen hat, die ganze türkische Nation solle keine Turbans mehr, sondern dreieckige Filzhüte tragen, so werden die Hutmacher mehr Hasenhäute kaufen, um Filz aus den Haaren zu machen. Leim hält sich: also lassen Sie ihn ruhig gehen. Pfeffergurken schwanken und Spinnräder schwindeln: drum kaufen Sie wohlfeil und verkaufen teuer, bis ich wieder komme. Apropos, echte alte aufrichtige Ölfässer werden gesucht: drum verkaufen Sie.“ Nach diesen Worten ging der Kaufmann in den Hof, um zu Pferd zu steigen.

Der Ladenpeter hielt den Schimmel am Zaum, und Komanditchen hatte sich drauf gesetzt, um den Mantelsack bequemer festzuschnallen; die Riemen aber waren so hart geworden, daß sie den Vater bat, er möge ihr helfen; da rückte er ein echtes altes aufrichtiges Ölfaß zu dem Schimmel, stieg auf dasselbe und sprach: „Ladenpeter, mache einstweilen das Tor auf.“ Ladenpeter tat es, aber pratsch, da brach der Boden des alten Fasses ein, und Seligewittibs-Erben und Compagnie fielen hinein, der alte Schimmel aber wurde von dem Gerumpel scheu, sah das Tor offen, Komanditchen hielt sich fest an seinen Mähnen, und er sprengte Karriere mit ihr zum Tor und zur Stadt hinaus, und der arme

Ladenpeter, welcher das verehrte Komanditchen in solcher Gefahr sah, lief wie ein Rasender hinter ihr drein und rief immer: „Halt auf! halt auf!" Aber der Gaul war, als ob er Flügel hätte, rannte alles über den Haufen, und Ladenpeter lief ihm nach bis in einen dicken, dicken Wald, wo der arme Lehrbursche halb tot vor Laufen endlich dem Schimmel den Vorsprung abgewann und sich ihm grad vor die Füße in den Weg hinwarf. Da stand der Schimmel still, der auch von Schweiß triefte. Komanditchen sprang nun von dem Pferde herab, das sie jedoch am Zügel festhielt, und sah nach dem armen Ladenpeter, der ihr mit so großer Gefahr das Leben gerettet hatte; aber dieser raffte sich bald wieder auf und war nur froh, daß Komanditchen noch frisch und gesund war.

„Ei! was für ein tolles Pferd ist dies!" sagte Komanditchen, „es ist ein Glück, daß der Vater nicht auf ihm fortgeritten." – „Es ist ein größeres Glück, daß Sie unverletzt heruntergekommen", erwiderte Ladenpeter, „aber der Schimmel ist recht gut gelaufen, er wollte zu seinem alten Herrn zurück, einem Landkrämer, der eine Viertelstunde von hier im Dorfe wohnt, und wenn Sie ein halbes Stündchen hier im Walde verziehen wollen, will ich geschwinde zu dem Krämer reiten. Er ist uns noch Geld schuldig, und es wird Ihrem Vater Freude machen, wenn ich dieses unglückliche Wegrennen des Schimmels benütze, um diesem bösen Schuldner etwas abzudrängen." – „Der arme Mann!" sagte Komanditchen, „kennst du ihn?" – „Ihn nicht", erwiderte Ladenpeter, „aber seine Tochter; sie ist eine sehr fromme und artige Jungfrau, sie kam immer in unsern Laden einzukaufen. Als ihr Vater aber endlich an tausend Taler schuldig war und nicht zahlen konnte, gingen Herr Seligewittibs-Erben und Compagnie zu ihm und nahmen ihm diesen Schimmel für hundert Taler ab, so daß er noch neunhundert schuldig ist; nun will ich hin und sehen, ob er nicht wieder etwas zu Geld gekommen ist und mir etwas abzahlen kann." – „Der arme Mann!" sagte Komanditchen wieder; „ach! wie muß es seine Tochter geschmerzt haben, da man ihm den Schimmel fortführte. Guter Schimmel! ich kann es dir gar nicht verdenken, daß du zu deinem Herrn zurück wolltest, nur hättest du mich nicht mitnehmen sollen." Bei diesen Worten streichelte sie dem Schimmel den Hals und war sehr gerührt; denn sie sah, daß dem Pferd viele große Tränen von den Augen herabrannen. „Sieh, er weint, er weint", sagte Komanditchen. „Verehrte Jungfer!" versetzte Ladenpeter, „das ist die Erhitzung, ich muß schnell aufsitzen und hinreiten; wenn der Schimmel länger steht im kühlen Wald auf diese Erhitzung, verkältet er sich und wird steif, und wenn ich auch nichts von dem Krämer herauskriege, so ist es nur, damit ich dagewesen bin und einmal seine fromme Tochter wiedersehe." Nun wollte Ladenpeter aufsteigen, aber der Schimmel wollte ihm auf keine Weise stehen; bald ging er rechts, bald ging er links; doch schlug er nicht und biß er nicht und machte nur mit seinen Bewegungen das Aufsitzen unmöglich. Da wollte der Ladenpeter ihn schlagen, aber da warf sich das Pferd plötzlich vor Komanditchen auf die Knie und weinte bitterlich. Komanditchen sprach: „Lieber guter Schimmel! was willst du von mir?" – „Ach!" erwiderte das Pferd, „du hast deinen Vater einmal gebeten, er soll den Ladenpeter nicht schlagen; bitte nun auch den Ladenpeter, daß er mich nicht schlägt." – „Allmächtiger Gott!" schrieen nun beide aus, „der Schimmel kann sprechen!" und standen wie versteinert da.

„Ja", sagte das Pferd, „ich kann sprechen, und das Herz ist mir beinahe zerbrochen, Ladenpeter! daß du auf mir hinreiten willst, deinen eignen armen Vater um Geld zu drängen." – Da ward Ladenpeter wie Blut so rot, und Komanditchen sagte: „So, Ladenpeter! ist das wahr? ist der Krämer dein eigener Vater? Pfui, schäme dich!" – „Ach! verehrte Komandite und einziger Schimmel!" sagte Ladenpeter, „habet mich nicht in so schändlichem Verdacht und höret die Wahrheit an. Ja, der Krämer ist mein Vater, ich bin ihm entlaufen, da ich merkte, daß er an Seligewittibs-Erben und Compagnie so viel schuldig war, und habe mich in dieser Handlung vom Betteljungen zum Hausknecht, vom Hausknecht zum Ladenburschen aufgeschwungen und wollte so immer mehr und mehr lernen, um meinem Vater einst, wenn mein Herr mich recht gut brauchen könnte, die Schuld abzuverdienen, und nun habe ich nur einmal zu meinem Vater hingewollt, um ihn und meine geliebte Schwester Kreditchen wiederzusehen und zu trösten." – „Das läßt sich hören", sagte Komanditchen zu dem Schimmel, „und ich dächte, du ließest ihn nun aufsitzen und mich hinten drauf; ich will dabei sein, damit er Wort hält und seinem Vater kein Geld abfordert."

„In Gottesnamen", sagte der Schimmel, und ließ den Ladenpeter aufsitzen, und Komanditchen setzte sich hinter ihn und hielt sich an ihn fest, und der Schimmel trabte mit ihnen den Wald hinaus nach einem kleinen Dorf im Tale.

Da sie das Dorf von oben übersehen konnten, sagte der Schimmel: „Sieh, Ladenpeter! da unten sitzt dein armer Vater auf seinem Dach und flickt es mit Stroh." – „Ja", sagte Ladenpeter und weinte: „O, der arme Vater!" – Da drückte Komanditchen dem guten Ladenpeter die Hand.

Nun stand der Schimmel auf einmal still und sprach: „O Ladenpeter, steige ab, und Komanditchen auch, und gehet zu Fuß hin; wenn der alte arme Krämer sähe, daß ihr auf mir geritten kämet, so könnte er denken, es wäre Seligewittibs-Erben und Compagnie, die Geld von ihm holen wollten, und könnte vor Schrecken vom Dache herunter sich zu Tode fallen." – „Du hast recht", sagte Komanditchen, „du herrlicher, treuer, feinfühlender Schimmel!" – und sprang herab, auch Ladenpeter sprang herab und umarmte das edle Tier für seine Aufmerksamkeit.

Nun sprach der Schimmel: „Gehe du voraus, Ladenpeter, ich sehe, dein Vater ist gleich fertig mit dem Dach und wird heruntergestiegen sein, wenn du langsam hingehst; da umarme ihn und erzähle ihm alles, und sage ihm von Komanditchen, damit er nicht erschrickt; ich will für mich ganz still hinten am Gartenzaun herumtraben." – „Sehr brav!" sagte Komanditchen, und nun trennten sie sich.

Ladenpeter ging voraus, Komanditchen brach hie und da Blumen am Weg. Das liebe kleine Dörfchen in dem grünen Tal gefiel ihr gar wohl, und der Schimmel graste langsam längs dem Abhang hinab.

Der alte Landkrämer Risiko war eben von der Leiter herabgestiegen, da hörte er ein Liedchen pfeifen. „Ach!" sagte er, „das ist das nämliche Stückchen, das mein Junge, der Peter, sonst pfiff; o! wo mag der ehrliche Junge nur hingekommen sein? Seit drei Jahren ist er verloren, und ich habe das Geld nicht, ihn in den Reichsanzeiger setzen zu lassen. Wahrhaftig, es ist, als wenn er selbst pfiffe; wart! nun kömmt eine Stelle in dem Liede, wenn er da einen Triller pfeift, so ist er es gewiß – ach! da haben wirs ja, ach Gott! er pfeift den Triller, o Peter! Peter!" Da sprang Ladenpeter über den Zaun, und sein Vater Risiko hielt ihn in den Armen, und sie küßten sich und drückten sich und weinten die süßesten Tränen des Wiedersehens, und Komanditchen lauschte am Zaun und weinte mit.

Nun erzählte der Sohn dem Vater alles: daß er bei Seligewittibs-Erben und Compagnie Ladenjunge geworden; daß sein Herr viel auf ihn halte, ihn aber nicht kenne; daß er hoffe, ihm einstens aus den Schulden heraushelfen zu können, und wie es ihm mit dem Schimmel gegangen, und daß die Tochter seines Herrn, Komanditchen, gleich kommen werde, und der Schimmel auch, und daß der Schimmel sprechen könne.

„Laß gut sein“, sagte der Landkrämer, „und schneid mir nichts auf; ihr Herrn Ladenjungen aus der Residenz könnt das Aufschneiden doch nicht lassen; verdirb mir die Freude des Wiedersehens nicht mit Lügen von sprechenden Schimmeln; du wirst mir deinen alten Vater nicht gleich zum Narren haben; einige Pfiffe hat man in der Stadt immer voraus; da giebt es Gelegenheit sich zu bilden, man spielt etwa an einem freien Sonnabend einmal als Affe oder Löwe in der Komödie mit; aber deswegen muß man seinem Vater doch keinen sprechenden Schimmel aufbinden.“

„Lieber Vater!“ erwiderte Ladenpeter, „wir waren erschrocken wie ihr; Komanditchen wird gleich kommen, die könnt Ihr fragen, oder am besten den Schimmel selbst. Er hat gesagt, er wolle hinten am Zaun herumgehen.“

Da trat Komanditchen, die alles gehört hatte, zur Hoftüre herein und grüßte den alten Mann und sagte: „Ja, Herr Risiko, Ihr Sohn sagt die Wahrheit, der Schimmel kann sprechen, und zwar wie es nur die edelste Seele kann.“ Der Krämer zog die Mütze und sprach: „Das ist sehr, sehr wunderbar; der Schimmel, hm, hm, wo habt Ihr denn den Schimmel her?“

„Vater!“ versetzte Ladenpeter, „ich habe nie gewußt, daß Ihr einen Schimmel hattet.“ – „Ich weiß es auch nicht“, sagte der Krämer; „als Herr Seligewittibs-Erben und Compagnie hier war und mich an Zahlung mahnte und ich gar nichts hatte als meine gute Tochter Kreditchen, die vor ihm stand, da sagte er: ›Ei was, Tochter! Hätten Sie einen guten Schimmel im Stall, der wäre mir lieber.‹ Da ging deine arme Schwester weinend zur Türe hinaus, und als Herr Seligewittibs-Erben und Compagnie auch hinausging, wieherte es im Stall. Ich war des Todes vor Schrecken, denn ich hatte keine Ziege, viel weniger ein Pferd im Stall, ja im ganzen armen Dorfe ist kein Pferd. Herr Seligewittibs-Erben und Compagnie sprang nach dem Stall und sagte: ›Ei! ei! Herr Risiko! Ihr Pferd ist aufrichtiger als Sie.‹ Ich beteuerte, das Pferd sei nicht mein, ich wüßte nichts von ihm; aber er glaubte mir nicht, besah das wunderschöne Pferd hinten und vorn und zog dann einen Schein über hundert Taler aus der Brieftasche und sagte: ›Den Schimmel nehme ich für hundert Taler, die ich Ihnen gut schreibe und Sie von neuem mit neunhundert belaste‹; worauf er aufstieg und wegritt. Am Tor drehte sich der Schimmel und wieherte so traurig, daß mir es durch Mark und Bein ging, und ich war wie versteinert. Ich suchte meine Tochter an allen Ecken; ich rief sie durchs ganze Dorf; ich fand sie nicht; ich habe sie nie wieder gesehen, seit sie weinend aus der Stubentür ging.“

„Ach!“ rief Ladenpeter aus, „meine liebe, fromme Schwester ist nicht hier! sie ist verloren!“ – „O, ich hatte mich so auf sie gefreut!“ sagte Komanditchen.

„Ja, es ist nicht anders, ich bin zum Unglück bestimmt“, sagte der alte Risiko; „aber du bist wiedergefunden, vielleicht beschert mir sie der Himmel auch einmal wieder. Ach! als ich sie so im Dorf herum rief: ›Kreditchen! Kreditchen!‹ da wieherte der wunderliche Schimmel immer noch von dem Hügel herab; ach! mir ists wie heute. Hier rufe ich noch alle Abend und meine, sie müsse kommen.“ – Da rief er wieder: „Kreditchen! Kreditchen!“ und da wieherte es laut. „Herr jemine! der Schimmel!“, rief Risiko und lief gegen die Türe, und ein schönes blondes Bauernmädchen, seine Tochter, sank ihm in die Arme, und Ladenpeter umarmte die Schwester und Komanditchen auch.

Da war Freude an allen Ecken. „Aber wo ist der sprechende Schimmel hingekommen?“ sagte der alte Risiko. „He Schimmelchen, komm! komm! Schimmel!“ – da war kein Schimmel zu hören und zu sehen. „Was wollt Ihr denn mit einem Schimmel?“ sagte Kreditchen. Da erzählten sie ihr die ganze Schimmelgeschichte von ihrem Verschwinden bis zu ihrer Zurückkunft, und sie sagte immer: „Ei! ei! das ist sehr seltsam! das sollte man kaum glauben!“ und als sie endlich gefragt wurde, wo sie denn so lange gewesen sei, sagte sie: „Ich habe das Unglück des Vaters nicht mehr mit ansehen können und bin in die Stadt dienen gegangen, um dem Vater meinen Lohn zu schicken. Nun hab ich aber ein großes Glück gehabt: ich habe an einem Morgen, da ich an den Brunnen ging, diese Brieftasche gefunden, und nachher gehört, daß ausgetrommelt wurde, der ehrliche Finder, der sie zurückbringe, solle hundert Taler haben. Da bin ich aus Freude zu Euch herausgelaufen, um Euch die Brieftasche zu geben, damit Ihr den Finderlohn holen und an Euren Gläubiger geben könnet.“ Da reichte sie dem Vater die Brieftasche, welcher mit derselben in seine Kammer ging, um zu sehen, was sie enthalte.

Komanditchen war müde, Kreditchen auch. Der Ladenpeter meinte, er wolle morgen mit Tagesanbruch Komanditchen zurückbringen, drum ging Komanditchen mit Kreditchen nach ihrer Kammer, und sie aßen ein wenig Brot und wilden Honig und legten sich zusammen ins Bett.

Da sprach Komanditchen zu Kreditchen: „Jungfer Risiko! lege Sie sich doch nicht so krumm; ich habe gar keinen Platz neben ihr im Bett.“ – „Ach, verzeihen Sie!“ erwiderte Kreditchen, und legte sich gerade, seufzte aber sehr tief dabei.

Als sie kaum eingeschlafen waren, wachte Komanditchen wieder auf und rief: „O Kreditchen! Sie liegt wieder so krumm und drückt mich ganz zum Bett hinaus."

Da bat Kreditchen wieder sehr um Verzeihung und legte sich wieder mit Seufzen grad. Dieses geschah aber öfters, und weil Kreditchen bei dem Geradelegen immerzu seufzte, als habe sie Schmerzen, und es doch nie eingestehen wollte, fühlte Komanditchen ihr im Schlaf an den Rücken und bemerkte, daß das arme Mädchen eine große Wunde auf demselben habe. Da stand Komanditchen auf und legte sich an die Erde, um das arme Kreditchen nicht mehr zu stören.

Am Morgen aber fragte sie das Mägdlein, was sie denn auf dem Rücken habe; da ward sie ganz rot und sagte: „Ach! das viele Tragen der Wasserbütten hat mir die Wunde gedrückt." Nun zog Komanditchen wohlriechendes Wasser hervor, das sie bei sich hatte, und rieb Kreditchens Wunde damit und verband sie; da wurde Kreditchen ihr noch viel dankbarer.

Risiko aber saß die ganze Nacht mit dem Ladenpeter auf, und sie sahen mit Verwunderung die Brieftasche durch.

Es war dieses aber eine Brieftasche von Seligewittibs-Erben und Compagnie, und es lagen Scheine über die 900 Taler drin, welche ihm Risiko noch schuldig war, so daß der Krämer, wenn er sie behielt, hätte sagen können, er sei ihm nichts schuldig. Aber er war ehrlich und entschloß sich, nächstens in die Stadt zu gehen und die Brieftasche zurückzubringen und sich nur die hundert Taler Trinkgeld auszubitten.

Nun erzählte ihm der Ladenpeter noch allerlei, wie es im Handel und Wandel jetzt stehe, und bei welchen Waren man jetzt am meisten gewinnen könne, unter andern auch, daß die aufrichtigen echten alten Ölfässer so sehr stark gesucht würden, worüber sie endlich auch schlafen gingen. Gute Nacht zusammen! –

Der Kaufmann, welcher, als er den Mantelsack auf den Schimmel schnallen wollte, in das Faß gefallen war und durch das Spundloch sah, wie das Pferd weggaloppierte, hielt sich in dem Faß ganz still und dachte, die Nacht abzuwarten, um herauszusteigen, weil er fürchtete, seine Handlungsdiener möchten ihn auslachen. Als es nun anfing zu dämmern, kam sein Nachbar Herr Base-und-Vetters-Geschwister-Seliger-Eidam durch das offene Tor auf den Hof getreten und nahte sich dem Faß und sprach: „Ei, ei, Seligewittibs-Erben und Compagnie scheinen viel echte, alte, aufrichtige Ölfasser zu haben; ich habe

Auftrag, ein Dutzend zu kaufen und sie nach Ölreichsstadt zu senden, da kann ich einen guten Handel machen", und nun ging er zu dem Kassierer und kaufte ihm zwölf alte Ölfasser ab. Der Kaufmann hielt sich ganz still in dem Faß und dachte: „Bravo, nun werde ich von meinem eigenen Nachbar ganz unentgeltlich den Weg gefahren werden, welchen ich reisen wollte, und spare Zoll und Weggeld."

Der Kassierer hatte den Schimmel traben hören und glaubte nicht anders, als daß sein Herr weggeritten sei; er verkaufte also dem Nachbarn seinen Herrn unter den zwölf Fässern mit, und man merkte nicht, daß er darin stak, denn er hatte, als der Käufer in die Zahlstube gegangen war, den eingefallenen Faßdeckel leicht wieder über seinem Kopf in die Höhe gedrückt. So wurde er unter den andern Fässern aufgeladen, und sein Nachbar setzte sich selbst auf das vorderste Faß, in welchem Seligewittibs-Erben steckte, und fuhr die Ladung zur Stadt hinaus dem Walde zu.

Die Pferde gingen langsam, der Fuhrmann schlief ein, da ging es noch langsamer. Das ärgerte den Kaufmann im Fasse, welcher gern geschwind fort wollte, und er fing deswegen an, so im Fasse zu wackeln, daß der Fahrende herunterfiel. Der stand wieder auf, schimpfte über das Faß, legte es fester, setzte sich wieder auf und fuhr rascher weiter.

Bald schlief er wieder ein, der im Faß wackelte wieder, es ging wie vorher; da ärgerte sich der Fahrende und packte das Faß hinten auf und setzte sich auf ein anderes. Nun schlief er wieder ein, und der Kaufmann im Fasse, um ihn zu wecken, fing an, sich so zu bewegen, daß das Faß herunterfiel, und weil sie gerade zum Walde herausfuhren, wo man hinunter in das Dorf des Risiko sah, rumpelte das Faß den Weg hinunter ins Dorf und stieß pumps gegen die Hoftür des armen Landkrämers.

Daß der Weg da hinunterging, hatte der Kaufmann im Fasse nicht gesehen, sonst hätte er sich gewiß nicht vom Wagen herabgeworfen, denn alle Rippen taten ihm von dem Rumpeln über den steinigen Dorfweg sehr weh. Es war eben beim anbrechenden Morgen, und Risiko nebst Kreditchen begleiteten den Ladenpeter und das Komanditchen, welche in die Stadt zurückgingen, hinter dem Garten hinaus über die Wiese. Komanditchen schenkte der guten Kreditchen etwa zwölf Taler, die sie bei sich hatte, für ihren Vater und bat sie um ihren Besuch in der Stadt, worauf sie sich alle unter Glückwünschungen trennten.

Als der Krämer und Kreditchen in das Häuschen zurücktraten, tat das Faß gerade den Puff gegen das Hoftor. „Ei!“ rief Risiko aus, „das ist gewiß der Schimmel, der mit dem Huf anschlägt“ – und lief mit seiner Tochter ans Tor; aber wie freute er sich, als er ein echtes, aufrichtiges, altes Ölfaß davor fand, von welchen er durch Ladenpeter wußte, daß sie sehr gesucht wurden.

Aber da kam auch schon der Besitzer des Fasses den Berg herabgelaufen und schimpfte gewaltig auf das Faß, das nie auf dem Wagen ruhen wollte.

„Laß mir das alte Faß“, sagte Risiko; „was wollt Ihr es mühsam wieder hinaufwälzen, da es Euch doch nicht gehorchen will!“

„Ei!“ sagte da der Eigentümer, „diese Fässer werden jetzt stark gesucht und sind hoch im Preis! Doch wenn Ihr mir fünf Taler geben wollt, könnt Ihr es haben; es kostet mich zwei Taler auf dem Platz, dazu kömmt drei Groschen Provision und drei Groschen aus dem Haus auf die Straße und drei Groschen auf den Wagen und drei Groschen für jedes Mal Herunterfallen, macht für dreimal neun Groschen, und wieder dreimal aufgeladen à 3 Groschen macht wieder Groschen, und hierhergefahren 12 Groschen und hier heruntergelaufen à 3 Groschen und ihm nachgelaufen à 6 Groschen, macht Summa Summarum fünf Reichstaler in Gold zu 5 Taler 16 Groschen den Friedrichsdor gerechnet.“

Dem Risiko stach das Faß sehr in die Augen, aber er hatte kein Geld und gestand dem Verkäufer ein, daß er dieses nicht zahlen könnte, er möge es ihm auf Kredit geben. Da erwiderte der Verkäufer: „Habt Ihr denn auch nicht Geldeswert?“ – „Ach!“ sagte Risiko, „ich habe nichts als hier meine fromme Tochter Kreditchen.“ Da lachte der Verkäufer und sagte: „Auf die wird Euch niemand etwas kreditieren, ein recht schönes Stück Federvieh von seltener Art wäre mir lieber.“ Diese Rede ging der Tochter durchs Herz, sie weinte und ging in das Haus.

„Nun, habt Ihr keine Perlhühner, Fasanen, Pfauen oder seltene Tauben? Ich bin ein Liebhaber von dergleichen.“

„Ach!“ sagte Risiko, „wie soll ich zu so etwas kommen, ich habe nicht einmal Hühner!“ Da girrte es auf einmal auf dem Dach der Hütte; der Kaufmann schaute hinauf und rief aus: „Ha! ha! Ihr wollt nur nicht herausrücken, da sitzt ja die wunderschönste Pfauentaube auf dem Dach; wollt Ihr sie mir ablassen, so mögt Ihr das Faß dafür behalten.“

Risiko hatte diese Taube nie gesehen und sprach verwundert: „Wenn Ihr sie wollt, so holt sie Euch; ich bins zufrieden.“ Der Verkäufer, welcher ein großer Taubenkünstler war, nahm ein Fläschchen Anisöl, das die Tauben gern riechen, aus der Tasche, schmierte sich die Finger damit, nahm Wicken in die hohle Hand und wollte eben auf das Dach hinaufsteigen; aber die schöne Pfauentaube flog ihm entgegen und setzte sich ihm auf die Schulter. „Seht Ihr, ich verstehe es“, sagte er stolz lächelnd, und ging mit dem Wunsche von dannen, daß Risiko das aufrichtige alte Ölfaß in Glück und Segen verzehren möge, zufrieden mit seinem Handel den Berg hinan nach seinem Fuhrwerk.

Risiko hörte noch lange die Taube zärtlich Ruckruck rufen. Da rief er: „Kreditchen! Kreditchen!“ aber sie war nicht zu hören und zu sehen, er hörte nur immer das Ruckruck der schönen Taube. Da setzte sich Risiko auf das erhandelte Ölfaß und sagte traurig: „Ach! was soll mir das Faß, ich habe mein gutes Kreditchen wieder verloren, welches mir doch das Liebste auf der Welt war. Aber vielleicht ist sie wieder in die Stadt dienen gegangen, ich will nur auch hinein und mir die hundert Taler für die Brieftasche als Trinkgeld ausbitten; dann zahle ich sie an Herrn Seligewittibs-Erben und Compagnie und bin ihm dann 100 Taler weniger schuldig.“ Da sprach es auf einmal aus dem Faß: „Ich schreibe Ihnen nur 100 Taler Münze gut; restieren 800 Taler, welche abermal belastet bleiben“; und Risiko, der auf dem Fasse saß, machte einen Sprung herunter und lief mit dem Geschrei ins Haus: „Alle guten Geister! das Faß kann sprechen.“

Herr Seligewittibs-Erben war ganz wider seinen Willen hier verkauft worden; er gedachte weitertransportiert zu werden und dann an Ort und Stelle herauszuschlüpfen. Er fürchtete nichts mehr, als daß Risiko, der vor dem Fasse floh, nicht wieder kommen und ihn darin stecken lassen möge; deswegen kollerte er dem Risiko nach bis an die Haustüre und rief immer: „Herr Risiko! sehr schätzbarer langer Freund! sehr gutes Haus, mit welchem ich noch interessante Geschäfte zu machen gedenke! Herr Risiko! ich stecke hier auf ihr Risiko im Faß; bitte, mich zu hören; ich mache denselben den Antrag, mir das Faß zu einem Friedrichsdor abzulassen, soviel Herr Vetter-und-Basens-Geschwister-Seliger-Eidam dafür begehrt.“

Risiko streckte auf dieses Geschrei den Kopf schüchtern zum Fenster hinaus und sprach: „O du echtes, altes, aufrichtiges Ölfaß! du bist mit Recht aufrichtig zu nennen, denn du sprichst wie ein Mensch; ich habe nichts dagegen, wenn du dich selbst von mir kaufen willst; für einen Friedrichsdor kannst du dich haben, aber zahle mir bar.“

Da schrie es aus dem Faß: „Schreibe Ihnen das Faß mit 5 Thlr 8 Groschen gut, da die Louisdors so hoch stehen." Risiko aber sprach: „Mir ward 5 Thlr 16 Groschen gefordert", worüber sie lange hin und her handelten. Da aber Risiko nicht anders wollte, war Seligewittibs-Erben und Compagnie es zufrieden und verlangte aus dem Faß heraus. „Faß! du willst aus dem Faß heraus? Das versteh ich nicht; ich kann weiter nichts tun, als dich auf ein trockenes Lager legen und deine Reife ein wenig antreiben und dich mit heißem Wasser ausspülen, welches ich dir berechnen werde."

Da kam Risiko mit heißem Wasser und einem Hammer heraus. Aber der Kaufmann schrie entsetzlich im Faß: „Ach! schlagen Sie das Faß zusammen und lassen Sie mich heraus; ich bin Herr Seligewittibs-Erben und Compagnie." Da ging dem Risiko erst ein Licht auf, und er sagte: „Mein Herr! ich habe das Faß gekauft, wie es ist, auf mein Risiko, und gedenke mit dem Fasse in Compagnie zu gehen; mit allen seinen Eigenschaften, kann Sie daher nicht herauslassen."

Nun begann der Kaufmann im Faß hin und her zu handeln. Er ließ ihm ein Hundert Taler nach dem andern von seiner Schuld nach und mußte endlich noch seine ganze Geldkatze, welche er um den Leib geschnallt hatte, aus dem Spundloch herauslaufen lassen und dann noch die zwei Finger herausstrecken und schwören, daß er den Risiko in Compagnie nehmen wolle, und daß die Firma heißen solle: Seligewittibs-Erben Risiko und Compagnie. Hierauf schrieb er alles dieses zu Papier, reichte die Schrift, Feder und Tinte und Licht und Siegellack ins Faß, und der Kaufmann mußte alles unterschreiben und besiegeln, worauf Risiko die Reife von dem Faß schlug und den Kaufmann heraussteigen ließ.

Man hätte denken sollen, der Kaufmann würde gegen Risiko sehr böse sein; aber im Gegenteil. Er umarmte ihn zärtlich und sprach: „Herr Risiko, ich habe nicht erwartet, daß Sie ein so feiner Kopf seien; hätten Sie sich dieses herrliche Geschäft entschlüpfen lassen, ich würde Sie ewig verachtet haben. Nun freue ich mich sehr, mit Ihnen in Verbindung zu arbeiten; ich bin versichert, ich werde es nicht zu bereuen haben."

Nun teilte er ihm die ganze Ursache seiner Reise und seine ganze Spekulation mit und sprach: „Es ist die höchste Zeit, daß wir uns auf den Weg machen, um bei dem Zusammentreffen der beiden Herren von Incognito mit den großen Viehherden im Hohlweg zu sein; auch fürchte ich sehr, Vetter und Base, welcher mit den Ölfässern fuhr, wird uns zuvorkommen."

„Da bin ich gut für“, sagte Risiko, „Sie sollen mich gleich kennen lernen“, und nun stemmte er sich mit dem Rücken an einen kleinen alten Stall, der im Hofstand, und drückte tüchtig, da fiel der Stall um und verschüttete ein kleines Bächlein neben seinem Haus.

„Was soll das?“ fragte der Kaufmann. – „Über diesen Bach muß Vetter und Base mit seinem Wagen, nun ist er verstopft, wird sehr anschwellen, und er wird ohne Brücke nicht hinüberkönnen; lassen Sie uns ihm ruhig nachgehen.“

Sie machten sich auf den Weg, und Risiko sagte vorher zu einem benachbarten Bauern: „Gevatter! hier habt Ihr einen Louisdor, wenn hier ein Faß angeschwommen kömmt, so räumt den Bach wieder auf und lasset ihn laufen.“ Der Bauer versprach es, und die beiden Handelsfreunde gingen ihres Wegs.

Als sie einige Stunden gegangen waren, fanden sie den Vetter und Base mit seinem Wagen an dem aufgeschwollnen Bach, der wie ein Fluß geworden war. Er konnte nicht hinüber und wünschte, diese Reise nie übernommen zu haben. Da kauften sie ihm alle seine Ölfässer um ein Spottgeld ab und warfen sie in den Bach, worauf Vetter und Base mit nichts als seiner schönen Taube wieder nach Haus zurückfuhr.

Als die Ölfässer bei der Hütte des Risiko angeschwommen kamen, räumte der Bauer den Bach auf, das Wasser lief ab, und sie gingen ruhig hinüber. So kamen sie gleich bei dem Hohlweg im hohen Gebirg an und hörten bald ein außerordentliches Gebrüll von Diesseits und Jenseits.

„Ha! ha!“ sagte Risiko, „die beiden Herren von Incognito treiben schon ihr Vieh von zwei Seiten in den engen Hohlweg, bald werden sich die Ochsen begegnen und aufeinanderstoßen; der Schulze hier in dem nahe gelegenen Dorf ist mein Bruder und ein Fleischer; wir wollen zu ihm gehn, und da will ich Ihnen meinen ganzen Plan mitteilen.“

Sie kamen zu dem Schulzen, und nun sagte ihm Risiko: “Lieber Bruder! für jeden toten Ochsen, den du aus dem Hohlweg mit deinen Bauern herauf auf den Rand des Wegs ziehst und ihn in den kleinen Bach legst, sollst du einen Taler haben.“ Das war der Schulze zufrieden, und begab sich mit fünfzig starken Bauern, die mit Stricken und Haken versehen waren, auf den Rand des Hohlwegs in die Mitte, wo die Herden zusammentreffen mußten.

Nun redeten die zwei Handelsfreunde ab, was sie tun wollten: jeder sollte zu einem der Herren von Incognito gehen und ihm ein Heumagazin, die Ochsen zu füttern, an dem Ort verkaufen, wo sie die Herden hintrieben, und jeder sollte von seinem Herrn von Incognito die Ochsen als Geschenk begehren, welche unterwegs sterben würden; das weitere würde sich finden. Sie trennten sich und gingen rechts und links an die zwei Eingänge des Hohlwegs.

Das Vieh marschierte hinein, die Herren von Incognito gingen nach. Da sagte jeder an seiner Stelle zu seinem Herrn von Incognito: „Kaufen Sie mir 3000 Zentner Heu ab, die Ochsen auf dem Markt zu füttern." Die Herren waren recht froh darüber und kauften das Heu den Zentner zu 1 Louisdor, also zu 3000 Louisdor jeder, und mit der Bedingung, jedes Stück Vieh, was unterwegs sterbe, solle ihm gehören. Nun sagten sie: wir müssen zutreiben, damit wir schnell durch den Hohlweg kommen, und prügelten hinten immer auf die Ochsen los, die trafen in der Mitte des Hohlwegs zusammen und wurden wild und stießen mit den Köpfen zusammen, bis sie tot waren, und wurden von den Bauern immer heraufgezogen. Da kamen neue zusammen und stießen sich wieder tot, und immer so fort, bis sie alle tot und heraufgezogen waren und die beiden Herren von Incognito selbst mit den Köpfen zusammenstießen. Sie kannten sich sehr gut, aber sie stellten sich, als kennten sie sich nicht, und fragten sich um ihre Namen. Das sagte jeder, er heiße Incognito, worüber sie zu zanken begannen, und der eine rief dem Risiko, er solle ihm beistehen, der andere rief den Seligewittibs-Erben um Hülfe.

Da schlug Risiko den jenseitigen Herrn von Incognito mit seinem Stock, und Seligewittib schrie: „Schlägst du mir meinen Herrn von Incognito, so schlage ich dir deinen Herrn von Incognito", und prügelte auf den andern los, bis die Nacht einbrach und die beiden Herren von Incognito entflohen, jeder nach seiner Hauptstadt zurück.

Die Handelsfreunde umarmten sich nach ihrem wohlgelungenen Geschäft; sie hatten zusammen 12 000 Dukaten für Heu gewonnen und noch 6000 tote Ochsen dazu. Nun ließen sie die Ochsen alle abziehen und das Fleisch einsalzen und in dem Dorf bei dem Metzger liegen, worauf sie miteinander nach der Stadt reisten.

Wie froh war Ladenpeter und Komanditchen, daß der arme Risiko Gesellschafter der Handlung geworden war; aber daß Kreditchen die Freude nicht mitgenießen könne, machte alle sehr betrübt. Man ließ sie vergebens in alle Zeitungen setzen.

Die beiden Herrn von Incognito kamen zu ihren Königen zurück, und klagten über gegenseitige Mißhandlung; da ward Krieg erklärt, und Seligewittib und Risiko verkauften ihre Ochsenhäute sehr teuer zu Soldatenschuhen und das eingesalzene Fleische als Proviant. Die Blasen aber aus den Ochsenleibern hoben sie sehr sorgsam auf. Sie wurden hiedurch ganz unermeßlich reich, und da endlich Friede wurde, heirateten sich der König von Diesseits und die Königin von Jenseits, und es wurden große Hoffeste gegeben, wobei die Ochsenblasen sehr teuer gekauft wurden, um sie statt Kanonen zu zerknallen, weil auch kein Körnchen Pulver von dem Krieg mehr übrig war. Nun wurden Seligewittibs-Erben und Compagnie zum Kommerzienrat ernannt wegen seinen hohen Verdiensten und wurde adelig mit dem Namen Baron von Ochsenglück; Risiko aber blieb, was er war.

Der Baron von Ochsenglück überließ dem Risiko die Handlung ganz, baute sich ein Treibhaus, las von der Unsterblichkeit der Seele und suchte Komanditchen an einen Grafen zu verheiraten.

Der Ladenpeter war nun auch kein armer Lehrbursche mehr, sondern saß in der Schreibstube seinem Vater Risiko gegenüber am Pult und führte die Korrespondenz, hatte einen Engländer zum Spazierenreiten, und zwei Kutschenpferde und einen Reitknecht, und war immer so neumodisch gekleidet, daß man hätte glauben sollen, er wäre nicht recht klug im Hirn. Aber er mochte machen, was er wollte, die ganze Stadt nannte ihn doch nur Ladenpeter, und Komanditchen konnte ihn nicht mehr ausstehen; woraus er sich auch nicht viel machte, wenn er sich nur zu Pferd in der Stadt konnte sehen lassen.

Während alles dieses vorging, saß Komanditchen alle Tage einige Stunden in ihrer wohlriechenden Faßeinsiedelei und hatte das schöne Buch vom altteutschen Spritzkuchen aus den Papieren der perfekten Köchin unter bittern Tränen der Erinnerung an ihre gute Mutter beinahe auswendig gelernt.

Da sah sie einstens auf dem Taubenschlag des Nachbars eine wunderschöne Pfauentaube sitzen; es war dieselbe, für welche er dem Risiko das Faß gegeben. Komanditchen war ganz entzückt über die Taube und rief aus: „O du wunderschöne Taube! komm ein wenig zu Komanditchen." Da flog die Taube zu ihr in das Faß und war so freundlich und lieblich, daß Komanditchen eine ungemeine Liebe zu ihr gewann, und wenn sie in ihrer Einsiedelei war, mußte die Taube immer bei ihr sein.

Einstens hörte sie durch das Loch im Faßboden, daß Besuch unten im Zimmer sei; sie legte sich an die Erde und sah hinunter. Es war der alte Graf Vogelleim und sein Sohn; sie warteten auf ihren Vater, und der Graf sagte zu seinem Sohn: „Du sollst dich nur wegen dem Gelde mit dem Fräulein Komanditchen verbinden; der alte Herr von Ochsenglück hat Glück gehabt wie ein Ochs, denn er hat mit einem Maikäfer angefangen."

Nun kam der Vater, und der Graf hielt um die Hand Komanditchens an. Das freute den Vater sehr, und er ließ Komanditchen rufen. Sie kam zu der Stube herein und sagte gleich zu ihrem Vater: „Ich mag den Grafen Vogelleim nicht." Da machte der Graf seinen Diener und zog ab.

Der Vater sagte zu ihr: „Du bist sehr grob"; sie erzählte ihm aber, was die beiden gesprochen, und fragte: ob es wahr sei mit dem Maikäfer? „Ja", sagte der Vater, „ich war ein Betteljunge und hatte nichts von meinen verstorbenen Eltern erhalten als den Spruch:

Findst du was auf der Gasse,
Was besser als 'ne Laus:
Hebs auf, stecks in die Tasche
Und trags mit dir nach Haus.

Als ich nun zum ersten Mal hier in die Stadt kam, fand ich unter einem Baume einen Maikäfer. Ich dachte, der ist besser als eine Laus, und hob ihn auf. Da kam eben der Graf Vogelleim, der auch noch ein kleiner Junge war, mit dem Bedienten vorbei, der ihm Bücher und Papier in die Schule nachtrug. Als er meinen Maikäfer sah, wollte er ihn haben und kaufte mir ihn um einen Bogen Papier ab, weswegen du auch einen Maikäfer in dem Herzschild meines Wappens siehst. Hat nun der Graf sich darüber lustig gemacht, so soll er seine Leimrute anderswo aufstecken, er soll dich mein Komanditchen nicht dran fangen!" Da küßte Komanditchen dem Vater die Hand und ging wieder in ihre Einsiedelei.

Über eine Weile hörte sie unten wieder sprechen; sie guckte, es war der Baron von Hustenleder mit seinem Sohn, der sagte: der Herr von Ochsenglück habe mit Zuckerpapier gehandelt. Komanditchen wurde wieder gerufen, und sie sagte wieder: „Baron von Hustenleder, ich mag Sie nicht." Hernach erzählte sie dem Vater wieder, was der von Hustenleder von dem Zuckerpapier gesagt. Der Vater sprach: „Es ist wahr, ich ging mit meinem Bogen Papier zu einem Zuckerbäcker, welcher gerade Biskuit in den Ofen schieben wollte; er versprach mir für meinen Bogen weißes Papier zwei, worauf Biskuite waren gebacken worden; ich ging den Handel ein und erhielt auf zwei andern Bogen 48 leichte Zuckerrinden, welche von den darauf gelegenen Biskuiten waren sitzen geblieben. Ich schnitt die achtundvierzig Biskuit-Schattenrisse auseinander und verkaufte sie an den damals jungen Herrn von Hustenleder, jedes zu einem Kreuzer, macht 48 Kreuzer. Will er mich jetzt darum verachten, so mag er sein Hustenleder anderswo anbringen. Wegen jenem Fall siehst du auch die 48 Biskuite auf dem Mantel, der um mein Wappen herum hängt!" Komanditchen küßte die Hand und ging in die Einsiedelei zurück.

Über eine Weile hörte sie unten den General von Wohlbekomms und seinen Sohn, der sagte zu seinem Sohn: „Ein gerechtes Schicksal führt durch deine Verbindung mit Komanditchen das Geld des Ochsenglücks wieder in unsere Kasse, denn er hat für Schnupftabak sein Glück an mir gemacht."

Komanditchen ward wieder gerufen und sagte gleich beim Eintreten: „Herr General Wohlbekomms, ich mag Ihren Sohn nicht." Da gingen diese ab, und sie sagte dem Vater, was der General von Schnupftabak gesprochen, und fragte, ob es wahr sei. „Ja", sagte der Vater, „als ich die achtundvierzig Kreuzer hatte, kaufte ich dafür eine schönlackierte Schnupftabaksdose, auf welcher eine Menge Leute abgebildet waren, die auf die verschiedenste Art Tabak schnupften. Mit der Dose ging ich auf der Börse herum, wenn alle Kaufleute beisammen waren, und wo einer dem andern ein Prischen präsentierte, war ich gleich bei der Hand und wünschte gute Geschäfte und bat mir eine Prise aus, die sie mir gern gaben. Ich tat, als wenn ich schnupfte, und fing entsetzlich an zu niesen, bald wie dieser, bald wie jener Kaufmann, worauf ich mich eingeübt hatte. Da guckten sich immer alle um und sprachen. „Zum Wohlsein, Prosit!" und wenn sie sahen, daß ich es war, lachten sie; aber ich sammelte alle meine Prisen, die ich bekam, in die schöne Dose, und man hatte so viele Freude an meinen Possen, daß ich meine Dose bald voll hatte. Diesen Tabak mischte ich nun recht untereinander und ging damit auf die Wachtparade, wo der General Wohlbekomms die Truppen musterte. Da nun damals die Soldatenröcke so knapp geraten waren, daß keiner eine Prise Tabak, viel weniger eine Dose bei sich tragen konnte, und ich wohl wußte, daß der General gern schnupfte, so stellte ich mich in seine Nähe und drehte meinen Dosendeckel, daß der pfiff. Der General hatte eben ›Marsch!‹ kommandiert, aber als er meine Dose hörte, rief er Halt, kam auf mich zu und sprach: „Junge, hast du Tabak?" Ich zeigte meine schöne Dose; das Bild der Schnupfenden darauf machte ihn noch viel begieriger; er gab mir einen Groschen und nahm eine Prise und fing so an zu niesen, daß das ganze Regiment Wohlbekomms rief. Der König von Diesseits freute sich so über diese treffliche Mannszucht, daß er den Truppen allen Zulage gab und dem General den Namen Wohlbekomms. Dadurch wurde er mir gut und schnupfte oft und viel bei mir, konnte auch keinen Tabak mehr vertragen als meinen Gemischten, den er sonst nirgends bekommen konnte, wodurch ich jede Wachtparade, besonders wenn er im Feuer exerzierte, wozu er immer nieste, meinen Taler verdiente.

Ich hatte so schon an zwanzig Taler zurückgelegt, als ich einmal wieder auf der Börse war; da ließ ein Kaufmann ein Schiff voll in der See naßgewordener Tabaksblätter an den Meistbietenden verkaufen. Dieser Kaufmann hatte eine ganz wunderbare Art zu niesen, die man auf der ganzen Börse hörte und kannte. Er hatte dem Ausrufer gesagt, wenn er ihn niesen höre, so solle er mit dem Schlüssel auf den Tisch schlagen, das Zeichen, daß der, welcher gerade geboten, die Waren haben solle. Dieses hatte ein anderer Kaufmann, der mein Niestalent kannte, gehört, und sprach zu mir: „Bursche, wenn ich dir winke, so niese wie der Herr Gotthelf Prost. Ich verspreche dir eine gute Belohnung." Nun wurde ausgerufen 100 Taler zum ersten, 150 zum ersten, 150 zum zweiten, da sagte mein Kaufmann: „Und sechs Groschen!" und winkte mir, und ich nieste an der andern Ecke des Saales so laut wie der Kaufmann, daß alles Gotthelf! prosit! rief; der Ausrufer ließ den Schlüssel fallen, und mein Kaufmann kriegte das ungeheure Schiff voll Tabak, das wohl tausendmal so viel wert war. Jedermann verwunderte sich darüber, und Herr Gotthelf Prost kam herzugelaufen und sagte: „Es gilt nichts, ich habe nicht geniest!" Herr Prisius Nisius aber sagte: „Was geht mich das an, zugeschlagen ist zugeschlagen", legte sein Geld hin und ging nach seinem ungeheuren Schiff voll Tabak, wohin ich ihm folgte. Kaum waren wir auf dem Schiff angelangt, als Herr Prisius Nisius mich umarmte und mir sagte: „Du hast mein Glück gemacht mit deinem Niesen; sage, was willst du haben?" Ich bat ihn, er möge mich mit meinen zwanzig Talern in Compagnie nehmen, und das war er zufrieden.

Da kam auf einmal der Fischminister, Herr von Nintstöhrenstuhr, auf das Schiff und erklärte, das Schiff müsse gleich ausgepackt werden, weil die Fische alle krepierten, weil der nasse Tabak durch das Schiff ins Wasser rinne. Da mußten wir nun auspacken; aber wir machten es noch besser, wir hingen und nähten alle die feuchten Blätter an die Segel und Masten und das Tauwerk des Schiffes, und da sich eben ein guter Wind erhob, segelten wir nach Amsterdam, wo unser Tabak getrocknet ankam und Prisius Nisius fünfmal hunderttausend Taler für den Tabak allein erhielt.

Ich heiratete hernach seine Haushälterin, welche eine perfekte Köchin und deine Mutter war, welche melancholisch wurde und, nachdem sie den altteutschen Spritzkuchen schrieb, starb. Als ich sie heiratete, schenkte mir Prisius Nisius die Handlung, welche ich so lange geführt und durch welche ich zum Ochsenglücksritter geworden.

Will nun der Herr General Wohlbekomms meinen Tabakshandel mir unter die Nase reiben, so bist du, mein Komanditchen, eine zu delikate Prise für ihn, und mag er schnupfen, wo er will." Da küßte Komanditchen ihrem Vater die Hand und ging wieder in ihre Einsiedelei.

Noch sehr viele vornehme Herren kamen und baten den Herrn von Ochsenglück um die Hand Komanditchens; aber sie belauschte sie immer und sagte immer zu ihrem Vater: „Ich mag diesen und jenen nicht." Da sagte endlich der Vater ungeduldig: „Wenn dir keiner recht ist, so back dir einen." Das zog sich Komanditchen zu Herzen und saß ganze Tage tiefsinnig in ihrem Faßkabinett und lockte die Pfauentaube zu sich und las in dem altteutschen Spritzkuchen, worin der Prinz Mandelwandel ihr besonders wohlgefiel.

Nun reiste ihr Vater einstens auf die Messe nach Leipzig und fragte Komanditchen, was er ihr mitbringen sollte. Da sagte sie: „Bringe mir mit: ein silbernes Nudelbrett, eine goldene Teigrolle, einen silbernen Mörser mit einem goldenen Stößel, einen Sack voll von dem feinsten Warschauer Weizenmehl, 50 Eier von Perlhühnern und 50 Eier von Goldfasanen, 50 Pfund frische süße Mandeln, ein Fäßchen voll Rosenöl, ein Fäßchen voll Rosenwasser, ein Fäßchen voll Rosenhonig, ein Fäßchen voll Maibutter, zwei Pfund feine Vanille, eine Schachtel voll Zitronen, eine Schachtel voll verzuckertem Anis, eine Schachtel voll Muskatnüsse, eine Schachtel voll Gewürznägelein, frische Feigen und Traubenrosinen, zwölf Pfund Gerstenzucker, zwölf Pfund Kakaobohnen und ein schönes indianisches Vogelnest." Der Vater wunderte sich über diese Bestellung, weil Komanditchen ihn aber sehr bat, so schrieb er sich alles in sein Büchelchen, versprach es ihr mitzubringen und reiste ab.

Am folgenden Morgen saß Komanditchen in ihrem Hüttchen, und ihre liebe Pfauentaube kam von dem Taubenhaus des Nachbars herüber geflogen und fraß ihr aus der Hand. Da hörte sie auf einmal ein gewaltiges Geklapper auf dem Hof und ein großes Geschrei, und die Pfauentaube flog pfeilschnell zu dem Fenster hinaus. Komanditchen lief hinunter und sah, daß Risiko und sein Sohn Ladenpeter sich mit einem großen Storch herumschlugen, der entsetzlich klapperte und mit dem Schnabel nach ihnen stach. Risiko hatte das große Hauptbuch in der Hand und Ladenpeter ein Lineal, mit welchem sie auf den Storch zuschlugen, den sie zu dem Tor hinausjagen wollten. Da stürzte die Pfauentaube aus der Luft gegen den Ladenpeter, und er schlug sie mit dem Lineal so auf den Flügel, daß sie vor Komanditchens Füßen niedersank, und als der Storch dieses sah, verließ er den Streit und lief auch auf Komanditchen zu und schnatterte außerordentlich betrübt. Sie nahm ihn in Schutz und trug mit Tränen die verwundete Taube an ihrem Herzen hinauf in ihr Kabinettchen, wohin ihr der arme Storch sehr traurig nachhinkte und immer sehr betrübt klapperte.

Komanditchen wusch der guten Taube das Blut vom Flügel und verband sie und legte sie in ihren Schoß und fütterte sie aus ihrem Mund und hegte und pflegte sie, daß sie sich bald erholte; aber recht fliegen konnte sie nicht mehr. Der Storch aber stand immer ganz betrübt bei Komanditchen und sah das Täubchen an, das sich sehr freundlich mit ihm zu unterhalten schien. Die Ursache dieses Streites aber war folgende:

Als Risiko noch im Dorfe als armer Krämer lebte, hatte der Storch sein Nest auf seinem alten Stall seit vielen Jahren. Da der Risiko, um das Bächlein zu verschütten, den Stall umwarf, fiel das Nest des Storches, der gerade verreist war, mit herunter und zerbrach. Im Sommer kam der Storch wieder, er fand sein Nest zerstört und die Hütte leer, da suchte er den Risiko in der Stadt auf; er sah den Ladenpeter, der sehr närrisch geputzt auf der Promenade herumging und mit allerlei Damen schwätzte. Da flog er zu ihm nieder und fing an zu klappern. Die Damen lachten ihn aus, er wollte ihn verjagen, aber der Storch lief immer neben ihm her. Da strömten viele Leute und Kinder zusammen und riefen: Lord Klapperstorch! und lachten ihn aus. Da stieg Ladenpeter auf sein Pferd und wollte schnell nach Hause reiten. Aber der Storch flog immer über seinem Kopf und klapperte, bis in seine Wohnung; da er die Haustüre zumachte, um das nachlaufende Volk abzuhalten, stieß der Storch ein Fenster ein und kam in die Schreibstube geflogen; setzte sich gerade vor Risiko, der an seinem offenen Hauptbuche rechnete; beschmutzte ihm das Buch; stieß ihm die rote Dinte um und klapperte ganz entsetzlich. Da fiel Herr Risiko auch über ihn, sie jagten ihn auf den Hof, wo Komanditchen ihnen zu Hülfe kam und wo die gute Taube verletzt ward.

Der Nachbar, Herr Vetter und Base, hatte seine Spionen im Hause des Risiko, die erzählten ihm von der Verwundung der Pfauentaube, und er ging sogleich mit einem Advokaten zu Herrn Risiko, auf dessen Reichtum er ohnedies sehr neidisch war, und begehrte seine Pfauentaube frisch und gesund zurück. Risiko konnte das nicht, weil ihr der Flügel zerschlagen worden war, aber er bot ihm viel Geld. Der Nachbar aber begehrte das nämliche echte, alte, aufrichtige Ölfaß, und den Herrn Seligewittibs-Erben darin so wieder, wie er es ihm einstens für die Taube gegeben. Das war nun gar nicht möglich, denn das Faß war lange verbrannt, und Herr von Ochsenglück würde sich nie wieder hineingesetzt haben.

Da ward die Sache vor den König von Diesseits gebracht, und der sagte: „Wenn Herr Risiko das Faß nicht wiedergeben kann, so muß er dem Herrn Vetter und Base alles geben, was aus dem Fasse entstanden ist." Ach! da mußte der arme Risiko all sein Geld hergeben und seine ganze Handlung, und zog nun wieder mit dem Ladenpeter auf das Dorf.

Ehe sie fortzogen, kamen sie beide zu Komanditchen und weinten sehr, und Ladenpeter besonders. „Ach!" sagte er, „warum bin ich ein solcher Narr geworden und habe ein englischer Lord sein wollen; o wo sind die Zeiten hin, da ich als ein unschuldiger Ladenpeter Ihnen dieses Kabinett eingerichtet!" – Komanditchen weinte mit. „Oh!" sagte Risiko zu dem Storch, der ernsthaft in der Ecke stand, „warum hab ich dir aus Handelsspekulation dein Nest mit meinem alten Stall umgeworfen; o wäre ich doch ewig ein armer Krämer geblieben!" Da er aber die arme, kranke Pfauentaube in Komanditchens Schoß sah, war er noch betrübter. „Ach!" sagte er, „wo mag Kreditchen, meine Tochter, sein? Wenn die bei mir wäre, so wollte ich zufrieden wieder auf meinem Dorfe wohnen."

Komanditchen sagte ihm: „Gehet in Gottes Namen, werdet wieder ruhig und fromm, gewöhnt Euch Eure Eitelkeit und die Vornehmtuerei ab; vielleicht wird alles wieder gut"; und da schenkte sie ihm noch ihre Sparbüchse und bat ihn, ihr die kranke Taube dafür zu lassen, worauf Vater und Sohn fortgingen. Komanditchen sah, daß der Storch und die Taube weinten, und weinte still mit.

Am Abend dieses Tages kam Komanditchens Vater von der Messe zurück und brachte ihr alles mit, was sie sich ausgebeten hatte: Kuchenbrett, Teigwalze und Mörser von Gold und Silber und das Warschauer Mehl und alle Gewürze und Süßigkeiten und Wohlgerüche. Als sie ihm das Unglück des Risiko und

Ladenpeters, die wieder arm geworden, erzählte, war er nicht sehr traurig, sondern sagte nur: „Risiko war nie vorsichtig, hat immer zu viel riskiert."

Komanditchen trug vor allem Nudelbrett und Mörser in ihr Kabinettchen und nahm das Warschauer Mehl und die Fasanen- und die Perlhühnereier und die Maibutter und den Rosenhonig und alle die herrlichen Sachen, und schürzte ihren seidenen Ärmel auf und knetete mit ihren weißen Händen den allerköstlichsten Teig auf dem Nudelbrett zusammen, und in dem Mörser stieß sie die Gewürze und Mandeln und knetete sie mit in den Teig; dabei half ihr der Storch und die Taube. Der Storch rührte alles mit seinem Schnabel um, die Taube pickte alles Schlechte weg, was hie und da im Gewürze vorkam, und tauchte die Flügel in das Rosenwasser und besprengte den Teig damit, wovon ihr Flügel bald wieder so heil wurde, daß sie ziemlich fliegen konnte.

Als dieser unschätzbare Teig fertig war, fiel sie in ein tiefes Nachdenken und sah den Teig an, wie ein Bildhauer den Ton, aus welchem er eine herrliche Bildsäule gestalten will. In dem Buche ihrer Mutter, genannt „Der altteutsche Spritzkuchen aus den Papieren einer perfekten Köchin", war die Gestalt eines sehr angenehmen, sanften, schönen und tugendhaften Prinzen Mandelwandels beschrieben, welcher Komanditchen immer vor Augen schwebte, und weil ihr der Vater gesagt hatte: „Wenn dir kein Bräutigam recht ist, so backe dir einen", so fing sie nun an, mit großer Aufmerksamkeit und Liebe zur Sache und mit außerordentlicher Geschicklichkeit aus dem Teige sich diesen Prinzen Mandelwandel zu kneten, während welcher ganzen Arbeit sie ununterbrochen folgendes Lied sang, während welchem, wenn sie dieses oder jenes, was sie brauchte, nicht zur Hand hatte, z. B. Wachholderbeeren, Himbeeren, Kirschen etc., die Taube oder der Storch immer wegflogen und es ihr aus den naheliegenden Gärten ganz frisch zutrugen. Das Lied aber lautete:

Einen Teig will ich mir rollen,
Ganz nach meinem eignen Sinn,
Daß gleich alle merken sollen,
Daß ich in der Küch die Tochter
Der perfekten Köchin bin.

O du früh verlorne Mutter!
Schau das Mehl von Warschau an,
Fasaneier, Maienbutter

Rührt mit flinker Hand die Tochter
Der perfekten Köchin dran.

Rosenöl und Rosenhonig,
Rosenwasser, Mandelbrei,
Tränen, Seufzer auch nicht wenig
Mischt dem Teige nun die Tochter
Der perfekten Köchin bei.

Pim, pim, pim der Mörser klinget,
Nelken, Zimt, Muskatennuß,
Alles bald zu Staub zerspringet,
Wie es von der Hand der Tochter
Der perfekten Köchin muß.

Rein die Hände, blank die Schürze,
Unterm Häubchen fest das Haar,
Knet ich in den Teig die Würze,
Stelle mich so ganz als Tochter
Der perfekten Köchin dar.

Aus dem edelsten der Teige
Knet ich einen Zuckermann,
Der den stolzen Herren zeige,
Daß man fechten für die Tochter
Der perfekten Köchin kann.

Sieh, schon knet ich alle Stücke,
Knie und Bein und Kopf und Wanst,
Rolle, nudle, zerre, drücke;
Munter, zeige, was du Tochter
der perfekten Köchin kannst.

Kugelklöß nun werd zum Kopfe,
Zuckerwerk zu Locken kraus,
Gerstenzucker zieht zum Zopfe

Hinten lang die kluge Tochter
Der perfekten Köchin aus.

Mandelzahn im Himbeermunde,
Augen von Wachholderbeer;
Denn das Süße und Gesunde
Liebt im Angesicht die Tochter
Der perfekten Köchin sehr.

Prosit! von Pomranzenschalen
Voll verzuckertem Anis,
Nase, nimmer zu bezahlen,
Wenn dich ab aus Hast die Tochter
Der perfekten Köchin stieß.

Lipp und Wang aus Zitronate
Schnurr- und Backenbart umziert,
Fein gezackt vom Kuchenrade,
Was geschickt die Hand der Tochter
Der perfekten Köchin führt.

Nun ein Herz von Biskuitteige,
Mit Tokayerwein durchnetzt,
Drauf geschrieben: Lieb und schweige!
In die Brust ihm nun die Tochter
Der perfekten Köchin setzt.

Mit verzuckerten Maronen,
Königsberger Marzipan,
Köstlichsten Kakaobohnen
Füllet ihm den Leib die Tochter
Der perfekten Köchin an.

Und nun form ich an zwei Armen,
Hände zwei, zehn Fingerlein,
Diese sollen voll Erbarmen

Und auch tapfer durch die Tochter
Der perfekten Köchin sein.

Beine werden nun gedrechselt,
Nicht zu grad und nicht verrenkt,
Dick und dünn hübsch abgewechselt,
Wie es angenehm die Tochter
Der perfekten Köchin denkt.

Quittenfleisch wird nun zur Wade
Und zum Fuße Marzipan,
Stiefel dann von Chokolade
Zieht dem Zuckerbild die Tochter
Der perfekten Köchin an.

O wie zierlich steht dem Schelme
Das indiansche Vogelnest!
Auf das Ohr statt einem Helme
Macht es pfiffig ihm die Tochter
Der perfekten Köchin fest.

Orden zwölf von Zuckerkandel
Und Vanille Achselschnur
Trägst du, Prinz von Mandelwandel,
Durch die Achtung einer Tochter
Der perfekten Köchin nur.

An den Zuckergriff des Degen,
Dessen Klinge ganz von Zimt,
Soll er seine Rechte legen,
Weil in Schutz er gern die Tochter
Der perfekten Köchin nimmt.

Das Märchen von Schnürlieschen

Es war einmal ein König, der hieß Talisqualis, und er regierte das Land Soso und die Hauptstadt gleiches Namens Soso, und alles ging lustiger als überall.

Der gute Talisqualis war sehr vergnügt, sah gerne frohe Gesichter. Wer bei ihm zuerst lachte, lachte gut und erhielt gewiß, was er verlangte; wer aber zuletzt lachte, lachte am besten und erhielt einen Gnadengehalt. Es zogen sich daher alle lustigen Leute nach dem Lande Soso hin, und die Traurigen machten, daß sie herauskamen, denn sie mußten erstaunlich viel Geld bezahlen, wenn sie bleiben wollten, und der König hatte Leute, die überall auflauerten, und wenn ein Betrübter gefunden wurde, ward er sogleich vor den kurzweiligen Rat gebracht und mußte die Ursache seiner Betrübnis sagen. War ihm nun zu helfen, so wurde ihm geholfen, man gab ihm Geld und Gut und Ehre und Liebe, was er nur wollte. Reichte das alles nicht zu, den Betrübten zu trösten, so brachte man ihn zum Landtrost, welcher Herzwasverlangstdu hieß, konnte ihn der auch nicht muntern, so ward er von dem König zuerst und dann von dem ganzen Volke ausgelacht und aus dem Lande Soso hinausgekitzelt.

In diesem lieben Lande wäre alles glücklich und fröhlich gewesen, wenn das Weinen nicht wäre verboten gewesen. Aber so geht es: die törichten Menschen meinen immer, das schmecke am besten, was sie nicht essen sollen, und gerade, weil der König Talisqualis alle Tränen der Witwen und Waisen getrocknet hatte, und weil der stille Kummer über die Grenze war gebracht worden, und weil die süße Schwermut unter der Strafe des Totkitzelns verboten war, und weil hier Lachen gar nicht teuer war, sehnten sich allerlei unruhige Leute nach Betrübnis.

Man lud sich heimlich auf eine stille Träne, auf einen tiefen Seufzer, auf ein leises Ach, auf einen sehnsüchtigen Blick, wie anderwärts auf einen Löffel Suppe, zu Gast und teilte sich die rührendsten Geschichten aus dem Auslande mit.

Alles dieses geschah aber ganz insgeheim, und wenn irgend ein Fremder in die Stube trat, fing man laut an zu lachen, um nicht verraten zu werden. Wonach sich aber der ganze Hofstaat und die Hauptstadt sehnte, das war, einmal ein Trauerspiel zu sehen, und alles wartete nur auf eine schickliche Gelegenheit, den König Talisqualis darum zu bitten. Die Gelegenheit blieb nicht lange aus. Wir wollen sehen.

Der lustige Talisqualis hatte eine einzige Tochter, das liebste Herzkind von der Welt. Sie sollte nach ihm das Land regieren, jeden liebte sie wie sich selbst, und da alle Kinder des ganzen Landes sie über die Taufe gehoben hatten, hatten sie ihr den Namen Liebseelchen gegeben.

Als Liebseelchen in die Kirche getragen wurde, stand ein betrübter Stern am Himmel; denn ihre Mutter, die Königin XYZ, wurde auch in die Kirch getragen, aber nicht zur Taufe, sondern ins Grab; sie war gestorben. Das war nun dem guten König Talisqualis gar unangenehm, teils weil er sie sehr lieb hatte, teils weil er die Taufe seines Liebseelchens nicht mit gehöriger Freude konnte halten lassen.

Er ließ lange überlegen, wie man die Kirche austapezieren sollte, ob rot wegen der Freude über Liebseelchens Geburt, ob schwarz wegen dem Tod ihrer Mutter, und endlich entschied der kurzweilige Rat, es solle alles halb rot, halb schwarz bekleidet werden. Und das geschah an allem, von den Wänden der Kirche an bis auf die Strümpfe aller Anwesenden, deren einer schwarz, der andere rot war.

Der König hoffte, die Leute sollten dadurch an der Traurigkeit gehindert werden; aber weit gefehlt. Sie waren so froh, einmal eine Gelegenheit zur Betrübnis zu haben, wo sie sich recht ausweinen konnten, daß sie auch gar nicht zu trösten waren. Es war ein allgemeines Schluchzen, und Liebseelchens feines Stimmchen hörte man mitten durch.

Der gute lustige König Talisqualis ward über diese große Traurigkeit selbst nachdenklich und fürchtete, sein Töchterchen möge ganz aus der Art schlagen und kein lustiges Kind werden. Leider hatte er sich hierin nicht geirrt, denn Liebseelchen wuchs heran, und wer sie nur einmal hätte lachen sehen, der hätte können reich werden, denn Talisqualis hatte bekannt machen lassen, wer ihm zuerst die Nachricht bringe, daß Liebseelchen gelacht habe, der sollte von ihm das beste Trinkgeld erhalten, das es giebt. Aber Liebseelchen lachte nicht, war immer still und sanft und gern allein. O, wenn sie aber unter die Menschen kam, war sie gar sanft und freundlich, fragte immer nach den Armen und Kranken, mit denen sie alles teilte, was sie hatte.

Aber dies Vergnügen, wohlzutun und zu trösten, ward ihr nicht oft, weil die Armen und Unglücklichen in der Stadt Soso eine so große Seltenheit waren, als hier zu Land ein grüner Schimmel. Ein einziges Vergnügen hatte sie öfters, nämlich die Sterbenden zu trösten; denn der König hatte entdeckt, daß die Kranken und Sterbenden ruhig und ergeben wurden, wenn Liebseelchen auf ihrem Bette saß und sie freundlich ansah, und da ihm die Freude der Menschen bis in den Tod gar lieb war, so erlaubte er, daß Liebseelchen sie besuchen durfte.

Das gute, sanfte Mägdlein ward darum, so oft man darum bat, in einer Sänfte in solche Trauerhäuser getragen, und da setzte sie sich den Leidenden zu Füßen und sah ihnen so fromm und freundlich in die Augen, daß sie entweder bald wieder gesund wurden, oder mit lächelnder Ergebung ihre Seele dem lieben Gott zurückgaben, von dem sie dieselbe empfangen hatten.

Anfangs war es in der Stadt Soso nur ein Werk der Barmherzigkeit, wenn der König es erlaubte, daß Liebseelchen einem Leidenden eine solche Wohltat erweisen durfte, und es geschah meistens bei ärmern frommen Leuten, wenn sie selbst darum bat. Bald aber ward es eine hohe Gnade, und alle vornehmen Leute ließen in Bittschriften darum ansuchen; ja es wurde zuletzt gar eine solche Mode daraus, daß manche Leute sich krank stellten, um nur von Liebseelchen besucht zu werden.

Es lebte in der Stadt Soso eine sehr wunderliche alte Person. Sie hatte sich den Leib mit einer engen Jacke, in der eiserne Stangen waren, so eng zusammengepreßt, trug einen so breiten Reifrock, daß sie aussah, wie eine Schreibfeder im Tintenfaß. Schuhe hatte sie an mit so hohen Absätzen, daß sie wie auf Stelzen ging; auf dem Kopf hatte sie eine Perücke von Ziegenhaaren, hoch wie ein Spitzberg, und obendrauf eine Haube, welche ein großes Kriegsschiff mit vollen Segeln vorstellte.

Sie hielt es für unschicklich, wenn man seine Muttersprache sprach, und glaubte, nichts wäre trauriger, als daß die Menschen durch den Mund und nicht durch die Nase redeten, hatte es auch durch lange Übung soweit gebracht, daß sie, ohne den Mund zu bewegen, durch ihre lange spitze Nase sehr lange Komplimente und besonders deutlich dir das Wort Pfui doch! aussprechen konnte, welches aber immer lautete wie *fi donc*.

Diese gute wunderliche Person nannte sich Mamsell *Cephise la Marquise de Pimpernelle* und beschäftigte sich damit, junge Mädchen zu erziehen; auch hatte sie eine ganze Herde kleiner Mopshunde, welchen sie die Ohren und die Nase platt drückte, und sie nachher um teures Geld verkaufte, denn sie meinte, der Unterschied zwischen Menschen und Tieren bestehe darin, daß die Menschen durch die Nase sprechen sollten, die Tiere aber durch das Maul.

Als der lustige König Talisqualis sie einmal gesehen und gesprochen hatte, war sie ihm so lächerlich vorgekommen, daß er sie für die lustigste Person der ganzen Stadt erklärte und versicherte, man könnte seine Töchter nicht lustiger erziehen lassen als bei ihr; deswegen ward es allgemein Sitte von vornehmen Leuten, ihre

Töchter zu Mamsell *Cephise la Marquise de Pimpernelle* in die Schule zu schicken, und manche Kinder hatte sie ganz und gar im Hause.

Einmal war ihr eine von ihren Schülerinnen krank geworden, und sie begab sich mit zwei Mopshündchen auf dem Arm zum König Talisqualis, tat einen Fußfall vor seinem Thron, und die zwei Hündchen saßen ihr zur Seite auf den Hinterpfoten und machten mit den Vorderpfoten bitte bitte, wozu sie mit den Zähnen bläckten und alle Augenblicke niesten, da denn die knieende Pimpernelle ihre lange Rede an den König unterbrach und zu ihnen sprach: „Benies!" Der König kam gar nicht aus dem Lachen heraus und sagte zu seinem kurzweiligen Rat: „Das ist eine unschätzbare Person! Was will sie? Es soll ihr alles zugestanden sein." Da antwortete der Rat: „Ihro Majestät, sie wünscht, daß Prinzessin Liebseelchen eine ihrer kranken Schülerinnen besuchen möge." Sogleich erlaubte es der König, und es ward der Prinzessin angesagt, daß sie sich bereithalten möge, eine Kranke zu trösten, worauf die Mamsell Pimpernelle nach vielen närrischen Bücklingen abspazierte.

Liebseelchen zog geschwind ihr zimtbraunes Röckchen an, wickelte sich in ihr schwarzes Mäntelchen und hüllte den Kopf in einen schwarzen Schleier und wurde so nach dem Hause der Pimpernelle in einer Sänfte getragen, und wo sie durch die Straßen vorüberkam, schlossen sich alle Mägdlein aus der Stadt Soso ihrem Gefolge an, um ihr Liebe und Ehre zu beweisen.

An der Haustüre empfing sie die Pimpernelle, umgeben von all ihren Hündchen, an der Spitze ihrer Schülerinnen, welche eine französische Arie sangen und sich nach dem Takte verneigten, so oft die Pimpernelle mit dem Fächer winkte, wie ein Regiments-Trommelschläger mit seinem Kommandostab. Die kleinen Mädchen waren alle eingeschnürt wie ein Bund Schreibfedern und gerade wie Strickstöcke; sie machten spitze Mäulchen, waren hoch frisiert und schienen mit ihren blassen Gesichtern eben nicht sehr vergnügt zu sein.

Liebseelchen sah sie alle mit großer Liebe an, und da ihr der Gesang zu lange wurde, stieg sie aus der Sänfte und wollte die guten Kinder der Reihe nach umarmen; aber die Pimpernelle winkte ihnen immer mit dem Fächer zurück und sprach immer: „Respekt! Respekt!" so daß sie eine Treppenstufe nach der andern hinauf zurückwichen, und auf jeder wollte die Pimpernelle ihre französische Rede wieder anfangen; aber Liebseelchen unterbrach sie immer wieder, indem sie eine von den armen Puppen umarmen wollte, und endlich riß ihr die Geduld, und sie schritt durch alle hindurch die Treppe hinauf. Da geriet alles in die größte Unordnung. Die Pimpernelle hatte keinen Raum mit ihrem Reifrock, sie stieß die Kinder hin und her und schlug ihnen mit dem Fächer auf die Nase, dazu fingen alle die Hündchen zu bellen an, und das Gefolge der Prinzessin lachte vor der Türe. Es war eine gewaltige Verwirrung.

Liebseelchen drang endlich mit der Pimpernelle zugleich in die Krankenstube; hier wollte die Mamsell wieder eine Rede anfangen; Liebseelchen aber schritt gerade auf das Bett der Kranken zu und setzte sich wie gewöhnlich zu ihren Füßen.

Welch ein Jammer überfiel Liebseelchen! Die Kranke, ein schönes, blasses Fräulein, lag kerzengerade, eingeschnürt und frisiert wie ein Haubenstock, die eine Hand rechts, die andere links auf der seidenen Bettdecke; sie bewegte sich nicht; sie sprach kein Wort; Liebseelchen sah ihr mit ihren lieben, mitleidigen Augen bis ins innerste Herz.

Die Pimpernelle trat zu ihr und sagte: „*Enfin, eh bien, comment, quelle mine, parlez, eh bien, étourdie, imbécile!*“ und zerrte an ihr, welches auf deutsch heißt: Wohlan! wie! welche Miene! rede! nun! Ungeschickte! Einfältige! Mit diesen Worten wollte sie die arme Kranke zum Reden zwingen, und das gute Kind wollte auch gehorsamen, aber es konnte nicht und sah immer Liebseelchen an, welche auch gar nicht mehr auf die Pimpernelle hörte und die arme Kranke so innig ansah, daß ihr die Tränen aus den Augen stürzten.

Als die Pimpernelle dies sah, ward sie sehr böse und wollte eben auf die Kranke zufahren und ihr ihr unschickliches Betragen verweisen; aber Liebseelchen stand auf und sagte zu ihr: „Mamsell Pimpernelle, setzen Sie meine Geduld nicht länger auf die Probe; ich bin die Tochter und Erbin Ihres Königs; mein Beruf ist, die Leidenden zu trösten; ich befehle Ihnen, nicht mich länger zu stören; lassen Sie uns allein.“ Mamsell Pimpernelle machte ein sehr wunderliches Gesicht und wollte allerlei Entschuldigungen vorbringen, aber Liebseelchen, welche nie ihre Sanftmut verlor, drängte sie freundlich zur Türe hinaus, und da ihr ihre Hündchen nicht gleich folgen wollten, lockte sie diese mit Zuckerbrot zu sich und trug sie der Mamsell Pimpernelle nach, worauf sie die Türe verschloß und zu der armen Kranken zurückeilte, welche ihr den herzlichsten Dank mit einem zärtlichen Lächeln bezeugte.

„O, du arme liebe Freundin“, sagte Liebseelchen zu der Kranken, „sage mir, wie heißest du und was leidest du?“ Die Kranke aber konnte sich nicht rühren und flüsterte nur leise: „Ach, ich heiße Schnürlieschen und muß sterben!" Liebseelchen kam durch den Namen Schnürlieschen auf den Gedanken, das arme Mädchen möge wohl zu enge eingeschnürt sein, und eilte nun gleich, ihr zu helfen. O du mein Jammer! was war das arme Schnürlieschen eingepanzert; ja sie hatte sogar unter der Halskrause ein eisernes Halsband, daß sie sich nicht rühren und regen konnte. Liebseelchen schnitt ihr alle Nesteln durch, und als Schnürlieschen sich wieder frei fühlte, tat sie einen tiefen Atemzug und umarmte Liebseelchen unter einem Strom von Tränen.

„Ach", sagte sie leise, „geliebte Prinzessin, was dank ich dir! Seit zehn Jahren habe ich keinen freien Atemzug getan und nicht durch den Mund gesprochen, immer sollte ich durch die Nase reden. Ach, seit zehn Jahren habe ich mich nicht bücken können, eine Blume zu brechen, wegen dem eisernen Käfig, in dem mein Leib gepanzert war. Ach, nun kann ich doch ruhig sterben und dabei dein liebes Angesicht ansehen!"

„Halte dich ruhig, liebes Schnürlieschen!" sagte Liebseelchen. „Ich will hier zu deinen Füßen sitzen, und wenn es dir wohltut, in mein Gesicht zu sehen, so tue es nur; ich will dich so freundlich anschauen, als ich nur immer kann. Du tust mir sehr leid, ich habe dich am liebsten von allen Jungfrauen, die ich jemals gesehen. Wenn es dir nicht beschwerlich fällt, so erzähle mir ganz leise, wer deine Eltern sind, und wie du hieher gekommen bist."

Nach diesen Worten setzte sich Liebseelchen zu Füßen des armen Schnürlieschen auf das Bett, faltete die Hände, als ob sie für sie bete, und Schnürlieschen schaute nach ihr hin, wie eine Blume, die einschlafen will, nach der untergehenden Sonne, und sagte mit leiser Stimme folgende Reime:

Es ist schon eine lange Zeit,
Mein Röckchen war hübsch bunt und weit,
Klein war ich, ohne Bücken
Konnt ich die Blumen pflücken.

Die Sonn stand tief am Himmelsrand,
Ich ging an meines Bruders Hand
Auf einer grünen Wiese,
Als wie im Paradiese.

Des Schlosses Fenster blitzten fern,
Am Himmel kam der Abendstern,
Wir trugen auf den Hüten
Krönlein von Blum und Blüten.

Mein Bruder sprach: „Wir gehn zu weit,
Komm! komm nach Haus! das Käuzchen schreit,
Die Hühner sind schon schlafen,
Der Hirt kommt mit den Schafen.“

Ich sprach: „Erst muß ich an den Quell,
Da steht das Kräutchen Pimpernell,
Das muß ich erst ausreißen,
Mir träumt', es wollt mich beißen.“

Der Bruder sprach: „Ach! laß das Kraut,
Es wird schon dunkel, daß mirs graut;
Das Kräutlein auf der Weide
Tut dir ja nichts zu Leide.“

Ich aber war voll Grimm und Zorn
Und lief durch Distel und durch Dorn
Vom Bruder hin zur Quelle
Und rupft die Pimpernelle.

›Da rief das Kräutlein: „Ach! und weh!
Gott half mir durch den kalten Schnee,
Nur einmal schaut ich zur Sonnen
Und muß nun sterben am Bronnen.“

Ich war voll Zorn, riß immerzu:
„Du böse Pimpernelle du!“
Rief ich, kratzt in der Erde
Und wußt nicht, was draus werde.

Mein Bruder rief, mein Bruder rief,
Ich hört ihn nicht, mein Zorn war tief!

Ich tobte an der Quelle
Und schimpft die Pimpernelle.

Da sagt das letzte Kräutlein noch:
„Dich kriegt die Pimpernelle doch,
Sie wird mein Sterben rächen,
Den wilden Sinn dir brechen.

Ach! laß mich stehn, ich bitt dich drum."
Da dreht ich ihm das Hälslein um,
Das Kräutlein tat ich morden,
Sein Spruch ist wahr geworden.

Da kam ein Schatten angerollt:
Ich sah ihn vor dem Abendgold,
War bucklicht wie ein Kater,
Ich dacht, es sei der Vater.

Ich dacht, er holet uns nach Haus,
Er fuhr, uns aufzusuchen, aus
In seiner Königskutsche,
Ach, da kam die Barutsche.

Vier Möpse auf dem Vordersitz
Und zwischen Schachteln eine Nasenspitz
Konnt ich schon ganz erkennen
Und wollt zum Bruder rennen.

Und lief und sank da in den Sumpf,
Hielt mich da fest am Weidenstumpf,
Und rief da in dem Schilfe:
„Ach, Hülfe, Hülfe, Hülfe!"

Da bellten die Möpse, der Wagen stand,
Der Kutscher naht', bot mir die Hand
Und trug mich in die Kutsche,
In die fatale Barutsche.

Da sprachs heraus: „Ich heiß Mamsell
Cephise Marquise de Pimpernell,
Sag an, meine Charmante!
Bist du von gutem Stande?“

Da fuhr es mir durch Mark und Bein:
Das mag die Pimpernelle sein,
Wovon das Kraut gesprochen,
Das ist so bös gebrochen.

Ich schrie: „Ich bin des Königs Kind,
Zum Vater bringt mich ganz geschwind!“
Sie hob mich in die Kutsche,
Ach, in die böse Barutsche!

Die rumpelte über Stock und Stein
Fort mit mir in die Welt hinein;
Mein Weinen sie nicht rühret,
Sie hat mich fortgeführet.

Weil ich ein bißchen um mich schlug,
Sprach sie: „Dir ists noch nicht genug,
Der Schneider hats vermessen,
So gehn nicht die Prinzessen.

Die Hände fahren dir herum;
Dein Leib wird schief, dein Hals wird krumm,
Als wolltest du mich schlagen;
Es wankt dir auch der Magen.“

Da nahm sie eine Schnürbrust her,
Schnürt' mich die Kreuz, schnürt' mich die Quer,
So spitz wie eine Spindel,
Wie's Kindlein in der Windel.

Da ward ich still, da ward ich zahm,
Im Herzen ich das Wort vernahm:

Die wird mein Sterben rächen,
Den wilden Sinn dir brechen.

Und so ward ich hierhergebracht
Und ward gepeinigt Tag und Nacht;
Die Antwort war, sobald ich bat:
Nur geh nicht krumm und halt dich grad.

Und zehen Jahr sind nun herum,
Ich bin nicht grad, ich bin nicht krumm,
Zerdrückt nur und zerknicket,
Zerstückelt und zerzwicket.

Vom lieben Gott hört ich nicht viel,
Doch vom Tarock und L'hombrespiel,
Von Tanzen und Manieren
Und auch von Gratulieren.

Weil ich betrübt den Kopf gesenkt,
Ward ich ins Halsband eingezwängt,
Ich mußte auf den Zehen
Und dazu auswärts gehen.

Den Leib hinein! Die Brust heraus!
Die Nase hoch und oben aus!
Ich mußt mich tief verneigen,
Hoffärtge Demut zeigen.

Kein Apfel, keine Kirsche rot,
Kein Salz, kein Schmalz, nur frisches Brot,
Heißts, macht die Säfte stocken,
Ich esse Semmeln trocken.

Kein frisches Wasser aus dem Quell
Erlaubet mir die Pimpernell,
Das, mit Respekt zu melden,
Mich könnte leicht verkälten.

Ich trinke nichts als Fliedertee,
Und keine Milch ich jemals seh,
Sie könnte mich verschleimen
Und innerlich verleimen.

Zur Stärkung der Memorie
Muß ich gar oft Zichorie
Mit braunem Syrup schlucken
Und darf nicht einmal spucken.

Man sperrte mich nun ein darauf,
O du betrübter Lebenslauf.
Ich muß stets stillesitzen,
Um mich nicht zu erhitzen.

Und alle Tage Medizin!
So gingen zehen Jahre hin.
Mein Licht hat ausgeglommen,
Mein Stündlein ist gekommen!

Wie wird so froh die Seele mein
Sich schwingen durch den Himmel rein,
Hin zu dem Paradiese
Auf eine frische Wiese.

Zuerst vor allem an den Quell,
Wo ich zertrat die Pimpernell,
Verzeihung zu erbitten,
Ich hab ja drum gelitten.

Dann zu dem lieben Vater mein
Und zu dem lieben Brüderlein,
Sie sollen mir vergeben
Mein wildes Widerstreben.

Und dann an meiner Mutter Brust,
Die lebt schon in der Himmelslust,

Sie wird an ihrem Herzen
Mir nehmen alle Schmerzen.

Und dann, und dann, wohin Gott will,
Ich bin zufrieden, halte still,
Laß pressen und mich schnüren
Und zu Gerichte führen.

Bin ich hier gleich zum Sterben krank,
So sag ich doch von Herzen Dank
Der Pimpernell am Quelle
Und Mamsell Pimpernelle.

Ich war gar heftig und gar wild,
Ich ward durch sie ganz sanft und mild,
Kann nun getröstet sterben,
Das Himmelreich erwerben.

Viel Böses hatt ich wohl getan,
Drum tat der liebe Gott wohl dran
Und ließ mich binden und schnüren,
Da konnt ich mich nicht rühren.

So starb in mir der Übermut;
So ward ich selbst zum Sterben gut
Und kann dich mit Entzücken,
Liebseelchen! jetzt anblicken.

Ach, grab mein Grab doch an dem Quell,
Wo ich zerriß die Pimpernell,
Und pflanz mir Pimpernelle
Um meine kleine Zelle!

So weit hatte das arme todkranke Schnürlieschen mit leiser Stimme seinen Lebenslauf und seine schwere Strafe erzählt, welche es für seine Grausamkeit an dem Kräutlein Pimpernelle erlitten hatte, als auf einmal durch eine Hintertüre, welche Liebseelchen gar nicht bemerkt hatte, die alte Mamsell Pimpernell teils mit einem großen Kaffeebrett voll Kannen und Tassen, teils mit einem heftigen Zorn, das Schnürlieschen ganz bequem ohne Schnürbrust und Halsband daliegen zu sehen, hereintrat. Sie wußte nicht, ob sie zuerst der Prinzessin das Frühstück anbieten oder Schnürlieschen zuerst anfahren sollte, und kam darüber in eine solche Verwirrung, daß sie den Präsentierteller mit allem Geschirr unter großem Geklirr an den Boden fallen ließ, worüber das kranke Schnürlieschen so erschrak, daß sein schwaches Lebensfädchen entzweiriß.

Sie streckte ihre dünnen Fingerchen nach Liebseelchen aus und sprach: „Dank, herzlichen Dank! ich muß sterben. Mein letzter Wille ist, daß du, gutes Liebseelchen! nichts von allem, was ich dir gesagt, bekannt machest und der armen Mamsell Pimpernelle verzeihst, wie ich ihr auch von Herzen verzeihe, denn sie hat es gut mit mir gemeint, und ich habe es wohl noch schlimmer verdient, lebe wohl!" Da sah sie nochmal in die tränenvollen Augen Liebseelchens und schloß die ihrigen auf immer.

Liebseelchen saß ganz still da und weinte und dachte: „Ach, wie gut war das arme Schnürlieschen, und wie geduldig hat es für seinen Jugendfehler gebüßt, und wie menschenfreundlich ist es gestorben!" So dachte Liebseelchen und sah in das bleiche, müde Schlummergesicht des gestorbenen Schnürlieschens.

Mamsell Pimpernelle hatte sich indessen wieder aufgerafft und stürzte zwischen den zwei stillen Jungfrauen mit Entschuldigungen und Beschuldigungen hin und her wie eine Woge zwischen zwei ruhigen Felsen, und beide hörten sie nicht. Denn was kümmerte sich Schnürlieschen um ihr Zanken, daß sie ohne Schnürbrust daliege, hatte sie doch die engste Schnürbrust des menschlichen Leibes ausgezogen und bei der andern Schnürbrust liegen lassen, und breitete ihre gute geprüfte Seele doch schon Minuten lang ihre Flügel in einer schönern Welt aus, hinschwebend über ewig blühende Wiesen, wo keine Mamsell Pimpernelle sie zerquälte, wo ihre liebe Mutter und ihr guter Vater sie ans Herz drückten; denn auch dieser war aus Kummer über ihre Entführung gestorben. Auch Liebseelchen hörte nicht auf Mamsell Pimpernell; denn sie betete mit stillen Tränen für das gute Schnürlieschen und dachte: „Ach Gott! wie blind und verdreht können doch die armen Menschen einander das Leben verbittern und verkrüppeln! Ach, was würden doch für Affen und endlich noch für niedrigere Tiere aus den Menschen werden, wenn sich Gott ihrer nicht erbarmte und die Mittel, welche sie anwenden, sich zu verderben, gerade zu ihrer Besserung wendete! Da hat nun die Mamsell Pimpernell aus dem guten Schnürlieschen eine recht verdrehte Zierpuppe machen wollen, und gerade dadurch ist sie ein recht liebes, geduldiges Lämmchen geworden, das sich jetzt recht wohl bei andern Lämmern im Himmel befinden mag."

Nach diesen Gedanken wurde Liebseelchen von Mamsell Pimpernell gestört, welche mit aller Gewalt die Verstorbene wieder einschnüren wollte und ihr die heftigsten Vorwürfe machte, daß sie sich aus Eigensinn nicht rühre und rege. Liebseelchen konnte es nicht länger mit ansehen und sprach zu Mamsell Pimpernell, indem sie dieselbe sanft zurückzog: „Schnürlieschen hat ausgelitten; hören Sie auf, Ihre Reden an die Überreste eines armen Kindes zu verlieren, dessen Seele bereits außer dem Umfange aller Schnürleiber und Halsbänder ist. Ich habe ihren letzten Willen empfangen und werde für ihre Beerdigung sorgen. Ich kenne das unglückliche Schicksal des armen Schnürlieschens in seinem ganzen Umfang. Sie hat Ihnen von Herzen verziehen, und nach ihrem ausgesprochenen letzten Willen rede ich keine Silbe von allem, was Ihnen, Mamsell Pimpernell, sehr übel bekommen könnte, wenn es bekannt würde."

Mamsell Pimpernell fühlte sich von diesen Worten Liebseelchens so angegriffen, daß sie in Ohnmacht sank. Liebseelchen bekümmerte sich nicht um sie, rief aber ihrem Gefolge und befahl ihnen, das Bett, worauf Schnürlieschen lag, welche sie mit ihrem Schleier bedeckt hatte, nach dem Schlosse zu tragen, und allen andern Jungfrauen und Mägdlein, welche bei Mamsell Pimpernelle erzogen wurden, befahl sie, paarweise dem Zuge nachzufolgen.

Alles eilte, den Willen der geliebten Prinzessin zu vollbringen, und vorzüglich die Zöglinge der Mamsell Pimpernelle, welchen dieses außerordentliche Ereignis eine große Freude machte. Sie hatten ihre Staatskleider wegen des Empfanges Liebseelchens noch an und waren daher sogleich bereit, ihr zu folgen, und da sie fröhlich durcheinanderplapperten, als sie die Botschaft erhalten hatten, und einander fragten, durch welche Straße der Zug wohl gehen und wer von ihnen an dem Hause seiner Eltern oder Freunde vorüberkommen würde, sagte Liebseelchen, die an ihnen vorüberging, indem sie dem Schnürlieschen folgte, das auf seinem Lager die Treppe hinabgetragen wurde: „Meine Kinder, wer hat Schnürlieschen am liebsten gehabt?" Da sagten alle: „Ich, ich, ich!" Da erwiderte Liebseelchen: „Das wollen wir alles untersuchen; jetzt aber stellt euch nach der Größe, um ihr nach dem Schlosse zu folgen."

Da gab es wieder eine große Verwirrung, denn eine klagte über die andere, sie habe höhere Absätze oder einen höheren Aufsatz. Einige aber standen ganz still im Hintergrund. Liebseelchen winkte ihnen, vorzutreten, und ordnete die andern paarweise, wie es ihr gutdünkte, und fragte sie, ob sie nicht ein schönes, frommes Lied singen könnten. Sie konnten aber keine anderen Lieder als französische: *Malbrough s'en va-t-en guerre, miron ton ton tonton taire,* oder *Je ne saurais danser, ma pantoufle est trop étroite*, welches auf deutsch heißt: „Ich werde nicht tanzen können, mein Pantoffel ist zu eng“ u. dgl. Da sagte Liebseelchen: „Hat denn Schnürlieschen kein Lieblingslied gehabt?“ – „O ja“, erwiderten mehrere, „und wir können es alle, aber wir durften es nicht singen.“